Indicadores de Desempenho

ANDRESA S. N. FRANCISCHINI | PAULINO G. FRANCISCHINI

Indicadores de Desempenho

Dos objetivos à ação – Métodos para elaborar KPIs e obter resultados

ALTA BOOKS
GRUPO EDITORIAL

Rio de Janeiro, 2017

Indicadores de Desempenho: Dos objetivos à ação — métodos para elaborar KPIs e obter resultados

Copyright © 2017 da Starlin Alta Editora e Consultoria Eireli. ISBN: 978-85-508-0172-8

Todos os direitos estão reservados e protegidos por Lei. Nenhuma parte deste livro, sem autorização prévia por escrito da editora, poderá ser reproduzida ou transmitida. A violação dos Direitos Autorais é crime estabelecido na Lei nº 9.610/98 e com punição de acordo com o artigo 184 do Código Penal.

A editora não se responsabiliza pelo conteúdo da obra, formulada exclusivamente pelo(s) autor(es).

Marcas Registradas: Todos os termos mencionados e reconhecidos como Marca Registrada e/ou Comercial são de responsabilidade de seus proprietários. A editora informa não estar associada a nenhum produto e/ou fornecedor apresentado no livro.

Impresso no Brasil — 2017 — Edição revisada conforme o Acordo Ortográfico da Língua Portuguesa de 2009.

Publique seu livro com a Alta Books. Para mais informações envie um e-mail para autoria@altabooks.com.br

Obra disponível para venda corporativa e/ou personalizada. Para mais informações, fale com projetos@altabooks.com.br

Produção Editorial Editora Alta Books	**Gerência Editorial** Anderson Vieira	**Produtor Editorial (Design)** Aurélio Corrêa	**Marketing Editorial** Silas Amaro marketing@altabooks.com.br	**Vendas Atacado e Varejo** Daniele Fonseca Viviane Paiva comercial@altabooks.com.br
Produtor Editorial Thiê Alves	**Supervisão de Qualidade Editorial** Sergio de Souza	**Editor de Aquisição** José Rugeri j.rugeri@altabooks.com.br	**Vendas Corporativas** Sandro Souza sandro@altabooks.com.br	**Ouvidoria** ouvidoria@altabooks.com.br
Equipe Editorial	Bianca Teodoro Christian Danniel	Claudia Braga Ian Verçosa	Illysabelle Trajano Juliana de Oliveira	Renan Castro
Revisão Gramatical Carlos Bacci Vivian Sbravatti	**Layout e Diagramação** Lucia Quaresma	**Capa** Bianca Teodoro		

Erratas e arquivos de apoio: No site da editora relatamos, com a devida correção, qualquer erro encontrado em nossos livros, bem como disponibilizamos arquivos de apoio se aplicáveis à obra em questão.

Acesse o site www.altabooks.com.br e procure pelo título do livro desejado para ter acesso às erratas, aos arquivos de apoio e/ou a outros conteúdos aplicáveis à obra.

Suporte Técnico: A obra é comercializada na forma em que está, sem direito a suporte técnico ou orientação pessoal/exclusiva ao leitor.

Dados Internacionais de Catalogação na Publicação (CIP)
Vagner Rodolfo CRB-8/9410

F818i   Franceschini, Paulino G.
        Indicadores de desempenho: dos objetivos à ação — métodos para elaborar KPIs e obter resultados / Paulino G. Franceschini, Andreas S. N. Franceschini. - Rio de Janeiro : Alta Books, 2017.
        448 p. ; 15,7cm x 23cm.

        Inclui bibliografia, índice e anexo.
        ISBN: 978-85-508-0172-8

        1. Administração. 2. Indicadores. 3. Desempenho. I. Franceschini, Andreas Silva Neto. II. Título.

        CDD 658.401
        CDU 658.011.2

Rua Viúva Cláudio, 291 — Bairro Industrial do Jacaré
CEP: 20970-031 — Rio de Janeiro - RJ
Tels.: (21) 3278-8069 / 3278-8419
www.altabooks.com.br — altabooks@altabooks.com.br
www.facebook.com/altabooks

SUMÁRIO

PREFÁCIO	**IX**
CAPÍTULO 1: INDICADORES CUSTAM CARO	**1**
Por que implantar indicadores de desempenho?	3
As lições mais importantes deste livro	5
Índice ou Indicador?	12
Os principais erros na implementação de um Sistema de Medição de Desempenho	12
Dashboards	14
CAPÍTULO 2: O CONCEITO DE DESEMPENHO	**21**
O conceito de Desempenho	23
Desempenho é um conceito muito amplo	25
Análise de indicadores de Utilização: Medida de desperdícios de recursos	36
Análise de indicadores de Eficácia: Medida dos desperdícios de produtos	40
Produtividade é sinônimo de Eficiência	43
Desempenho físico e desempenho econômico	47
Quais indicadores devo medir em minha empresa?	51
CAPÍTULO 3: *KEY PERFORMANCE INDICATOR* — KPI	**53**
Medição quantitativa e medição qualitativa	55
Características dos indicadores de desempenho	60
Quantos indicadores de desempenho um gestor tem capacidade de monitorar?	67
Indicadores de desempenho só trazem informações quando houver comparação	69
O que é uma Meta?	74

INDICADORES DE DESEMPENHO

Modelo para elaboração de indicadores de desempenho: Critérios
Relevantes de Interpretação 87

Aplicações do Modelo dos *Critérios Relevantes de Interpretação (CRI)* 97

Exercícios de Aplicação 107

CAPÍTULO 4: SISTEMAS DE MEDIÇÃO DE DESEMPENHO 109

Conceito de SMD — Sistemas de Medição
de Desempenho 111

Tipos de Sistemas de Medição de
Desempenho (SMD) 116

Decomposição algébrica de indicadores
de desempenho 122

CAPÍTULO 5: *BALANCED SCORECARD* 163

Histórico do *Balanced Scorecard* 165

Conceito de *Balanced Scorecard* 167

Conceitos básicos em Planejamento Estratégico 171

Relação entre Visão, Objetivos Estratégicos, Indicadores de Desempenho
e Metas 177

Estrutura do Mapa Estratégico 190

CAPÍTULO 6: MODELO *GAP4* PARA INDICADORES DE ÁREAS OPERACIONAIS DE UMA EMPRESA 199

Conceito do modelo Gap 4 201

CAPÍTULO 7: INDICADORES EM SERVIÇOS 233

Conceito de índice de produto equivalente (IPE) 236

Conceito de índice de serviço equivalente (ISE) 240

Service Level Agreement (SLA) 245

Indicadores de Nível de Serviço (INS) 248

CAPÍTULO 8: ÍNDICE OU INDICADOR? 259

IGD: Índice Geral de Desempenho 261

Índice de Satisfação do Cliente 274

Índice Base 100 280

Índices de prospecção de expectativas 281

SUMÁRIO **vii**

Índices agregadores de preços   286

Índice Geral de Preços — Disponibilidade Interna (IGP-DI)   294

Índices de qualidade de vida   299

Índices de *rating* ou de classificação
por estratos   303

CAPÍTULO 9: MERITOCRACIA   323

Histórico da meritocracia   325

Avaliação de desempenho e meritocracia   328

Meritocracia e motivação   328

ANEXO I: SISTEMAS DE PRODUÇÃO GERAM AS INFORMAÇÕES PARA INDICADORES DE DESEMPENHO   335

Conceito de Sistema de Produção   337

A função Planejamento e a função Controle   344

Os conceitos de Sistema Empresa e Ambiente   346

Entradas e Saídas de um Sistema de Produção   348

Classificação dos sistemas produtivos quanto à operação básica   350

ANEXO II: MÉTODOS DE ATRIBUIÇÃO DE "PESOS" PARA INDICADORES DE DESEMPENHO   355

Consenso de opiniões especializadas   357

Média de valores obtidos por votação   358

Comparação 0/1   360

Comparação 0/1 com ajuste qualitativo   361

Analytic Hierarchy Process (AHP)   362

Pesos calculados pelo método da média aritmética normalizada   364

Pesos calculados pelo método da média geométrica normalizada   368

ANEXO III: FERRAMENTAS DA QUALIDADE   371

Diagrama de Pareto   373

Curva ABC   377

Histograma   382

Estratificação   388

Diagrama de Ishikawa   390

viii INDICADORES DE DESEMPENHO

Diagrama dos Porquês	392
Gráficos	395
Check list	*398*
Controle Estatístico do Processo (CEP)	399

ANEXO IV: INDICADORES DE DESEMPENHO MAIS UTILIZADOS — 405

Indicadores em Logística	407
Indicadores em Gestão de Projetos	411
Indicadores Econômico-Financeiros	414
Indicadores em Recursos Humanos	418
Indicadores em Internacionalização	419
Sites úteis sobre indicadores	427

ÍNDICE — 429

PREFÁCIO

Todas as vezes que nossos alunos da disciplina de Administração da Produtividade nos perguntavam sobre alguma bibliografia complementar a respeito de indicadores de desempenho, dávamos, invariavelmente, a mesma resposta: em inglês a bibliografia é vasta, mas em português não havia um livro sobre o tema com conteúdo adequado.

Depois de anos de pesquisa sobre métricas de desempenho, tema pelo qual tenho interesse desde recém-formado, decidi escrever este livro para ajudar a preencher essa lacuna das publicações em nossa língua. Não foi uma tarefa fácil. Trabalhamos no texto durante vários anos e sempre usando as versões de *working paper* como teste para verificar se nossos alunos conseguiam compreender adequadamente o conteúdo. Nós também aprendemos muito ao escrever este livro. Explicar os conceitos oralmente durante uma aula é muito mais fácil do que na abertura, para fazê-lo por escrito. Frases que eram adequadas em classe mostraram-se confusas no papel. Vários conceitos e termos que eu *achava* (odeio esta palavra!) que conhecia, ao escrevê-los para a elaboração deste livro verificava que a explicação dada não me convencia, ou seja, o conceito não estava claro nem para mim mesmo. E isso motivava mais pesquisas na bibliografia disponível ou elaboração de maneiras diferentes de expor um conceito.

Ao estudar os termos eficiência, eficácia e produtividade na literatura e discutir seus conceitos subjacentes nas empresas para as quais prestamos serviços de treinamento e consultoria, deparamos com uma grande variedade de interpretações do significado de cada um deles. Diante da confusão instalada e da minha angústia tentando consolidar as definições, lembrei-me de um artigo que li na faculdade, escrito por H. Gottlieb, economista e pesquisador em Organização do Trabalho, que criticava o que seria "um dia justo de trabalho". Parafraseando a conclusão a que ele chegou naquele artigo, e depois de anos pesquisando o assunto, eu cheguei ao mesmo resultado: "eficiência, eficácia e produtividade são exatamente aquilo que você quiser que sejam". Assim, se for utilizar qualquer um desses termos em sua empresa, entre em acordo com os demais gestores sobre o significado dos termos de modo que todos tenham o mesmo entendimento ao discutir o assunto. Em resumo,

INDICADORES DE DESEMPENHO

não percam tempo tentando discutir exaustivamente algo que ninguém sabe muito bem o que é. Fixe uma definição e pronto!

A necessidade do livro ficava cada vez mais clara quando discutíamos o assunto de medição de desempenho com gestores das empresas nas quais fazia consultorias em melhoria da produtividade. Erros básicos de implementação de sistemas de medição de desempenho se repetiam em quase todas as empresas cuja postura era medir por medir, porque "era importante" ou porque "era uma imposição da Matriz". O resultado de tal procedimento era um número enorme de indicadores não utilizados que geravam um custo significativo para serem calculados e acabavam em descrédito.

Antes de tudo, é preciso ter em mente que o processo de cálculo de indicadores de desempenho é muito oneroso para a empresa e, como em qualquer projeto, o benefício tem que superar os custos. Montar um Sistema de Medição de Desempenho (SMD), como se verá ao ler este livro, não é muito complicado, mas implantar um *sistema de informações* que permita coletar os dados necessários constitui-se no principal entrave para que o SMD funcione. Outro ponto importante é que, se não for utilizado como ferramenta para diagnóstico e implementação de ações corretivas, o SMD acaba caindo no esquecimento dos gestores e morre.

Mostrar claramente para gestores e funcionários o que se espera deles na realização de funções dentro da empresa é o principal objetivo dos indicadores de desempenho. Entretanto, escolher se eles serão utilizados para atrair ou coagir é uma tarefa a ser definida pela alta administração, levando em conta suas vantagens e desvantagens.

Boa leitura a todos.

Andresa S. N. Francischini
Paulino G. Francischini

CAPÍTULO 1

INDICADORES CUSTAM CARO

POR QUE IMPLANTAR INDICADORES DE DESEMPENHO?

Implementar um Sistema de Medição de Desempenho (SMD) em uma empresa é um Plano de Ação. Todo Plano de Ação deve atacar uma causa e, combatendo a causa, resolve um problema. Então, a primeira coisa que o gestor deve considerar antes de implantar indicadores de desempenho é saber qual o problema que ele quer resolver. Não caracterizar claramente qual o problema a ser resolvido com o SMD é uma indicação de que, talvez, essa não seja uma ação adequada.

Dirigir uma empresa multinacional contando somente com as informações que o gestor consegue coletar por seus próprios sentidos equivale a um piloto de avião fazer um voo transcontinental somente olhando pela janela do cockpit. Já para o gestor de uma pequena ou média empresa, o número de informações necessárias para a tomada de decisões é muito menor, comparável a um piloto de planador que praticamente não tem instrumentos de voo disponíveis.

Como qualquer atividade realizada em uma empresa, a implantação e manutenção de um sistema de indicadores de desempenho tem que gerar benefícios que superem os custos. E, ao levantar os custos de coleta de informações, cálculo e divulgação desses indicadores, o gestor terá uma noção de quanto eles são elevados. Espero que o título deste primeiro capítulo não faça o leitor desistir de comprar o livro.

POR QUE IMPLANTAR INDICADORES DE DESEMPENHO?

Indicadores apontam mas não resolvem um problema. A resolução do problema indicado por eles depende da atuação do gestor. Se um indicador sobe e desce e ninguém na empresa toma alguma providência, o melhor a fazer é jogá-lo no lixo. Ou seja, a informação fornecida apenas gera custos sem prover nenhum benefício para a empresa. Os benefícios mais comuns que um sistema de indicadores traz para uma empresa são:

- **Controle da empresa.** A função Controle é formada por três partes essenciais: (a) coletar dados de uma variável previamente escolhida por meio de sensores posicionados adequadamente; (b) analisar os dados e detectar desvios em relação a um valor ideal ou planejado; e (c) colocar uma ação corretiva que diminua o gap ou desvio em relação ao valor ideal. A comparação com os instrumentos de voo no cockpit de um avião, que fornece informações importantes para o piloto conseguir levar a aeronave até seu destino com conforto, pontualidade e segurança, ajuda a explicar a necessidade de um sistema de indicadores. Sem um SMD, um gestor de uma grande empresa poderia tomar decisões erradas ao utilizar apenas relatos informais de seus subordinados e/ou se valer de sua "intuição".

- **Comunicação de objetivos.** Todas as empresas minimamente organizadas possuem um planejamento estratégico com maior ou menor grau de detalhamento e consistência de conteúdo. A literatura mostra que, para o planejamento ser implementado, é necessário que todos os envolvidos saibam quais objetivos a empresa pretende alcançar nos próximos anos, os recursos que ela utilizará e o que a empresa espera de cada setor, gerência ou diretoria. Expor os objetivos por meio de um texto ajuda a

CAPÍTULO 1: INDICADORES CUSTAM CARO

empresa a comunicar os itens que deve alcançar, o prazo, os recursos e as restrições impostas, porém, ao expor os objetivos traduzidos por indicadores de desempenho, a comunicação fica muito mais clara e precisa. Termos qualitativos de uma frase podem confundir e ser interpretados de diferentes maneiras pelos funcionários. Valores numéricos são mais diretos e não necessitam de interpretação.

- **Motivação dos funcionários.** Motivar deriva da palavra "mover". Basicamente, trata-se de tirar alguém de sua "zona de conforto" atual em direção a outro estado desejado pela empresa na implementação de seu planejamento estratégico. Há resistências naturais do ser humano em sair da "zona de conforto" dado que, segundo seu julgamento, é ali que ele despende o mínimo esforço para realizar suas tarefas. Para fazê-lo se mover é necessário mostrar o que o funcionário ganhará com o novo estado. Remuneração por cumprimento de metas, ou meritocracia, é tema polêmico, mas há vários exemplos em empresas e na literatura que movem (ou motivam) os funcionários a trabalhar mais e melhor. No entanto, alguns cuidados devem ser tomados para que não se comprometa aspectos relevantes, como por exemplo a qualidade, ao se colocar metas de velocidade de produção. Um SMD bem elaborado permite a implementação de políticas de motivação dos funcionários.

- **Direcionamento de melhorias na empresa.** Somente corrigir processos para atingir metas estabelecidas internamente pela empresa talvez não seja suficiente para que a empresa sobreviva no mercado. As expectativas dos clientes aumentam e as empresas concorrentes melhoram seus processos para atingir os novos padrões de excelência exigidos. Detectar os aumentos de expectativas dos clientes, comparar a atuação da empresa com seus concorrentes e com os *benchmarks* em processos essenciais da empresa e, principalmente, saber onde melhorar os processos para estabelecer metas mais altas, são fatores que dependem de um sistema de indicadores de desempenho.

Muitas vezes, a simples implementação de indicadores de desempenho já motiva os funcionários a aprimorar os processos de produção naquilo em que têm autonomia para colocar ações corretivas que promovam melhorias. Contudo, essa não é a regra, podendo-se dizer que se trata da exceção. Na maioria dos casos, os colaboradores da empresa estarão se perguntando: "O que eu vou ganhar com isso?". Se a empresa não puder mostrar claramente qual ganho eles terão, e que esse ganho supera o esforço de abandonar a "zona de conforto", a implantação de um sistema de indicadores de desempenho será inócua, ou, pior, será apenas um gerador de custos sem o correspondente benefício de aumento da lucratividade.

AS LIÇÕES MAIS IMPORTANTES DESTE LIVRO

FIGURA 1.1: BENEFÍCIOS DE UM SISTEMA DE MEDIÇÃO DE DESEMPENHO (SMD)

A imagem acima, assim como todas as outras do livro, estão disponibilizadas no site da Editora Alta Books para download. Procure pelo nome do livro em: www.altabooks.com.br

AS LIÇÕES MAIS IMPORTANTES DESTE LIVRO

Especialistas em determinado assunto podem expor os conceitos inerentes a ele em uma disciplina universitária que dure vários meses, em um curso de treinamento que dure dias, em uma palestra que dure horas ou em algumas frases que durem minutos. Também não adianta entregar um relatório de dezenas de páginas para um executivo de alto escalão de uma empresa: ele não o lerá. Provavelmente vai entregá-lo a um subordinado que se encarregará de fazer um resumo de duas páginas, e a primeira delas terá que ser muito boa para convencer o executivo a ler a segunda.

O mesmo princípio pode ser aplicado a este livro relativamente extenso. Seu propósito é didático e um executivo detestará ler página por página. Por isso, apresentaremos um resumo dos principais pontos discutidos no texto:

- **Conceito de indicadores de desempenho.** É relativamente simples de ser entendido e aplicado e pode ser resumido na Figura 1.2. Indicadores são medidas qualitativas ou quantitativas que mostram o estado de uma operação, processo ou sistema. Desempenho é a comparação do que foi realizado pela operação em relação a uma expectativa do cliente ou objetivo do gestor. Portanto, indicadores de desempenho são medidas que mostram a comparação do que foi realizado pela operação em relação a uma expectativa ou objetivo. Um ponto importante que discutiremos neste livro é que indicadores apontam mas não resolvem problemas.

6 CAPÍTULO 1: INDICADORES CUSTAM CARO

- **Indicadores** são **medidas** qualitativas ou quantitativas que mostram o **estado** de uma operação, processo ou sistema
- **Desempenho** é a comparação do que foi **realizado** pela operação em relação a uma **expectativa** do cliente ou objetivo do gestor

Portanto:

- **Indicadores de desempenho** são medidas que mostram a comparação do que foi realizado pela operação em relação a uma expectativa ou objetivo

Importante:

- Indicadores **apontam** *mas não resolvem* problemas

FIGURA 1.2: CONCEITO DE INDICADORES DE DESEMPENHO

- **Conceito de *Key Performance Indicator* (KPI).** Indicador-chave de desempenho é a tradução mais utilizada para o português de *Key Performance Indicator* (KPI). Em primeiro lugar, não se pode utilizar a palavra performance para explicar o significado de desempenho, dado que desempenho é a simples tradução da palavra performance do inglês para o português. Em segundo lugar, discutiremos neste livro que um gestor deve ter poucos indicadores para monitorar. Quanto menor o número de indicadores, mais focada será a atividade do gestor. Uma sugestão, baseada em estudos empíricos, é que um gestor, mesmo sendo ele o presidente de uma grande empresa, não deve monitorar um grande número de indicadores, sugerindo-se um total de cinco a nove, dependendo do nível hierárquico e/ou funcional do gestor. Isso significa que os indicadores de desempenho devem ser priorizados, uma vez que pelo próprio conceito de indicador-chave, tradução da palavra key para o português, devem ser selecionados os mais importantes para a gestão da unidade de negócio, a qual pode ser uma empresa, diretoria, departamento, setor ou até mesmo cada colaborador. Além disso, mostraremos que, para a elaboração dos KPI's, é necessário ter claro: (a) quais são as expectativas ou objetivos do gestor; (b) quais são as variáveis mais importantes que mostram o objetivo; (c) elaborar os indicadores de desempenho que medem as variáveis. A Figura 1.3 resume o que foi exposto até aqui.

AS LIÇÕES MAIS IMPORTANTES DESTE LIVRO   **7**

- Performance = desempenho
- Um gestor deve ter poucos indicadores para monitorar
- Quanto menor o número de indicadores, mais focada será a atividade do gestor
- Um gestor não deve monitorar mais do que 7 indicadores — mesmo o presidente de uma grande empresa
- Os indicadores devem ser priorizados (Key = Chave = mais importantes)

Pontos importantes:

1. Ter claro quais são as expectativas ou objetivos do gestor
2. Quais são as variáveis mais importantes que mostram o objetivo
3. Elaborar os indicadores de desempenho que medem as variáveis

FIGURA 1.3: CONCEITO DE INDICADORES DE DESEMPENHO

- **Primeiro o objetivo, depois o indicador.** Não comece a construção de um Sistema de Medição de Desempenho perguntando "quais indicadores minha empresa deve monitorar?". A primeira pergunta que se deve fazer é: "Quais objetivos minha empresa tem que atingir?". Procure interpretar claramente o significado do objetivo em termos simples, isto é, quais efeitos esse objetivo tem que produzir. Priorize quais são os efeitos mais importantes e só então elabore um indicador que meça o efeito desejado. Por exemplo, um objetivo "Melhorar a Qualidade" é muito geral e precisa ser esclarecido. "Melhorar a Qualidade" pode ser interpretado como "Reduzir o retrabalho" ou "Reduzir o refugo" ou "Reduzir o número de reclamações de clientes". Escolha a interpretação mais importante e elabore o indicador capaz de mensurar a variável escolhida.

CAPÍTULO 1: INDICADORES CUSTAM CARO

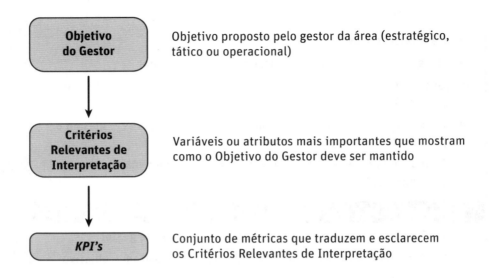

FIGURA 1.4: PRIMEIRO O OBJETIVO, DEPOIS O INDICADOR

- **Poucos indicadores.** Qualquer gestor tem uma capacidade limitada de analisar informações. Isso mostra que as informações recebidas por ele têm que ser poucas e essenciais, e isso inclui os indicadores de desempenho. O próprio nome em inglês *Key Performance Indicator*, ou KPI, contém o termo key (chave) que pode ser traduzido por o mais importante ou o mais relevante. Monitorar ou controlar poucos indicadores significa que o número de objetivos a serem atingidos pelo gestor é pequeno, e mais focado ele estará em suas atividades. Assim, poderá saber o que é essencial e o que é circunstancial para o negócio. Sugere-se no máximo nove indicadores para gestores em cargo de diretoria; para gestores em cargos gerenciais recomenda-se um máximo de sete indicadores, e para cargos operacionais, como supervisores e líderes, não mais que cinco indicadores. Vale lembrar que, neste caso, menos vale mais.
- **Sistema de informações adequado para coleta de dados.** Elaborar um Sistema de Medição de Desempenho (SMD) não é uma tarefa muito complicada, mas o calcanhar de Aquiles de um SMD é o sistema de informações para a coleta de dados. Se os dados estiverem errados, qualquer cálculo baseado neles estará errado também e, pior, levará o gestor a tomar decisões erradas. O sistema de informações é, geralmente, a parte mais cara de um SMD, e para implementá-lo talvez seja necessário contratar apontadores, adquirir coletores, instalar sensores, transmissores, receptores e equipamentos para armazenamento dos dados, além de treinar e supervisionar os operadores para que lidem corretamente com os dispositivos de coleta.
- **Gaps devem levar a ações corretivas.** Se o valor atual de um indicador de desempenho não atingiu sua meta (ou seja, há um gap, ou lacuna), o gestor deve colocar uma ação

AS LIÇÕES MAIS IMPORTANTES DESTE LIVRO

corretiva no processo produtivo. Caso um determinado indicador não induza ações corretivas, qualquer que seja seu valor, isso significa que a informação trazida por ele é irrelevante. A melhor decisão é descartá-lo.

- **Rastreabilidade dos indicadores.** Indicadores interpretam os objetivos da empresa e, portanto, medem os efeitos desejados pelos gestores. Considerando que não há efeito sem causa, um SMD deve conter indicadores de causa que levem ao foco do problema apontado pelo indicador do efeito. Diagnosticada a causa, uma ação corretiva pode ser aplicada e, minimizando ou eliminando a causa, o efeito diminui ou desaparece. Por exemplo, o custo unitário de um produto é um efeito do processo produtivo. Supondo que o custo unitário real do principal produto da empresa esteja acima do custo unitário orçado (meta do custo unitário), o SMD deve ser capaz de identificar se a causa do gap está no custo de materiais, no custo de mão de obra, no custo de equipamentos ou nos gastos gerais de produção. Se a causa principal estiver nos custos de mão de obra, o SMD deve ser capaz de identificar se o número de funcionários está de acordo com o previsto no orçamento, os salários e benefícios estão adequados ao orçamento ou a produtividade da mão de obra (número de produtos fabricados por operador) está em conformidade com o previsto no orçamento. Onde for diagnosticada a causa principal, aplica-se uma ação corretiva.

- **Alinhamento dos indicadores: o que você mede é o que você terá.** Todos os colaboradores da empresa, da diretoria aos operadores, devem concentrar esforços na mesma direção. Esforços em direções opostas drenam a energia da empresa e não produzem resultados. Ao serem definidos os objetivos e respectivos indicadores de desempenho que interpretam e esclarecem tais objetivos, cada gestor do nível mais alto da hierarquia da empresa deve negociar como ajudará a empresa a alcançar aquele objetivo geral e, por sua vez, estabelecerá seus objetivos específicos. Os objetivos específicos daquele gestor também devem ser interpretados em variáveis ou atributos mais importantes que mostrem se eles estão sendo atingidos. Então, com as variáveis claramente definidas, elaboram-se os indicadores de desempenho que serão controlados por aquele gestor. Caso esse processo seja bem feito, os indicadores do nível hierárquico inferior devem ter uma relação clara de causa e efeito com os indicadores do nível hierárquico superior. Em outras palavras, uma variação nos indicadores do nível hierárquico inferior deve provocar uma variação significativa no indicador do nível hierárquico superior.

- **Meritocracia baseada em indicadores.** Uma das aplicações mais utilizadas em indicadores de desempenho consiste em orientar a remuneração variável dos colaboradores, como, por exemplo, a Participação em Lucros e Resultados (PLR). Algumas empresas têm políticas muito mais agressivas de remuneração variável em relação à remuneração fixa e, por consequência, o monitoramento do desempenho em cada unidade de negócio e em cada nível hierárquico é muito mais intenso, chegando, até mesmo, a implantar indicadores no nível individual. Esse é um procedimento polêmico tanto nas universidades quanto nas empresas, mas há muitos exemplos nos quais a prática da meritocracia forneceu muito bons resultados. No entanto, cabe advertir que

CAPÍTULO 1: INDICADORES CUSTAM CARO

podem ocorrer desvios nos procedimentos de trabalho com a finalidade de aumentar artificialmente a remuneração variável. Os exemplos mais comuns são a negligência com a qualidade do produto ou serviço no intuito de elevar a produção, e a anotação deliberadamente errada de causas de paradas de produção para não prejudicar o desempenho do próprio apontador.

- **Indicadores simples e objetivos.** Medir algum processo e não conseguir explicar para os colaboradores envolvidos o que está sendo medido significa que ele é muito complexo e, provavelmente, inútil. Os colaboradores do nível operacional necessitam de conceitos simples e vinculados diretamente à sua tarefa uma vez que não estão acostumados a raciocínios com conceitos abstratos e têm dificuldade de aplicá-los às suas atividades rotineiras. Com os diretores e gerentes ocorre o mesmo se forem utilizados termos ambíguos e sem uma definição clara para todos os envolvidos. Termos como eficácia e eficiência, geralmente, são confusos e polêmicos.

AS LIÇÕES MAIS IMPORTANTES DESTE LIVRO 11

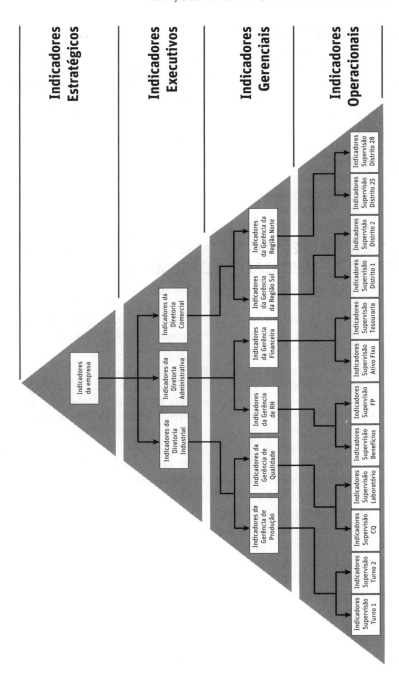

FIGURA 1.5: ALINHAMENTO DE INDICADORES

ÍNDICE OU INDICADOR?

Índice é um caso especial de indicador. Para entender melhor a diferença entre eles, podemos dizer que um indicador possui uma unidade de medida (%, km/l, ton/hh, etc), enquanto que um índice utiliza pontos para medir sua evolução. Índices, geralmente, têm características gerenciais, ou seja, tratam de grandezas complexas com caráter agregativo e sintético (resumem o comportamento de muitos valores) por meio de uma pontuação adimensional, e são utilizados quando se quer mostrar: (a) a evolução de uma determinada variável em relação a um valor de referência temporal; (b) a composição de vários indicadores ponderados para formar um novo valor que agregue seu comportamento equivalente; e (c) a quantificação de avaliações qualitativas como "confiança do consumidor", "sentimento econômico", "clima de negócios", etc.

OS PRINCIPAIS ERROS NA IMPLEMENTAÇÃO DE UM SISTEMA DE MEDIÇÃO DE DESEMPENHO

Embora não seja difícil, a tarefa de implementar um SMD requer atenção com alguns pontos que podem prejudicar, significativamente, os benefícios das métricas de desempenho da empresa e aumentar, consideravelmente, os custos de sua obtenção. Os principais erros cometidos pelas empresas ao calcular indicadores de desempenho são:

- **Elaborar os indicadores antes de definir os objetivos.** Trata-se do erro mais frequente na elaboração de um SMD. O processo correto de elaboração de indicadores de desempenho inicia-se pela definição clara dos objetivos. Estes, em seguida, devem ser especificados de modo a permitir uma quantificação. Por exemplo: "Aumentar a qualidade" (objetivo) pode ser interpretado como "reduzir o retrabalho" ou "reduzir reclamações de clientes". Somente depois de priorizados os critérios de interpretação dos objetivos é que os indicadores devem ser elaborados. Caso contrário, será produzido um número enorme de indicadores que, literalmente, não fornecem nenhuma informação relevante para os gestores.
- **Excesso de indicadores.** A mente humana não consegue processar um elevado número de variáveis ao mesmo tempo. Assim, quanto mais focada for uma tarefa, mais rápida e consistente será sua realização. O mesmo acontece com um gestor que tenha poucos indicadores de desempenho para controlar: quanto menor o número de indicadores, mais fácil será a tarefa de gerenciamento e mais focada será sua atividade. Em outras palavras, informação demais também atrapalha. Relembrando o que já dissemos anteriormente, para gestores em nível hierárquico operacional, sugere-se atribuir, no máximo, cinco indicadores; para os de nível gerencial, no máximo, sete indicadores; e para cargos de diretoria, no máximo, nove indicadores.
- **Não conhecer os termos discutidos.** "Melhorar a eficácia e a eficiência da empresa" é um dos objetivos mais comuns em planejamento estratégico. É muito difícil que

OS PRINCIPAIS ERROS NA IMPLEMENTAÇÃO DE UM SISTEMA... 13

alguém seja contra essa diretriz, mas é igualmente difícil que todos os interlocutores tenham o mesmo entendimento do que seja "eficácia" e "eficiência". Acrescente-se a isso termos como "efetividade", "satisfação", "comprometimento", "conscientização", etc. Sugere-se que todos os envolvidos na elaboração dos indicadores de desempenho passem por uma homogeneização quanto aos termos — e sua definição e entendimento — utilizados nas discussões. Isso evitará longas discussões improdutivas nas reuniões de trabalho.

- **Indicadores sem meta.** Para que um piloto de avião saiba se está na direção correta, precisa saber para onde está indo. Analogamente, um indicador de desempenho que não tenha uma meta explícita não permite ao gestor saber se está cumprindo o que a empresa espera dele.

- **Indicadores não são utilizados para gestão.** Já discutimos que indicadores custam caro, pois recursos de mão de obra, materiais e equipamentos são despendidos para calcular os valores atuais de um SMD. Um grande número de empresas utiliza os gráficos de indicadores, literalmente, como decoração dos quadros de Gestão à Vista. Do mesmo modo, são utilizados como instrumentos atrativos para visitantes da empresa ou ilustrações na divulgação em peças de marketing institucional. Quando os níveis hierárquicos mais elevados da empresa não utilizam o conceito de gestão por indicadores, todo o esforço e custo envolvidos em sua elaboração serão nulos.

- **A análise dos indicadores não gera ações corretivas.** Alguns gestores pelo menos analisam os indicadores elaborados periodicamente, mas apenas os utilizam como informação passiva que muito pouco se diferencia da leitura de uma revista de turismo. Gaps, ou lacunas, são definidos como a diferença entre o valor atual de um indicador e a sua meta. Se o valor atual de um indicador se afasta da meta, isso significa que o processo correspondente não está fluindo de forma adequada e precisa de uma intervenção ou ação corretiva. Se a ação corretiva não for colocada, a função de detecção dos indicadores de desempenho é inibida e não produz nenhum resultado para a empresa.

- **Gestores não entendem o que o indicador mede.** Ao analisar os valores da série temporal de um determinado indicador, o gestor consegue ao menos verificar se há uma tendência de aumento ou redução do desempenho. Todavia, se questionados quanto às variáveis que estão consideradas ou não em seu cálculo, vários gestores terão dúvidas em responder.

- **Periodicidade muito baixa.** Alguns processos são críticos para a sobrevivência da empresa no mercado. Assim, se a detecção de problemas por meio de indicadores demorar muito, a ação corretiva necessária para atacar o problema detectado pode ser implementada com atraso excessivo e já não ser eficaz. Alguns indicadores podem ser calculados anualmente, mas os gestores têm que ter em mente que a ação corretiva também pode estar um ano atrasada.

- **Coleta de dados errada.** Pior do que um executivo não ter informação é ele ter a informação errada. Informações erradas levam a decisões erradas. Portanto, por melhor

CAPÍTULO 1: INDICADORES CUSTAM CARO

que sejam escolhidos os indicadores de desempenho para a gestão da empresa, se os dados coletados são ruins, o resultado que eles mostram está equivocado. Embora o processo de elaboração dos indicadores não seja difícil, o "calcanhar de Aquiles" dos SMDs é o sistema de informação para a coleta de dados.

DASHBOARDS

Saber mostrar os resultados de um trabalho é uma arte. Arriscaria dizer que a forma conquista mais do que o conteúdo. Daí resulta a necessidade de um cuidado especial quando se apresenta os resultados das medições. Mostrar um trabalho bem feito por meio de texto tem seu valor, porém, gráficos e diagramas transmitem o conteúdo mais rapidamente para os gestores. Isso se aplica especialmente a indicadores de desempenho que precisam ser divulgados a gestores acostumados a relatórios gerenciais.

Dashboard, ou, em português, painel de instrumentos, é um conjunto de gráficos e diagramas que fornecem uma visão geral das informações e métricas mais importantes. Permitem o monitoramento simultâneo de várias métricas para que se possa verificar rapidamente o comportamento dos indicadores ou analisar correlações entre diferentes relatórios. Vamos discutir os tipos de gráficos e diagramas que podem ser utilizados na divulgação dos indicadores de desempenho:

- **Séries temporais em gráficos de linha.** Gráficos que tenham a variável tempo na abscissa (eixo x) são definidos como séries temporais. É um dos gráficos mais utilizados em dashboards dada a facilidade do gestor em obter informações sobre o comportamento histórico do indicador. Geralmente, as evoluções do valor real e da meta a ser alcançada pelo indicador são mostradas por linhas. A Figura 1.6 ilustra um exemplo desse tipo de gráfico.

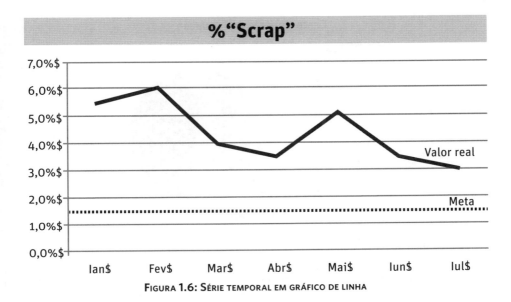

FIGURA 1.6: SÉRIE TEMPORAL EM GRÁFICO DE LINHA

- **Séries temporais em gráficos de barras.** Menos utilizados do que os gráficos de linha, eles têm a vantagem de evidenciar a evolução dos valores reais.

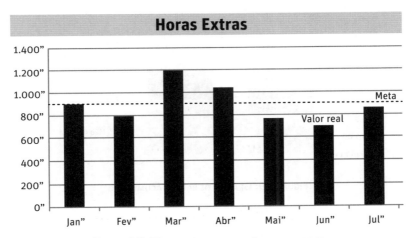

FIGURA 1.7: SÉRIE TEMPORAL EM GRÁFICO DE BARRAS

- **Gráfico de pizza.** Utilizado para mostrar a composição relativa ou porcentual de uma variável analisada. A Figura 1.8 mostra um exemplo de decomposição do custo unitário de fabricação de uma peça entre os custos de mão de obra, materiais, equipamentos e gastos gerais de produção.

CAPÍTULO 1: INDICADORES CUSTAM CARO

FIGURA 1.8: GRÁFICO DE PIZZA

- **Gráfico de barra acumulado.** Também utilizado para mostrar a composição de uma variável mas com a vantagem de mostrar, simultaneamente, uma evolução histórica da variável analisada (como mostrado na Figura 1.9) ou comparar com itens similares (por exemplo, composição de custo de dois produtos concorrentes). Tem a desvantagem de que a acuracidade visual fica prejudicada quando há muitos componentes.

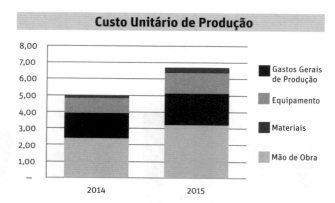

FIGURA 1.9: GRÁFICO DE BARRAS ACUMULADO

- **Gráfico de barra acumulado 100%.** Utilizado para mostrar a evolução porcentual dos componentes de uma variável ou a comparação porcentual dos componentes de dois itens analisados. Não fornece informações sobre os valores absolutos dos componentes nem do valor total da variável analisada.

DASHBOARDS 17

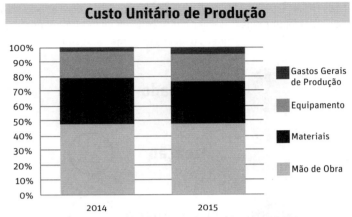

FIGURA 1.10: GRÁFICO DE BARRAS ACUMULADO 100%

- **Gráfico Radar.** Gráfico de fácil visualização comparativa utilizado para avaliação simultânea de diversas variáveis, permite identificar aquelas que têm desempenho não adequado. Cada um dos eixos tem a origem no ponto central do gráfico e unidades de medida uniformes em cada um deles (%, pontuação, etc). No exemplo da Figura 1.11, observa-se que o passo *Shitsuke* é o pior avaliado e o passo Seiton é o de melhor avaliação.

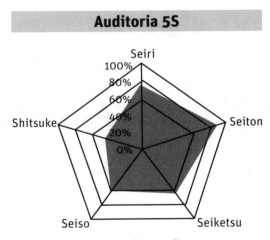

FIGURA 1.11: GRÁFICO RADAR

- **Gráfico de Farol.** Gráfico que permite a visualização por código de cores do estado de uma variável em relação a valores pré-determinados. A cor verde é geralmente utilizada para indicar que a variável apresenta um valor atual adequado em relação a um valor limite crítico preestabelecido; a cor amarela sugere atenção dado que o valor

CAPÍTULO 1: INDICADORES CUSTAM CARO

atual da variável está próximo do valor limite crítico; e a cor vermelha indica que o valor atual da variável ultrapassa o valor limite crítico e necessita de uma ação corretiva imediata. Pode-se utilizar ícones de faces conforme a adequação explicada acima.

FIGURA 1.12: GRÁFICO DE FAROL

- **Gráfico de velocímetro.** Permite a união da visualização analógica do valor atual de uma variável em relação ao valor limite crítico preestabelecido com a informação por código de cores da condição dessa variável.

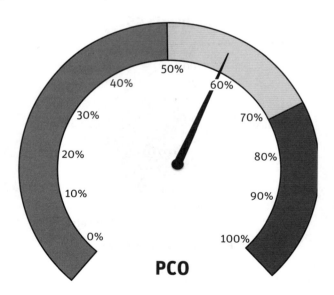

FIGURA 1.13: GRÁFICO DE VELOCÍMETRO

DASHBOARDS 19

Não existe certo ou errado no modo de construir dashboards. O único critério de escolha é aquele em que o gestor encontra maior facilidade de visualização e detecção rápida de problemas que induzam a ações corretivas. Além dos formatos apresentados, a criatividade dos designers gráficos acrescenta e acrescentará outros que permitem maior acuidade e conforto visual para realizar as análises. A Figura 1.14 mostra um exemplo de um dashboard que é tão bom quanto qualquer outro. Depende do usuário.

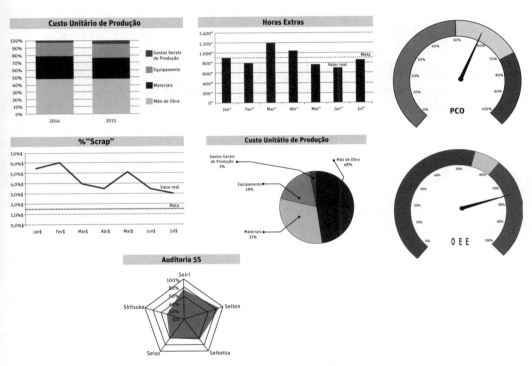

Figura 1.14: Exemplo de dashboard ou painel de instrumentos

Neste capítulo, resumimos os pontos mais importantes discutidos neste livro e alertamos que o gestor deve ter claro qual é o porte do SMD (Sistema de Medição de Desempenho) necessário para auxiliá-lo na tomada de decisão. Se for muito reduzido, informações importantes não serão mostradas e, se for grande demais, o custo do SMD será maior do que o benefício das informações no dashboard.

Para terminar, um aviso importante: os conceitos de indicadores de desempenho dependem diretamente do correto entendimento do que é um Sistema de Produção, bem como do que é Entrada e Saída em um Sistema de Produção. Se ainda precisar de uma revisão de conceitos, leia primeiro o Anexo 1 — "Indicadores coletam informações dos Sistemas de Produção". Caso contrário, continue a ler o livro na sequência.

20 CAPÍTULO 1: INDICADORES CUSTAM CARO

QUESTÕES PARA DISCUSSÃO

- Qual é o problema que você, como gestor, quer resolver com a implantação de um SMD? O SMD é a melhor solução para esse problema?

- Qual seu conceito de eficiência, eficácia, produtividade e utilização? Seus interlocutores, diretores, gerentes, supervisores e operadores têm o mesmo conceito? Faça-os escrever em um papel, separadamente, o que cada um entende por eficiência, eficácia, produtividade e utilização. Os conceitos coincidem?

- Quais são os tipos de dashboards que sua empresa utiliza? Eles mostram claramente o que está sendo medido?

- Analise os indicadores que sua empresa utiliza usando como *check list* a seção "1.3. Os principais erros na implementação de um Sistema de Medição de Desempenho".

- Qual ferramenta ou método sua empresa utiliza para garantir o alinhamento dos indicadores de desempenho entre os vários níveis hierárquicos?

CAPÍTULO 2

O CONCEITO DE DESEMPENHO

O CONCEITO DE DESEMPENHO **23**

Quando nós completamos três meses em um emprego que tivemos em nossa vida profissional, é provável que o Departamento de Recursos Humanos tenha enviado um memorando para nosso chefe perguntando qual foi nosso *desempenho*. A pergunta tinha como objetivo decidir se nos contrataria definitivamente como funcionários ou se seríamos dispensados.

Em outras palavras, o que o RH da empresa estava perguntando é se nós havíamos *realizado* as tarefas que a empresa *esperava* que realizássemos. Essas expectativas foram colocadas na entrevista que fizemos ao responder a uma chamada da empresa oferecendo o emprego e completadas na "semana de integração" quando fomos aceitos como funcionários: os valores, as normas de conduta e de segurança, o código de ética, etc.

O relatório que nosso chefe enviou ao RH continha o que realizamos durante os três meses que trabalhamos na empresa em comparação com tais expectativas. Se o que realizamos estivesse igual ou acima das expectativas, a empresa nos contrataria, mas se estivesse abaixo do esperado nos dispensaria. Esse exemplo mostra os principais conceitos que discutiremos neste capítulo.

O CONCEITO DE DESEMPENHO

Desempenho pode ser definido como a comparação entre o que foi realizado por uma operação em relação à expectativa do cliente, ou, no caso particular no qual o nosso "cliente" é o gestor de uma área produtiva, é a comparação entre o que foi realizado pela operação em relação aos objetivos colocados por esse gestor.

Como podemos verificar na Figura 2.1, a comparação pode resultar nas seguintes avaliações:

- Em relação à expectativa de um cliente:
  - ◆ Se o que foi realizado pela operação for *menor* do que a expectativa do cliente, dizemos que o cliente está *insatisfeito*.
  - ◆ Se o que foi realizado pela operação for *igual* à expectativa do cliente, dizemos que o cliente está *satisfeito*.
  - ◆ Se o que foi realizado pela operação for *maior* do que a expectativa do cliente, dizemos que o cliente está "*encantado*".

- Em relação aos objetivos propostos por um gestor:
  - ◆ Se o que foi realizado pela operação for *menor* do que o objetivo do gestor, dizemos que o desempenho está *insatisfatório*.
  - ◆ Se o que foi realizado pela operação for *igual* ao objetivo do gestor, dizemos que o desempenho está *satisfatório*.

CAPÍTULO 2: O CONCEITO DE DESEMPENHO

♦ Se o que foi realizado pela operação for *maior* do que o objetivo do gestor, dizemos que o desempenho está *excelente*.

FIGURA 2.1: AVALIAÇÃO DO DESEMPENHO

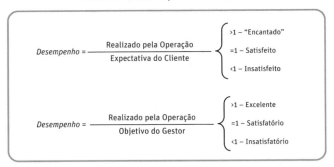

É importante colocar que a palavra Operação, utilizada na exposição do conceito de desempenho, pode referenciar qualquer nível de agregação: operação realizada por um processo, um indivíduo, um setor, um departamento, uma diretoria ou uma empresa inteira.

Cabe alertar aos administradores que, ao serem inquiridos, respondam prontamente que o objetivo de sua área de gestão é "a satisfação do cliente", que é necessário, antes, saber precisamente qual é a "expectativa do cliente". Caso contrário, poderão realizar uma série de operações que o cliente simplesmente não valoriza, ou seja, não paga pelo resultado dessas operações. Em resumo, os gastos incorridos na realização de tais operações não geram um produto, bem ou serviço pelo qual o cliente está disposto a pagar.

APLICAÇÃO DE CONCEITO:
SAIBA O QUE O CLIENTE QUER ANTES DE FAZER ALGO PARA ELE.

O mercado de seguros sempre foi muito competitivo, com várias empresas disputando o mercado potencial por meio de grandes esforços de venda. O Departamento de Marketing Corporativo da empresa Nome Fantasia, após vários estudos realizados, colocou como proposta de diferencial de venda, perante os concorrentes, que o cliente recebesse a sua apólice de seguros assinada, via correio, em até 48 horas após assinado o contrato.

Nos meses seguintes, a empresa investiu em um novo ERP, abriu novas filiais, reformulou todo o sistema de comunicação entre as filiais, contratou e treinou colaboradores, dispensou os funcionários que se revelaram inadequados para os novos procedimentos e, por fim, conseguiu que os clientes recebessem a apólice de seguros em até 48 horas depois de assinado o contrato.

> Nos dois anos seguintes, para surpresa da direção da empresa, o número de novos clientes não apresentou o crescimento esperado e o faturamento permanecia praticamente estável. Com os custos aumentados devido aos investimentos dos anos anteriores, a empresa experimentava uma certa dificuldade financeira.
>
> Na tentativa de entender as razões desse comportamento, a empresa aproveitou a participação em uma feira de negócios para fazer uma pesquisa com os clientes potenciais. Na pesquisa solicitava-se o preenchimento de um questionário por visitantes da feira que se enquadravam no perfil que a empresa entendia como seu público-alvo e que recebiam um brinde como agradecimento por terem participado. Basicamente, as questões eram direcionadas a responder à pergunta: "O que você espera de uma Companhia de Seguros?" e o cliente poderia escolher quais as alternativas que melhor expressavam suas expectativas. Uma das alternativas que o cliente poderia escolher dizia: "Espero receber a apólice de seguros em até 48 horas após assinado o contrato".
>
> Foram coletados mais de 800 questionários preenchidos, configurando uma amostra de tamanho considerável. Quando foi feita a compilação das respostas, o número de clientes que assinalaram a alternativa "Espero receber a apólice de seguros em até 48 horas após assinado o contrato" foi *zero*.
>
> **CONCLUSÃO:** a empresa gastou uma quantidade enorme de dinheiro em investimentos para conseguir atingir um objetivo que nenhum de seus clientes valorizava. Talvez esse item fosse importante para outro tipo de cliente, mas para aquele que a empresa considerava como público-alvo não fazia a menor diferença receber a apólice dentro de dois, dez ou 30 dias. Em outras palavras, a empresa tentou "satisfazer o cliente" sem saber o que o cliente realmente queria.

DESEMPENHO É UM CONCEITO MUITO AMPLO

A simplicidade da definição de desempenho é, por paradoxo que pareça, a raiz de sua dificuldade de aplicação. Partindo do princípio de que desempenho é a relação entre o *realizado pela operação* comparada à *expectativa do cliente ou objetivo do gestor*, verificamos que é um conceito muito geral e que permite uma série de variações em sua aplicação prática. Assim, se há um amplo espectro de aplicações, há a dificuldade de se selecionar qual a melhor alternativa que devemos adotar para medir o desempenho de determinado sistema de produção.

A função dos indicadores de desempenho é mostrar a ocorrência ou ausência de fatos relevantes, ser capaz de chamar a atenção de um analista sobre problemas que estão ocorrendo em um sistema produtivo e, também, ser portador da informação de que o problema foi resolvido. Eles devem ser capazes de nos mostrar o real estado de um processo produtivo, de bens ou serviços, e de monitorar seus aspectos críticos. Enfim, um indicador fornece informações relevantes para a avaliação de uma determinada situação. Podemos utilizar o conceito de desempenho para verificar diversos aspectos de um sistema de produção, dependendo de nossa necessidade de análise em determinado momento:

- Verificar se estamos utilizando adequadamente um recurso de produção, mas sem examinar se a quantidade do produto produzido está de acordo com o que foi planejado, ou seja, o foco é nas *Entradas* do sistema de produção.
- Verificar se estamos atingindo a quantidade de produtos programada, não importando se os recursos produtivos estão sendo bem empregados ou não, ou seja, o foco é nas *Saídas* do sistema de produção.
- Verificar se para a quantidade de produto produzido está sendo utilizada uma quantidade de recursos compatível, ou seja, o foco é no processo produtivo de um sistema de produção: uma relação entre *Saídas* e *Entradas*.
- Ampliar ainda mais as possibilidades de comparação ao introduzir valores monetários em nossa análise. Podemos comparar se:
  - A lucratividade da empresa está atingindo os valores desejados pelos acionistas;
  - Os custos estão de acordo com o que foi orçado; ou
  - As metas de vendas estão sendo cumpridas.

Utilizando uma linguagem figurada, o conceito de desempenho pode ser comparado a um "guarda-chuva" debaixo do qual se abrigam vários tipos de indicadores, com cada um deles podendo ser aplicado de dezenas ou centenas de maneiras diferentes dependendo da necessidade de medição do gestor.

FIGURA 2.2: DESEMPENHO É UM CONCEITO MUITO GERAL

AUTOR / CONCEITO	DRUCKER, P.	SINK, D.	ISO	ARNOLD, T.	SLACK, N.
Eficácia	Fazer a coisa certa	$\dfrac{\text{Saída Real}}{\text{Saída Planejada}}$	$\dfrac{\text{Resultado Alcançado}}{\text{Resultado Planejado}}$	-	-
Eficiência	Fazer certo a coisa	$\dfrac{\text{Entrada Real}}{\text{Entrada Planejada}}$	$\dfrac{\text{Resultado Alcançado}}{\text{Recursos Utilizados}}$	$\dfrac{\text{Horas padrão produzidas}}{\text{Horas efetivamente trabalhadas}}$	$\dfrac{\text{Produção Real}}{\text{Produção Padrão}}$
Produtividade	Fazer certo a coisa certa	$\dfrac{\text{Saídas}}{\text{Entradas}}$	$\dfrac{\text{Resultado Alcançado}}{\text{Recursos Utilizados}}$	-	$\dfrac{\text{Produto}}{\text{Insumo}}$
Utilização	-	-	$\dfrac{\text{Recursos Utilizados}}{\text{Recursos Planejados}}$	$\dfrac{\text{Horas efetivamente trabalhadas}}{\text{Horas disponíveis para produção}}$	$\dfrac{\text{Tempo Ativado}}{\text{Tempo Disponível}}$

FIGURA 2.3: COMPARAÇÃO ENTRE REFERÊNCIAS BIBLIOGRÁFICAS SOBRE
EFICIÊNCIA, EFICÁCIA, PRODUTIVIDADE E UTILIZAÇÃO

CAPÍTULO 2: O CONCEITO DE DESEMPENHO

DISCUSSÃO:
EFICIÊNCIA, EFICÁCIA E PRODUTIVIDADE SÃO EXATAMENTE O QUE VOCÊ QUISER QUE SEJAM!

Observando a Figura 2.2 notamos que são utilizados diversos nomes de indicadores os quais, embora pareçam claros, a experiência em docência mostra que cada um deles deve ser bem definido para que todos os interlocutores saibam exatamente o que cada um deles significa. Todos esses termos têm uma interpretação e uma fórmula de cálculo diferentes de empresa para empresa, e, se pesquisarmos na literatura, também diferem de autor para autor. Para comprovar isso, fizemos uma revisão bibliográfica em três fontes diferentes e as comparamos, chegando à conclusão de que, se não cuidarmos da homogeneização dos conceitos, uma reunião de acompanhamento do desempenho de uma empresa pode se tornar uma grande confusão. A Figura 2.3 mostra como cada referência pode interpretar o conceito de eficácia, eficiência, produtividade e utilização à sua maneira, de modo que podemos dizer que "eficiência, eficácia e produtividade são exatamente o que você quiser que sejam!

Peter Drucker, em seu livro *O Gerente Eficaz*, utiliza um jogo de palavras para explicar os conceitos. Para esse autor:

Eficácia é fazer a coisa certa (*do the right things*). Ele argumenta que a "coisa" a ser feita não está definida previamente e deve-se escolher a melhor entre várias opções. Em suma, interessa se o objetivo foi atingido sem importar a maneira (certa ou errada) com que foi feita ou o quanto de recursos será utilizado. Importa o resultado alcançado e não os meios para consegui-lo.

Eficiência é fazer certo a coisa (*do the things right*). O argumento está em fazer corretamente algo que já está definido, não importando se a "coisa" está certa ou errada. Assim, pode-se dizer que uma secretária que faz corretamente aquilo que está definido (telefona para tal pessoa, digita tal texto, marca tal reunião, etc.) é eficiente. Não importa se a "coisa" de que foi encarregada de fazer está certa ou errada. Neste caso, importa que o meio utilizado para atingir o resultado esteja correto, não importando se o resultado é adequado ou não.

Produtividade é fazer certo a coisa certa. Não se atribui a Drucker tal conceito mas ele é obtido juntando os dois conceitos anteriores. Ser produtivo significa obter o melhor resultado utilizando os meios corretos para obtê-lo. Neste caso, importa tanto o resultado quanto o meio utilizado.

D. Scott Sink, em *Productivity management: planning, evaluation, control, and improvement*, utiliza fórmulas didáticas para explicar o que entende por cada um dos conceitos:

DESEMPENHO É UM CONCEITO MUITO AMPLO

Eficácia é definida como a relação entre *Saída Real* e *Saída Planejada*. Segundo esse autor, interessa se o produto foi produzido conforme a expectativa ou planejamento realizado. Neste caso, não há referência quanto ao uso de recursos ou "Entradas" do processo produtivo.

Eficiência é definida como a relação entre *Entrada Real* e *Entrada Planejada*. O ponto principal nesse conceito é se os recursos estão sendo utilizados, não importando se o produto é correto ou necessário.

Produtividade é definida como a relação entre a *Saída* de produtos fabricados e a *Entrada* ou uso de recursos. Para o autor, a produtividade está em obter os produtos necessários (Saída) com o uso adequado de recursos produtivos (Entrada).

A norma ISO 9000 utiliza conceitos qualitativos mas que podem ser interpretados em fórmulas didáticas. Para a ISO:

Eficácia é definida como a "extensão na qual as atividades planejadas são realizadas e os resultados alcançados". Como foca em resultados, não considerando os recursos, podemos concluir que concorda com a interpretação de D.S. Sink ou a relação entre *Saída Real* e *Saída Planejada*.

Eficiência é definida como a "relação entre o resultado alcançado e os recursos utilizados". Confirmando a diversidade de interpretações, este conceito diverge do que D.S. Sink defende como *Eficiência* mas concorda com o mesmo autor no conceito de *Produtividade*: a relação entre *Saída* e *Entrada*.

Produtividade não tem uma definição clara na norma ISO 9000 mas, pelo uso do termo em *Guides* (guias que explicam os fundamentos e vocabulário utilizados nos requisitos para um sistema de gestão da qualidade), verificamos que é utilizada no mesmo sentido de *Eficiência*. Ou seja, para a ISO, *Eficiência* e *Produtividade* são sinônimos.

Utilização também não tem uma definição explícita na norma mas, na análise dos textos contidos nos *Guides*, o significado do termo é relacionado com a *Taxa de Utilização dos Recursos* ou a relação entre a *Entrada Real* e a *Entrada Planejada* ou *Disponibilizada*.

CAPÍTULO 2: O CONCEITO DE DESEMPENHO

J. R. Tony Arnold, junto com Stephen N. Chapman e Lloyd M. Clive em *Introduction to Materials Management*, livro texto para o exame de certificação inicial da APICS (*American Production and Inventory Control Society*), utiliza as medidas no contexto de medição de capacidade de processos produtivos. Os autores defendem que, embora as saídas dos processos produtivos possam ser medidas em diversas unidades (toneladas, litros, peças, etc), uma unidade comum para todos os produtos é o *tempo*. Assim, *tempo padrão* é o conteúdo de trabalho de um produto expresso como o tempo requerido para fabricar o produto utilizando um dado método de manufatura. Baseado nessa unidade, eles definem:

Eficiência: em um determinado centro de trabalho, este conceito é definido como a razão entre horas padrões produzidas e horas efetivamente trabalhadas. Por tal definição, a eficiência pode ser maior do que 100% se o ritmo de trabalho for maior do que o ritmo padrão estabelecido. Nota-se aqui uma nova divergência de conceito, uma vez que para a ISO essa seria uma definição de utilização, dado que horas de produção é um recurso produtivo.

$$\text{Eficiência} = \frac{\text{Horas Padrão Produzidas}}{\text{Horas Efetivamente Trabalhadas}}$$

Utilização: conceito definido como a razão entre as horas efetivamente trabalhadas e as horas disponíveis para produção em um determinado centro de trabalho.

$$\text{Utilização} = \frac{\text{Horas Efetivamente Trabalhadas}}{\text{Horas Disponíveis para Produção}}$$

Nigel Slack, Stuart Chambers e Robert Johnston, autores do livro *Administração da Produção*, têm outra interpretação sobre os conceitos de eficiência, eficácia e utilização:

Eficiência: definida como a relação entre a produção real e um determinado padrão. Desse modo, a eficiência mede as perdas ou ganhos em um processo, aceitando resultados maiores do que 1 (ou 100%).

$$\text{Eficiência} = \frac{\text{Produção Real}}{\text{Produção Padrão}}$$

Produtividade: razão entre produto e insumo. A produtividade multifatorial total é geralmente medida em unidades monetárias (valor em moeda do produto dividido pelo custo de todos os insumos). Produtividade parcial é medida com base em um insumo individual, sendo a mão de obra o mais comum (SLACK, CHAMBERS E JOHNSTON, 2009).

$$\text{Produtividade} = \frac{\text{Produto}}{\text{Insumo}}$$

DESEMPENHO É UM CONCEITO MUITO AMPLO

Utilização: medida da ativação real de um recurso, ou seja, a relação entre o tempo ativado de um recurso pelo tempo disponível para utilização deste recurso.

$$\text{Utilização} = \frac{\text{Tempo Ativado}}{\text{Tempo Disponível}}$$

Se observamos a Figura 2.3, cada autor define *Eficiência* de uma maneira diferente. É fácil verificar que, em uma reunião em que cada participante tiver uma definição diferente sobre o mesmo conceito, dificilmente haverá uma compreensão adequada sobre o problema e suas possíveis soluções.

Em resumo, é essencial que todos tenham o mesmo entendimento sobre um conceito antes de começar a discutir suas consequências. E isso nem sempre é feito. O resultado previsível é um grande desentendimento entre os participantes e uma reunião ineficaz.

Apesar da disparidade que verificamos na literatura sobre indicadores de desempenho, vamos conceituar quatro termos que aparecem sob o "guarda--chuva" do conceito de desempenho: *eficácia, eficiência, produtividade e utilização*. Vamos defini-los e utilizar essa definição daqui para frente. Provavelmente, nas aplicações em cada empresa, os nomes dos indicadores serão diferentes dos que vamos utilizar neste livro. No entanto, didaticamente, é a única maneira de resolvermos o impasse vindo da literatura. Então, daqui para a frente, utilizaremos a seguinte nomenclatura:

- **Eficácia:** Relação entre real e planejado dos resultados obtidos pelo processo produtivo

$$\text{Eficácia} = \frac{\text{Saída Real}}{\text{Saída Planejada}} = \frac{\text{Saída Real}}{\text{Saída Disponibilizada}} = \frac{\text{Saída Real}}{\text{Saída Esperada}}$$

Um indicador de *Eficácia* está relacionado com os resultados sem considerar quais foram o esforço ou os recursos utilizados para obter esse resultado que recebe o nome de *Saída Real*: nº de peças fabricadas, faturamento obtido, toneladas de polímero aprovado para comercialização, etc., com essas quantidades sendo obtidas pelo *Sistema de Informação* da empresa, que precisa estar preparado para coletar esses dados.

A *Saída Planejada (ou Saída Esperada ou Saída Disponibilizada)* pode ser obtida por meio de orçamentos, Programa Mestre de Produção (PMP), objetivos estratégicos ou operacionais e suas respectivas metas colocadas pela direção da empresa, etc. Usa-se o termo *Saída Disponibilizada* porque parte das saídas pode ser retida em um estágio ou fase posterior ao processo produtivo, impedindo sua efetiva comercialização. Por exemplo, o processo produtivo disponibiliza produtos para o Controle de Qualidade, o qual pode aprová-los ou não; o Controle de Qualidade disponibiliza produtos

CAPÍTULO 2: O CONCEITO DE DESEMPENHO

aprovados para o Estoque de Produtos Acabados que podem ser danificados ou não antes da entrega ao cliente.

Podemos colocar, então, que os indicadores de *Eficácia* são *sempre expressos em %* e medem os desperdícios que ocorrem após o produto ser fabricado (desperdícios por defeitos, desperdícios por danos ou desperdícios diversos que levaram o processo produtivo a não cumprir a Programação de Produção.

- **Utilização:** Relação entre real e planejado dos recursos utilizados no processo produtivo:

$$\text{Utilização} = \frac{\text{Entrada Real}}{\text{Entrada Planejada}} = \frac{\text{Entrada Real}}{\text{Entrada Disponibilizada}}$$

Um indicador de *Utilização* ou *Taxa de Uso* está relacionado ao uso adequado de recursos ao observar se o resultado que foi gerado a partir do uso que foi feito está correto ou não.

A *Entrada Real* é a quantidade de recursos que a empresa efetivamente utilizou no processo produtivo e é obtida por meio de planilhas de apontamento de uso de recursos produtivos como horas-máquina, número de funcionários, horas-homem ou toneladas de insumos.

Entradas Planejadas ou Entradas Disponibilizadas são os recursos que a empresa pretende utilizar em um determinado período de tempo. Esses valores são, normalmente, fornecidos por orçamentos ou pelo Setor de Custos da empresa que fornecem limites máximos ou mínimos aos quais os departamentos produtivos devem se adequar. Usa-se o termo *Entradas Disponibilizadas* porque parte dos recursos produtivos pode ser retida em um estágio ou fase anterior ao processo produtivo. Por exemplo, nem todas as horas pagas para os funcionários de uma empresa estão disponibilizadas para uso na fábrica. Parte das horas pagas não podem ser utilizadas por questões legais — descanso semanal remunerado (DSR), férias, dispensas médicas, etc.

Uma medição de *Utilização* muito usada pelas empresas é a *ociosidade* de seus equipamentos. Note que a busca exagerada por redução da ociosidade pode, sem uma análise mais profunda, levar a empresa a produzir bens e serviços que não são demandados pelos clientes, simplesmente para manter os equipamentos funcionando. Do mesmo modo, para evitar ser considerado um funcionário ocioso, um colaborador pode realizar tarefas que não agregam valor ao produto final, simplesmente para se manter ocupado aos olhos do chefe.

Podemos colocar, então, que os indicadores de *Utilização* são *sempre expressos em %* e medem os desperdícios que ocorrem nos recursos produtivos à disposição da empresa (desperdícios por motivos legais, por leniência na administração da mão de obra, por manutenção corretiva dos equipamentos, por excesso de tempo de set up, etc.).

- **Eficiência ou Produtividade:** Relação entre o resultado alcançado pelo processo produtivo em relação aos recursos utilizados para alcançar esse resultado. Note que esses dois termos serão utilizados como *sinônimo* neste livro.

DESEMPENHO É UM CONCEITO MUITO AMPLO

$$\text{Eficiência ou Produtividade} = \frac{\text{Saída}}{\text{Entrada}}$$

A *Eficiência ou Produtividade* preenche a lacuna que os dois indicadores anteriores deixaram em aberto: produzir uma *Saída* compatível com a *Entrada*, ou seja, os recursos utilizados. Nos casos anteriores, pode-se chegar a conclusões erradas somente observando o uso dos recursos sem analisar se o resultado é adequado aos objetivos da empresa, ou então, por verificar que estamos conseguindo atingir nossos objetivos de produção e vendas mas utilizando um volume muito grande de recursos físicos e financeiros que podem comprometer o desenvolvimento da empresa no médio e longo prazo.

Todos esses indicadores podem ser representados em uma linguagem visual como na Figura 2.4. Neste caso, utilizamos as nomenclaturas clássicas de Entradas e Saídas para representar o que é utilizado e o que é produzido em um sistema de produção.

FIGURA 2.4: INDICADORES DE EFICÁCIA, EFICIÊNCIA E UTILIZAÇÃO USANDO NOMENCLATURA CLÁSSICA: ENTRADAS E SAÍDAS

A nomenclatura clássica é mais utilizada em artigos acadêmicos. Nossa experiência, ao ministrar cursos para empresas, verifica haver certa dificuldade em associar tais conceitos à rotina diária de resolução de problemas de produção. Para que isso deixasse de ser um empecilho ao perfeito entendimento dos alunos, adotamos outra nomenclatura que tornou mais compreensíveis os conceitos de *Entrada* e *Saída* de um sistema de produção:
- O termo *Entradas* passou a ser denominado de *Recursos* que a empresa utiliza.
- O termo *Saídas* passou a ser denominado de *Produtos* que a empresa fabrica ou comercializa.

CAPÍTULO 2: O CONCEITO DE DESEMPENHO

À primeira vista, parece uma alteração sem muita importância, mas a retirada de uma abstração acadêmica facilitou muito o entendimento dos conceitos. Tomemos uma quantidade de determinado item, por exemplo, *horas-homem*. Para saber se são *Entradas* ou *Saídas*, basta encaixar em uma das duas opções:

- Se a empresa *utiliza horas-homem* em seu processo produtivo, então é um *Recurso* (ou *Entrada* na nomenclatura clássica).
- Se a empresa *vende horas-homem* então é um *Produto* (ou *Saída* na nomenclatura clássica).

Adaptando a definição dos indicadores de desempenho estudados até agora para esta nova nomenclatura não clássica, podemos colocar da seguinte maneira:

$$\frac{\text{Eficiência da linha}}{\text{de montagem}} = 1 - \frac{\text{horas paradas}}{\text{horas decididas + horas extras – horas manutenção preventiv}}$$

$$\text{Utilização} = \frac{\text{Recurso Utilizado}}{\text{Recurso Disponibilizado}} = \frac{\text{horas-homem disponíveis}}{\text{horas-homem pagas}}$$

$$\text{Utilização} = \frac{\text{Recurso Utilizado}}{\text{Recurso Disponibilizado}} = \frac{\text{horas-homem trabalhadas}}{\text{horas-homem disponíveis}}$$

Assim, conforme podemos verificar na Figura 2.5, a definição também pode ser analisada utilizando uma linguagem visual bastante parecida com a figura anterior, apenas trocando os termos utilizados.

Figura 2.5: Indicadores de Eficácia, Eficiência e Utilização usando a nomenclatura Produtos e Recursos

DESEMPENHO É UM CONCEITO MUITO AMPLO **35**

Resumindo a literatura, a Figura 2.6 pode esclarecer alguns pontos que discutimos até aqui. *Eficácia, Produtividade e Utilização* encontram uma certa conformidade entre os autores. O termo *Eficiência* é o que traz maior diversidade de interpretação: algumas referências o colocam como sinônimo de *Utilização* e outros como sinônimo de *Produtividade*. Neste livro, mas deixando que cada leitor adote a interpretação mais adequada, *Eficiência* é sinônimo de *Produtividade*.

INDICADOR	FUNÇÃO
Eficácia	Mede o volume de produção realizada em relação à produção planejada sem considerar o volume de uso de recursos
Utilização	Mede o volume utilizado de recursos de produção em relação ao volume teórico sem considerar se o produto fabricado atinge o objetivo planejado
Produtividade	Mede o volume de produto fabricado em relação ao uso de recursos utilizados para a fabricação
Eficiência	Significa Produtividade ~~Significa Utilização~~

FIGURA 2.6: INTERPRETAÇÕES DE EFICÁCIA, EFICIÊNCIA, PRODUTIVIDADE E UTILIZAÇÃO NA LITERATURA

Por enquanto, esses indicadores são suficientes para as análises iniciais de desempenho. Ao longo do livro, vamos introduzir mais alguns conceitos que podem ser enquadrados dentro destes três tipos: *Eficiência, Eficácia e Utilização*. As diferenças principais surgirão quando:

- Separarmos as *Saídas* e *Entradas* em quantidades físicas (Kg, litros, nº de peças) e quantidades monetárias (R$, US$, etc), dando lugar a indicadores de *Economicidade, Lucratividade, Orçamentalidade, Custeio*, etc.
- Compararmos os indicadores com o *Benchmark*, ou a referência do mercado para determinado processo produtivo, surgindo os indicadores de *Excelência*.
- Medirmos o efeito do resultado do processo produtivo de uma empresa na sociedade ou no mercado em que atua, teremos indicadores de *Efetividade*.

CAPÍTULO 2: O CONCEITO DE DESEMPENHO

Nota-se claramente que esses indicadores são casos particulares dos três tipos de indicadores já estudados e, por isso mesmo, vamos deixar de nos aprofundar neles, por enquanto, até que se faça necessário.

APLICAÇÃO DE CONCEITO:
CÁLCULO DA EFICIÊNCIA DA LINHA DE MONTAGEM DE UMA MONTADORA DE VEÍCULOS

A maioria das indústrias automobilísticas utiliza como indicador de Eficiência da linha de montagem uma fórmula que é baseada apenas na unidade *horas* com referência aos equipamentos da linha de produção:

$$\text{Eficiência da linha de montagem} = 1 - \frac{\text{horas paradas}}{\text{horas decididas} + \text{horas extras} - \text{horas manutenção preventiva}}$$

Verifica-se que o uso do termo Eficiência está relacionado com a Utilização dos equipamentos da linha de montagem uma vez que não considera qual foi a produção realizada naquele período. Ou seja, a Eficiência não varia, independentemente da velocidade da linha de montagem ser maior (o que geraria mais carros montados) ou menor (o que geraria menos carros montados) e nem problemas com qualidade que afetam o número de veículos montados.

ANÁLISE DE INDICADORES DE UTILIZAÇÃO: MEDIDA DE DESPERDÍCIOS DE RECURSOS

Um recurso produtivo, desde sua aquisição até sua incorporação, de maneira direta ou indireta, no produto acabado produzido pela empresa, pode ser desperdiçado, ou seja, parte dele não é incorporado, de alguma forma, no produto final. Alguns recursos produtivos são mais fáceis de serem identificados no produto final: horas-homem, pela contratação de mão de obra; quilogramas de reagentes, pela compra de matéria-prima; ou horas-máquina, pela compra ou locação de equipamentos. Outros recursos não são tão evidentes mas ajudam a empresa a aumentar o valor da venda, como as atividades ligadas ao Marketing que auxiliam a empresa a conseguir um preço de venda maior pelo valor que a marca do produto transmite ao cliente. Outros recursos simplesmente desaparecem no emaranhado de processos que a empresa possui, e pouca, ou mesmo nenhuma parte deles, auxilia a empresa a agregar valor no produto final.

ANÁLISE DE INDICADORES DE UTILIZAÇÃO... **37**

Para que fique claro, definimos como *agregação de valor* no produto acabado, bens ou serviços, tudo aquilo que o cliente percebe e remunera, ou seja, que o cliente paga por aquilo que percebeu (valor de troca). A agregação de valor pode ter foco no acionista, portanto, um recurso pode ser empregado na redução do custo total de determinado produto, gerando mais lucro aos acionistas.

Tomemos como exemplo um fictício *Departamento de Assessoria em Assuntos Especiais* que tem a função de elaborar estudos estratégicos de promoção do alinhamento estrutural da empresa em face das inovações tecnológicas setoriais. O leitor já deve perceber que estamos falando do que é conhecido nas empresas por *Assessoria em Coisa Nenhuma*. Este é um exemplo, infelizmente não tão fictício, de que há grande probabilidade de que nenhuma parte dos recursos aplicados nesse Departamento chegue a agregar valor, seja para o cliente, seja para o acionista.

No caso específico do recurso produtivo MO (mão de obra), ao contratarmos um funcionário fica acertado um determinado número de horas no mês pelas quais deverá ser remunerado, que denominamos de *horas pagas ou horas contratadas*. A legislação trabalhista de cada país determina qual é o número dessas horas; no Brasil, é de 220 horas mensais por trabalhador. Entretanto, a legislação determina também outros itens que subtraem um considerável número dessas horas que são pagas mas que o funcionário não está disponível na empresa para trabalhar: o número de dias de férias por ano; os feriados quando não trabalhará na empresa; o DSR – Descanso Semanal Remunerado, etc.

Essas horas-homem não podem ser consideradas propriamente um desperdício porque cada país é soberano para definir quais são esses limites e a sociedade, por meio dos legisladores, aceita esses limites. No entanto, comparando com outros países, podemos notar que os números variam de tal modo que os descontos das horas pagas podem ser maiores ou menores. Dados confirmam que, em relação aos Estados Unidos:

- Na Alemanha e França trabalha-se quase 400 horas a menos por ano.
- Na Itália e no Reino Unido, a diferença é de menos 200 horas, aproximadamente.
- Em Portugal, a diferença é de menos cem horas, aproximadamente.
- Na Coreia do Sul, no sentido oposto do que se encontra na Europa, um trabalhador tem um horário anual superior em mais de 500 horas ao de um funcionário americano.

Além das questões trabalhistas, sobre as quais as empresas têm pouca ou nenhuma possibilidade de ação corretiva, os desperdícios de horas-homem de-

CAPÍTULO 2: O CONCEITO DE DESEMPENHO

vem-se às normas internas praticadas pela empresa em relação ao tratamento dispensado aos funcionários quanto ao comparecimento aos postos de trabalho. Essas normas, também conhecidas como Políticas de Recursos Humanos, levam a um maior ou menor número de horas-homem que podem ser utilizadas pelos setores produtivos da empresa dependendo:

- Da rigidez com que se tratam os atrasos dos funcionários na entrada de seu turno de trabalho.
- Da condescendência com que se permitem saídas antecipadas.
- Do aceite dos motivos de faltas não previstas na legislação.
- Da concessão de períodos livres de comparecimento ao posto de trabalho por iniciativa da empresa para que os funcionários possam tratar de assuntos particulares.
- Da concessão de intervalos formais para café ou lanches no meio do expediente.

Das horas-homem que são disponíveis para serem utilizadas pela produção, nem todas serão efetivamente trabalhadas. Isso porque, no processo produtivo, também ocorrem desperdícios desse recurso, causando ociosidade da mão de obra com funcionários sem desenvolver nenhuma atividade produtiva quando há paradas na produção:

- Por falta de matéria-prima.
- Por falta de energia.
- Por quebra de equipamentos.
- Por preparação de equipamento para produzir um novo lote.
- Por falta de Ordens de Serviço ou Ordens de Fabricação expedidas pelo PCP.
- Por falta de demanda do produto acabado.

Seguindo o mesmo argumento, nem todas as horas-homem trabalhadas e que foram incorporadas a um produto acabado, bem ou serviço, poderão ser vendidas, uma vez que há uma possibilidade de esse produto acabado estar com defeito. Desse modo, os desperdícios podem ser de dois tipos:

- Retrabalhos: gasto adicional de horas-homem para retrabalhar o produto e deixá-lo em condições de ser vendido.
- Refugo: todas as horas-homem incorporadas ao produto que foi refugado são perdidas, assim como todos os outros recursos incorporados a ele.

A Figura 2.7 sintetiza visualmente o que foi discutido até aqui. Ela mostra como os recursos adquiridos no mercado fornecedor de MO podem ser significativamente reduzidos se cada setor da empresa não coloca esforços para diminuir os desperdícios sob sua responsabilidade.

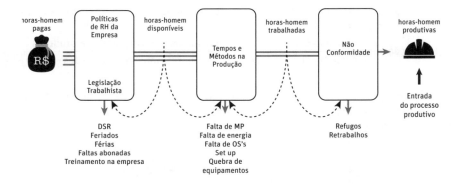

FIGURA 2.7: DESPERDÍCIOS DO RECURSO HORA-HOMEM

Baseados na análise que acabamos de fazer em relação aos desperdícios de MO que podem ocorrer nos diversos setores da empresa, vamos aplicar essa discussão na elaboração de indicadores de Utilização. Retomando o conceito de indicadores de desempenho (realizado pela operação em relação ao objetivo do gestor) nota-se que, pela Figura 2.7, o objetivo do gestor é minimizar os desperdícios em cada uma das atividades que lidam com esse recurso:

- O objetivo do gestor de RH é que todas as horas-homem pagas disponibilizadas possam ser utilizadas na Produção. Assim, para o RH:
    - Recurso disponibilizado: horas-homem pagas.
    - Recurso utilizado: horas-homem disponíveis (para a Produção).

$$\text{Utilização} = \frac{\text{Recurso Utilizado}}{\text{Recurso Disponibilizado}} = \frac{\text{horas-homem disponíveis}}{\text{horas-homem pagas}}$$

- O objetivo do gestor da Produção é que todas as horas-homem disponíveis sejam efetivamente trabalhadas pelos funcionários. Assim, para a Produção:
    - Recurso disponibilizado: horas-homem disponíveis (para a Produção).
    - Recurso utilizado: horas-homem trabalhadas ou utilizadas (na Produção).

$$\text{Utilização} = \frac{\text{Recurso Utilizado}}{\text{Recurso Disponibilizado}} = \frac{\text{horas-homem trabalhadas}}{\text{horas-homem disponíveis}}$$

- O objetivo do gestor do Controle da Qualidade é que todas as horas-homem trabalhadas e incorporadas aos produtos acabados pela Produção possam ser vendidas

CAPÍTULO 2: O CONCEITO DE DESEMPENHO

pela comercialização de produtos aprovados para comercialização. Assim, para o Controle da Qualidade:

- Recurso disponibilizado: horas-homem trabalhadas ou utilizadas (na Produção).
- Recurso utilizado: horas-homem incorporadas aos produtos aprovados para comercialização.

$$\text{Utilização} = \frac{\text{Recurso Utilizado}}{\text{Recurso Disponibilizado}} = \frac{\text{horas-homem incorporadas a produtos}}{\text{horas-homem trabalhadas}}$$

Retomando o conceito de processo, na Figura 2.8 verifica-se como um recurso é considerado utilizado na atividade anterior, mas, ao mesmo tempo, é recurso disponível para a atividade seguinte.

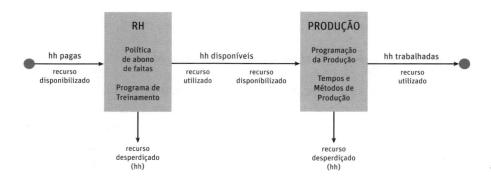

FIGURA 2.8: INDICADORES DE UTILIZAÇÃO: RECURSOS UTILIZADOS E RECURSOS DISPONIBILIZADOS

ANÁLISE DE INDICADORES DE EFICÁCIA: MEDIDA DOS DESPERDÍCIOS DE PRODUTOS

Assim como os recursos produtivos podem ser desperdiçados, os produtos acabados, bens ou serviços, também podem ter o mesmo destino. Isso pode ocorrer em diversas atividades do processo produtivo, conforme mostra a Figura 2.9.

ANÁLISE DE INDICADORES DE UTILIZAÇÃO...

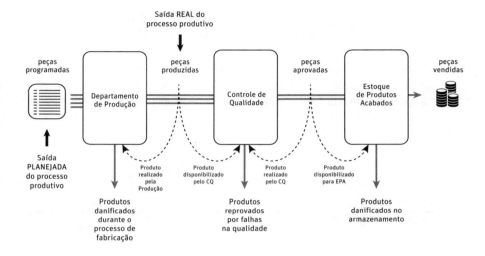

FIGURA 2.9. DESPERDÍCIOS DE PRODUTOS ACABADOS OCORRENDO EM DIVERSAS ATIVIDADES DO PROCESSO PRODUTIVO

Podemos observar que o produto acabado, ao ser manuseado por diversos setores dentro da empresa, sofre perdas que podem ser medidas por indicadores de eficácia, por exemplo:

- O objetivo do gestor de Produção é cumprir a Programação da Produção definida pelo PCP, caso contrário ele terá que diagnosticar qual o problema ocorrido e colocar uma ação corretiva. Assim, para a Produção:
  - ◆ Produto esperado: todas as peças programadas pelo PCP são produzidas pela Produção no período considerado.
  - ◆ Produto realizado: peças produzidas efetivamente pela Produção no período considerado.

$$\text{Eficácia} = \frac{\text{Produto Realizado}}{\text{Produto Esperado}} = \frac{n^{\underline{o}} \text{ de peças produzidas}}{n^{\underline{o}} \text{ de peças programadas}}$$

- O objetivo do gestor do Controle da Qualidade é que todas as peças que forem produzidas (disponibilizadas para o Controle da Qualidade) sejam aprovadas segundo os requisitos especificados da qualidade, caso contrário ele terá que diagnosticar qual o problema ocorrido e colocar uma ação corretiva. Assim, para o Controle da Qualidade:
  - ◆ Produto esperado: todas as peças produzidas pela Produção são aprovadas pelo Controle da Qualidade.
  - ◆ Produto realizado: as peças efetivamente aprovadas pelo Controle da Qualidade.

CAPÍTULO 2: O CONCEITO DE DESEMPENHO

$$\text{Eficácia} = \frac{\text{Produto Realizado}}{\text{Produto Esperado}} = \frac{n^{\circ} \text{ de peças aprovadas}}{n^{\circ} \text{ de peças produzidas}}$$

Do mesmo modo que estudamos o conceito de *Utilização* pelo conceito de processo, vamos utilizá-lo para analisar o conceito de Eficácia. Na Figura 2.10 podemos verificar que o que é considerado *Produto Realizado* para uma atividade anterior é considerado *Produto Esperado* para a atividade seguinte. A diferença entre eles são as perdas associadas a cada uma das áreas analisadas:

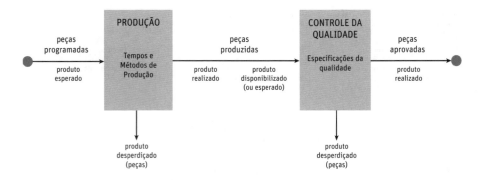

FIGURA 2.10. PERDAS DE PRODUTOS ACABADOS EM DIVERSAS ATIVIDADES EXERCIDAS PELA EMPRESA

Como conclusão, podemos verificar na Figura 2.11 que, do ponto de vista da empresa, são considerados *Recursos* produtivos os itens que são monitorados antes de entrarem no processo produtivo. Por sua vez, são considerados *Produtos* todos os itens que são monitorados após saírem do processo produtivo.

PRODUTIVIDADE É SINÔNIMO DE EFICIÊNCIA   43

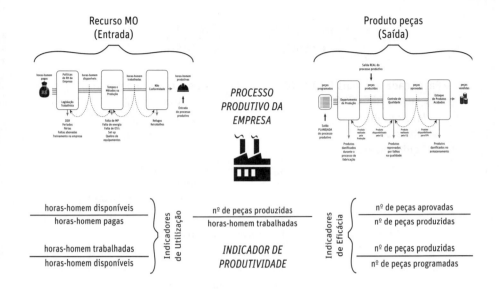

FIGURA 2.11: ENTRADAS E SAÍDAS DO PROCESSO PRODUTIVO: VISÃO DA EMPRESA

Os indicadores de *Utilização* medem os desperdícios sofridos pelos *Recursos* e são sempre expressos em %. Os indicadores de *Eficácia* medem os desperdícios sofridos pelos *Produtos* fabricados e também são sempre expressos em %. Os indicadores de *Eficiência ou Produtividade* comparam os *Produtos* com os *Recursos* produtivos utilizados na fabricação e *nunca são expressos em %*.

PRODUTIVIDADE É SINÔNIMO DE EFICIÊNCIA

Já alertamos nas páginas anteriores que adotamos essa nomenclatura para poder discutir as aplicações de medição de desempenho tendo toda uma base comum. Em algumas empresas, *Eficiência* não será sinônimo de *Produtividade*, mas insistimos que estamos utilizando uma nomenclatura que é mais aceita em normas reconhecidas internacionalmente, como a ISO 9000, e na maioria das referências bibliográficas. A Figura 2.12 traz algumas considerações importantes sobre esse conceito:

44 CAPÍTULO 2: O CONCEITO DE DESEMPENHO

$$\text{Produtividade} = \frac{\text{Produto}}{\text{Recurso}}$$
ou Eficiência

- Fazer cada vez mais PRODUTO com cada vez menos RECURSOS
  - ✓ Mão de Obra
  - ✓ Material
  - ✓ Equipamento

- Sem comprometer a:
  - ✓ QUALIDADE
  - ✓ SEGURANÇA
  - ✓ MEIO AMBIENTE

- Primeiro define-se o *objetivo* e depois elabora-se o *indicador*

FIGURA 2.12: CONCEITO DE PRODUTIVIDADE E RESTRIÇÕES PARA MELHORIA

Para melhorar a produtividade ou eficiência de um processo produtivo, o foco está em fazer cada vez mais produtos com cada vez menos recursos de mão de obra, materiais e equipamentos. No entanto, a busca pela melhoria da produtividade não pode ferir as restrições de qualidade do produto nem comprometer a segurança dos operadores. Um projeto de melhoria de produtividade que reduz a qualidade ou coloca em risco os operadores não pode ser considerado um projeto válido e deve ser, imediatamente, descartado.

Um problema que temos ao elaborar indicadores de Eficiência está no que se considera *Recursos*. Os Recursos podem ser divididos em dois grandes grupos:

- Recursos econômicos: expressos em unidades monetárias (R\$, US\$, etc), medem o montante de valores financeiros utilizados para adquirir os recursos físicos que serão utilizados no processo produtivo.

- Recursos físicos: bens materiais e serviços que são incorporados, de alguma maneira, aos produtos acabados ou que são gastos para suportar sua produção. Os recursos físicos podem ser de três tipos básicos: MO, MP e EQ e cada um deles é medido por uma unidade diferente, inviabilizando, portanto, sua soma.

MO: hora-homem, n° de funcionários

+

MP: Kh, l, m^3, m^2, n° de peças

+

EQ: hora-máquina, capacidade de produção

$$\rule{6cm}{0.4pt}$$

?

PRODUTIVIDADE É SINÔNIMO DE EFICIÊNCIA   **45**

Assim, a elaboração de indicadores que levem em consideração todos os recursos físicos é inviável pelo fato de que não há como somá-los em função das diferentes unidades de medida. Concluímos, então, que somente podem ser elaborados indicadores de eficiência que considerem apenas um dos recursos físicos, algo que os limita, ou seja, permite mostrar apenas uma parte do problema analisado:

- Indicador de Eficiência de Mão de Obra:
  - ♦ Produto: peças aprovadas para comercialização, ou seja, o que a empresa produz.
  - ♦ Recurso: horas-homem trabalhadas no processo produtivo, ou seja, o que a empresa utiliza para produzir as peças.

$$\text{Eficiência ou Produtividade} = \frac{\text{Produto}}{\text{Recurso}} = \frac{\text{n}^{\text{o}} \text{ de peças aprovadas}}{\text{horas-homem trabalhadas}}$$

- Indicador de Eficiência de Materiais
  - ♦ Produto: n^{o} de hectolitros de cerveja engarrafada em determinado lote de fabricação.
  - ♦ Recurso: kg de malte consumido em determinado lote de fabricação de cerveja.

$$\text{Eficiência ou Produtividade} = \frac{\text{Produto}}{\text{Recurso}} = \frac{\text{n}^{\text{o}} \text{ de hectolitros de cerveja engarrafada}}{\text{kg de malte utilizado}}$$

Indicador de Eficiência de Equipamentos
- ♦ Produto: n^{o} de boletos de cobrança emitidos em uma empresa comercial.
- ♦ Recurso: horas-máquina de processamento em determinado *mainframe*.

$$\text{Eficiência ou Produtividade} = \frac{\text{Produto}}{\text{Recurso}} = \frac{\text{n}^{\text{o}} \text{ de boletos de cobrança emitidos}}{\text{horas-máquina de processamento}}$$

Conforme é discutido no Anexo I, o grupo MP (matéria-prima) não comporta apenas bens tangíveis, como reagentes e componentes, mas também serviços contratados de terceiros, energia elétrica, etc. Essa classificação foi adotada porque o comportamento do consumo desses itens no processo produtivo assemelha-se ao dos materiais. Tal maneira de analisar recursos tem suas limitações em razão do alto nível de agregação, mas torna-se mais simples quando aplicada ao conceito de indicadores de desempenho.

É importante que tenhamos claro que *Produtividade* é um conceito diferente de *Produção*. Enquanto a Produção é representada pela *Saída ou Produto* de um processo produtivo, a *Produtividade* é a relação entre *Saída ou Produto* e *Entrada ou Recursos*. Desse modo, podemos ter uma empresa com elevada *Produção* e baixa *Produtividade*, bem como uma empresa que apresenta baixa *Produção* e alta *Produtividade*. A Figura 2.13 mostra que não basta ter os melhores recursos:

CAPÍTULO 2: O CONCEITO DE DESEMPENHO

a melhor MO, a melhor MP e o melhor EQ (equipamento). Não é preciso que tenhamos a excelência nos recursos, mas apenas uma adequação deles ao produto a ser elaborado: MO adequada, MP adequada, EQ adequado, e uma Gestão dos Recursos adequada também, para que todos eles sejam utilizados e gerem um produto de conformidade com as especificações.

FIGURA 2.13: A IMPORTÂNCIA DA GESTÃO DOS RECURSOS PARA A MELHORIA DA PRODUTIVIDADE

Acho que não é difícil identificar certa seleção de futebol que tinha o melhor grupo de jogadores do mundo segundo a imprensa especializada, o melhor tratamento em termos de alimentação com cozinheiros especialmente contratados, altos salários pagos sem atraso, aviões fretados para o translado, quartos particulares para cada jogador em ótimos hotéis, campos de treinamento cuidadosamente selecionados e aparelhados, enfim, dotada dos melhores recursos para conseguir conquistar o campeonato mundial de futebol.

Contudo, a gestão desses recursos deixou a desejar ao considerar que a simples reunião dos melhores recursos daria um resultado adequado. Não deu. A derrota comprovou que recursos adequados gerenciados adequadamente promovem melhores resultados.

Mas a recíproca também é verdadeira: não basta um gerenciamento dos recursos excepcional se os recursos são ruins. Para ser um campeão da Fórmula 1, é preciso ser um bom piloto, porém, é necessário ter também um bom motor, caso contrário você apenas obterá boas colocações no campeonato.

DESEMPENHO FÍSICO E DESEMPENHO ECONÔMICO

A Figura 2.14 traz um ponto importante quanto ao conceito de *Saída* ou *Produto*. É uma dúvida frequente dos gestores se o que foi denominado de *Outras Saídas* também é considerado como *Produção*. A resposta é *Não*, uma vez que somente o que foi produzido e está alinhado ao objetivo da empresa pode ser considerado como Produção.

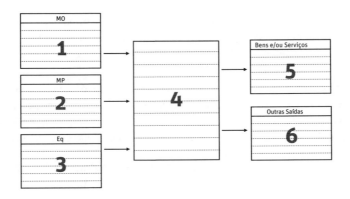

FIGURA 2.14: OUTRAS SAÍDAS NÃO É CONSIDERADO PRODUÇÃO

O argumento mais comum é que a empresa reaproveita os refugos, por exemplo, de vidro fora de especificação, em seu processo produtivo. Esse argumento não se sustenta porque, ao moer o vidro refugado e adicioná-lo novamente como matéria-prima, a empresa estará moendo todo o valor que foi adicionado na primeira passagem no processo produtivo: mão de obra e equipamentos.

Utilizando a Figura 2.14, temos:
- Recursos: [1] + [2] + [3]
- Processo produtivo: [4]
- Produção ou Saída: [5]
- Produtividade = $\dfrac{[5]}{[1]+[2]+[3]}$
- Perdas ou Desperdícios: [6]

DESEMPENHO FÍSICO E DESEMPENHO ECONÔMICO

Tratamos até agora de Produtos e Recursos utilizando unidades físicas (kg, l, n° de peças, etc) e percebemos que isso traz diversas dificuldades devido à impossibilidade de sua agregação para a elaboração de indicadores de desempenho de caráter gerencial. Temos, então, de obter uma maneira de somar os benefícios decorrentes da produção dos produtos e os gastos de recursos utilizados na produção.

A maneira mais utilizada de conseguir essa agregação é expressar as unidades de produtos e recursos em uma mesma unidade monetária. Para isso, é necessário:

- **Recurso econômico:** obtido pela multiplicação do consumo físico de recursos pelo valor com que tais recursos são inseridos nos produtos acabados. Esses valores são obtidos mediante o cálculo do Custo dos Produtos Vendidos (CPV), o qual inclui os custos de produção em processos anteriores ou o preço de compra desses recursos no mercado fornecedor.

- **Produto econômico:** obtido pela multiplicação dos preços unitários de venda para o mercado consumidor pela quantidade de produto acabado comercializado. Nesse caso, geralmente interessa considerar o preço sem os impostos que são embutidos no preço de venda, uma vez que a análise é feita pelo ponto de vista da empresa.

Na Figura 2.15, verificamos como os recursos econômicos representados por ($P_{mo} \cdot Q_{mo}$, $P_{mp} \cdot Q_{mp}$ e $P_{eq} \cdot Q_{eq}$) são transformados em quantidades físicas de recursos (Q_{mo}, Q_{mp} e Q_{eq}) utilizados pelo sistema produtivo para a elaboração de uma determinada quantidade de produto acabado (Q_{pa}) e, então, vendido e faturado pela empresa ($P_{pa} \cdot Q_{pa}$), transformando-se em produto econômico.

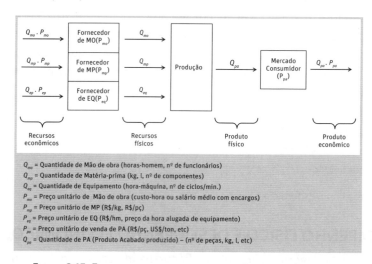

Figura 2.15: Enfoque de um sistema de produção físico e econômico

Podemos aplicar os conceitos de Eficiência ou Produtividade já estudados e os conceitos de recursos e produtos físicos e econômicos com a utilização de uma linguagem

DESEMPENHO FÍSICO E DESEMPENHO ECONÔMICO

matemática e das variáveis mostradas acima. O resultado dessa aplicação é o que se denomina:

$$\text{Eficiência Física} = \frac{\text{Produto Físico}}{\text{Recursos Físicos}} = \frac{\sum_i Q_{pai}}{\sum_k Q_{mok} + \sum_l Q_{mpl} + \sum_m Q_{eqm}}$$

$$\text{Eficiência Física} = \frac{\text{Produto Econômico}}{\text{Recursos Econômicos}} = \frac{\sum_i Q_{pai} \cdot P_{pai}}{\sum_k Q_{mok} \cdot P_{mok} + \sum_l Q_{mpl} \cdot P_{mpl} + \sum_l Q_{eqm} \cdot P_{eqm}}$$

A definição matemática de Eficiência Física mostra com mais clareza um ponto que discutimos anteriormente: a impossibilidade de elaborar indicadores de Eficiência pela impossibilidade matemática de somar parcelas com diferentes unidades de medida dos recursos físicos de produção. Esse problema não se apresenta para a definição de Eficiência Econômica porque todas as parcelas têm a mesma unidade monetária. Tal facilidade de agregação faz com que os indicadores de desempenho econômico sejam muito utilizados em relatórios gerenciais.

Expandindo o conceito aplicado à Eficiência para os demais indicadores de desempenho estudados, podemos ver na Figura 2.16 que cabe a definição de Desempenho Físico e Desempenho Econômico.

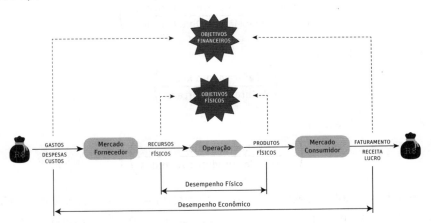

FIGURA 2.16: DESEMPENHO FÍSICO E DESEMPENHO ECONÔMICO

Desempenho físico se dá ao utilizarmos quantidades físicas para a elaboração dos indicadores de desempenho, tal como nós analisamos no caso de Eficiência

50 CAPÍTULO 2: O CONCEITO DE DESEMPENHO

Física. São exemplos de indicadores de desempenho de um sistema físico de produção:

- Indicador de utilização:

$$\left(\frac{\text{horas-homem trabalhadas}}{\text{horas-homem pagas}}\right)$$

- Indicador de eficácia:

$$\left(\frac{\text{nº de peças aprovadas}}{\text{nº de peças produzidas}}\right)$$

- Indicador de eficiência:

$$\left(\frac{\text{nº de peças produzidas}}{\text{horas-homem trabalhadas}}\right)$$

No caso de aplicação do conceito de indicadores de desempenho de um sistema econômico de produção, podemos elaborar três tipos de indicadores:
- Indicador de utilização:

$$\left(\frac{\text{Custo de Mão de Obra Realizado}}{\text{Custo de Mão de Obra Orçado}}\right)$$

- Indicador de eficácia:

$$\left(\frac{\text{Faturamento Real}}{\text{Faturamento Orçado}}\right)$$

- Indicador de eficiência:

$$\left(\frac{\text{Lucro Líquido}}{\text{Custos dos Produtos Vendidos}}\right)$$

Um último ponto a destacar é que os indicadores de *Utilização* e de *Eficácia* são adimensionais ou porcentagens, já que estamos dividindo variáveis com a mesma unidade, como pode ser visto nos dois primeiros exemplos acima. Já os indicadores de *Eficiência* ou *Produtividade Física* geralmente não são adimensionais, mas resultam de uma divisão de unidades (kg/hh, nº de peças/hm, etc).

QUAIS INDICADORES DEVO MEDIR EM MINHA EMPRESA?

Esta é a principal lição que se deve transmitir ao gestor: primeiro centre-se no objetivo que você ou seu departamento devem alcançar e, depois que o objetivo estiver claramente estabelecido, pense em quais indicadores devem ser medidos associados ao objetivo. Repetiremos deliberadamente esse conceito ao longo do livro para que o tenham sempre em consideração e não se esqueçam dele quando forem chamados a propor o Sistema de Medição de Desempenho (SMD).

Novamente: a busca nunca começa pelos indicadores mas sim pelos objetivos. Se você, seu departamento ou sua empresa não têm esses objetivos claramente estabelecidos, trata-se de um mau começo. Alguns conselhos:

Converse com o gerente ou diretor imediatamente superior na escala hierárquica e tente perceber os objetivos os quais a empresa espera que a unidade ou você atinjam no final de um determinado período (1 ano, 3 anos, 5 anos, etc).

Se não conseguir esclarecer quais são os objetivos formais determinados pela empresa, relembre as principais repreensões que você ou seu departamento receberam nas reuniões mensais com os demais gerentes. Analisando-as, você pode se dar conta das principais expectativas que seus superiores têm de você ou de seu departamento.

Seja qual for o método utilizado, mesmo valendo-se de uma conversa informal no refeitório da empresa, inicie seu SMD pelos objetivos e, baseado neles, monte os indicadores de desempenho. Caso contrário, você terá um grande número de indicadores que não terão utilidade e somente trarão custos adicionais para que sejam elaborados. Se um indicador de desempenho sobe ou desce e ninguém faz nada, eis aí uma boa pista para jogá-lo na lata do lixo.

EXERCÍCIOS DE APLICAÇÃO

1. Coloque falso ou verdadeiro

   a. Desempenho é um indicador de eficácia ( )

   b. Horas disponíveis pode ser tanto um recurso utilizado quanto ( ) um recurso disponibilizado na elaboração de indicadores de produtividade

   c. Eficiência é sinônimo de produtividade ( )

CAPÍTULO 2: O CONCEITO DE DESEMPENHO

d. Primeiro define-se o indicador de desempenho e depois busca-se o objetivo associado a ele ( )

2. Baseado no exemplo abaixo, classifique os indicadores de desempenho propostos:

Nº	TIPO DE EMPRESA	INDICADOR	ANÁLISE	CLASSIFICAÇÃO
1	Indústria	horas-homem trabalhadas / horas-homem pagas	recurso utilizado / recurso disponível	utilização
3	Agência Bancária	nº contas correntes ativas / m² de agência	produto / recurso	produtividade
5	Transportadora	Ton. x Km / litros de combustível	produto / recurso	produtividade

Nº	TIPO DE EMPRESA	INDICADOR	ANÁLISE	CLASSIFICAÇÃO
1	Indústria	horas-homem trabalhadas / horas-homem pagas		
2	Indústria	nº de peças aprovadas / nº de peças produzidas		
3	Agência Bancária	nº Contas Correntes ativas / m² de agência		
4	Fábrica de Alumínio	Ton. de Alumínio produzidas / KWh utilizadas		
5	Transportadora	Ton. x Km / litros de combustível		
6	Indústria	nº de peças produzidas / nº de peças programadas		
7	Serviços	Faturamento / Custo Total		
8	Indústria	Lucro / Ativo Total		
9	Caixa Automático Bancário	nº saques / horas-máquina disponíveis		
10	Indústria	horas-máquinas disponíveis / horas-máquinas teóricas		
11	Siderúrgica	Kg carvão utilizados / Kg carvão previstos		
12	Indústria	nº peças produzidas / horas-homem trabalhadas		
13	Serviços	lucro realizado / lucro orçado		

CAPÍTULO 3

KEY PERFORMANCE INDICATOR — KPI

MEDIÇÃO QUANTITATIVA E MEDIÇÃO QUALITATIVA

Deixando de lado a questão linguística de valorização de termos em português, escolhemos o título do capítulo conservando a sigla KPI — *Key Performance Indicator,* traduzido por Indicador-Chave de Desempenho — por ser um termo mais conhecido nas empresas e aceito nos meios acadêmicos.

Não se pode utilizar a palavra *performance* para explicar o significado de *desempenho,* dado que *desempenho* é a simples tradução da palavra *performance* do inglês para o português. Ademais, como discutiremos neste capítulo, um gestor deve ter poucos indicadores para monitorar. Quanto menor o número de indicadores, mais focada será a atividade do gestor. Assim, os indicadores de desempenho devem ser priorizados, já que *chave,* tradução da palavra *key* para o português, induz à seleção dos indicadores mais importantes para a gestão da unidade de negócio, que pode ser uma empresa, diretoria, departamento, setor ou mesmo cada colaborador.

O objetivo deste capítulo é não só definir alguns termos utilizados para a elaboração de indicadores de desempenho, como também discorrer sobre as características principais e os cuidados necessários para a definição das metas associadas aos indicadores de desempenho. Além disso, mostraremos que, para a elaboração dos *KPI's,* é necessário ter claro: (a) quais são as expectativas ou objetivos do gestor; (b) quais são as variáveis mais importantes que mostram o objetivo; (c) elaborar os indicadores de desempenho que mensuram as variáveis.

MEDIÇÃO QUANTITATIVA E MEDIÇÃO QUALITATIVA

Há dois modos básicos de se medir o desempenho de um processo produtivo: medições quantitativas e medições qualitativas. Vamos discutir cada uma dessas formas de mensuração assim como suas vantagens e desvantagens.

- **Medição qualitativa:** Geralmente feita por um texto ou locução no qual se coloca uma exposição de motivos sobre se o sujeito analisado (empresa, departamento ou pessoa) atingiu os objetivos e expectativas do gestor ou cliente. Argumentos e considerações sobre o que foi realizado em comparação com as expectativas são utilizados em uma linguagem preferencialmente estruturada para que possa ter uma sequência lógica que permita ao leitor concordar com o resultado da avaliação ou argumentar caso discorde. O texto pode, eventualmente, conter dados quantitativos, mas os utiliza superficialmente, sem qualquer análise de priorização por importância relativa, variabilidade, expectância ou comportamento de séries temporais.

CAPÍTULO 3: *KEY PERFORMANCE INDICATOR* — KPI

Medição Qualitativa
- Argumentos
- Considerações
- Exposição e Motivos

Medição Quantitativa
- Indicadores-Chave de Desempenho (*KPI's*)

FIGURA 3.1: MODOS DE MEDIR O DESEMPENHO

◆ **Vantagens**
- → Mais fácil de elaborar uma vez que não requer coleta e análise de dados históricos sobre o objeto analisado.
- → A análise é mais abrangente, abordando diversos aspectos relevantes nos quais fundamentar a conclusão.
- → Comunicação por texto é, geralmente, mais fácil de ser compreendida pelo destinatário do que análises quantitativas de dados.

◆ **Desvantagens**
- → Depende muito do poder de argumentação do avaliador para a estruturação adequada do texto.
- → Uma deficiente estruturação lógica do texto para basear uma conclusão gera uma análise confusa e sujeita a contestações de toda ordem.
- → Aspectos não relevantes para fundamentar a conclusão podem tornar o texto longo e confuso.
- → Conceitos relevantes utilizados na avaliação, como eficiência, eficácia, produtividade, efetividade, pontualidade, resultado, satisfação, etc., podem ser utilizados sem uma devida definição comum a avaliador e avaliado.

MEDIÇÃO QUANTITATIVA E MEDIÇÃO QUALITATIVA — 57

APLICAÇÃO DE CONCEITO: MEDIÇÃO QUALITATIVA

O funcionário João Carlos Pedroso tem se mostrado muito prestativo na realização de suas tarefas rotineiras e participa dos grupos de trabalho para os quais foi designado. Sua assiduidade ao trabalho é muito boa com raras faltas e, quando isso acontece, procura compensar com horas extras sem remuneração.

Relaciona-se bem com os colegas de trabalho e integrou-se rapidamente ao ambiente de trabalho, absorvendo a cultura e os valores praticados pela empresa. Trata-se de um funcionário interessado em progredir na empresa e está, atualmente, fazendo um curso de inglês para aperfeiçoar seus conhecimentos e habilidades para se preparar para alcançar novos cargos e enfrentar desafios.

- **Medição quantitativa:** Feita por meio de KPI's comparando-os com as metas quantitativas estabelecidas pelo gestor. Requer coleta e análise de dados quantitativos.
  - ◆ Vantagens
    - → A interpretação dos objetivos e expectativas é clara ao se adotar variáveis quantitativas.
    - → A conclusão da avaliação é direta ao se comparar o valor do indicador real com a meta quantitativa estabelecida.
    - → A evolução histórica da avaliação é mais fácil de ser acompanhada, assim como a lacuna que separa metas e resultados obtidos.
  - ◆ Desvantagens
    - → A coleta de dados tem, usualmente, um custo alto e pode não ser confiável caso o procedimento não seja bem elaborado.
    - → A análise é limitada aos aspectos relevantes do objetivo a ser alcançado.
    - → A interpretação do objetivo por variáveis quantitativas é, geralmente, polêmica. Erros de interpretação podem levar a resultados indesejados pelo gestor.
    - → A elaboração de um número elevado de indicadores de desempenho dificulta a análise e a orientação feita ao avaliado para alinhar-se ao objetivo estratégico.

CAPÍTULO 3: *KEY PERFORMANCE INDICATOR* — KPI

APLICAÇÃO DE CONCEITO: MEDIÇÃO QUANTITATIVA

Funcionário: João Carlos Pedroso   Nº funcional: 28574-3

	ATUAL	META	AVALIAÇÃO
nº GT participados	1	1	OK
nº faltas não justificadas/ano	2	2	OK
Curso Inglês intensivo Programa Trainee	1	1	OK
Pontuação Avaliação Teste Cultura Organizacional	85	70	OK

Analisando vantagens e desvantagens dos dois tipos de medição, optamos por focar a *medição quantitativa por meio de KPI's,* pois identificamos, na literatura em português, uma lacuna significativa sobre o tema. O mesmo não se observa na literatura em inglês, uma vez que a bibliografia consultada, que pode ser encontrada no final deste livro, é vasta e completa.

Contudo, a opção por medições quantitativas tem seus riscos inerentes, como alerta Robert Kaplan, professor da Universidade de Harvard e autor de livros conceituados no mercado: "O que você mede é o que você terá". Ou seja, os avaliados procurarão cumprir as metas quantitativas estabelecidas pelas variáveis com que são medidos. Se as variáveis componentes dos KPI's não forem bem escolhidas, ou priorizadas equivocadamente, o resultado desejado inicialmente pode não ser atingido.

Outro risco é a supervalorização das medições quantitativas por meio de indicadores de desempenho. Já comentamos que a função dos indicadores de desempenho é *apontar* a situação de uma determinada entidade, que pode ser um país, setor econômico, empresa, diretoria, departamento, setor, ou de um processo produtivo.

Fazendo uma analogia com o velocímetro de um carro, o número que aparece no painel de forma analógica ou digital seguramente não mede a velocidade *exata* na qual o veículo está se movendo. Como ocorre em qualquer instrumento de medida, há uma imprecisão inerente a um equipamento, que pode conter folgas, mau funcionamento de componentes, expansão ou contração de metais em função da temperatura ambiente, etc. O mesmo acontece com os indicadores de desempenho, uma vez que pode ocorrer:

MEDIÇÃO QUANTITATIVA E MEDIÇÃO QUALITATIVA

- Erro na coleta de dados.
- Erro no cálculo dos indicadores.
- Erro na definição das metas a serem atingidas.

Não obstante tais contingências, os indicadores são muito valiosos para nos dar informações sobre o comportamento de determinada variável relevante e orientar as ações corretivas que devem ser implementadas. Na figura 3.2 vemos dois exemplos de exagero na valorização das medições quantitativas como valor absoluto para a tomada de decisões.

Foco: Medição Quantitativa

"Se você não pode medi-lo, não pode controlá-lo."
Jerry Hudspeth

"Quando uma pessoa pode medir aquilo sobre o que está falando e expressá-lo em números, sabe alguma coisa sobre a questão; mas quando não pode medi-lo, quando não pode expressá-lo com números, o que sabe é escasso e insatisfatório."
Willian Thompson

FIGURA 3.2: SUPERVALORIZAÇÃO DAS MEDIÇÕES QUANTITATIVAS

Observe, entretanto, que alguns programas de melhoria de desempenho da qualidade, como o Programa Seis Sigma, levam em consideração a frase "se você não pode medi-lo, não pode controlá-lo". Recordando o conceito no qual se apoia o *Seis Sigma,* denominado *DMAIC*, verificamos que quatro fases, necessariamente, devem ser quantitativas:

- ***Define* (D):** Exige a definição de um projeto adequado às características e aos custos de aplicação da metodologia *Seis Sigma*. São projetos de caráter estratégico, geralmente definidos pela administração da empresa, a qual exige, necessariamente, retorno financeiro. A demonstração da viabilidade econômica do projeto está baseada em informações e estimativas quantitativas.

- ***Measure* (M):** Requer que sejam levantadas e medidas todas as variáveis relevantes (e às vezes as não relevantes também) que podem ser a causa do efeito que se deseja eliminar. Esse procedimento é, geralmente, de alto custo, uma vez que é necessária uma exaustiva coleta de dados de dezenas de variáveis a serem estudadas na próxima etapa. Nota-se que os próprios conceitos de variância e de desvio padrão (que empresta sua denominação ao programa) necessariamente são calculados considerando variáveis quantitativas.

CAPÍTULO 3: *KEY PERFORMANCE INDICATOR* — KPI

- *Analyze* (**A**): As análises utilizam ferramentas estatísticas (ANOVA, DOE, etc.) e, necessariamente, têm caráter quantitativo, ou seja, esta fase utiliza os dados levantados na etapa *Measure* para filtrar as causas principais que provocam a variabilidade ou a perda de recursos os quais se deseja reduzir ou, se possível, eliminar.

- *Control* (**C**): A verificação dos resultados para comprovação das estimativas realizadas na etapa *Define* utiliza ferramentas quantitativas, assim como a supervisão sobre as variáveis afetadas pelo projeto para evitar a degradação da melhoria conseguida.

Também na aplicação de Programas *Lean Manufacturing*, *Total Quality Control* e *Total Productive Maintenance* verifica-se a recomendação de abandonar as análises qualitativas e incentivar as análises baseadas em fatos e dados. Resumindo: embora polêmica, a frase é utilizada em sua essência em vários programas de melhoria de produtividade e qualidade, avalizando assim o foco de medições quantitativas escolhido para este livro.

CARACTERÍSTICAS DOS INDICADORES DE DESEMPENHO

Alguns cuidados básicos precisam ser tomados na elaboração de indicadores de desempenho a fim de que possam ser utilizados para mostrar qual é o estado da entidade (área funcional, processo ou pessoa) que se pretende monitorar. Esses cuidados básicos são resumidos no que se denomina Características básicas dos indicadores de desempenho. A Figura 3.3 ajuda a ter uma visão sintética de tais características:

■ Validade	Mostrar o que deseja medir
■ Correto e Preciso	Fidelidade ao estado do fenômeno
■ Completo	Abranger as partes importantes
■ Único e Mutuamente Exclusivo	Não redundância
■ Quantificável	Expresso por números
■ Compreensível	Simples e inteligível
■ Controlável	Passíveis de ações corretivas
■ Rastreável	Levar ao foco do problema

FIGURA 3.3: CARACTERÍSTICAS DOS INDICADORES DE DESEMPENHO

CARACTERÍSTICAS DOS INDICADORES DE DESEMPENHO

- **Validade:** Mostram o que se deseja medir. Esta é a primeira e mais importante característica dos indicadores de desempenho. Ela evidencia que antes de se elaborar um indicador é preciso ter claro qual é o objetivo que se deseja medir, isto é, primeiro o objetivo, depois o indicador. Constitui-se em um ponto essencial na elaboração de um Sistema de Medição de Desempenho *eficaz*, ou seja, que atinja os objetivos, e também *eficiente*, isto é, atinja os objetivos com pouco uso de recursos. Por exemplo:

  Objetivo: medir a *Motivação* dos funcionários da empresa.

  Indicador: *Absenteísmo*: % de dias ou horas de ausências (faltas e atrasos) dos funcionários em relação aos dias ou horas contratadas.

  Pergunta: *Absenteísmo* mede *Motivação*?

  Não sendo um especialista na área de Recursos Humanos, eu não saberia responder a essa pergunta, mas minha impressão inicial é que não mede. Isso porque um funcionário com algum problema pessoal ou familiar está se ausentando da empresa para poder cuidar daquele assunto. Certa feita, uma gerente de RH comentou que nunca houvera um absenteísmo tão grande na empresa como no ano de 2009, e que estava muito preocupada com a possível perda de funcionários por falta de motivação nas atividades desenvolvidas. Só que ela esqueceu que em 2009 houve um surto de gripe H1N1 em todo o país e vários funcionários foram afastados como medida preventiva depois de terem contato com pessoas suspeitas de terem contraído a doença.

  Por outro lado, há os funcionários que não faltam ou não se atrasam porque têm medo de perder o emprego devido à sua idade ou a uma retração no mercado de trabalho, mas isso não significa que estejam motivados a desenvolver suas tarefas com toda sua capacidade de trabalho.

  Enfim, argumentos pró ou contra não faltam, porém, apenas opinando, absenteísmo não é prova cabal de que os funcionários estão motivados ou não. Entretanto, verificamos que essa é uma medida muito utilizada nas empresas e que pode levar a resultados equivocados.

- **Corretos e precisos:** Fiéis ao estado do fenômeno. Essa característica expõe, talvez, a maior fragilidade de um SMD (Sistema de Medição de Desempenho): o sistema de informação para a coleta de dados. Se os dados coletados não forem corretos, a informação gerada pelos indicadores será falsa também. Por exemplo:

  Indicador: $\left(\dfrac{\text{Receita Bruta}}{\text{Ativo Fixo}} \right)$

  Fonte dos dados: Demonstrativo de Resultados do Exercício (DRE) e Balanço Patrimonial publicado pela empresa nos meios de comunicação.

  Atendo-se apenas aos casos conhecidos na mídia, por exemplo o da Enron Corporation, é possível constatar que os dados obtidos por essas fontes podem levar a conclusões erradas, ou seja, não mostram a situação real da empresa. Há maneiras,

62 CAPÍTULO 3: *KEY PERFORMANCE INDICATOR — KPI*

legais e ilegais, de alterar as quantidades contabilizadas em cada item por meio de apropriação de receitas diferidas, faturamentos falsos, reavaliação indevida de Ativos Imobilizados, métodos de depreciação incorretos, etc. Outro modo é a captação incorreta de dados por:

♦ Falta de procedimento padrão que determine corretamente como coletar os dados.

♦ Falta de treinamento do apontador manual dos dados.

♦ Sensores descalibrados de coleta automática dos dados.

♦ Omissão de coleta por esquecimento do apontador.

Ressaltamos que este item é muito sensível a falhas e pode inutilizar as informações obtidas pelo SMD, o que provavelmente induzirá a tomada de ações corretivas inadequadas.

- **Completos:** Abrangem as partes importantes. As maiores dificuldades para a elaboração de indicadores de desempenho a partir dos objetivos estabelecidos pela empresa são a seleção de quais variáveis são capazes de mostrar o que se deseja medir. Muitas vezes, um único indicador não é suficiente para mostrar a essência do que se pretende medir, então, devemos estabelecer mais do que um indicador.

Neste ponto, há outro desvirtuamento que pode prejudicar a funcionalidade de um SMD: o excesso de indicadores do estado de uma área ou pessoa. Assim, temos um *trade-off* (uma situação em que há um conflito de escolha) difícil de lidar:

♦ **Indicador único:** Pode não ser válido, ou seja, não mostrar o que se deseja medir, dando apenas uma visão parcial do estado em que se encontra a área ou pessoa.

♦ **Excesso de indicadores:** Neste caso, o excesso é quase tão prejudicial quanto a falta, porque a abundância de indicadores implica que há uma relevância ou importância relativa entre eles. Alguns indicadores serão mais importantes do que outros e deveremos selecionar os que mostram os fatores críticos para a interpretação do objetivo que se deseja atingir. Se não forem selecionados os corretos, haverá um número muito grande de indicadores, fato que prejudicará a análise gerencial porque:

  → Excesso de informação dilui a atenção que deve ser dada aos indicadores que mostram os fatores críticos mais importantes, camuflando as informações essenciais com outras de menor relevância. Em outras palavras, o excesso de informações confunde o gestor, o qual não consegue distinguir o essencial do circunstancial.

  → A coleta e processamento dos dados para se obter um indicador de desempenho são, geralmente, de alto custo. Desse modo, quanto maior o número de indicadores, maior o custo de obtenção das informações necessárias.

- **Únicos:** Não redundantes. Indicadores redundantes são aqueles que possuem certa correlação entre si de tal modo que, conhecendo o comportamento de um, é possível

CARACTERÍSTICAS DOS INDICADORES DE DESEMPENHO 63

saber qual o comportamento do outro. Assim, não é necessário adotar os dois indicadores, com isso auxiliando a redução de informações que dispersam a importância relativa entre eles e reduzindo o custo do sistema de informações que suporta o SMD. Por exemplo:

Indicador 1: $\left(\dfrac{\text{Taxa de}}{\text{Ocupação}}\right)$

Indicador 2:   (Ociosidade)

Pergunta: É necessário o monitoramento desses dois indicadores? Resposta: Não, uma vez que ambos são correlacionados:

$$\left(\frac{\text{Taxa de}}{\text{Ocupação}}\right) = 1 - (\text{Ociosidade})$$

Se um deles tiver tendência de alta, o outro, consequentemente, terá tendência de queda. Portanto, não é preciso monitorar os dois indicadores porque, sabendo o comportamento de um deles, saberemos o do outro.

- **Quantificáveis:** Expressos por números. Ao se elaborar indicadores de desempenho, é frequente cometer o erro de utilizar, em sua definição, expressões qualitativas que não estão suficientemente claras para que possam ser expressas por números. Quando a definição deixa margem a interpretações, ocorrem erros tanto na coleta de dados quanto nos cálculos dos indicadores, se isso for possível de ser feito. Por exemplo:

Indicador: $\left(\dfrac{\text{N}^{\text{o}} \text{ de Contas Correntes com saldos expressivos}}{\text{N}^{\text{o}} \text{ de Clientes em potencial}}\right)$

Pergunta: É possível elaborar uma expressão matemática para coletar os dados da quantidade de contas-correntes de uma agência bancária com *saldos expressivos* e o número de *clientes em potencial*?

Resposta: Não. É necessário definir-se quantitativamente o que significam as expressões qualitativas *saldos expressivos* e *clientes em potencial*. Se definirmos, por exemplo:

- ◆ Saldos expressivos: saldo médio dos últimos três meses maior do que R$5.000,00.
- ◆ Clientes em potencial: clientes com contas-correntes abertas há mais de 2 anos e que ainda não possuem Seguro Residencial.

Mediante essas definições, colocamos variáveis quantitativas para definir expressões qualitativas e poderemos, por meio de uma expressão matemática, coletar os dados para o cálculo desse indicador.

- **Compreensíveis:** Simples e inteligíveis. Quanto mais complexo for um indicador, mais difícil é sua comunicação para os demais funcionários da empresa, fazendo com que

64 CAPÍTULO 3: *KEY PERFORMANCE INDICATOR* — KPI

os colaboradores responsáveis por sua variação fiquem confusos e desorientados. Em outras palavras, não entenderão o que está sendo medido e, consequentemente, o que devem fazer para atingir as metas estabelecidas. Alguns exemplos:

♦ $\left(\dfrac{\text{Variância do nível de estoque de PA}}{\text{\% OTIF dos fornecedores homologados}} \right)$

♦ $\left(\dfrac{\text{Elasticidade da demanda dos produtos Classe A}}{\text{Variabilidade do Custo de MP}} \right)$

♦ $\left(\dfrac{\text{Fator de ciclicidade das vendas de elastômeros}}{\text{Cotação Média do Dólar PTE}} \right)$

Pode acontecer que seja necessário o monitoramento de indicadores complexos, porém, deve-se tomar cuidado para que sejam traduzidos em uma linguagem simples e capaz de ser entendida pelos responsáveis pela coleta de dados, cálculo e implementação das ações corretivas caso não se atinjam as metas estabelecidas.

- **Controláveis**: Passíveis de ações corretivas. Indicadores de desempenho são *meios* para orientar melhorias que devem ser feitas nas empresas para o alcance de seus objetivos operacionais, táticos e estratégicos. Assim, indicadores têm a função de mostrar quando e onde devem ser colocadas ações corretivas para que o resultado desejado pela empresa se aproxime da meta estabelecida. Tomemos um exemplo:

  ♦ **Tipo de empresa:** Industrial

  ♦ **Indicador:** $\left(\dfrac{\text{Receita Líquida}}{\text{N}^{\underline{\text{o}}} \text{ de Vendedores}} \right)$

  Pergunta: O gerente de informática da empresa precisa receber informações sobre esse indicador?

  Resposta: Não. O gerente de informática não comercializa nenhum produto de uma empresa industrial e também não contrata vendedores. Como não tem que implementar uma ação corretiva sobre nenhuma das duas variáveis, não precisa receber essa informação. Caso a recebesse, ela diluiria a atenção que o gerente de informática deveria dar aos indicadores de desempenho para os quais ele tem ação corretiva e é cobrado por seus resultados. Ou seja, informação demais também atrapalha.

- **Rastreáveis:** Levam ao foco do problema. Um dos princípios básicos de administração diz que não se deve combater os efeitos dos problemas que ocorrem no processo produtivo, mas suas causas. Vários programas de melhoria da qualidade e produtividade como *Total Quality Management*, *Total Productive Maintenance*, *Toyota Production System*, *Lean Manufacturing*, *Lean Service* e Seis Sigma já mostravam claramente que a maneira mais eficaz de combater problemas é atacar as causas dos problemas e não

CARACTERÍSTICAS DOS INDICADORES DE DESEMPENHO

investir em combater seus efeitos, baseando a análise em fatos e dados e não apenas em avaliações qualitativas. Tomemos um exemplo:

Indicador: $\left(\dfrac{\textbf{Lucro Líquido antes do Imposto de Renda (LLAIR)}}{\textbf{Ativo Total (AT)}} \right)$

Problema: O indicador acima sofreu uma queda acentuada no segundo trimestre do ano em relação ao primeiro trimestre.

Pergunta: Houve queda do LLAIR ou crescimento acentuado do Ativo Total?

Resposta: Pela análise dos dados históricos do indicador, chegou-se à conclusão de que foi o LLAIR que reduziu.

Pergunta: Foi a Receita Líquida que diminuiu ou o Custo dos Produtos Vendidos que aumentou?

Resposta: Não é possível responder essa pergunta se não for efetuada a desagregação ou decomposição do indicador, conforme abaixo:

$$\left(\frac{\text{LLAIR}}{\text{AT}} \right) = \left(\frac{\text{Receita Líquida}}{\text{AT}} \right) - \left(\frac{\text{CPV}}{AT} \right)$$

Desse modo, segundo os dados dos indicadores desagregados, podemos concluir, por exemplo, que o CPV aumentou em uma proporção maior do que cresceu a Receita Líquida.

Pergunta: Já que o CPV cresceu mais do que a Receita Líquida, qual é o principal responsável pelo aumento do CPV: Custo de Mão de Obra (CMO), Custo de Materiais (CMP) ou Custo de Equipamentos (CEQ)?

Resposta: Não é possível responder essa pergunta se não for efetuada a decomposição do indicador conforme abaixo:

$$\left(\frac{\text{Receita Líquida}}{\text{AT}} \right) - \left(\frac{\text{CPV}}{AT} \right) = \left(\frac{\text{Receita Líquida}}{\text{AT}} \right) - \left[\left(\frac{\text{CMO}}{\text{AT}} \right) + \left(\frac{\text{CMP}}{\text{AT}} \right) + \left(\frac{\text{CEQ}}{\text{AT}} \right) \right]$$

Resposta: Conforme os dados dos indicadores desagregados, podemos concluir, por exemplo, que o CMO aumentou em uma proporção maior do que os demais custos.

Com isso, chegamos ao foco do problema de redução da lucratividade em relação ao Ativo Total da empresa: os custos de mão de obra (CMO) aumentaram em uma proporção maior do que a Receita Líquida e os demais custos (CMP e CEQ) cresceram. Na figura 3.4 observamos que a rastreabilidade ou decomposição de indicadores de desempenho pode ser vista sob a forma de uma rede de indicadores:

CAPÍTULO 3: *KEY PERFORMANCE INDICATOR* — KPI

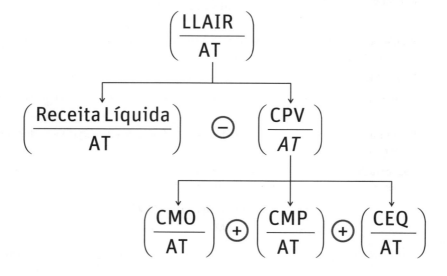

FIGURA 3.4: DESAGREGAÇÃO OU DECOMPOSIÇÃO SOB FORMA DE REDE DE INDICADORES DE DESEMPENHO

A relação de características dos indicadores de desempenho tem o objetivo de servir como uma lista de verificação para ser utilizada ao elaborar um SMD para evitar erros comuns na elaboração de indicadores.

QUANTOS INDICADORES DE DESEMPENHO UM GESTOR TEM CAPACIDADE DE MONITORAR?

A própria limitação do raciocínio humano impede que um gestor possa analisar um número muito grande de informações, conforme estudos de George A. Miller, considerado o precursor da ciência cognitiva. Embora bastante contestada, a Lei de Miller defende que o raciocínio humano consegue processar, em média, sete variáveis ao mesmo tempo. Se uma pessoa for considerada de inteligência superior, consegue processar nove variáveis e, se considerada com inteligência menor do que a média, consegue processar cinco variáveis.

Utilizando o mesmo argumento e baseado em experiências com implantação de SMD's, é infrutífero, para dizer o mínimo, que um gestor da alta administração de uma empresa tenha mais do que nove indicadores para monitorar. O argumento de que "informação demais também atrapalha" é perfeitamente aplicável a este caso. Esse número se reduz quanto mais descemos na hierarquia da empresa, de modo que, no nível de supervisão, não devemos atribuir mais do que cinco indicadores para serem monitorados pelos gestores. Isso não se deve a maior ou menor inteligência, mas porque a operação da empresa requer foco constante no cumprimento de programações de produção, deixando pouco tempo dedicado a aspectos gerenciais. Inversamente, quanto mais se sobe na hierarquia os aspectos operacionais são reduzidos e os aspectos gerenciais são valorizados, mesmo porque na maioria das vezes não há ação corretiva sobre os efeitos.

Com o que foi discutido no item anterior, as características de *Rastreabilidade* e *Controlabilidade* dos indicadores de desempenho são a base da ideia de que cada gestor deve monitorar um número muito limitado de indicadores:

- **Controlabilidade:** Quanto menor o número de indicadores que são monitorados pelo gestor:
  - ◆ Mais fácil é a análise de qual ação corretiva deve ser tomada, e
  - ◆ Menor o número de ações corretivas a terem suas implementações gerenciadas.

- **Rastreabilidade:** Com a limitação do número de indicadores monitorados por um gestor, ao se perceber um desvio em relação à meta deve-se ter condições de procurar e achar o foco do problema. Assim, um dos gestores de um nível inferior deve ter condições de informar ao superior qual a causa do problema detectado. A Figura 3.5 esclarece esse ponto:

68 CAPÍTULO 3: *KEY PERFORMANCE INDICATOR* — KPI

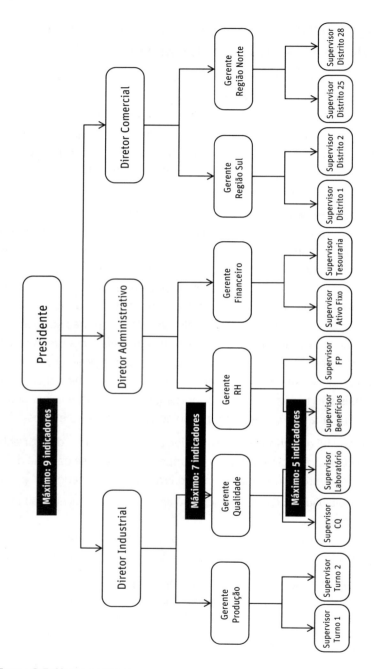

FIGURA 3.5: NÚMERO MÁXIMO DE INDICADORES DE DESEMPENHO POR GESTOR DE ÁREA

INDICADORES DE DESEMPENHO SÓ TRAZEM INFORMAÇÕES...

Deve estar claro que, tal como a Lei de Miller, essas recomendações de número máximo de indicadores de desempenho que podem ser monitoradas por nível hierárquico dentro de uma empresa são controversas. O que desejamos enfatizar é que não seja dado um número excessivo de indicadores para cada gestor. O limite máximo varia para cada pessoa, cargo, área operacional e de empresa para empresa. Cabe ao elaborador do SMD ter a sensibilidade de atribuir um número razoável de informações que cada gestor é capaz de analisar com eficiência, ou seja, atingir o objetivo estabelecido sem despender recursos de tempo, mão de obra, materiais e equipamentos desproporcionais ao benefício que essas informações trarão para a empresa. Em outras palavras, se estas regras básicas não forem seguidas, provavelmente o custo do SMD será maior do que o benefício que ele trará.

INDICADORES DE DESEMPENHO SÓ TRAZEM INFORMAÇÕES QUANDO HOUVER COMPARAÇÃO

Para entendermos este ponto da discussão, tomaremos como exemplo uma empresa siderúrgica que tem o seguinte indicador de desempenho apurado no mês de agosto de determinado ano:

Indicador: $\left(\dfrac{\text{Ton. aço produzido}}{\text{hh}}\right)_{Setembro} = 2{,}1$

Pergunta: Qual é a avaliação da produtividade da empresa no mês de agosto?

Resposta: Não é possível dizer. O número *2,1 ton. aço/hh* não permite que façamos nenhuma avaliação de valor.

Pergunta: Se adicionarmos a informação do histórico dos indicadores de produtividade obtido pela empresa nos meses anteriores, como demonstrado abaixo, qual conclusão podemos obter?

	JAN	FEV	MAR	ABR	MAI	JUN	JUL	AGO
Ton/hh	1,2	1,3	1,3	1,4	1,6	1,5	1,7	1,8

Resposta: Em relação aos meses anteriores, a produtividade da empresa, medida sob a forma *ton. aço produzido/hh* está melhorando.

Pergunta: Se adicionarmos a informação das metas de produtividade propostas pela direção da empresa no ano corrente, como demonstrado abaixo, qual conclusão podemos obter?

CAPÍTULO 3: *KEY PERFORMANCE INDICATOR* — KPI

	Jan	Fev	Mar	Abr	Mai	Jun	Jul	Ago	Set
Ton/hh	1,2	1,3	1,3	1,4	1,6	1,5	1,7	1,8	2,1
Meta	1,0	1,1	1,2	1,2	1,4	1,5	1,6	1,7	1,8
Aval.	OK	OK	OK	OK	OK	OK	OK	OK	OK

Resposta: A empresa está sistematicamente cumprindo suas metas de produtividade. Os gestores da alta administração têm uma avaliação positiva do setor produtivo.

Pergunta: Se adicionarmos a informação de que a produtividade média do setor siderúrgico no Brasil, no ano corrente, é de *5,4 ton. aço/hh*, a que conclusão chegamos?

Resposta: Em relação à media do setor ao qual pertence a empresa, os resultados em termos de produtividade medidos sob a forma de *ton. aço/hh* são muito ruins e serão necessárias muitas ações corretivas para que a empresa não perca competitividade perante seus concorrentes.

Conforme podemos observar no exemplo anterior, um único valor analisado isoladamente não traz nenhuma informação para o analista. É necessário que ele seja comparado com outros dados para que se possa emitir um julgamento, o qual pode ser positivo ou negativo. A Figura 3.6 ajuda a entender o que foi exposto:

FIGURA 3.6: INDICADORES DE DESEMPENHO FORNECEM INFORMAÇÃO POR COMPARAÇÃO

INDICADORES DE DESEMPENHO SÓ TRAZEM INFORMAÇÕES... 71

Conforme podemos observar na Figura 3.6, a comparação pode ser feita por meio de três fontes básicas:

- **Histórico:** Dados históricos de determinado indicador são razoavelmente fáceis de serem obtidos, principalmente em empresas que são preparadas para a coleta de dados dos diversos processos produtivos. Alertamos que dados históricos em papel têm pouco valor como fonte de dados, uma vez que serão necessárias agregações, exclusões e aplicação de filtros para que possam mostrar validade em relação ao estado real da empresa. Esse tipo de operação é muito oneroso quando os dados não estão disponíveis em meio magnético. Na Figura 3.7, o gráfico mostra a comparação histórica de um indicador de produtividade:

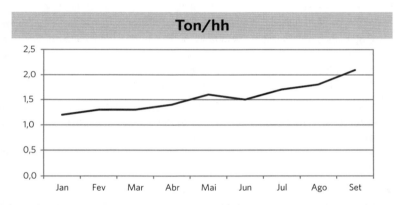

FIGURA 3.7: COMPARAÇÃO DE UM INDICADOR DE DESEMPENHO EM RELAÇÃO AO HISTÓRICO

Outro modo de comparar com o histórico é o *Índice Base* = 100, ou seja, elege-se um determinado período no passado e atribui-se a ele o Valor = 100. Os períodos posteriores são calculados em proporção ao valor inicial. Por exemplo:

Índice de Produtividade da $MO_{Setembro}$ = 175

Base : *Janeiro* = 100

O Índice apurado em setembro, de 175, é interpretado como a Produtividade da MO estando 75% acima do valor apurado em janeiro do mesmo ano. Note dois pontos:

- ♦ A denominação Índice (e não indicador – veja Cap. 8) mostra que se trata de um valor comparado a uma base ou referência considerada ideal. Por exemplo:
  - → *Índice de Gini*: de valor ideal igual a zero, mede o grau de desigualdade existente na distribuição de indivíduos segundo a renda domiciliar per capita.
  - → *Índice de Desenvolvimento Humano (IDH)*: medida comparativa que analisa três dimensões: riqueza, educação e esperança média de vida. O objetivo é

CAPÍTULO 3: *KEY PERFORMANCE INDICATOR* — KPI

fornecer uma forma padronizada de avaliação e medida do bem-estar de uma determinada população. O valor ideal é 1,0.

♦ A *Base* pode ser fixada em qualquer período e pode ser modificada a qualquer tempo. No entanto:

→ *Bases* fixadas em períodos muito remotos perdem a função de referência uma vez que, geralmente, o índice atinge valores muito altos.

→ *Bases* com mudanças constantes perdem o valor de referência.

→ Cada vez que se muda a *Base*, todos os outros indicadores devem ser recalculados.

- **Padrão:** Este talvez seja o modo mais fácil de conseguir dados para a comparação. Geralmente, as fontes de Padrões são:

♦ Objetivos e metas impostos pela empresa Matriz ou pela alta administração da própria empresa. Esses objetivos e metas podem ser desdobrados para os níveis hierárquicos inferiores podendo chegar até ao nível pessoal (por exemplo, metas de vendas por vendedor, metas de defeitos detectados pelo CQ por operador, etc).

♦ Orçamentos acordados com os diversos níveis hierárquicos da empresa, incluindo a empresa Matriz e os acionistas da própria empresa. Os orçamentos podem ser desdobrados pelos diversos níveis hierárquicos: empresa, diretoria, departamentos, setores produtivos ou processos (quando a empresa é organizada por processos e não por funções).

♦ Valores predeterminados obtidos por meio de algum método aceito pelas partes como válido para expressar uma quantidade esperada no desenvolvimento de determinada tarefa. Os exemplos mais comuns encontrados na literatura são:

→ *Tempo-padrão*: definido como o tempo gasto por uma pessoa qualificada e devidamente treinada, trabalhando em um ritmo normal, para executar uma tarefa ou operação específica, incluindo tolerâncias pessoais em face de fadiga e esperas fora de controle do operador. É obtido por meio de cronometragem ou uso de algum modelo de medida indireta do trabalho como MTM (*Method-Time Measurement*) ou REFA (*Reichsausschuss für Arbeitszeitermittlung*). Seu uso como indicador de desempenho pode apontar falhas na execução da tarefa, falta de treinamento ou qualificação do operador ou desbalanceamento entre operações encadeadas.

→ *Custo-padrão*: definido como custo determinado *a priori* fundamentado em um método válido de apuração em que cada componente de custos (matérias-primas, mão de obra e gastos gerais de fabricação) é considerado dentro de suas medidas projetadas no processo produtivo, representando quanto deve custar cada unidade produzida se ocorrerem as condições planejadas de fabricação. Sua utilidade nos indicadores de desempenho é fixar uma base de comparação entre o que ocorreu de custo e o que deveria ter ocorrido.

INDICADORES DE DESEMPENHO SÓ TRAZEM INFORMAÇÕES... 73

- **Amplitude:** Este é o tipo de comparação mais difícil de obter no Brasil, uma vez que as empresas não costumam publicar informações sobre processos internos e, a menos que por força de exigências legais, seus resultados econômicos e financeiros. Há algumas bases de dados que permitem alguns tipos de comparação, mas quase sempre muito precárias. As exceções podem ser encontradas em:

  - Associações de empresas pertencentes ao mesmo setor, como ABIQUIM (Associação Brasileira da Indústria Química), SINDIPEÇAS (Sindicato Nacional da Indústria de Componentes para Veículos Automotores), SindusCon (Sindicato da Indústria da Construção Civil), FEBRABAN (Federação Brasileira de Bancos), CVM (Comissão de Valores Mobiliários) e outros.

  - Órgãos governamentais de pesquisa como IPEA (Instituto de Pesquisa Econômica Aplicada), a qual é uma fundação pública federal vinculada à Secretaria de Assuntos Estratégicos da Presidência da República, IBGE (Instituto Brasileiro de Geografia e Estatística), o qual possui o maior acervo de informações históricas do Brasil e Apex-Brasil (Agência de Promoção de Exportações e Investimentos).

  - Estudos específicos encomendados para empresas de consultoria ou de pesquisa de mercado que captam, analisam e fornecem informações sobre o tema encomendado. Em geral, são projetos de alto custo e não disponibilizados para consulta pública.

  - Métodos indiretos utilizando variáveis disponíveis de alta correlação com a produção ou venda de determinado item. Por exemplo: o *market share* da indústria de fertilizantes é estimado pelo volume de importações do componente Potássio (símbolo químico K), o qual é utilizado na maioria das formulações de fertilizantes. Como esse componente químico não é produzido no Brasil, os dados disponíveis na pauta de importações permitem estimar o *market share* desse mercado específico.

  - Publicação voluntária de dados internos pelas empresas: normalmente, ocorre quando elas querem evidenciar a competência em determinado aspecto de seu processo produtivo ou ações sociais:

    → Fonte para evidenciar o *benchmark* (referência do mercado) que deve ser alcançado pela empresa. Vale ressaltar que uma empresa pode não ser a referência no seu negócio principal, mas em uma atividade de apoio. Por exemplo, uma empresa pode não ter o mais eficiente sistema produtivo de seu produto principal do mercado mas possuir o melhor sistema de distribuição capaz de colocar todos os seus produtos rapidamente em qualquer Estado do país.

    → Fonte para evidenciar suas ações de responsabilidade social ou ambiental. Neste caso, a divulgação de ações e resultados obtidos têm o papel de mostrar uma gestão guiada por uma relação ética e transparente da empresa com a sociedade em geral visando seu desenvolvimento sustentável, além de preservar recursos e promover a redução da desigualdade social.

CAPÍTULO 3: *KEY PERFORMANCE INDICATOR* — KPI

De qualquer forma, o ponto principal que queremos demonstrar é que a apresentação de apenas um aspecto isolado referente a um indicador de desempenho não tem valor como fonte de informação. A não comparação com outros valores, conforme discutimos neste item, não evidencia nem problemas nem virtudes.

O QUE É UMA META?

A experiência adquirida durante os projetos de elaboração de SMD's na atividade de docência em cursos de treinamento e mesmo na pós-graduação, bem como a revisão bibliográfica sobre o tema de medição de desempenho, mostra que há muita confusão entre os termos: objetivo, indicador e meta.

Na maioria das vezes, essas três palavras são utilizadas indistintamente e, como acontece com os termos eficiência, eficácia, utilização, efetividade, rendimento e produtividade, pode gerar uma discussão infrutífera em decorrência da imprecisão de seus significados. Ou seja, cada um dos interlocutores tem uma definição diferente sobre a mesma palavra e as argumentações, réplicas e tréplicas de uma reunião acabam gerando mais dúvidas do que soluções. Como já discutimos os conceitos de objetivo e indicador, vamos, agora, dar precisão ao conceito de *Meta* para que todos os termos possam ser utilizados daqui para frente sem que haja desentendimentos.

Meta é definida como um *valor a ser atingido por um indicador que traduz o significado de um objetivo.* Analisando essa definição, percebemos que:

- Uma *Meta* pressupõe a existência de um indicador.
- O indicador deve traduzir e evidenciar o significado de um objetivo a ser alcançado pela empresa. Os objetivos são colocados utilizando termos qualitativos e sujeitos a diversas interpretações. Cabe ao indicador evidenciar aquilo que os termos qualitativos realmente querem dizer.

A Figura 3.8 mostra como os três conceitos são relacionados de uma forma gráfica e tenta precisar qual a função de cada um deles dentro de um SMD.

O QUE É UMA META?

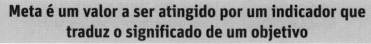

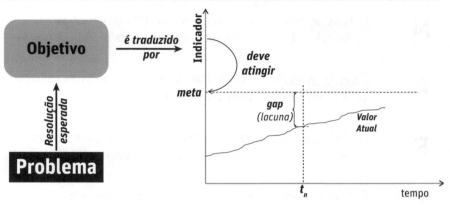

FIGURA 3.8: O CONCEITO DE META

Alguns cuidados devem ser tomados ao se fixar uma meta, uma vez que isso pode ser um fator de motivação ou desmotivação para os funcionários e de clareza ou confusão no direcionamento e priorização das atividades operacionais executadas por eles. Esse conjunto de cuidados ou precauções são reunidos na sigla *SMART*, utilizando as iniciais de cinco palavras em inglês: *Specific, Measurable, Achievable, Relevant* e *Time frame*. A Figura 3.9 mostra um resumo dos principais pontos que vamos discutir a seguir:

CAPÍTULO 3: *KEY PERFORMANCE INDICATOR* — KPI

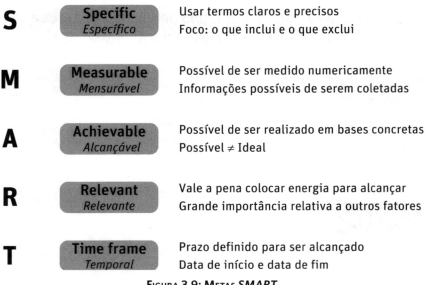

FIGURA 3.9: METAS *SMART*

- *Specific* (Específico): usar termos claros e precisos. Essa característica de uma Meta está intimamente relacionada com o indicador correspondente. Isso significa que os termos utilizados devem ser bem especificados, esclarecendo o que está *incluído e excluído* dos cálculos para estabelecer a meta:

  ◆ O período considerado para cálculo: dias corridos, dias úteis, ano comercial, ano-calendário, nº de horas por turno, etc.

  ◆ Quais *SKU's (Stock Keeping Unit)* ou códigos de materiais estocados são considerados para cálculo.

  ◆ Inclusão ou exclusão de custos indiretos, de facilidades (vapor, água, ar comprimido e outros), embalagens, pallets, equipamentos de movimentação e armazenagem, fretes, seguros, custo de estocagem, serviços terceirizados, mão de obra adicional subcontratada, horas extras, custos de falta de produtos, multas impostas por não cumprimento de contrato, etc.

  ◆ Medidas de MO em termos de horas-homem trabalhadas devem especificar se incluem ou excluem:

    → Treinamentos internos realizados no horário de trabalho.

    → Tempo de vestiário na entrada e saída de turnos.

    → Tempo para necessidades fisiológicas.

    → Horas extras não remuneradas.

    → Outros.

O QUE É UMA META?

- Medidas de uso de equipamento devem especificar se incluem ou excluem:

  → Tempo ocioso devido a vendas.

  → Tempos adicionais (além do padrão) para manutenção preventiva especificada pelo fabricante.

  → Tempo de equipamento parado por mau planejamento do PCP que deixou o equipamento ocioso.

- *Measurable* (Mensurável): possível de ser medido numericamente, e, as informações, passíveis de serem coletadas. Alguns pontos são necessários:

  - A unidade de medida (kg, l, n°. de peças, m^2, etc)

  - *Evitar* utilizar termos ambíguos ou não definidos. Por exemplo:

    → % de eficiência.

    → % de redução de *inconsistências*.

    → % de diminuição de atraso na programação.

    → nº de funcionários *comprometidos* com a empresa.

    → % de informações *confiáveis*.

  - *Evitar* termos incompletos ou sem especificação da operação aritmética feita com os dados coletados. Lembrar que o valor real ou meta de um indicador de desempenho é obtido por uma operação aritmética (média, soma, etc) de diversos dados coletados dentro do período de apuração (diário, semanal, mensal, semestral, anual, etc). Por exemplo:

    $$\rightarrow \quad \left(\frac{\text{Data de envio}}{\text{Data programada}} \right) = \left(\frac{20/11/2012}{15/10/2012} \right) = ?!?$$

    → Tempo de *setup* ≠ Tempo *médio* de *setup*.

    → Atraso de entrega ≠ nº de dias *médio* de atraso de pedidos entregues.

    → *Quantidade* de MP ≠ *ton.* de PEBD (polietileno de baixa densidade).

    → Capacidade *Nominal* ≠ nº de ciclos *máximos* por hora especificado pelo fabricante.

  - Além de conferir se os indicadores propostos e suas metas são mensuráveis, é conveniente verificar se os dados necessários são passíveis de serem coletados:

    → Coleta de dados é, geralmente, uma atividade de alto custo e pode inviabilizar a implantação do SMD.

    → Os critérios de coleta precisam ser bem definidos por procedimentos documentados e utilizados no treinamento do funcionário encarregado dela.

CAPÍTULO 3: *KEY PERFORMANCE INDICATOR* — KPI

→ Caso a coleta seja feita em diversos locais por diversos funcionários ou sensores automáticos, o procedimento de coleta e cálculo deve ser o mesmo em todos os locais. Caso contrário, a informação será distorcida e não servirá para comparações por amplitude.

→ Coleta de dados feita por funcionários que possam obter ganhos (por exemplo, atrelados ao *PLR – Participação em Lucros e Resultados*) ou evitar algum tipo de repreensão (por exemplo, dispensa por baixa produtividade) tende a superestimar, subestimar ou omitir valores coletados de forma a beneficiá-los nas avaliações.

→ Dados em papel têm, geralmente, pouca utilidade como fonte de informação adequada para análise. De alguma maneira, precisam ser convertidos para meios eletrônicos.

→ Pode ser inviável coletar os dados sem atrapalhar o ritmo normal de trabalho do equipamento ou funcionário.

→ Os sensores e coletores de dados automáticos precisam estar aferidos segundo as normas pertinentes.

→ Frequentes falhas e esquecimentos nos procedimentos de coleta de dados podem gerar informações erradas.

- *Achievable* (Alcançável): possível de ser realizado em bases concretas; considerar que o ideal de desempenho, de modo geral, não é possível de ser alcançado. Definir o valor das metas é quase uma arte e uma das tarefas mais difíceis de um gestor, seguindo a máxima em administração de empresas de que "administrar é gerenciar conflitos". Para o estabelecimento do valor das metas para cada empresa, diretoria, departamento, área ou pessoa, o gestor estará diante de um conflito:

  ◆ Se estabelecer metas muito ousadas, pode desmotivar os funcionários que veem aquela tarefa como impossível qualquer que seja a quantidade de esforço empregado. E, já que o resultado é igual, a tendência é colocar o menor esforço sem alertar para avaliações de ociosidade que poderiam ser feitas pelo gestor.

  ◆ Se colocar metas muito baixas, a empresa desperdiçará recursos que poderiam ser aproveitados para gerar resultados melhores. A tendência dos funcionários após atingirem as metas é de reduzir o esforço empregado na realização das tarefas uma vez que a avaliação será feita sob o ponto de vista binário: "atingiu a meta" ou "não atingiu a meta".

  ◆ Alguns critérios podem ser adotados para estimar metas alcançáveis:

    → Igualar ou ultrapassar a média do mercado, do setor, do país ou do mundo.

    → Igualar o melhor do mercado ou setor no qual atua (*benchmark* do mercado ou setorial), do país (*benchmark* nacional) ou do mundo (*benchmark* mundial).

O QUE É UMA META?

→ Aumento ou redução máximos de 20% em relação ao valor de referência do ano anterior. Não há evidência na literatura que suporte a meta de *aumento ou redução de 20% em relação ao valor de referência do ano anterior*. Esse número surgiu de aplicações de redução de desperdícios sobre as cinco atividades de um processo produtivo: operação, transporte, espera, inspeção e armazenamento. O pensamento prático era procurar concentrar-se na eliminação dos desperdícios de uma das cinco atividades, isto é, 1/5 = 20%. O argumento não tem sustentação em uma análise mais rigorosa mas era uma forma fácil de definir uma meta.

→ *Regra dos 3/5* entre o *Valor Atual* e o *Valor Ideal* do indicador: trata-se de uma regra que somente pode ser aplicada a indicadores de desempenho que tenham o *mínimo possível em 0% e o máximo possível em 100%,* chamados de *Valor Ideal de desempenho.* A definição da *Regra dos 3/5* é dada pela expressão:

$$Meta_{tn+1} = \left(\begin{array}{c} Valor \\ Atual \end{array} \right)_{tn} + \frac{3}{5} \times \left(\left(\begin{array}{c} Valor \\ Ideal \end{array} \right) - \left(\begin{array}{c} Valor \\ Ideal \end{array} \right)_{tn} \right)$$

Exemplo 1: definição das metas de desempenho do processo de entrega de encomendas. O indicador selecionado para medir o desempenho do processo de entrega é *% de entregas no prazo.* Esse tipo de indicador tem o *Valor Ideal* de desempenho de *100%,* ou seja, todas as entregas realizadas deveriam ser entregues no prazo acordado com o cliente. No entanto, no instante t_0 (por exemplo, no mês de dezembro de determinado ano), somente 20% das entregas foram feitas no prazo (*Valor Atual* no instante t_0). O problema a ser resolvido pelo gestor do processo é definir a meta que o processo deverá atingir em t_1 (por exemplo, em dezembro do próximo ano). Aplicando-se a fórmula da *Regra dos 3/5,* temos:

$$Meta_{t1} = 20 + \frac{3}{5} \times (100 - 20) = 68\%$$

Aplicando a mesma fórmula para os períodos seguintes, obtemos os valores mostrados na tabela a seguir. Note que não importa se a meta foi atingida ou não. A base de cálculo em cada período é o Valor Atual que o processo conseguiu atingir.

CAPÍTULO 3: *KEY PERFORMANCE INDICATOR* — KPI

	T_0	T_1	T_2	T_3	T_4
Valor Ideal	100%	100%	100%	100%	100%
Valor Atual	20%	55%	85%	95%	97%
Meta	-	68%	82%	94%	98%
Atingiu meta?	-	não	sim	sim	não

A Figura 3.10 mostra, graficamente, como o indicador de desempenho *% de entregas* no prazo evoluiu no tempo, bem como o estabelecimento das metas para o período seguinte.

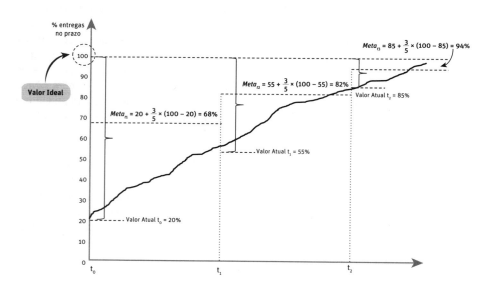

Figura 3.10: Estabelecimento de metas para indicadores com *Valor Ideal* = 100%

O QUE É UMA META?

Exemplo 2: definição das metas de desempenho da qualidade do processo de produção de peças automotivas. O indicador selecionado para medir o desempenho da qualidade do processo de p é *% de refugos de peças*. Esse tipo de indicador tem o *Valor Ideal* de desempenho de *0%*, ou seja, nenhuma peça fabricada deveria estar fora dos limites de tolerância dimensionais especificados. Contudo, no instante t_0 (por exemplo, no mês de dezembro de determinado ano), 9,9% das peças fabricadas foram refugadas (*Valor Atual* no instante t_0). O problema a ser resolvido pelo gestor do processo é definir a meta que o processo deverá atingir em t_1 (por exemplo, em dezembro do próximo ano). Aplicando-se a fórmula da *Regra dos 3/5*, temos:

$$Meta_{t1} = 9,9 + \frac{3}{5} \times (0 - 9,9) = 4,0\%$$

Aplicando a mesma fórmula para os períodos seguintes, obtemos os valores mostrados na tabela a seguir. Note-se, mais uma vez, que não importa se a meta foi atingida ou não. A base de cálculo em cada período é o Valor Atual que o processo conseguiu atingir.

	T_0	T_1	T_2	T_3	T_4
Valor Ideal	0%	0%	0%	0%	0%
Valor Atual	9,9%	5,7%	2,2%	1,1%	0,5%
Meta	-	4,0%	2,3%	0,9%	0,4%
Atingiu Meta?	-	não	sim	não	não

A Figura 3.12 mostra, graficamente, como o indicador de desempenho *% de refugos* evoluiu no tempo, bem como o estabelecimento das metas para o período seguinte.

CAPÍTULO 3: *KEY PERFORMANCE INDICATOR* — KPI

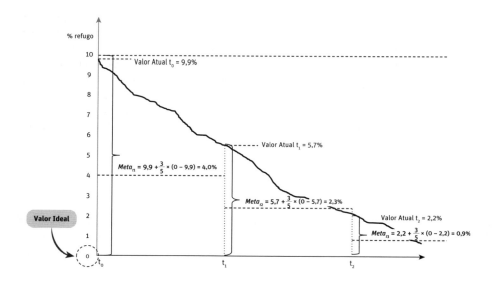

FIGURA 3.11: ESTABELECIMENTO DE METAS PARA INDICADORES COM *VALOR IDEAL* = 0%

- Evitar atingir o *ideal de desempenho*: cuidados especiais com metas 0% ou 100%. Essas duas metas implicam, em última análise, que o processo produtivo é infalível. Tal conceito, na prática das empresas, é virtualmente impossível de ser atingido, daí deriva o nome de *ideal*. Tomemos alguns exemplos:

    → O *Programa Seis Sigma* não tem como meta atingir *0%* de defeito, mas *0,00034%* de defeitos ou *3,4 ppm* (partes por milhão).

    → As metas dos indicadores de satisfação de clientes são comumente fixadas em valores acima de 90% — 98%; 99,5%; 99,9% —, mas não podem ser fixadas em 100%. Qualquer funcionário que já tenha trabalhado em *Call Center* sabe que é virtualmente impossível atingir metas de 100%.

    → Em testes de DNA para comprovação de paternidade, é virtualmente impossível atingir a probabilidade de 100% para suportar a decisão de um juiz. Nesse caso, a meta fixada é a probabilidade de 99,999% para que o juiz emita uma sentença de comprovação de paternidade.

    → Mesmo nos casos em que as atividades oferecem risco grave à vida ou à integridade física de pessoas, é virtualmente impossível atingir metas de 0% ou 100%. Os gestores devem entender que fixar metas abaixo do ideal é possível e recomendado. Por exemplo:

    ❶ A meta do porcentual de falhas de uma enfermeira que cuida de recém--nascidos deve ser fixada em 0%? Não. Por mais que inspire cuidados e considerando que todos os meios devem ser empregados para que as

O QUE É UMA META? **83**

falhas não ocorram, a atividade de enfermagem é uma atividade como outra qualquer e sujeita a falhas. Pessoalmente, já vi a porta do elevador se fechando sobre um recém-nascido no colo da enfermeira que o carregava; e já relataram que uma enfermeira escorregou no piso molhado da maternidade enquanto carregava um recém-nascido: menos mal que somente a enfermeira se feriu levemente.

❶ É conveniente colocar uma meta de redução de 20% das mortes por acidentes de trabalho em relação ao ano anterior? Sim. Embora todos concordem que a vida de um funcionário não tenha preço e que todos os esforços tenham que ser feitos para evitar esse tipo de acidente, a empresa não pode controlar todas as variáveis que causam acidentes fatais (imprudência dos funcionários, por exemplo). Embora provavelmente faça um gestor sentir-se desconfortável, é cabível, sob o ponto de vista de sistema de produção, que a meta seja diferente de 0%.

→ Nenhuma meta atrelada à *PLR (Participação em Lucros e Resultados)* tem meta de 0% ou 100%. Qualquer falha feita por qualquer pessoa em qualquer momento do período considerado para cálculo já inviabiliza o alcance da meta e, por conseguinte, desmotiva os funcionários a continuar se esforçando no desenvolvimento das tarefas.

- *Relevant* (Relevante): vale a pena colocar energia para alcançar a meta; devem ter grande importância relativamente a outros fatores. Este ponto já foi discutido neste texto e continuará sendo analisado mais adiante. Como a meta está sempre ligada a um indicador, a discussão é sobre a importância relativa das variáveis componentes do indicador sobre o efeito desejado pela empresa. Em outras palavras, para se produzir um efeito desejado, muitas vezes o número de causas a serem monitoradas pode chegar a dezenas de variáveis. Já discutimos que monitorar dezenas de indicadores é impraticável em razão da própria limitação humana, assim, devemos escolher quais variáveis utilizaremos e, por consequência, devemos monitorar as mais importantes ou relevantes. O gestor não vai, deliberadamente, analisar todas as variáveis que têm influência em um determinado resultado, mas deve escolher as que causam maior impacto nele. As análises de importância relativa podem ser feitas por ferramentas qualitativas ou quantitativas:

- ◆ **Ferramentas quantitativas:**
  - → Diagrama de Pareto.
  - → Análise de sensibilidade.
  - → Simulações.
  - → Evolutionary Operations (EVOP).
  - → Análise de impacto de indicadores desagregados.
- ◆ **Ferramentas qualitativas:**

CAPÍTULO 3: *KEY PERFORMANCE INDICATOR* — KPI

→ Opinião de especialistas.
→ Técnica *Delphi*.
→ Reuniões de consenso.
→ Ferramentas qualitativas com enfoque quantitativo:
→ *Analytic Hierarchy Process* (AHP).
→ *Analytic Network Process* (ANP).
→ Matriz de decisão multicritérios (Figura 3.12).

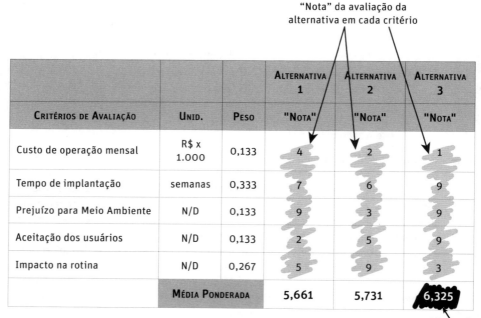

FIGURA 3.12: MATRIZ DE DECISÃO MULTICRITÉRIO

O ponto mais importante a ser considerado neste item é que devemos selecionar poucos indicadores para monitorar e verificar se suas metas foram atingidas ou não, e colocar as ações corretivas adequadas. Os indicadores e metas não mostrarão todos os aspectos envolvidos no resultado a ser alcançado, mas quais as causas mais importantes para se haver chegado a esse resultado.

- *Time frame* (Temporal): prazo definido para ser alcançado; data de início e data de fim. Toda meta, necessariamente, deve ter um prazo para ser atingida e depende do

O QUE É UMA META?

tipo de objetivo a que o indicador correspondente está associado. Basicamente temos 3 tipos de objetivos:

- **Objetivos estratégicos:** geralmente, o prazo varia de 3 a 5 anos.
- **Objetivo tático:** normalmente, o prazo é fixado em 1 ano.
- **Objetivo operacional:** em geral, o prazo é fixado em um mês mas pode ser semanal, trimestral ou semestral.

O prazo para atingir a meta tem relação com a periodicidade de cálculo do indicador e este com o tempo médio de ciclo dos eventos que estão sendo medidos. Primeiro vamos analisar como as metas podem ser fixadas. Há basicamente dois tipos de fixação de metas, conforme mostra a Figura 3.13:

Meta constante durante o período considerado para alcance da meta.

Submetas variáveis durante o período considerado para alcance da meta: as submetas podem ser fixadas considerando a tendência, sazonalidade e/ou a ciclicidade da variável que está sendo medida.

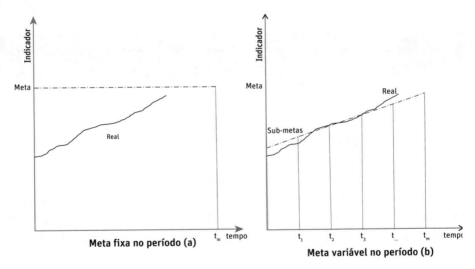

FIGURA 3.13: TIPOS DE METAS

Quanto à periodicidade de cálculo e monitoramento do indicador de desempenho temos que considerar duas regras básicas, conforme podemos ver na Figura 3.13:

- A periodicidade de cálculo do indicador deve ser um múltiplo do tempo de ciclo médio do evento monitorado. Por exemplo, em um setor de Expedição de Cargas, o tempo de ciclo médio de cada carga expedida é de duas horas e, nesse caso, a periodicidade de cálculo do indicador não poderá ser inferior a duas horas. O tempo

CAPÍTULO 3: *KEY PERFORMANCE INDICATOR* — KPI

adequado deve ser o necessário para detectar alguma disfunção e colocar uma ação corretiva. As periodicidades mais comuns são diárias, semanais, mensais, bimestrais, trimestrais, semestrais e anuais.

♦ O prazo para atingir a meta deve ser um múltiplo da periodicidade de cálculo do indicador. Seguindo o mesmo exemplo anterior, se a periodicidade de cálculo do indicador for mensal, o prazo para se alcançar a meta não pode ser inferior a um mês, uma vez que o atingimento ou não da meta não poderá ser detectado se não há o valor real obtido pelo cálculo do indicador.

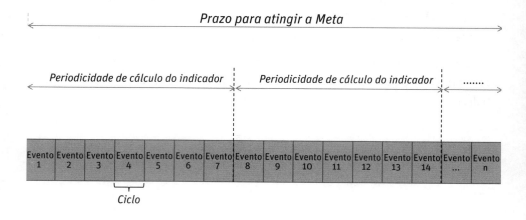

Figura 3.14: Relação entre eventos, periodicidade e prazo da meta

Como conclusão, fica evidente que colocar metas para a empresa ou para uma equipe de trabalho é uma tarefa difícil para o gestor. Quanto maior o nível hierárquico, mais complexas são as inter-relações das variáveis que compõem o cálculo do desempenho, então, maiores cuidados devem ser tomados para o estabelecimento do valor a ser atingido.

MODELO PARA ELABORAÇÃO DE INDICADORES DE DESEMPENHO: CRITÉRIOS RELEVANTES DE INTERPRETAÇÃO

Todo indicador deve partir de um objetivo. Esta é a mensagem principal deste livro: primeiro o objetivo, depois o indicador. Os autores ficarão satisfeitos se o leitor assimilar essa ideia principal.

Neste item vamos discutir como transformar um objetivo em indicadores de desempenho seguindo um modelo que utiliza a ferramenta denominada *Critérios Relevantes de Interpretação*, conforme mostra a Figura 3.15. É um modelo simples mas muito útil para facilitar a elaboração de indicadores e evita que o analista cometa alguns dos erros mais comuns observados nos SMD's. Nesse modelo há três passos básicos:

- Estabelecer claramente qual é o objetivo a ser atingido pelo gestor.

  O primeiro ponto a ser considerado é que o analista precisa ter claro qual é o objetivo do gestor da área. As cobranças efetuadas nas reuniões de acompanhamento constituem-se em uma maneira fácil de saber quais são eles. Esses objetivos podem ser determinados por:

  - → Desdobramentos dos objetivos estratégicos da empresa (por exemplo, os objetivos constantes no *Balance Scorecard* da empresa, ou por qualquer outro modelo de elaboração de plano estratégico) em objetivos operacionais atribuídos a cada área da empresa.

  - → Expectativas dos clientes internos e externos da empresa que não estão sendo atendidas, gerando reclamações por parte dos clientes.

  - → Imposições derivadas de normas de referência a que a empresa ou alguma área específica da empresa é submetida, como: *ISO 9000*, *Good Manufacturing Practices (GMP)*, *Hazard Analysis Critical Control Point (HACCP)*, *Capability Maturity Model Integration (CMMI)*, *Information Technology Infrastructure Library (ITIL)* reformatada na ISO 20000, Sarbanes–Oxley (Sarbox ou SOX), etc.

  Vale lembrar que esses objetivos podem ser tanto estratégicos quanto táticos ou operacionais, dependendo do nível hierárquico com que são tratados e, conforme já discutido, do horizonte de planejamento com que são elaborados.

  Outro ponto importante é que o número de objetivos deve ser o menor possível para permitir ao gestor concentrar seus esforços e dar consistência às suas ações gerenciais. Como a capacidade de trabalho do gestor é limitada, quanto maior o número de objetivos, mais dispersas serão suas ações gerenciais e menor esforço será colocado

CAPÍTULO 3: *KEY PERFORMANCE INDICATOR* — KPI

em cada uma das direções que deve seguir. Os modelos mais conhecidos de planejamento empresarial levam tal princípio em consideração e não serão foco de discussão.

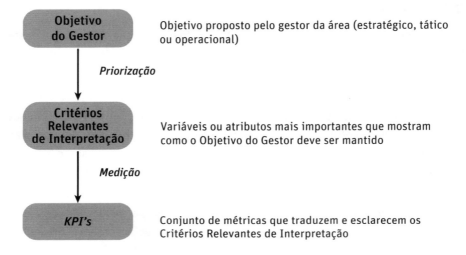

FIGURA 3.15: MÉTODO DOS CRITÉRIOS RELEVANTES DE INTERPRETAÇÃO PARA ELABORAÇÃO DE KPI's

- Estabelecer os *Critérios Relevantes de Interpretação* do significado do objetivo: trocar palavras por números.

Embora o princípio da priorização seja adequadamente utilizado na definição dos objetivos, o mesmo não se observa no procedimento de interpretação desses objetivos visando a elaboração dos indicadores de desempenho. Nesse ponto reside o erro básico que os analistas cometem quando introduzem uma grande quantidade de variáveis capazes de medir quantitativamente um objetivo expresso em palavras.

Colocando de outra forma, este passo trata de traduzir conceitos qualitativos redigidos em variáveis quantitativas que interpretem o significado daquele conceito qualitativo. Em resumo, trata-se de trocar palavras por números.

A experiência mostra que o processo de elaboração dos objetivos leva os analistas e gestores a utilizarem palavras que causam certo impacto quando apresentadas aos chefes ou acionistas. Por exemplo:

→ Promover uma administração *flexível* e *integrada*.

→ *Valorização* dos funcionários *comprometidos* com a empresa.

→ Ser *referência* internacional em *pesquisa tecnológica*.

→ Contribuir com projetos *socialmente relevantes*.

→ *Promover a cidadania* entre seus parceiros de negócios.

MODELO PARA ELABORAÇÃO DE INDICADORES DE DESEMPENHO... **89**

Dificilmente um diretor ou um gerente discordará desses objetivos propostos pela empresa, mas também dificilmente saberão o que significam, claramente, cada um deles. Quando se utiliza conceitos qualitativos na redação dos objetivos, esses conceitos são passíveis de interpretação e cada gestor, provavelmente, vai fazê-lo de maneira diferente. Com isso, cada uma das interpretações aponta para direções distintas que, no mínimo, não estarão alinhadas e, no máximo, serão francamente antagônicas.

Nos exemplos anteriores, ao utilizar as palavras *flexível, integrada, valorização, compro-metidos, referência, pesquisa tecnológica, socialmente relevantes e promover a cidadania*, os analistas que elaboraram tais objetivos, em vez de oferecer condições harmônicas, promovem movimentos confusos dentro da empresa.

Uma das maneiras de esclarecer o significado de um conceito qualitativo, que está na redação de um objetivo, é tentar encontrar as variáveis qualitativas ou quantitativas mais importantes que mostram como o objetivo do gestor deve ser interpretado ou entendido. Vamos, então, precisar os termos utilizados:

♦ **Variável** é uma característica mensurável que pode assumir diversos valores dentro de um certo intervalo, amplo ou não. As variáveis podem ser classificadas em:

  → **Variável Quantitativa:** mensurável por meio de números (comprimento, peso, idade) e pode ser de dois tipos:

  ❶ Contínua: assume qualquer valor dentro de um intervalo, o qual é geral-mente limitado pela precisão do instrumento de medida (comprimento, peso, área, etc).

  ❶ Discreta: assume determinados valores que expressam uma entidade completa e acabada. Expressa-se, geralmente, por números inteiros (nú-mero de peças fabricadas, número de boletos de cobrança emitidos, etc).

  → **Variável Qualitativa:** mensurável pelo grau de presença ou ausência de de-terminadas características ou propriedades que não podem ser mensuráveis numericamente. Subdivide-se em:

  ❶ Ordinal: relação de *intensidade* da presença ou ausência de determinadas características ou propriedades que podem ser expressas em determinada ordem ou hierarquia (avaliação de serviço prestado: Excelente, Muito Bom, Bom, Ruim, Péssimo; priorização por Pareto: Classe A, Classe B ou Classe C).

  ❶ Nominal: relação de *identificação* da presença de determinadas caracte-rísticas ou propriedades que não podem ser hierarquizadas ou ordenadas (cores, tipo de defeitos, locais, etc).

♦ **Mais importantes:** pressupõe algum tipo de priorização, isto é, ordenação dos elementos analisados segundo a importância relativa entre eles. Diversos mode-los de hierarquização podem ser utilizados dependendo da complexidade e do impacto da decisão de priorização a ser tomada:

CAPÍTULO 3: *KEY PERFORMANCE INDICATOR* — KPI

→ Diagrama de Pareto: ordenação de valores em ordem decrescente segundo uma variável de análise predefinida, conforme mostra a Figura 3.16.

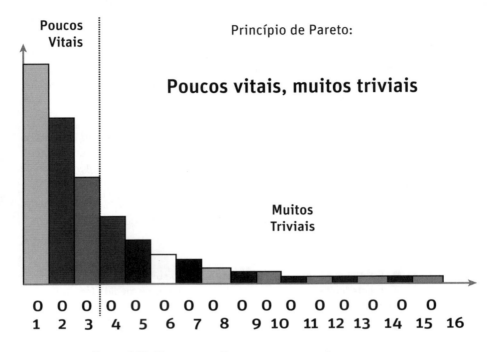

Figura 3.16. Diagrama de Pareto para priorização dos objetivos

→ Matriz de decisão de Hyman: média normalizada de matriz simétrica utilizando escala de *Likert* preestabelecida mostrada na Figura 3.17.

MODELO PARA ELABORAÇÃO DE INDICADORES DE DESEMPENHO... 91

Escolher uma Escala

Tabela 1

"Nota"	Custo/Mês R$ x 1.000	Impacto na Rotina N/D	Prejuízo para meio ambiente N/D	Aceitação pelos usuários N/D	Tempo de Implantação Semanas
9	0	Sem impacto	Nulo	Alta	Imediato
8	0 - 2	Atrapalha muito pouco a rotina	Baixo	Alta	1 - 2
7	2 - 5		Baixo	Alta	2 - 3
6	5 - 8	Atrapalha pouco a rotina		Média	3 - 4
5	8 - 10		Médio	Média	4 - 6
4	10 - 12	Atrapalha significativamente a rotina	Médio	Média	6 - 8
3	12 - 15		Alto		8 - 10
2	15 - 18	Atrapalha muito a rotina	Alto	Baixa	10 - 15
1	18 - 20			Baixa	15
0	20	Impraticável	Proibido		-

Tabela 2

"Nota"	Custo/Mês R$ x 1.000	Impacto na Rotina N/D	Prejuízo para meio ambiente N/D	Aceitação pelos usuários N/D	Tempo de Implantação Semanas
5	0	Sem impacto	Nulo	Alta	Imediato
4	0 - 5	Atrapalha muito pouco a rotina	Baixo	-	1 - 5
3	5 - 10	Atrapalha pouco a rotina	Médio	Média	5 - 10
2	10 - 15	Atrapalha significativamente a rotina	Alto	-	10 - 15
1	15 - 20	Atrapalha muito a rotina	Muito alto	Baixa	15
0	20	Impraticável	Proibido	Rejeitado	-

As Escalas podem assumir qualquer valor

1 a 3
0 a 4
1 a 4
1 a 10
1 a 100

FIGURA 3.17. EXEMPLO DE ESCALA *LIKERT* PARA AVALIAÇÃO DE CRITÉRIOS DE SELEÇÃO

CAPÍTULO 3: *KEY PERFORMANCE INDICATOR* — KPI

→ Matriz de decisão *pairwise*: cálculo do Vetor de Priorização utilizado no método AHP (*Analytic Hierarchy Process*) e verificação da consistência da avaliação de prioridades. Um exemplo de escala de comparação *pairwise* é mostrado na Figura 3.18:

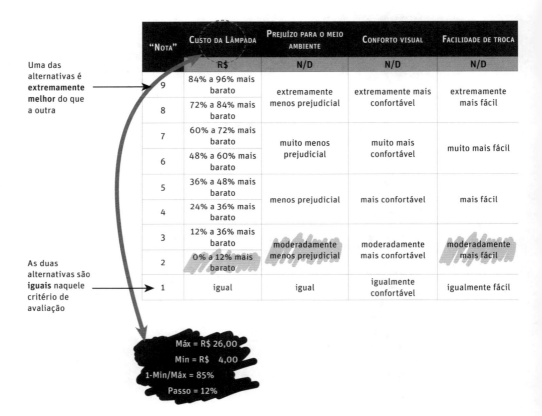

Figura 3.18: Exemplo de escala de comparação *pairwise*

→ Análise qualitativa por consenso de grupo de especialistas: os fatores mais importantes são selecionados por métodos simples de votação em um grupo de especialistas da empresa ou consultores convidados.

Essas técnicas de decisão são detalhadas no Anexo II para que possam ser melhor compreendidas e utilizadas pelos analistas responsáveis pela elaboração e implantação de SMD's.

♦ **Interpretado:** um conceito qualitativo deve ser esclarecido para que todos os participantes do processo de atingir o objetivo saibam exatamente qual o sentido

MODELO PARA ELABORAÇÃO DE INDICADORES DE DESEMPENHO... **93**

e significado das expressões utilizadas. Tal processo de interpretação de conceitos qualitativos geralmente leva a um número elevado de alternativas de interpretação que devem ser priorizadas segundo alguma das técnicas descritas no item anterior. O significado das alternativas de interpretação deve obedecer a alguns critérios;

→ Referir-se a um efeito e não a uma causa: interpretar significa descobrir o sentido de algo e não sua causa. Por exemplo:

❶ Objetivo: Melhorar a qualidade dos produtos fabricados

✝ Interpretação correta: Produzir produtos dentro das especificações; *qualidade* é interpretada como produtos *conforme especificações*.

✝ Interpretação errada: Treinar os operadores; essa é uma *causa* da melhoria da qualidade e não uma interpretação do que se entende por qualidade.

❶ Objetivo: Atender ao cliente rapidamente

✝ Interpretação correta: Reduzir o tempo médio de fila; atender *rapidamente* significa reduzir *tempo médio de fila* para o cliente ser atendido.

✝ Interpretação errada: Investir em softwares para Business Process Management, a qual é uma causa para aumentar a rapidez do atendimento.

❶ Objetivo: Melhorar a rentabilidade

✝ Interpretação correta: Aumentar o *ROI* (Return On Investiment); *rentabilidade* é interpretada como Return On Investiment.

✝ Interpretação errada: Negociar melhores taxas de empréstimo do capital empregado, pois esta é uma causa para aumento da rentabilidade do negócio.

→ Na interpretação do significado do objetivo, evitar o uso de conceitos qualitativos tão ou mais difíceis de compreender do que o significado que pretende explicar. Por exemplo:

❶ Objetivo: Promover uma administração responsiva

✝ Interpretação complicada: Incentivar o ajustamento do sistema gestor de acordo com a demanda solicitada.

✝ Interpretação mais simples: Atender aos clientes internos antes do prazo acordado para emergências.

❶ Objetivo: Estabelecer a promoção de funcionários comprometidos com a empresa

✝ Interpretação complicada: Esmerar-se no fortalecimento do conhecimento pessoal dos funcionários com postura diferenciada em relação ao desempenho das atividades atribuídas.

94 CAPÍTULO 3: *KEY PERFORMANCE INDICATOR* — KPI

 ✝ Interpretação simples: Conceder aumentos de salário acima da negociação sindical para funcionários com nota máxima na Avaliação 360°.

→ Utilizar termos que possam ser contados, medidos ou calculados. Na redação do objetivo, não é necessário expressar valores numéricos, apenas assegurar que os termos utilizados sejam passíveis de medição. Por exemplo:

 ❶ Prazo acordado:

  ✝ *Prazo* é medido em unidades de tempo (horas, dias, meses, etc).

  ✝ *Acordado* depende de um acordo entre as partes que estabelece, numericamente, qual o tempo máximo ou mínimo para disponibilização de determinado produto ou serviço ao cliente. Em casos especiais, esse acordo recebe o nome de *Service Level Agreement* (SLA).

→ Aumentos de salário acima da negociação sindical:

 ❶ Salários são medidos em unidades monetárias. Depende de especificação se inclui encargos, horas extras, PLR, etc.

 ❶ Negociação sindical: também se trata de um acordo entre as partes que permite que o empregador conheça qual o valor mínimo que deve ser acrescido aos salários atuais.

→ Nota máxima na avaliação 360°:

 ❶ Nota máxima depende de uma escala utilizada em avaliações. Tais avaliações são fornecidas por meio de um questionário específico que descreve os comportamentos de liderança considerados essenciais pela organização.

 ❶ Avaliação 360º: Processo no qual os participantes recebem simultaneamente *feedbacks* estruturados de seus superiores, pares e subordinados, além de uma autoavaliação.

MODELO PARA ELABORAÇÃO DE INDICADORES DE DESEMPENHO... **95**

APLICAÇÃO DE CONCEITO:
A DIFERENÇA ENTRE FATORES CRÍTICOS DE SUCESSO (FCS) E CRITÉRIOS RELEVANTES DE INTERPRETAÇÃO (CRI)

Para a elaboração de indicadores de desempenho, não é raro o analista confundir os conceitos de Fatores Críticos de Sucesso (FCS) e Critérios Relevantes de Interpretação (CRI). Vamos tentar esclarecer alguns pontos para facilitar o processo de construção do SMD utilizando indicadores corretos. A Figura 3.19 ajuda a entender a diferença entre os dois conceitos.

Iniciando pela definição, os FCS's são competências necessárias que a empresa ou o agente precisam possuir para poder atingir os objetivos propostos. Note que, embora *necessárias*, as competências podem não ser *suficientes* para o propósito especificado, isto é, não garantem que o objetivo seja atingido. Em outras palavras, os FCS's medem causas para conseguir o efeito desejado expressado no objetivo.

Já os CRI's são as características-chave que mostram o significado do objetivo a ser atingido, ou seja, medem o *efeito* desejado quando o objetivo for atingido. Dizendo de outra maneira, o objetivo é *demonstrado* pelo CRI (e não *causado* pelo CRI). Embora pareça um conceito simples, a experiência mostra que tal conceito é frequentemente confundido pelos analistas responsáveis pela construção dos sistemas de indicadores de desempenho.

FATORES CRÍTICOS DE SUCESSO (FCS)	CRITÉRIOS RELEVANTES DE INTERPRETAÇÃO (CRI)
Competências necessárias e essenciais para atingir o objetivo	Características-chave que mostram o significado do objetivo
Mede causas	Mede efeitos
É necessário para ...	É demonstrado por ...

FIGURA 3.19: FATORES CRÍTICOS DE SUCESSO *VS* CRITÉRIOS RELEVANTES DE INTERPRETAÇÃO

Com base em um projeto de SMD desenvolvido em uma empresa produtora de Cimento Portland, alguns exemplos de aplicação dos dois conceitos podem ser vistos na Figura 3.20, a qual mostra o objetivo proposto por um gestor, um exemplo de FCS e um exemplo de CRI associados a esse objetivo. As diferenças entre causa e efeito podem ser observadas em cada um deles:

CAPÍTULO 3: *KEY PERFORMANCE INDICATOR* — KPI

Objetivo	FCS	CRI
Melhorar a qualidade dos produtos fabricados	Melhorar o treinamento do operador	Reduzir retrabalho
Produzir mais rapidamente	Implantar troca rápida de ferramenta	Reduzir tempo médio de produção
Promover processo produtivo mais sustentável	Implantar equipamentos com mais eficiência energética	Reduzir o uso de energia produzida por geradores a diesel na produção
Reduzir o custo de matérias-primas e componentes	Desenvolver novos fornecedores	Reduzir o custo unitário de MP+CO

Figura 3.20: Exemplos de FCS e CRI associados a um objetivo proposto

Podemos observar que cada um dos objetivos colocados são tratados de maneira diferente dependendo se associamos uma causa para atingi-lo ou um efeito que ele provoca:

Objetivo: Melhorar a qualidade dos produtos fabricados

FCS: melhorar o treinamento do operador é uma causa eficaz comprovada na literatura e na prática das empresas para melhorar a qualidade dos produtos fabricados.

CRI: *melhorar a qualidade* foi interpretado como *reduzir o retrabalho,* ou seja, o modo de demonstrar a melhoria da qualidade é por meio da redução do retrabalho no processo produtivo. Caberiam outras interpretações de melhoria da qualidade, mas, neste caso, o fator-chave é a redução do retrabalho.

Objetivo: Produzir mais rapidamente

FCS: implantar Troca Rápida de Ferramenta ou SMED (Single Minute Exchange of Dies) é uma causa ou ação que deve ser tomada cujo efeito desejado é aumentar a velocidade da produção. Reduzindo o tempo de *setup,* diminui-se o tempo em que a máquina fica parada e a produção programada pode ser atingida em prazo menor.

CRI: Produzir mais *rapidamente* foi interpretado como *aumentar a velocidade média* de produção. Isso quer dizer que o modo de demonstrar rapidez é aumentar a velocidade média de produção.

Objetivo: Promover processo produtivo mais sustentável

FCS: implantar equipamentos com mais eficiência energética é uma causa que tem como efeito um processo produtivo mais sustentável. Porém, ainda que pouco provável, somente a implantação dos equipamentos com maior eficiência energética não garante que o processo produtivo seja mais sustentável.

APLICAÇÕES DO MODELO DOS CRITÉRIOS RELEVANTES DE INTERPRETAÇÃO (CRI)

CRI: *sustentabilidade* foi interpretada por *redução do uso de energia por geradores a diesel* na produção. Cabe aqui uma ressalva sobre a validade da interpretação: provavelmente, isto é uma interpretação parcial do significado de sustentabilidade de um processo produtivo. De qualquer modo, pelo menos um dos efeitos desejados da promoção da sustentabilidade é a redução do uso de combustíveis fósseis.

Objetivo: Reduzir o custo de materiais diretos

FCS: desenvolver novos fornecedores é uma causa para reduzir o custo de materiais diretos uma vez que será possível comprar de um número maior de fornecedores.

CRI: reduzir o *custo* de materiais diretos foi interpretado como reduzir o *custo unitário* de matérias-primas e componentes. Neste caso, o termo *custo* foi mais especificado pelo conceito de *custo unitário* e *materiais diretos,* e pelos termos *matéria-prima e componentes* aditivos na fabricação dos vários tipos de cimento.

APLICAÇÕES DO MODELO DOS *CRITÉRIOS RELEVANTES DE INTERPRETAÇÃO (CRI)*

A utilização do modelo dos *Critérios Relevantes de Interpretação (CRI)* não traz muitas dificuldades para o analista, no entanto, é interessante que o leitor tenha contato com algumas aplicações para que possa se basear nas soluções encontradas e usar nos casos específicos que encontrará nas empresas. Para isso, considere os seguintes pontos:

- Um modelo é uma simplificação da realidade. Entretanto, a realidade das empresas não é tão complexa nem tão "diferente" que inviabilize a aplicação desses conceitos em sua própria empresa.

- Tenha claro o objetivo que pretende alcançar: objetivos como "satisfação do cliente" são uma expressão que deve ser utilizada depois que soubermos qual é a expectativa do cliente. Geralmente é utilizada como uma "muleta" para esconder nossa ignorância sobre o que o cliente espera de nossa empresa ou quando o gestor não sabe o que deve fazer.

- Lembre-se que o modelo utiliza a palavra *Relevantes,* e sempre é conveniente recordar que *relevantes* remete a *poucos.* Trabalhe sempre com fatores essenciais (um, dois ou, no máximo, três) que interpretem o sentido do objetivo. Lembre-se que, *se tudo é importante, nada é importante.*

- Simplifique. A complexidade é uma arma que se utiliza quando se deseja que algo não seja implantado por não ser compreendido pela maioria dos funcionários.

98 CAPÍTULO 3: *KEY PERFORMANCE INDICATOR — KPI*

Essas considerações auxiliarão os facilitadores ou líderes de equipes que serão os responsáveis por elaborar o SMD da empresa. Nos casos a seguir, foram utilizadas muitas horas de trabalho para que se chegasse a um consenso sobre objetivos, critérios relevantes, indicadores e o sistema de informação necessário para coletar os dados.

- **Pesquisa na Universidade de São Paulo**

  Na segunda metade da década de 1980, a Universidade de São Paulo inovou em termos de gestão de órgãos públicos de educação com a formulação de seu planejamento estratégico. Também elogiável foi a iniciativa, logo em seguida, de iniciar o procedimento de coleta de dados para verificar qual a situação da USP quanto às variáveis que tinha colocado como prioritárias para alcançar os objetivos estratégicos definidos.

  Para a surpresa de todos os professores, alunos e funcionários, em fevereiro de 1988 a *Folha de São Paulo*, um jornal de grande circulação na capital paulista, publicou um artigo intitulado *"USP faz a lista de seus improdutivos"*. A Figura 3.21 traz uma parte do texto dessa reportagem.

USP faz lista dos seus improdutivos

A Universidade de São Paulo começa a fazer o levantamento de sua produção docente. Nos anos de 1985 e 1986, cerca de ¼ de seus professores nada produziram. Esse é o resultado do levantamento preliminar feito pela reitoria. Ele contém incorreções, mas sua publicação é a possibilidade de iniciar o debate sobre a avaliação dos docentes nas universidades.

Dos 4.398 docentes contratados em Regime de Dedicação Integral à Docência e à Pesquisa (RDIDP) e Regime de Turno Completo (RTC), 1.108 não publicaram um só trabalho nem em 1985, nem em 1986.

Os contratos dos Professores são explícitos quanto à necessidade de produção científica. Em RTC, os docentes devem dedicar 24 horas semanais à Universidade, sendo oito horas para a docência e o restante para a pesquisa e a preparação de cursos. Em RDIDP, a carga horária passa para 40 horas semanais, sendo oito para docência, mas é exigida a dedicação exclusiva, ou seja, o professor só pode trabalhar para a Universidade.

Os dados foram obtidos por meio de questionários enviados aos docentes pela reitoria. Eles deveriam informar sobre todos os trabalhos publicados nos anos 1985 e 1986.

(Extraído do jornal Folha de São Paulo)

FIGURA 3.21: FRAGMENTO DA REPORTAGEM ALERTANDO SOBRE A IMPRODUTIVIDADE NA USP

APLICAÇÕES DO MODELO DOS CRITÉRIOS RELEVANTES DE INTERPRETAÇÃO (CRI)

A reportagem citava, nominalmente, todos os professores considerados "improdutivos", o que causou um grande desconforto entre a comunidade acadêmica, principalmente porque, na lista, estavam nomes ligados ao Conselho Universitário, vários diretores de Institutos, chefes de departamentos, e renomados professores com funções na reitoria da Universidade.

Esses professores eram considerados improdutivos porque não tinham Produção Acadêmica, e aqui começa a discussão: o que significa o termo Produção Acadêmica? Ministrar aulas é considerado Produção Acadêmica? Exercer funções administrativas nos Institutos e Departamentos da USP é considerado Produção Acadêmica? Fazer pesquisa aplicada e manter os relatórios, dados e resultados arquivados em seu laboratório é considerado Produção Acadêmica?

A resposta da USP para todas essas perguntas é: não! Por quê? Para entender essa questão, vamos recordar que, para que algo seja considerado Produção, tem que estar alinhado com o objetivo definido de uma empresa. Tomemos como exemplo a atividade de tirar fotocópias. Dependendo da empresa onde é executada, essa tarefa pode ou não ser considerada Produção. Em uma empresa gráfica de conveniência, tirar fotocópias é considerado Produção; já em uma empresa de autopeças tirar fotocópias é considerado um gasto.

Voltando à reportagem, para compreender o que ocorreu é preciso voltar alguns anos, quando foi formulado o planejamento da Universidade para os anos seguintes. O ponto principal considerado na época era colocar a USP em linha com o conceito internacionalmente aceito de priorização à pesquisa realizada por seu corpo docente, conforme coloca um dos artigos que analisaram o evento alguns anos depois:

> *"No Brasil, as discussões sobre avaliação tornaram-se acaloradas a partir da segunda metade da década de 1980, deflagradas com os documentos Uma Nova Política para a Educação Superior e o Relatório GERES (cf. MEC, 1985; 1986). Nos governos Collor e Fernando Henrique Cardoso, a questão da avaliação na, e da universidade, aparece como ponto crucial das novas políticas para o ensino superior" (Paula, 2000)*

De acordo com as diretrizes colocadas pelos documentos citados, um dos objetivos definidos pela reitoria da USP, na época ocupada por José Goldemberg, foi "promover a USP como instituição de pesquisa". Nesse ponto, começamos a intuir porque inúmeros professores, de excelente capacidade didática, inquestionável conhecimento sobre sua área de docência e ministrantes de quase vinte horas-aula por semana (uma carga muito acima da média dos demais professores), foram considerados improdutivos.

Ou seja, a USP pretendia direcionar seus esforços na direção da pesquisa e não do ensino, seguindo uma tendência das universidades no mundo todo. Se a decisão foi certa ou errada, é uma outra questão que não discutiremos aqui, mas o fato é que a decisão foi tomada e direcionou as ações que seriam valorizadas como produção acadêmica válida. Isso quer dizer que ministrar aulas com reconhecida capacidade didática, desenvolver atividades administrativas na universidade ou manter os resul-

CAPÍTULO 3: *KEY PERFORMANCE INDICATOR* — KPI

tados da pesquisa em seu laboratório não auxiliava a USP a atingir o reconhecimento internacional como instituição de pesquisa tal como constava de seu planejamento estratégico.

> *"Para dar prosseguimento aos processos de avaliação, a USP automatizou toda sua administração, inclusive a parte acadêmica, tendo como um dos objetivos a produção de uma série de indicadores de desempenho que pudessem servir de base à avaliação institucional. Os indicadores gerados pelo sistema têm sido publicados em um Anuário Estatístico desde 1986." (Paula, 2000)*

O próximo passo é interpretar o que aquela universidade entende por produção acadêmica de pesquisa. Na época em que esses pontos foram discutidos, as reuniões das Comissões de Pesquisa dos Institutos da USP eram tomadas por longas discussões sobre o que seria interpretado como produção de pesquisa dos docentes e pesquisadores. As comissões dos institutos de engenharia e administração de empresas discutiam se as consultorias desenvolvidas pelos professores seriam consideradas como produção de pesquisa, uma vez que argumentavam que "as empresas eram o seu laboratório"; outras comissões insistiam que ministrar aulas na pós-graduação deveria ser considerada como produção de pesquisa pois as pesquisas desenvolvidas pelos docentes eram utilizadas durante as aulas.

De fato, todas as opiniões sobre o que deveria ser validado como produção acadêmica de pesquisa têm uma certa razão de serem consideradas. Contudo, se fossem consideradas todas as dezenas de itens que chegaram como produto das discussões em cada uma das comissões, o gerenciamento da produção acadêmica ficaria muito difícil em virtude do número enorme de dados a serem coletados, calculados e analisados. Quanto maior a quantidade de informações recebidas por um analista ou gestor, mais difícil é a viabilidade de manter o foco em pontos realmente importantes para o alcance do objetivo estratégico. Foi necessário, então, reduzir o número de itens considerados como produção acadêmica de pesquisa a uma quantidade considerada adequada para a eficácia do gerenciamento.

Após meses de discussão, a Comissão de Pesquisa da USP considerou como produção acadêmica de pesquisa válida para efeito de gestão:

♦ Publicações: considerando como publicação válida livros, capítulo de livros, artigos em anais de congressos nacionais e internacionais com *referee*, artigos em periódicos acadêmicos e artigos em revistas especializadas nacionais e internacionais.

♦ Patentes: requisição de registros de patentes e de propriedade intelectual de produtos derivados de pesquisas conduzidas pelo pesquisador.

A definição dos critérios relevantes que interpretam o que se entendia por *Pesquisa* na universidade foi uma das etapas mais importantes para a implementação da gestão por indicadores. Como toda decisão tomada por um gestor, essa postura gerou descontentamentos dentro dos institutos, o que dificultou muito sua implementação

APLICAÇÕES DO MODELO DOS CRITÉRIOS RELEVANTES DE INTERPRETAÇÃO (CRI)

nos anos seguintes; cabe, no entanto, um elogio pelo fato de ter se dado seguimento ao método de gestão adotado.

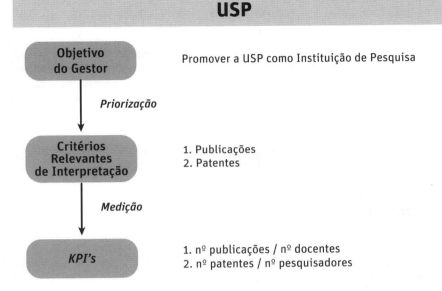

FIGURA 3.22: MÉTODO CRI APLICADO À UNIVERSIDADE DE SÃO PAULO

A Figura 3.22 mostra os passos principais realizados durante o processo de elaboração de indicadores de desempenho para a medição da atividade de Pesquisa. Os dois principais indicadores adotados foram:

- $\left(\dfrac{n^\circ \text{ publicações}}{n^\circ \text{ docentes}} \right)$

- $\left(\dfrac{n^\circ \text{ patentes}}{n^\circ \text{ pesquisadores}} \right)$

Vale notar a diferença entre os dois recursos considerados: docentes e pesquisadores. Isso se deve ao fato de que vários institutos da USP não se dedicam à obtenção de patentes nem possuem pesquisadores contratados para esse fim. Desse modo, foi uma forma que a gestão encontrou de separar os dois objetivos e os dois tipos de recursos de MO utilizados.

- Cursos de Especialização da Fundação Carlos Alberto Vanzolini

CAPÍTULO 3: *KEY PERFORMANCE INDICATOR* — KPI

A Fundação Carlos Alberto Vanzolini (FCAV), instituição privada sem fins lucrativos, criada, mantida e gerida pelos professores do Departamento de Engenharia de Produção da Escola Politécnica da Universidade de São Paulo, tem como objetivo desenvolver e disseminar conhecimentos científicos e tecnológicos inerentes à Engenharia de Produção, à Administração Industrial, à Gestão de Operações e às demais atividades correlatas que realiza, com caráter inovador.

A FCAV, à época, era organizada em quatro unidades de negócio: Certificação, Gestão de Tecnologias para a Educação, Projetos e Cursos de Especialização. Esta última, por ser uma das áreas mais antigas e de maior rentabilidade para a Fundação, elaborou um plano estratégico e a formulação dos indicadores de desempenho conforme visto na Figura 3.23.

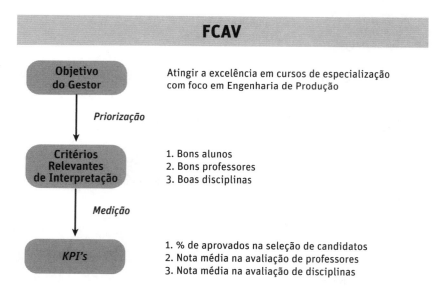

Figura 3.23: Processo de elaboração de indicadores de desempenho na FCAV

O objetivo estratégico definido pela Diretoria Executiva foi colocado como "Oferecer excelentes cursos de especialização com foco em Engenharia de Produção", dado que, por ser formada por professores do Departamento de Engenharia de Produção da Escola Politécnica da USP, tinha uma vocação natural e constante em seus estatutos de fomentar a disseminação dos conhecimentos de Engenharia de Produção. Tal objetivo estratégico estava alinhado com a Missão e a Visão daquele período.

O próximo passo é interpretar o que significa ter cursos excelentes. Não faltaram discussões sobre o conceito de excelência, principalmente em uma época em que os conceitos de qualidade total estavam tomando importância significativa no mercado

APLICAÇÕES DO MODELO DOS CRITÉRIOS RELEVANTES DE INTERPRETAÇÃO (CRI)

brasileiro pela disseminação dos conceitos de ISO 9000, Qualidade Total, *Kaizen*, etc. Também não faltaram discordâncias sobre o que priorizar na interpretação do conceito face ao grande número de sugestões coletadas. Por fim, definiu-se que excelência seria demonstrada por:

♦ Possuir um corpo docente qualificado composto por professores da USP que possuíssem experiência profissional e completado por profissionais contratados que completariam as competências faltantes.

♦ Oferecer um conjunto de disciplinas que preenchesse as lacunas de conhecimento na área de Engenharia de Produção que os alunos de outras habilitações estivessem procurando para ascender na hierarquia profissional das empresas.

Definidos os Critérios Relevantes de Interpretação, a tarefa seguinte é elaborar indicadores que meçam adequadamente cada um dos critérios. Outra vez, a busca da validade dos indicadores e a disponibilidade de dados foram os principais itens na formulação dos KPI's:

♦ Para medir se o professor desempenhava adequadamente suas funções em sala de aula ministrando as disciplinas com didática e conhecimento adequado, os alunos realizavam, duas vezes por quadrimestre, uma avaliação em que atribuíam uma nota para cada um dos quesitos referentes ao trabalho realizado pelo professor. Por meio de um software específico, essas informações eram convertidas em uma tabela de avaliação na qual cada professor recebia uma nota e era comparado com os demais. Caso um determinado professor fosse sistematicamente mal avaliado, uma ação corretiva era implementada pelo coordenador, que chegava, em casos extremos, à demissão do professor.

♦ Junto com a avaliação do professor, os alunos também avaliavam o conteúdo da disciplina ministrada, atribuindo uma nota a cada quesito, gerando, do mesmo modo, uma nota global do conteúdo da disciplina. Notas abaixo de determinado limite eram objeto de análise e colocação de ações corretivas para melhoria do conteúdo da matéria.

É interessante notar, nos casos descritos acima que, frequentemente, um mesmo instrutor lecionava no Departamento de Engenharia de Produção e nos Cursos de Especialização da Fundação Carlos Alberto Vanzolini. A Figura 3.24 ajuda a verificar que um mesmo professor, trabalhando em um mesmo segmento, no mesmo local físico (as aulas dos Cursos de Especialização eram dadas à noite nas mesmas salas de aula onde, no período diurno, eram ministradas as aulas da Graduação no Curso de Engenharia de Produção) eram avaliados por indicadores diferentes.

CAPÍTULO 3: *KEY PERFORMANCE INDICATOR* — KPI

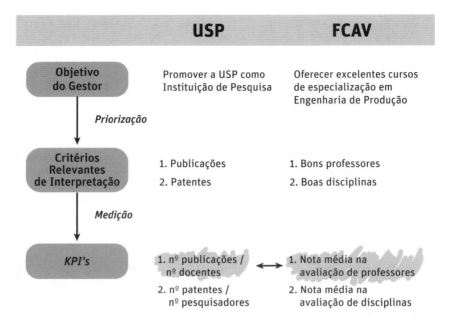

FIGURA 3.24: COMPARAÇÃO ENTRE INDICADORES DE DESEMPENHO

Se as aulas de um docente do Departamento de Engenharia de Produção fossem de má qualidade e com grande número de reprovações, não recebia nenhuma advertência. Todavia, se deixasse de publicar os artigos acadêmicos, uma Comissão Especial de Regimes de Trabalho fazia advertências severas, podendo modificar o cargo ocupado pelo docente e negando renovações de contrato de trabalho. Ou seja, ninguém era analisado pela qualidade da aula, mas era seriamente cobrado pelas publicações.

Já no Curso de Especialização da Fundação Carlos Alberto Vanzolini, não se questionava sobre as publicações feitas pelo docente, porém, se a qualidade da aula fosse ruim, ele poderia ser demitido do cargo. Ou seja, ninguém analisava as publicações dos professores, mas estes eram seriamente cobrados pela qualidade das aulas ministradas.

Por que, então, um mesmo professor, trabalhando em um mesmo local, para empresas do mesmo segmento (educacional) é avaliado por indicadores diferentes? A resposta é simples e didática: os objetivos das duas empresas eram diferentes.

Concluindo, não se começa a elaboração de um SMD pela escolha dos indicadores. Inicia-se pelo estabelecimento dos objetivos, interpretando suas características-chave; aí sim elabora-se o indicador de desempenho.

- Internacionalização de uma empresa de automação de pontos de venda.

APLICAÇÕES DO MODELO DOS CRITÉRIOS RELEVANTES DE INTERPRETAÇÃO (CRI)

Bitmec é o nome fictício de uma empresa brasileira fabricante de equipamentos para automação de pontos de venda. Ela é classificada pelos pesquisadores em comércio exterior como uma empresa de internacionalização precoce, uma vez que, desde os primeiros anos de existência, mostrava-se vocacionada para atuar em outros países.

Os fundadores da empresa eram ex-professores de uma conceituada faculdade e logo se preocuparam em formular um planejamento estratégico para direcionar o desenvolvimento da empresa nos anos seguintes. Um dos objetivos que se mostravam mais importantes era o de "Promover a internacionalização da empresa". Deixando de lado a teoria acadêmica do conceito de internacionalização, os gestores tinham o problema de medir se aquele objetivo estava sendo atingido.

"Promover a internacionalização" é um termo muito genérico mas que precisava ser melhor analisado para que pudesse ser adequadamente compreendido por todos os membros do Comitê de Planejamento Estratégico da empresa. Afinal, o que significa "internacionalização"? Ou seja, como se *interpreta* se uma empresa está se internacionalizando ou não? E, ainda, quais são os KPI's que mostrariam se a empresa está se internacionalizando ou não? Após discutir o tema, o Comitê priorizou duas interpretações básicas sobre o que significa "promover a internacionalização da empresa". Em resumo, "promover a internacionalização da empresa" é demonstrado por:

- ♦ Aumentar o faturamento com exportação: este conceito remete à "internacionalização comercial" na qual a empresa inicia suas atividades de internacionalização com a venda de seus produtos no exterior. O indicador que mostra se as vendas externas são significativas para a empresa é "% de faturamento da empresa com exportação".

- ♦ Abrir filiais no exterior: somente exportar não foi considerado suficiente, pelo Comitê de Planejamento Estratégico, para as aspirações da empresa em seu posicionamento como empresa internacionalizada. O processo não estaria completo se não houvesse a presença da empresa no mercado internacional com a abertura de filiais em outros países, iniciando por países da América Latina.

O processo de interpretar um conceito genérico em itens específicos é, como já comentado, o passo mais importante na elaboração dos indicadores de desempenho. Não faltaram discussões no Comitê sobre o que significava internacionalização e quais eram os aspectos mais importantes que mostrariam se o objetivo de internacionalizar estava sendo atingido ou não. Por exemplo, o conceito de internacionalização produtiva, que implicava em abertura de unidades produtivas no exterior, não foi adotado, naquele momento, como um critério relevante. Também não foi adotado o critério de internacionalização financeira, que implicava em conseguir financiamentos diretos em instituições bancárias no exterior.

Em outras palavras, é prerrogativa do gestor interpretar o significado do termo a ser medido. Essas interpretações podem gerar um grande número de itens específicos que demonstram o sentido do objetivo e, como já analisado, é difícil e improdutivo ater-se a um grande número de critérios de interpretação. Então, deve ser praticado

CAPÍTULO 3: *KEY PERFORMANCE INDICATOR* — KPI

o processo de priorização de critérios como mostrado pelo descarte dos conceitos de internacionalização produtiva e internacionalização financeira, e priorizando o conceito de internacionalização comercial.

Objetivo do Gestor	Critérios Relevantes de Interpretação	Indicadores de Desempenho	Valor Atual	Meta
Promover a internacionalização da empresa	Aumentar o faturamento com exportação	% do faturamento com exportação de produtos	4,5%	10%
	Abrir filiais no exterior	nº de filiais	0	3

Figura 3.25: Processo de elaboração de KPI's para internacionalização da empresa

A Figura 3.25 mostra os passos desenvolvidos no processo de elaboração dos KPI's da empresa para o monitoramento do objetivo "Promover a internacionalização da empresa". Verifica-se que foram priorizadas duas interpretações que mostram o efeito desejado pelo gestor. Cada um dos Critérios Relevantes de Interpretação é medido por um indicador *válido*, ou seja, que mostra o que se deseja medir. O quadro é completado pelo Valor Atual de cada indicador e pela Meta a ser atingida em três anos estabelecida pelo Comitê de Planejamento Estratégico.

EXERCÍCIOS DE APLICAÇÃO

Escolha um dos objetivos para elaborar os indicadores pelo método CRI:

- Aumentar o comprometimento dos funcionários.
- Tornar-se uma empresa socialmente responsável.
- Tornar-se uma empresa sustentável.
- Tornar-se uma referência nacional em segurança no trabalho.
- Mudar a cultura da empresa.
- Melhorar a qualidade de vida dos funcionários.
- Aumentar a confiança do consumidor na empresa.
- Melhorar o clima organizacional.
- Melhorar a qualidade do atendimento do SAC.
- Gerar resultados sustentáveis para as empresas clientes.
- Reduzir a dependência de grandes clientes.
- Aumentar a competitividade da empresa.
- Expandir a empresa no mercado nacional.
- ~~Fidelizar clientes.~~
- Aumentar a flexibilidade operacional da empresa.
- Tornar a empresa um "player" importante em inovação.
- Melhorar a qualidade do ensino.
- Desenvolver a capacidade de vendas.
- Popularizar a empresa.
- Melhorar o ambiente de trabalho.

CAPÍTULO 3: *KEY PERFORMANCE INDICATOR — KPI*

EXEMPLO 1:

RAMO DA EMPRESA:	ENSINO SUPERIOR	
OBJETIVO DO GESTOR	CRITÉRIOS RELEVANTES DE INTERPRETAÇÃO	INDICADORES DE DESEMPENHO
Fomentar uma cultura de patentes e publicação	Conceder bolsas taxa de bancada	nº de bolsas com taxa de bancada concedidas
	Dar treinamento para financiamento de pesquisa a docentes	% de professores P... treinados em financiamento de pesquisa

EXEMPLO 2:

Fidelizar clientes é mostrado *por aumentar o nº de clientes que compram, pelo menos, três vezes ao ano pela internet* (correto).

Fidelizar clientes é causado por *abrir novas filiais e treinar os vendedores* (errado).

RAMO DA EMPRESA:				
OBJETIVO DO GESTOR	CRITÉRIOS RELEVANTES DE INTERPRETAÇÃO	INDICADORES DE DESEMPENHO	VALOR ATUAL	META

CAPÍTULO 4

SISTEMAS DE MEDIÇÃO DE DESEMPENHO

CONCEITO DE SMD — SISTEMAS DE MEDIÇÃO DE DESEMPENHO 111

Neste capítulo discutiremos o conceito de SMD — Sistemas de Medição de Desempenho —, o qual é o principal instrumento de gestão tanto para a empresa como um todo quanto para as áreas operacionais que compõem seus processos produtivo e administrativo. Em primeiro lugar, devemos reforçar a ideia de que um SMD é um meio para que a empresa atinja os objetivos propostos pela sua gestão e não um fim em si mesmo. Em outras palavras, o SMD deve ser projetado para auxiliar a empresa a atingir seus objetivos, corrigir rumos e mostrar as causas dos desvios. Um SMD parte de objetivos já definidos pela gestão da empresa, mas não é um bom instrumento para elaborar o planejamento da empresa. No máximo, as informações geradas a partir de um SMD referentes a períodos anteriores podem apoiar as decisões tomadas pelos gestores.

Também vamos apresentar os fundamentos de um dos tipos mais utilizados de SMD denominado de Decomposição Algébrica, no qual os indicadores de desempenho, decompostos por meio de operações matemáticas, são muito utilizados em indicadores contábeis e financeiros.

CONCEITO DE SMD — SISTEMAS DE MEDIÇÃO DE DESEMPENHO

Sistemas de Medição de Desempenho são definidos como um conjunto de indicadores de desempenho organizados em rede que mantêm uma relação válida de causa e efeito entre si. As relações de causa e efeito entre os indicadores são guiadas por necessidades específicas dos gestores que, necessariamente, estão alinhadas aos objetivos a serem atingidos. Repassando, mais uma vez, o ensinamento central deste livro, primeiro deve-se ter clareza a respeito dos objetivos a serem alcançados, em seguida elaboram-se indicadores que mostrem se os objetivos foram atingidos e, por último, organizam-se os indicadores em redes mostrando as relações de causa e efeito.

Para montar uma rede de indicadores de desempenho, ou KPI's, é adequado estudar alguns conceitos relacionados aos tipos de indicadores que fazem parte de uma estrutura padrão de SMD:

- **Quanto à abrangência**
  - ◆ **Indicadores Globais ou Totais:** São aqueles que consideram todos os recursos produtivos de uma empresa ou, de modo geral, uma unidade de análise. Neste caso, considera-se a empresa ou unidade de análise como uma "caixa-preta", ou seja, o gestor não tem informações sobre detalhes do processo produtivo da unidade analisada. Esse tipo de indicador é utilizado por acionistas da empresa,

sendo que, se não apresenta valores satisfatórios, estes retiram os recursos alocados e os aplicam em outro negócio. A lucratividade de uma empresa é um exemplo de indicador global.

♦ **Indicadores Parciais:** São aqueles que consideram apenas uma parcela do sistema de produção ou um dos fatores de produção (mão de obra, matéria-prima, equipamentos, energia, serviços contratados, atividades administrativas, etc.). Esse tipo de indicador é utilizado por gerentes ou gestores de áreas operacionais ou administrativas que respondem pelo cumprimento de metas estabelecidas pela direção da empresa. A porcentagem de refugos de um processo produtivo é um exemplo de indicador parcial.

A Figura 4.1 ilustra quais entradas e saídas esses dois tipos de indicadores consideram para o cálculo de seus valores atuais em metas.

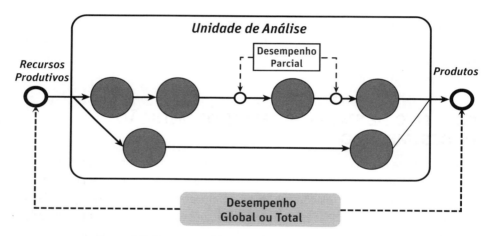

FIGURA 4.1: DESEMPENHO TOTAL OU GLOBAL E DESEMPENHO PARCIAL

- Quanto à dependência
    ♦ **Indicadores de resultado:** São aqueles que mostram o efeito provocado por causas correlacionadas ou, explicando de outro modo, medem a consequência de ações tomadas anteriormente. Também são chamados de indicadores de efeito, indicadores de ocorrência, indicadores de eficácia, *outcomes* ou *lagging indicators*. Eles medem eventos que ocorrem após uma alteração em uma variável correlacionada. Em geral, os indicadores de resultado medem eventos ou variáveis que não são completamente controladas uma vez que decorrem de um grande número de causas que estão fora do campo de ação (não controláveis) dos gestores. Em experimentos de laboratório, os indicadores de resultado medem as variáveis dependentes, ou seja, a alteração da variável medida pelo indicador de resultado "depende" das alterações das variáveis de causa, também chamadas de variáveis independentes. Market Share é um exemplo de indicador de resultado.

CONCEITO DE SMD — SISTEMAS DE MEDIÇÃO DE DESEMPENHO

♦ **Indicadores de meios:** São aqueles que mostram as causas que levam a um efeito desejado pelos gestores, ou então mostram como os meios que os gestores têm disponíveis são aplicados para alcançar determinado resultado desejado. São também chamados de indicadores de causa, indicadores de tendência, indicadores de utilização, drivers ou leading indicators, pois medem eventos que ocorrem antes da alteração de uma variável correlacionada. Em teoria, os indicadores de meios deveriam medir variáveis que são controladas pelos gestores, porém, isso somente acontece em sistemas fechados muito semelhantes à experiência de laboratórios. Na gestão das empresas, há poucas variáveis que realmente são controladas pelos gestores: investimentos, procedimentos, treinamentos, salários, etc. Investimento em Marketing é um exemplo de indicador de meio.

A Figura 4.2 ilustra a dependência existente entre indicadores de meios e indicadores de resultado. Quando existe uma alteração significativa no valor medido pelo indicador de resultado, é natural que os gestores queiram saber as causas do desvio promovendo uma desagregação ou decomposição deste indicador em indicadores de meio. Do mesmo modo, quando um gestor pretende atuar em uma variável medida por um indicador de meio, por exemplo, aumentos de salário, quer saber qual é o impacto (daí vem o nome de análise de impacto) nos indicadores de resultado.

FIGURA 4.2: DEPENDÊNCIA ENTRE OS INDICADORES DE MEIO E INDICADORES DE RESULTADO

A Figura 4.3 mostra um ponto relevante a ser estudado: em uma rede de indicadores, um mesmo indicador pode ser classificado como de resultado e de meio, dependendo de como analisamos as causas e os efeitos. Por exemplo: o indicador Market Share é um indicador de resultado quando mostra o efeito desejado dos indicadores Investimento em Marketing e nº de novos produtos lançados no ano, mas é indicador de meio ou de causa quando analisamos o Faturamento da empresa.

- Quanto à controlabilidade
    - **Indicadores controláveis:** São aqueles que medem variáveis passíveis de ação corretiva por parte dos gestores. Importante reforçar a ideia de que o gestor deve ter autoridade para implementar a ação e responsabilidade para prestar contas dos efeitos. Investimentos em Pesquisa e Desenvolvimento de novos produtos da empresa é um exemplo de indicador controlável.
    - **Indicadores não controláveis:** São aqueles que medem variáveis que não são passíveis de ação corretiva por parte dos gestores. Normalmente essas variáveis pertencem ao Ambiente no qual se insere a empresa e seu controle é muito disperso e externo à empresa ou à unidade de análise na qual o gestor tem autoridade para implementar ações corretivas.

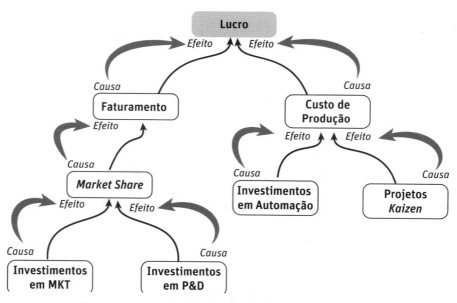

FIGURA 4.3: RELAÇÃO CAUSAL ENTRE INDICADORES DE DESEMPENHO

Para que um gestor possa responder pelo desempenho de sua área de atuação, é importante que ele tenha muito claro quais são as variáveis nas quais exerce ou não controle, caso contrário será cobrado por resultados que dependem da atuação de outros pares sobre os quais não tem autoridade de colocar ações corretivas. Um exemplo muito comum é o gerente de produção ser responsabilizado pelo aumento

CONCEITO DE SMD — SISTEMAS DE MEDIÇÃO DE DESEMPENHO **115**

do custo unitário de produção. Para examinarmos se ele pode ser responsabilizado por esse indicador, vamos analisar a composição do custo unitário de produção:

$$C_{mpunit} = \frac{P_{mp} \times Q_{mp}}{Q_{pa}}$$

em que

Pmp – Preço de aquisição da matéria-prima

Qmp – Quantidade utilizada de matéria-prima na produção

Qpa – Quantidade de produto acabado produzido

Analisando a Tabela 4.1, verificamos que apenas uma das variáveis que compõem o Custo Unitário de Produção é passível de ação corretiva pelo gerente de produção, de tal modo que a responsabilidade pelo eventual aumento do custo unitário de produção não pode ser debitada totalmente a esse gestor.

TABELA 4.1: RESPONSABILIDADES PELOS COMPONENTES DO CUSTO UNITÁRIO DE PRODUÇÃO

VARIÁVEL	ÁREA RESPONSÁVEL
P_{mp} – **Preço de aquisição da matéria-prima**	Suprimentos
Q_{mp} – **Quantidade utilizada de matéria-prima na produção**	Produção
Q_{pa} – **Quantidade de produto acabado produzido**	Vendas/PCP

- Quanto à composição
  - **Indicadores de média:** Calculados a partir de dados coletados em um determinado período de tempo e/ou determinado conjunto de unidades analisadas (equipamentos, operadores, materiais, etc.). São divididos, basicamente em:
    - → **Médias de tempo:** Consideram-se dados coletados de vários períodos de tempo referentes a um mesmo elemento monitorado. Por exemplo: tempo médio diário de abastecimento de colheitadeira:

$$\begin{pmatrix} \text{Tempo Médio} \\ \text{Diário de} \\ \text{Abastecimento} \\ \text{Colheitadeira 1} \end{pmatrix} = \frac{\text{Tabast}_{dia\,1} + \text{Tabast}_{dia\,2} + \ldots + \text{Tabast}_{dia\,m}}{m_{dias}}$$

    - → **Médias de eventos:** Consideram-se dados coletados de vários elementos monitorados em um mesmo intervalo de tempo:

CAPÍTULO 4: SISTEMAS DE MEDIÇÃO DE DESEMPENHO

$$\begin{pmatrix} \text{Tempo Médio} \\ \text{Diário de} \\ \text{Abastecimento} \\ \text{Colheitadeira} \end{pmatrix} = \frac{\text{Tabast}_{colh\,1} + \text{Tabast}_{colh\,2} + \ldots + \text{Tabast}_{colh\,n}}{m_{Colheitadeira}}$$

♦ **Indicadores de limites (máximos e mínimos):** Consideram apenas ocorrências fora de determinados limites especificados previamente, ou seja, quando há transposição de máximos e mínimos. Por exemplo: nº de abastecimentos com tempo maior do que 30 minutos; nº de entregas fora do prazo acordado; nº de entregas de combustível fora de especificação.

Vale recordar a advertência para não elaboração de indicadores conceitualmente errados. Veja alguns exemplos:

- Indicadores com uso de datas $\left(\dfrac{\text{data de entrada}}{\text{data de saída}}\right) = \left(\dfrac{18/11/2014}{20/11/2014}\right) = ????$

- Indicadores que não especificam o tipo: tempo de *setup* (**médio, máximo, total**?)

- Indicadores que não determinam a fórmula de cálculo: % de **variação** da previsão de vendas; erro médio da previsão de vendas, **eficiência** da fábrica, direct run loss.

- Indicadores referentes à falta de recursos: % de pedidos reprogramados **por falta de mão de obra**, % de reprogramação de entrega **por falta de empilhadeira**, % de equipamentos **necessários**.

- Indicadores que não especificam a unidade de medida: **quantidade** de matéria-prima, **volume** de produto acabado, **mercadorias** entregues.

- Indicadores baseados em conceitos de difícil comprovação: nº de colaboradores **comprometidos** com a empresa, % de equipamentos **flexíveis**.

Embora a tarefa de elaborar indicadores de desempenho pareça fácil, pode-se cometer erros conceituais que dificultam sobremaneira a coleta de dados e a compreensão do significado do indicador para outros colaboradores da empresa. A simplicidade continua, ainda, sendo a melhor estratégia na elaboração de SMD's.

TIPOS DE SISTEMAS DE MEDIÇÃO DE DESEMPENHO (SMD)

Uma revisão da literatura referente a indicadores de desempenho mostra que o número de modelos para a elaboração de SMD é muito grande. Não detalharemos cada um deles, mas na tabela 4.2 reproduzimos um levantamento feito por Serson (1996) e complementado por Barbaran (2001) e Pandolfi (2005). As referências bibliográficas completas são encontradas no final do livro.

TABELA 4.2: PRINCIPAIS SISTEMAS DE MEDIÇÃO DE DESEMPENHO

TIPOS DE SISTEMAS DE MEDIÇÃO DE DESEMPENHO (SMD)

MODELO	FONTE
▪ OPTIM – *Operating Profit Through Time and Investment Management*	▪ Sullivan (1986)
▪ Modelo para a Medição do Desempenho	▪ Santori e Anderson (1987)
▪ Modelo de Desempenho Integral da Manufatura	▪ Son e Park (1987)
▪ Matriz de Medição de Desempenho	▪ Keegan *et al.* (1989)
▪ SMART – *Performance Pyramid*	▪ Cross e Linch (1990); McNair *et al.* (1990)
▪ Sistema de Medição de Desempenho para Competição Baseada no Tempo	▪ Azzone *et al.* (1991)
▪ Sistema de *Feedback* de Gestão de Desempenho	▪ Grady (1991)
▪ *Balanced Scorecard* (BSC)	▪ Kaplan e Norton (1992); Kaplan (1994); Kaplan e Norton (1996)
▪ Modelo para Medição do Valor Adicional	▪ Barker (1993)
▪ Estruturas de Indicadores de Gestão	▪ Muscat e Fleury (1993)
▪ Sete Critérios de Desempenho	▪ Sink e Tuttle (1993)
▪ Medição do Progresso da TQM	▪ Cupello (1994)
▪ Matriz do Objetivo de Desempenho	▪ Das (1994)
▪ Desempenho Quantum	▪ Hronec (1994)
▪ *Performance Measurement Questionnaire* (PMQ)	▪ McMann e Nanni (1994)
▪ Modelo de Medição de Desempenho para Manufatura Classe Mundial	▪ Kasul e Motwani (1995)
▪ Sistema de Avaliação do Desempenho do Negócio	▪ Lee *et al.* (1995)
▪ Modelo de Medição de Desempenho	▪ Rose (1995)
▪ *Integrated Dynamic Performance Measurement System*	▪ Ghalayni e Noble (1996)
▪ Prêmio da Qualidade "Malcolm Balddrige"	▪ Bemowski (1996), Best (1997) e Brown (1997)

CAPÍTULO 4: SISTEMAS DE MEDIÇÃO DE DESEMPENHO

MODELO	FONTE
▪ Medição de Desempenho para Gestão por Processos	▪ De Toni e Tonchia (1996)
▪ Sistema de Medição de Desempenho Integrado	▪ Bititci *et al.* (1997)
▪ Sistema de Medição de Desempenho Proativo	▪ Daniels e Burns (1997)
▪ Sistema de Medição de Desempenho Integrado e Dinâmico	▪ Ghalayini *et al.* (1997)
▪ *Accountability Scorecard*	▪ Nickols (1997)
▪ *Strategic Scorecard*	▪ Slater *et al.* (1997)
▪ *Performance Prism*	▪ Neely *et al.* (2001)
▪ Sistema de Medição de Desempenho Global	▪ FNPQ – Fundação para o Prêmio Nacional da Qualidade (2002)
Fonte: Serson (1996), Barbaran (2001) e Pandolfi (2005)	

De uma maneira geral, podemos classificar os SMD's em três tipos:

- **Decomposição Algébrica:** Este tipo de rede de indicadores é elaborado decompondo os indicadores de resultado em indicadores parciais por meio de operações aritméticas. Nesse caso, as relações de causa e efeito são exatas porque os indicadores parciais são formados a partir de operações de soma, subtração, multiplicação e divisão. Os SMD's formados por indicadores contábeis e financeiros são os mais utilizados em gestão de negócios.

TIPOS DE SISTEMAS DE MEDIÇÃO DE DESEMPENHO (SMD)

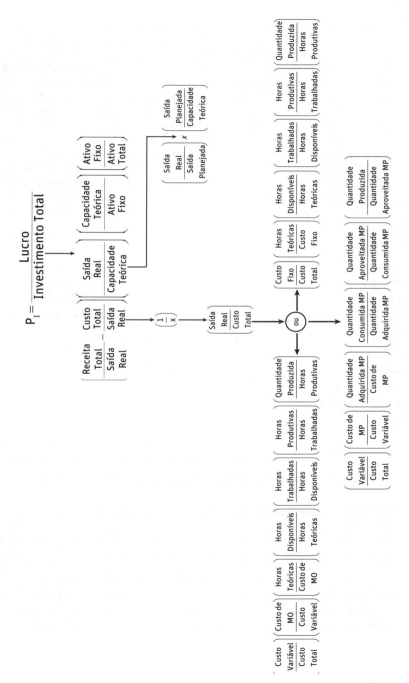

Figura 4.4: Rede de indicadores com decomposição algébrica

CAPÍTULO 4: SISTEMAS DE MEDIÇÃO DE DESEMPENHO

- **Decomposição por Correlação:** Este tipo de SMD não tem a relação exata entre os indicadores de causa e efeito que caracteriza o caso da decomposição algébrica. Neste caso, existe uma função de causa e efeito ligados por correlação, ou seja, há uma probabilidade associada de que determinada causa explica um determinado efeito. O que dificulta a elaboração deste tipo de SMD é que um determinado efeito tem mais de uma causa, algo que em Estatística é conhecido por correlação multivariada. Em termos práticos, é ineficaz exercer controlabilidade em todas as variáveis de causa, sendo recomendável escolher as variáveis causais que têm maior influência sobre o efeito desejado. Essas variáveis causais de maior influência no efeito são chamadas de causas raiz. Quase todos os modelos de elaboração de SMD's utilizam o conceito de decomposição por correlação, contudo, neste livro trataremos apenas dos modelos *Balanced Scorecard* e Gap4. A Figura 4.5 ilustra um gráfico de dispersão que mostra uma correlação entre duas variáveis:

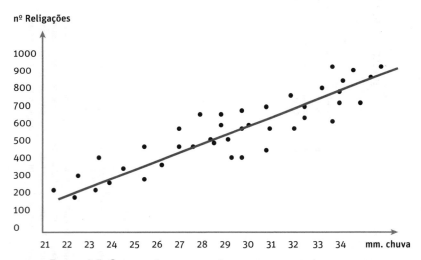

Figura 4.5: Correlação entre variável de causa e variável de efeito

- **Decomposição por ponderação ou decomposição de Índice:** Trata-se de um caso especial de decomposição algébrica ou por correlação no qual uma variável de efeito desejado é calculada considerando uma ponderação pela importância relativa entre as variáveis mais importantes para formar uma nova medida chamada Índice. A principal diferença entre indicador e índice é que indicador possui uma unidade de medida (%, km/l, ton/hh, etc), enquanto que índice utiliza pontos para medir sua evolução. Neste tipo, encaixam-se o Índice de Nota Ponderada, o IGD (Índice Geral de Desempenho) e os Modelos de Equivalência de Produto e Serviço. A Figura 4.6 mostra a formação de um IGD a partir de operações algébricas em variáveis correlacionadas.

TIPOS DE SISTEMAS DE MEDIÇÃO DE DESEMPENHO (SMD) 121

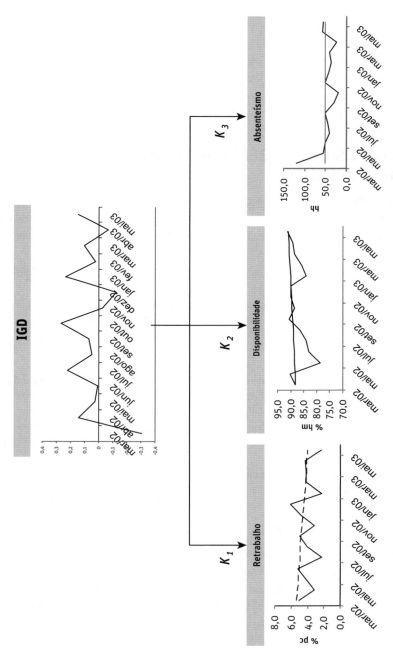

Figura 4.6: Decomposição por estratificação ou decomposição de índice

CAPÍTULO 4: SISTEMAS DE MEDIÇÃO DE DESEMPENHO

Cada tipo de SMD resolve um problema específico da empresa, assim, não é possível dizer qual é o melhor método ou modelo, mas dependendo da necessidade da empresa escolhe-se um dos modelos relacionados na Tabela 4.2. Neste livro trataremos apenas de alguns daqueles métodos ou modelos de elaboração de SMD. Sugerimos para os leitores que desejam maiores informações sobre um ou mais deles, recorrer à bibliografia indicada.

DECOMPOSIÇÃO ALGÉBRICA DE INDICADORES DE DESEMPENHO

A decomposição algébrica de indicadores de desempenho utiliza operações matemáticas simples para desmembrar um indicador de resultado em dois ou mais indicadores de meio. O objetivo da decomposição de um indicador de desempenho é analisar:

- A origem de um comportamento indesejado de um indicador de resultado (rastreamento da causa), ou
- O impacto no indicador de resultado causado por uma modificação em uma variável componente de um indicador de meio (análise de impacto).

A Figura 4.7 mostra os principais tipos de decomposição algébrica de indicadores de desempenho:

- **Decomposição por Soma**: É obtida pela soma de duas variáveis no numerador e mantém a variável no denominador. No exemplo, o Custo Total é composto pela soma dos Custos Fixos e Custos Variáveis.
- **Decomposição por Subtração**: Neste caso, o numerador é decomposto por uma subtração de duas variáveis. No exemplo, o Lucro é obtido pela subtração da Receita Total e do Custo Total.
- **Decomposição por Multiplicação e Divisão**: Exige que haja uma divisão associada e vice-versa, uma vez que para manter o indicador total ou global são necessárias as duas operações utilizando a mesma variável. No exemplo, o indicador Quantidade Produzida/Capacidade Produtiva é decomposto por dois indicadores multiplicando e dividindo a variável Quantidade Programada.

Esse tipo de decomposição é aplicado na elaboração de indicadores econômico-financeiros muito utilizados pelo setor bancário para analisar o estado de solvência ou de capacidade de pagamento de uma empresa ou pessoa física. As demonstrações contábeis, notadamente o Balanço Patrimonial e o Demonstrativo de Resultado do Exercício (DRE) são a base das informações para as análises.

DECOMPOSIÇÃO ALGÉBRICA DE INDICADORES DE DESEMPENHO **123**

Soma

$$\frac{\text{Custo Total}}{\text{Quantidade Produzida}} = \frac{\text{Custo Variável}}{\text{Quantidade Produzida}} + \frac{\text{Custo Fixo}}{\text{Quantidade Produzida}}$$

Subtração

$$\frac{\text{Lucro}}{\text{Ativo Total}} = \frac{\text{Receita Total}}{\text{Ativo Total}} - \frac{\text{Custo Total}}{\text{Ativo Total}}$$

Multiplicação/divisão

$$\frac{\text{Quantidade Produzida}}{\text{Capacidade Produtiva}} = \frac{\text{Quantidade Produzida}}{\text{Quantidade Programada}} \times \frac{\text{Quantidade Programada}}{\text{Capacidade Produtiva}}$$

FIGURA 4.7: TIPOS DE DECOMPOSIÇÃO ALGÉBRICA

O Balanço Patrimonial fornece, em uma determinada data, uma evidência da posição patrimonial e financeira de uma empresa por meio do agrupamento dos bens e direitos (Ativo Total), dívidas e obrigações (Passivo Total) e os recursos pertencentes aos acionistas da empresa (Patrimônio Líquido). A Figura 4.8 mostra um esquema simplificado de um Balanço Patrimonial.

Por definição, o valor contábil do Ativo Total deve ser igual à soma do Passivo Total e Patrimônio Líquido. Os principais componentes são:

- Ativo Total
  - ◆ **Ativo Circulante:** Compreende os bens e direitos que podem ser realizados (convertidos em dinheiro) durante o período seguinte (geralmente um ano) à data da publicação do balanço. Neste item são contabilizadas as disponibilidades (caixa, contas-correntes em bancos e aplicações financeiras de resgate imediato), os títulos negociáveis (duplicatas a receber), estoques e outros créditos de realização em curto prazo, como adiantamento a fornecedores e funcionários.
  - ◆ **Realizável em longo prazo:** Contas similares às do Ativo Circulante mas que tenham sua realização após o término do exercício seguinte (geralmente prazo superior a um ano).
  - ◆ **Ativo Permanente ou Fixo:** Também chamado de Capital Permanente ou Capital Fixo, inclui os investimentos (participações societárias permanentes), imobilizado (conjunto de bens e direitos necessários à manutenção das atividades da empresa, como edifícios e equipamentos) e intangível (bens incorpóreos).

CAPÍTULO 4: SISTEMAS DE MEDIÇÃO DE DESEMPENHO

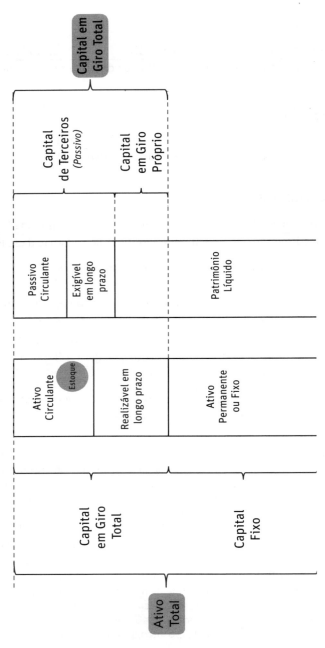

FIGURA 4.8: ESQUEMA SIMPLIFICADO DE UM BALANÇO PATRIMONIAL

DECOMPOSIÇÃO ALGÉBRICA DE INDICADORES DE DESEMPENHO **125**

- Passivo
  - ♦ **Passivo Circulante:** Dívidas e obrigações da empresa a vencer em um prazo de 12 meses seguintes à data do Balanço (prestações a vencer de financiamentos bancários, dívidas com fornecedores, etc).
  - ♦ **Exigível em longo prazo:** Dívidas e obrigações da companhia que tiverem vencimento em prazo superior ao exercício seguinte em relação à data do Balanço.
- **Patrimônio Líquido:** Formado pelo grupo de contas que registra o valor contábil pertencente aos acionistas ou quotistas (capital social, reservas de capital, reservas de lucro e outras contas).

Os componentes do Balanço Patrimonial podem ser agrupados de maneira diferente para fornecer informações importantes para a análise da capacidade de pagamento e da solvência de uma empresa:

- **Capital em Giro:** Também chamado de Capital de Giro ou Capital em Giro Total é a parcela dos bens e direitos da empresa que não estão imobilizados ou investidos permanentemente. Geralmente é calculado pela soma do Ativo Circulante e Realizável em Longo Prazo.
- **Capital em Giro de Terceiros:** Ou simplesmente Capital de Terceiros, é formado pelas dívidas e obrigações contraídas de terceiros com pagamento no curto ou longo prazo. É representado pela soma do Passivo Circulante e do Exigível em Longo Prazo, ou seja, o Passivo Total.
- **Capital em Giro Próprio:** É a parcela do Capital em Giro financiado pelos recursos próprios dos acionistas. Algebricamente, é a diferença entre o Capital em Giro Total e o Capital em Giro de Terceiros.

Demonstração do Resultado do Exercício (DRE) é outro elemento importante para mostrar o resultado obtido pela empresa em relação ao conjunto de operações realizadas em um determinado período, normalmente um ano. A Figura 4.9 traz um resumo dos cálculos realizados para a apuração do resultado (lucro ou prejuízo) do exercício e os elementos intermediários do DRE.

CAPÍTULO 4: SISTEMAS DE MEDIÇÃO DE DESEMPENHO

> 1. Receita de vendas bruta
>   i. Venda de mercadorias e/ou serviços
> 2. (-) Deduções
>   i.   Abatimentos
>   ii. Devolução de vendas
>   iii. Descontos sobre vendas
> 3. (=) Receita de vendas *(1-2)*
> 4. (-) Custo de Mercadorias Vendidas (CMV)
> 5. (=) Lucro bruto *(3-4)*
> 6. (-) Despesas operacionais
>   i.   Vendas
>   ii. Administrativas
>   iii. Depreciação
> 7. (=) Resultado operacional *(5-6)*
> 8. (-) Despesas Financeiras
>   i. Juros
>   ii. Fianças, cauções
> 9. (=) Lucro Líquido antes do imposto de renda *(7-8)*
> 10. (-) Provisão para imposto de renda
> 11. (=) Lucro Líquido depois do imposto de renda *(9-10)*
> 12. (-) Dividendos preferenciais
> 13. (=) Lucro disponível aos acionistas ordinários *(11-12)*

FIGURA 4.9: DEMONSTRATIVO DO RESULTADO DO EXERCÍCIO — DRE

Os itens (12) – Dividendos preferenciais e (13) – Lucro disponível aos acionistas ordinários somente são aplicados a empresas de capital aberto (Sociedades Anônimas) pois as empresas por Quota de Responsabilidade Limitada não possuem acionistas preferenciais.

SISTEMA DE ANÁLISE DUPONT

O sistema de análise DuPont utiliza indicadores para avaliar a condição financeira de uma empresa tendo como fonte de dados o Balanço Patrimonial e a DRE. A avaliação da lucratividade é feita por meio do ROA (*return on assets* — retorno sobre o ativo total) e ROE (*return on equity* — retorno sobre o patrimônio líquido). A Figura 4.10 mostra a rede de indicadores e a fonte de dados para a formação de cada um deles.

DECOMPOSIÇÃO ALGÉBRICA DE INDICADORES DE DESEMPENHO

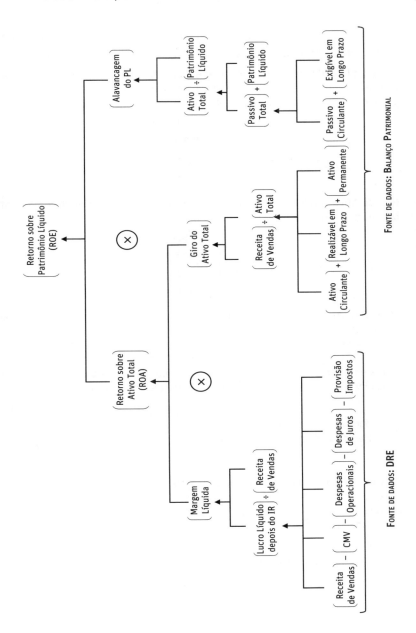

Figura 4.10: Sistema de análise Dupont

CAPÍTULO 4: SISTEMAS DE MEDIÇÃO DE DESEMPENHO

Verifica-se a aplicação do conceito de decomposição algébrica dos indicadores de desempenho para a análise da situação financeira da empresa de maneira estruturada:

- **Margem Líquida:** Mostra a capacidade da empresa de gerar lucro em relação às vendas realizadas. Esse indicador é frequentemente utilizado para medir a adequação da operação das empresas comerciais.

$$\begin{pmatrix} Margem \\ Líquida \end{pmatrix} = \frac{\begin{pmatrix} Lucro\ Líquido \\ depois\ do\ IR \end{pmatrix}}{\begin{pmatrix} Receita \\ de\ Vendas \end{pmatrix}}$$

- **Giro do Ativo Total:** Mostra a eficiência com que a empresa tem utilizado seus ativos para gerar vendas.

$$\begin{pmatrix} Giro\ do \\ Ativo\ Total \end{pmatrix} = \frac{\begin{pmatrix} Receita \\ de\ Vendas \end{pmatrix}}{\begin{pmatrix} Ativo \\ Total \end{pmatrix}}$$

- **ROA (Retorno sobre Ativo Total):** Mostra a lucratividade da empresa em relação aos ativos (Circulante e não Circulante) que ela possui, ou seja, como os ativos são utilizados para gerar lucro para a empresa. Trata-se de um indicador de eficiência dado que Lucro Líquido antes do IR é uma Saída para a empresa, enquanto que o Ativo Total é uma entrada ou recurso que ela utiliza para cumprir seu objetivo societário. Esse indicador é utilizado para medir a lucratividade de empresas industriais.

$$ROA = \begin{pmatrix} Margem \\ Líquida \end{pmatrix} \times \begin{pmatrix} Giro\ de \\ Ativo\ Total \end{pmatrix} = \frac{\begin{pmatrix} Lucro\ Líquido \\ depois\ do\ IR \end{pmatrix}}{\begin{pmatrix} Receita \\ de\ Vendas \end{pmatrix}} \times \frac{\begin{pmatrix} Receita \\ de\ Vendas \end{pmatrix}}{\begin{pmatrix} Ativo \\ Total \end{pmatrix}} = \frac{\begin{pmatrix} Lucro\ Líquido \\ depois\ do\ IR \end{pmatrix}}{\begin{pmatrix} Ativo \\ Total \end{pmatrix}}$$

- **Alavancagem do Patrimônio Líquido:** Mostra o grau em que os recursos dos acionistas (Patrimônio Líquido) são aplicados na operação da empresa (Ativo Total). A interpretação inversa mostra quanto dos recursos utilizados pela empresa para sua operação é financiado por recursos vindos de terceiros.

$$\begin{pmatrix} Alavancagem \\ do\ PL \end{pmatrix} = \frac{\begin{pmatrix} Ativo \\ Total \end{pmatrix}}{\begin{pmatrix} Patrimônio \\ Líquido \end{pmatrix}}$$

- **ROE (Retorno sobre o Patrimônio Líquido):** Mostra a remuneração fornecida pela empresa (Lucro Líquido depois do IR) em relação aos recursos dos acionistas investidos na empresa (Patrimônio Líquido). Esse indicador é frequentemente utilizado para medir a lucratividade de empresas financeiras.

DECOMPOSIÇÃO ALGÉBRICA DE INDICADORES DE DESEMPENHO 129

$$ROE - ROA \times \begin{pmatrix} Alavancagem \\ do\ PL \end{pmatrix} - \frac{\begin{pmatrix} Lucro\ Líquido \\ depois\ do\ IR \end{pmatrix}}{\begin{pmatrix} Ativo \\ Total \end{pmatrix}} \times \frac{\begin{pmatrix} Ativo \\ Total \end{pmatrix}}{\begin{pmatrix} Patrimônio \\ Líquido \end{pmatrix}} - \frac{\begin{pmatrix} Lucro\ Líquido \\ depois\ do\ IR \end{pmatrix}}{\begin{pmatrix} Patrimônio \\ Líquido \end{pmatrix}}$$

MODELO DE ANÁLISE MUSCAT-FLEURY

Muscat e Fleury (1986) propuseram um modelo de decomposição do indicador de Produtividade do Custo Total (PCT) com enfoque nos componentes Mão de Obra (MO), Materiais (MP) e Equipamentos (EQ). Verifica-se que a definição de Produtividade do Custo Total é o inverso do Custo Unitário, como se pode ver na expressão:

$$Produtividade\ do\ Custo\ Total - \frac{Quantidade\ Produzida}{Custo\ Total} - \frac{1}{Custo\ Unitário}$$

Para as empresas com estratégia competitiva baseada em Custo, esse indicador é importante para o acompanhamento do desempenho da empresa no sentido de atingir os objetivos correlacionados, mas tem alguns pontos a considerar:

- Custo Total é algo muito abrangente e caso haja deficiências na empresa ele deve ser decomposto em fatores adequados que permitam a rastreabilidade e controlabilidade do problema.
- Quantidade produzida é um termo genérico que somente pode ser utilizado para alguns casos especiais quando houver:
  - ◆ Um único produto.
  - ◆ Vários produtos que podem ser medidos na mesma unidade, por exemplo, toneladas de aço, hectolitros de cerveja, etc.

Os autores propõem uma decomposição em três fatores: MO, MP e EQ utilizando multiplicação e divisão. Cada indicador formado pela decomposição pode ser analisado para se verificar qual a perda ou desperdício decorrente de cada um deles. Por simplificação, os autores utilizam a seguinte estrutura de custos:

$$\begin{pmatrix} Custo \\ Total \end{pmatrix} - \begin{pmatrix} Custo \\ Variável \end{pmatrix} + \begin{pmatrix} Custo \\ Fixo \end{pmatrix}$$

$$\begin{pmatrix} Custo \\ Variável \end{pmatrix} = \begin{pmatrix} Custo \\ Mão\ de\ Obra \end{pmatrix} + \begin{pmatrix} Custo \\ Materiais \end{pmatrix}$$

$$\begin{pmatrix} Custo \\ Fixo \end{pmatrix} - \begin{pmatrix} Custo \\ Equipamentos \end{pmatrix}$$

Vemos que o Custo de Mão de Obra é considerado como Custo Variável. Essa é uma aproximação que pode não acontecer nas empresas, por isso, a aplicação do modelo deve ser adaptada de acordo com a estrutura de custo de cada uma. Da mes-

CAPÍTULO 4: SISTEMAS DE MEDIÇÃO DE DESEMPENHO

ma forma, o Custo de Equipamento confunde-se com o Custo Fixo, e também deve ser adaptado caso a empresa tenha outros componentes de Custo Fixo relevantes.

- **Decomposição da PCT com enfoque em Mão de Obra (MO)**

    Uma das possíveis causas do desempenho insatisfatório do indicador de Produtividade do Custo Total (PCT) pode residir em perdas ou desperdícios no recurso Mão de Obra (MO). A Figura 4.11 mostra como é feita a decomposição e as perdas de horas-homem em cada um dos fatores analisados.

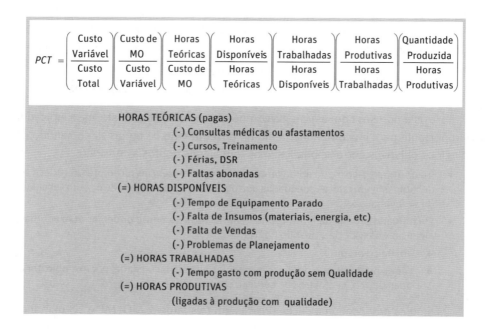

FIGURA 4.11: DECOMPOSIÇÃO DO PCT COM ENFOQUE EM MO

A decomposição por multiplicação e divisão mostra que os autores elaboraram os indicadores parciais multiplicando e dividindo a mesma quantidade, facilitando assim a rastreabilidade do problema gerado por mão de obra. A Tabela 4.3 mostra o significado de cada indicador parcial:

TABELA 4.3: INDICADORES PARCIAIS DA DECOMPOSIÇÃO DO PCT COM ENFOQUE EM MÃO DE OBRA

DECOMPOSIÇÃO ALGÉBRICA DE INDICADORES DE DESEMPENHO — 131

INDICADOR	DIREÇÃO DA MELHORIA	INTERPRETAÇÃO	RESPONSÁVEL
$\left(\dfrac{\text{Custo Variável}}{\text{Custo Total}}\right)$	↑ Quanto maior, melhor	Aumento da proporção de custo variável em relação ao custo total permite a empresa adequar-se mais facilmente às variações da demanda. Exemplo: terceirização de atividades não críticas.	Custos
$\left(\dfrac{\text{Custo de MO}}{\text{Custo Variável}}\right)$	↓ Quanto menor, melhor	Administração de MO em atividades não críticas deve ser reduzida, tanto quanto possível, com uso de terceirização dessas atividades.	Custos
$\left(\dfrac{\text{Horas Teóricas}}{\text{Custo de MO}}\right)$	↑ Quanto maior, melhor	Do ponto de vista das empresas, quanto menor o salário-hora pago aos colaboradores, menor impacto no custo total. Excesso de horas extras implicam em redução do indicador. Também mede eventuais aumentos de salários.	RH
$\left(\dfrac{\text{Horas Disponíveis}}{\text{Horas Teóricas}}\right)$	↑ Quanto maior, melhor	Por legislação trabalhista, este indicador nunca poderá ser 100%. No entanto, excesso de abonos de faltas, dispensas médicas ou de horas de treinamento durante o expediente reduzem este indicador.	RH
$\left(\dfrac{\text{Horas Trabalhadas}}{\text{Horas Disponíveis}}\right)$	↑ Quanto maior, melhor	A redução deste indicador tem diversas causas potenciais: falta de pedidos, falta de matéria prima, falta de energia, preparação de máquinas (*setup*), etc. Deve ser decomposto caso haja necessidade de rastreabilidade.	Vendas, fornecedores, ferramentaria, etc
$\left(\dfrac{\text{Horas Produtivas}}{\text{Horas Trabalhadas}}\right)$	↑ Quanto maior, melhor	Mede a função Qualidade no processo produtivo. Horas-homem desperdiçadas em retrabalhos ou refugos reduzem o indicador.	Controle da Qualidade
$\left(\dfrac{\text{Quantidade Produzida}}{\text{Horas Produtivas}}\right)$	↑ Quanto maior, melhor	Também chamado de Ritmo da Produção, mede a quantidade de produto acabado (PA) produzido com qualidade e disponível para ser estocado ou comercializado por horas-homem efetivamente empregadas nesta produção.	Tempos & Métodos

CAPÍTULO 4: SISTEMAS DE MEDIÇÃO DE DESEMPENHO

Graficamente, podemos visualizar os desperdícios das horas-homem decompostos pelos autores conforme visto na Figura 4.12. Verifica-se que todos os indicadores têm a porcentagem como unidade de medida, e trata-se de indicadores de Utilização do recurso MO.

FIGURA 4.12: VISUALIZAÇÃO GRÁFICA DAS PERDAS DE HORAS-HOMEM NO MODELO MUSCAT-FLEURY

- **Decomposição da PCT com enfoque em Equipamentos (EQ)**
  Se a redução no PCT não foi causada por MO, pode ter ocorrido por deficiências no recurso Equipamento. A análise pode ser feita com duas unidades: horas-máquina e capacidade produtiva. O modelo adota como premissa que o Custo de Equipamento assume o mesmo valor do Custo Fixo, ou seja, não varia com a quantidade produzida.

  A decomposição com enfoque em Equipamentos inicia-se com Custo Fixo para, então, inserir as horas-máquina gastas pela empresa, desde a decisão do número de horas (Horas Teóricas ou Decididas) que o equipamento poderá produzir (um, dois ou três turnos, no de dias da semana, horas extras, etc) até a quantidade de horas que serão utilizadas para a produção de produtos com qualidade e aptos a serem estocados ou comercializados (Horas Produtivas). A Figura 4.13 mostra como é feita a decomposição do PCT com enfoque em Equipamentos com uso de horas-máquina para a medida das perdas ou desperdícios:

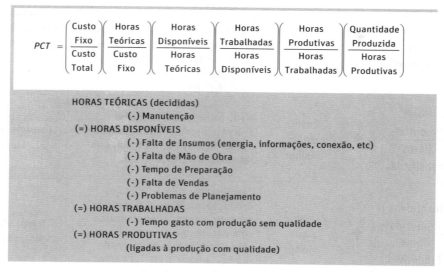

FIGURA 4.13: DECOMPOSIÇÃO DO **PCT** COM ENFOQUE EM EQUIPAMENTOS (HORAS)

DECOMPOSIÇÃO ALGÉBRICA DE INDICADORES DE DESEMPENHO

Tratando-se da unidade horas-máquina, é interessante observar, graficamente, como são contabilizadas as perdas ou desperdícios no recurso Equipamento, conforme mostra a Figura 4.14. Verifica-se que todos os indicadores têm a porcentagem como unidade de medida, e se tratam de indicadores de Utilização do recurso Equipamento.

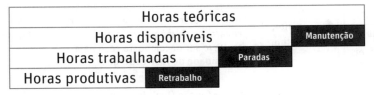

Figura 4.14: Visualização gráfica das perdas de horas-máquina no Modelo Muscat-Fleury

A Tabela 4.4 mostra a interpretação de cada um dos indicadores parciais propostos pelos autores tomando-se horas-máquina como unidade de medida da utilização do recurso EQ. É importante observar que as perdas contabilizadas em cada um dos indicadores parciais são diferentes em relação ao indicador OEE (*Overall Equipment Effectiveness*), do qual trataremos adiante:

Tabela 4.4: Indicadores parciais da decomposição do PCT com enfoque em equipamento (Horas)

Indicador	Direção da Melhoria	Interpretação	Responsável
$\dfrac{\text{Custo Fixo}}{\text{Custo Total}}$	↓ Quanto menor, melhor	Redução da proporção de custo fixo em relação ao custo total permite à empresa adequar-se mais facilmente às variações da demanda. Exemplo: terceirização de atividades não críticas.	Custos
$\dfrac{\text{Horas Teóricas}}{\text{Custo Fixo}}$	↑ Quanto maior, melhor	Quanto maior este indicador, menor o custo por hora-máquina da empresa. No entanto, como a velocidade do equipamento não é considerada no cálculo, este indicador tem restrições de interpretação.	Custos
$\dfrac{\text{Horas Disponíveis}}{\text{Horas Teóricas}}$	↑ Quanto maior, melhor	A perda de horas disponíveis para produção está ligada às atividades de manutenção corretiva ou preventiva que reduzam as horas teóricas ou decididas. Note-se que é uma interpretação diferente do OEE.	Manutenção

CAPÍTULO 4: SISTEMAS DE MEDIÇÃO DE DESEMPENHO

Indicador	Direção da Melhoria	Interpretação	Responsável
$\dfrac{\text{Horas Trabalhadas}}{\text{Horas Disponíveis}}$	↑ Quanto maior, melhor	A redução deste indicador tem diversas causas potenciais: falta de pedidos, falta de matéria-prima, falta de energia, preparação de máquinas (*setup*), etc. Deve ser decomposto caso haja necessidade de rastreabilidade.	Vendas, fornecedores, ferramentaria, etc
$\dfrac{\text{Horas Produtivas}}{\text{Horas Trabalhadas}}$	↑ Quanto maior, melhor	Mede a função Qualidade no processo produtivo. Horas-máquina desperdiçadas em retrabalhos ou refugos reduzem o indicador.	Controle da Qualidade
$\dfrac{\text{Quantidade Produzida}}{\text{Horas Produtivas}}$	↑ Quanto maior, melhor	Também chamado de *Velocidade* de Produção, mede a quantidade de produto acabado (PA) produzido com qualidade e disponível para ser estocado ou comercializado por hora-máquina efetivamente empregada nesta produção.	Tempos & Métodos

Outro ponto importante é a consideração de quais perdas por Manutenção são consideradas no cálculo das Horas Disponíveis do equipamento. Diferente da abordagem do indicador OEE, considera-se perdas qualquer tipo de manutenção (corretiva ou preventiva) que reduza as Horas Teóricas. Assim, se um equipamento tem seu horário de trabalho definido entre 8h e 17h, caso uma manutenção, mesmo preventiva, for realizada entre 4h e 10h, a perda de horas para cálculo da Capacidade Disponível será de apenas 2h, conforme mostra a Figura 4.15:

Figura 4.15: Perda de horas por manutenção preventiva ou corretiva

Os autores propõem uma segunda forma de analisar as perdas no recurso Equipamento focando em Capacidade de Produção e não apenas nas horas-máquina. Trata-se de

DECOMPOSIÇÃO ALGÉBRICA DE INDICADORES DE DESEMPENHO

uma forma mais adequada de medida já que inclui a velocidade de produção. Neste caso, horas-máquina podem ser convertidas em capacidade multiplicando-se pela velocidade de produção.

$$\begin{pmatrix} \text{Capacidade} \\ \text{de Produção} \end{pmatrix} = \begin{pmatrix} \text{Quantidade máxima de produção} \\ \text{sob determinadas condições} \\ \text{em um determinado período de tempo} \end{pmatrix} = \begin{pmatrix} \text{Velocidade} \\ \text{de Produção} \end{pmatrix} \times \begin{pmatrix} \text{Período} \\ \text{de Tempo} \end{pmatrix}$$

Assim, podemos fazer a decomposição do PCT com enfoque em Equipamentos considerando as diferentes capacidades de produção e analisando as perdas decorrentes de cada um dos fatores analisados. A Figura 4.16 mostra como isso é feito.

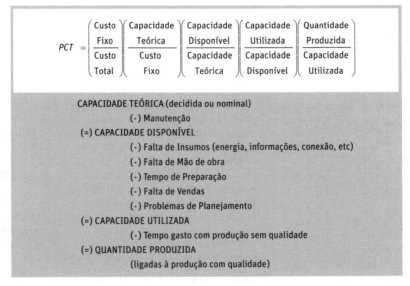

FIGURA 4.16: DECOMPOSIÇÃO DO PCT COM ENFOQUE EM EQUIPAMENTOS (CAPACIDADE)

A nomenclatura adotada na decomposição por horas-máquina (Figura 4.12) e na decomposição por capacidade (Figura 4.15) são similares, porém, podemos observar que há uma diferença importante entre Horas Produtivas e seu correspondente Capacidade Produtiva. Pela abordagem adotada pelos autores, como Capacidade é medida em quantidade máxima de produto fabricado sob determinadas condições e em um determinado período de tempo, a Capacidade Produtiva confunde-se com a Quantidade Produzida, uma vez que todas as perdas decorrentes do processo de produção já foram descontadas nos itens anteriores. A Tabela 4.5 mostra que a nomenclatura e interpretação dos indicadores focados em Capacidade é similar à decomposição por horas-máquina:

136 CAPÍTULO 4: SISTEMAS DE MEDIÇÃO DE DESEMPENHO

TABELA 4.5: INDICADORES PARCIAIS DA DECOMPOSIÇÃO DO PCT COM ENFOQUE EM EQUIPAMENTO (CAPACIDADE)

INDICADOR	DIREÇÃO DA MELHORIA	INTERPRETAÇÃO	RESPONSÁVEL
$\dfrac{\text{Custo Fixo}}{\text{Custo Total}}$	Quanto menor, melhor	Redução da proporção de custo fixo em relação ao custo total permite à empresa adequar-se mais facilmente às variações da demanda. Exemplo: terceirização de atividades não críticas.	Custos
$\dfrac{\text{Capacidade Teórica}}{\text{Custo Fixo}}$	Quanto maior, melhor	Quanto maior este indicador, menor o custo por produção nominal da empresa. A Capacidade Teórica ou Nominal é virtualmente impossível de ser alcançada já que qualquer equipamento precisa de paradas técnicas para manutenção, *setup*, etc.	Custos
$\dfrac{\text{Capacidade Disponível}}{\text{Capacidade Teórica}}$	Quanto maior, melhor	A perda de Capacidade Disponível para produção está ligada às atividades de manutenção corretiva ou preventiva que reduzam as horas ou a velocidade de produção decididas.	Manutenção
$\dfrac{\text{Capacidade Utilizada}}{\text{Capacidade Disponível}}$	Quanto maior, melhor	A redução deste indicador tem diversas causas potenciais: falta de pedidos, falta de matéria-prima, falta de energia, preparação de máquinas (*setup*), etc. Deve ser decomposto caso haja necessidade de rastreabilidade.	Vendas, fornecedores, ferramentaria, etc
$\dfrac{\text{Quantidade Produzida}}{\text{Capacidade Utilizada}}$	Quanto maior, melhor	Mede a função Qualidade no processo produtivo. Redução na velocidade de produção por problemas com qualidade ou horas-máquina desperdiçadas em retrabalhos ou refugos reduzem o indicador.	Controle da Qualidade

Do mesmo modo que observamos as similaridades nas nomenclaturas dos indicadores calculados com base em horas-máquina e capacidade, a Figura 4.17 mostra, graficamente, as perdas ou desperdícios calculados com base em Capacidade:

DECOMPOSIÇÃO ALGÉBRICA DE INDICADORES DE DESEMPENHO

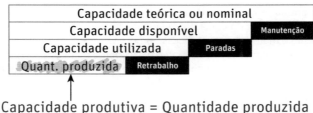

Capacidade produtiva = Quantidade produzida

FIGURA 4.17: VISUALIZAÇÃO GRÁFICA DAS PERDAS DE CAPACIDADE DE PRODUÇÃO NO MODELO MUSCAT-FLEURY

- **Decomposição do PCT com enfoque em Materiais (MP)**

  O terceiro foco de causas que reduzem o PCT está relacionado aos materiais utilizados no processo produtivo. Do mesmo modo que ocorre com a quantificação do produto acabado (PA), o uso dos indicadores resultantes da decomposição do PCT com enfoque em equipamentos tem a dificuldade de ser utilizado com materiais de unidades diferentes.

  A decomposição proposta pelos autores utiliza o termo Quantidade, o que limita sua aplicação a apenas um tipo de insumo ou insumos similares com a mesma unidade de medida. Isso equivale a dizer que tais indicadores têm muitas restrições quanto à sua aplicação prática, exceto quando há um insumo significativamente mais importante do que os demais. A Figura 4.18 mostra como é feita a decomposição. Observa-se que:

$$PCT = \left(\frac{\text{Custo Variável}}{\text{Custo Total}}\right)\left(\frac{\text{Custo de MP}}{\text{Custo Variável}}\right)\left(\frac{\text{Quantidade Adquirida MP}}{\text{Custo de MP}}\right)\left(\frac{\text{Quantidade Consumida MP}}{\text{Quantidade Adquirida MP}}\right)\left(\frac{\text{Quantidade Aproveitada MP}}{\text{Quantidade Consumida MP}}\right)\left(\frac{\text{Quantidade Produzida}}{\text{Quantidade Aproveitada MP}}\right)$$

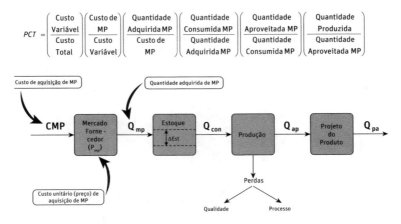

FIGURA 4.18: DECOMPOSIÇÃO DO PCT COM ENFOQUE EM MATERIAIS (MP)

- ◆ **CMP (Custo de Materiais ou Matéria-prima)** refere-se ao custo de aquisição do material a ser utilizado no processo produtivo, ou seja, é a quantidade monetária oferecida ao mercado fornecedor para se obter uma Quantidade Adquirida (Qmp) de material pagando-se um Preço Unitário de MP (Pmp).

CAPÍTULO 4: SISTEMAS DE MEDIÇÃO DE DESEMPENHO

- **A Quantidade Adquirida (Qmp)** de material dá entrada no Estoque de Matéria-prima, aumentando a quantidade estocada. Por sua vez, o Depto. de Produção requisita o material para o processo produtivo, reduzindo a quantidade estocada e, ocasionalmente, devolve o material excedente requisitado. A diferença entre o que foi requisitado e o que foi devolvido ao estoque refere-se à Quantidade Consumida (Qcon). Se Qmp for maior do que Qcon, a quantidade estocada aumenta; se ocorrer o contrário, a quantidade estocada diminui. Assim temos:

$$Q_{con} = Q_{mp} - \Delta Estoque$$

- **A Quantidade Consumida (Qcon)** tem dois destinos possíveis no processo produtivo: pode ser incorporada ao produto acabado — Quantidade Aproveitada (Qap) — ou ser desperdiçada por não conformidade dos produtos quanto às especificações definidas pela área da Qualidade ou, então, por perdas de processo. Perdas por qualidade são geradas quando o material do produto fabricado tem que ser refugado por não apresentar possibilidade de retrabalho (por exemplo, um blank com mais dureza do que o especificado pode trincar ao ser conformado em uma prensa). As perdas por processo são decorrentes da impossibilidade de aproveitamento total do material retirado do Estoque de MP por razões de geometria ou inadequação dos ferramentais utilizados no processo produtivo (por exemplo, rebarbas em um processo de injeção) conforme vemos na Figura 4.19.

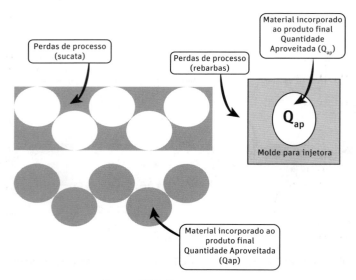

FIGURA 4.19: PERDAS DE PROCESSO

- **A Quantidade Aproveitada (Qap)** é a massa de material efetivamente incorporada ao produto final (PA) e depende das especificações do projeto do produto. As especificações do produto são a base das informações para o projeto do ferra-

DECOMPOSIÇÃO ALGÉBRICA DE INDICADORES DE DESEMPENHO `139`

mental do processo produtivo. Ou seja, para modificar a Quantidade Aproveitada de material, necessariamente deve ser modificado o projeto do produto e, por consequência, o ferramental utilizado no processo produtivo.

◆ **Quantidade Produzida (Qpa)** é o volume de produtos finais (PA) gerados pelo processo produtivo e aptos a serem estocados ou comercializados. Note-se que Qpa tem, na maioria das vezes, unidade diferente de Qap. Por exemplo, uma embalagem para iogurte (Qpa=1 embalagem) tem em sua composição 70 gramas de Polietileno de Baixa Densidade (Qap=70g PEBD).

Assim, a decomposição do PCT com enfoque em materiais gera indicadores que mostram informações sobre a composição do custo, a adequação das negociações para aquisição do material pelo setor de Compras, a variação dos estoques, as perdas por qualidade e a adequação do material incorporado no produto final, conforme podemos observar na Tabela 4.6.

TABELA 4.6 INDICADORES PARCIAIS DA DECOMPOSIÇÃO DO PCT COM ENFOQUE EM MATERIAIS (MP)

INDICADOR	DIREÇÃO DA MELHORIA	INTERPRETAÇÃO	RESPONSÁVEL
$\dfrac{\text{Custo Variável}}{\text{Custo Total}}$	↑ Quanto maior, melhor	Aumento da proporção de custo variável em relação ao custo total permite à empresa adequar-se mais facilmente às variações da demanda. Exemplo: terceirização de atividades não críticas.	Custos
$\dfrac{\text{Custo de MP}}{\text{Custo Variável}}$	↓ Quanto menor, melhor	A composição do Custo Variável inclui Custo de MO e Custo de MP. A análise deve ser feita procurando reduzir o componente mais significativo para a empresa. No enfoque em MP, procura-se reduzir a proporção do CMP no CV.	Custos
$\dfrac{\text{Quantidade Adquirida MP}}{\text{Custo de MP}}$	↑ Quanto maior, melhor	Mede se o setor de Compras da empresa está negociando bem a aquisição dos materiais. Tratando-se do inverso do custo unitário de	Compras
		materiais, se o indicador subir significa que Compras está conseguindo reduzir o preço de compra do material.	

140 CAPÍTULO 4: SISTEMAS DE MEDIÇÃO DE DESEMPENHO

Indicador	Direção da melhoria	Interpretação	Responsável
$\dfrac{\text{Quantidade Consumida MP}}{\text{Quantidade Adquirida MP}}$ ◆	= 1	Mede a formação ou consumo do estoque de MP no suprimento do processo produtivo. Custos com estoques devem ser minimizados, incentivando a manutenção de níveis mínimos de estoque. Isto é possível se a quantidade de material adquirida no período for também consumida no mesmo período.	Gestão de Estoques
$\dfrac{\text{Quantidade Aproveitada MP}}{\text{Quantidade Consumida MP}}$ ↑	Quanto maior, melhor	Mede a proporção de desperdício de materiais por meio da medida das perdas por qualidade e perdas de processo. Quanto maior o indicador, menores as perdas de materiais no processo produtivo.	Controle da Qualidade, Ferramentaria, etc.
$\dfrac{\text{Quantidade Produzida}}{\text{Quantidade Aproveitada MP}}$ ↑	Quanto maior, melhor	A melhoria deste indicador depende de modificações no projeto do produto e no seu ferramental. O aumento do indicador significa que a empresa consegue fazer a mesma quantidade de PA com menor quantidade de MP inserida no produto final.	Projeto do Produto

O modelo Muscat-Fleury de análise de processos produtivos tem algumas limitações que restringem seu uso. A principal delas é que admite apenas um tipo de produto final ou produtos que tenham a mesma unidade de medida de Quantidade. O mesmo acontece com o enfoque em materiais, em que admite a análise de apenas um tipo de MP ou similares que possam ser agrupados adequadamente para que a unidade da variável Quantidade seja única.

No entanto, os conceitos que suportam a análise dos indicadores de desempenho podem ser utilizados em qualquer empresa desde que convenientemente adaptados às necessidades de cada uma delas. A Figura 4.18 mostra a decomposição do PCT nos diversos enfoques em forma de rede de indicadores.

DECOMPOSIÇÃO ALGÉBRICA DE INDICADORES DE DESEMPENHO **141**

Modelo de Gold

Bela Gold, ex-pesquisador e docente da Universidade de Pittsburg, propôs um modelo de análise de produtividade industrial que utiliza uma decomposição do indicador de lucratividade para evidenciar as interações (*network of productivity relationships*) que existem entre as diversas medidas de desempenho. O argumento apoia-se em que os gestores não devem se concentrar em apenas um tipo de recurso produtivo tentando maximizar seu valor, mas sim analisar as interações entre esses recursos que existem na operação da empresa. Em resumo, a maximização da produtividade de um recurso não significa a maximização da lucratividade da empresa.

O autor utiliza como indicador de lucratividade a relação entre o Lucro e o Ativo Total da empresa. A esse indicador ele denomina Produtividade do Investimento Total, conforme vemos a seguir:

$$\text{Lucratividade} = \left(\frac{\text{Produtividade do}}{\text{Investimento Total}} \right) = \frac{\text{Lucro}}{\text{Ativo Total}}$$

A análise do indicador pode ser feita em duas situações:

- Quando há uma redução significativa do valor atual do indicador ou quando não se atingiu a meta estipulada pela empresa.
- Quando os gestores da empresa pretendem intervir em um determinado fator de produção e desejam verificar a consequência da intervenção no resultado global da empresa, ou seja, na lucratividade.

A decomposição proposta pelo autor, conforme a Figura 4.20, serve para mostrar os efeitos das interações que existem entre os fatores de produção, ou seja, dado o objetivo, obtêm-se os indicadores que mostram se o objetivo foi atingido.

142 CAPÍTULO 4: SISTEMAS DE MEDIÇÃO DE DESEMPENHO

$$P_I = \frac{Lucro}{Ativo\ Total}$$

$$P_I = \left(\frac{\frac{Receita}{Total}}{\frac{Saída}{Real}} - \frac{\frac{Custo}{Total}}{\frac{Saída}{Real}}\right)\left(\frac{\frac{Saída}{Real}}{\frac{Capacidade}{Teórica}}\right)\left(\frac{\frac{Capacidade}{Teórica}}{\frac{Ativo}{Fixo}}\right)\left(\frac{\frac{Ativo}{Fixo}}{\frac{Ativo}{Total}}\right)$$

Δ Estoque de PA $\approx$ 0
Saída Real = Quantidade Produzida = Quantidade Vendida
Capacidade Teórica = Quantidade Teórica Máxima de Produção

FIGURA 4.20: DECOMPOSIÇÃO DE INDICADORES CONFORME MODELO DE *GOLD*

Não obstante o autor utilize a decomposição para a análise de empresas do setor siderúrgico dos Estados Unidos, o modelo possui algumas restrições que limitam a aplicação para alguns tipos de empresa:

- O termo Saída Real é utilizado tanto para Quantidade Produzida quanto para Quantidade Vendida. Isso implica em:
  - ◆ Análise viável para produto único ou similares com a mesma unidade de medida.
  - ◆ Quantidade Produzida somente pode ser igualada à Quantidade Vendida se a variação dos estoques de PA for zero no período analisado.
- O termo Capacidade Teórica, definido como quantidade teórica máxima de produção, possui as mesmas restrições.

A decomposição do indicador ou Produtividade do Investimento Total (PI) inicia-se pela substituição do Lucro pelos seus componentes de Receita Total e Custo Total (decomposição por subtração) conforme a expressão a seguir:

$$P_I = \frac{Lucro}{Ativo\ Total} = \frac{Receita\ Total - Custo\ Total}{Ativo\ Total} = \frac{Receita\ Total}{Ativo\ Total} - \frac{Custo\ Total}{Ativo\ Total}$$

Em seguida, aplica-se a multiplicação e divisão pelo mesmo fator, escolhido conforme a necessidade de mostrar as interações relevantes. Verifica-se que, eliminando os numeradores e denominadores intermediários da expressão, obtém-se a mesma fórmula matemática do PI.

$$P_I = \left(\frac{\frac{Receita}{Total}}{\frac{Saída}{Real}} - \frac{\frac{Custo}{Total}}{\frac{Saída}{Real}}\right)\left(\frac{\frac{Saída}{Real}}{\frac{Capacidade}{Teórica}}\right)\left(\frac{\frac{Capacidade}{Teórica}}{\frac{Ativo}{Fixo}}\right)\left(\frac{\frac{Ativo}{Fixo}}{\frac{Ativo}{Total}}\right)$$

DECOMPOSIÇÃO ALGÉBRICA DE INDICADORES DE DESEMPENHO — 143

Cada um dos indicadores mostra um aspecto relevante na formação da lucratividade da empresa. O objetivo é mostrar que, ao focar em um determinado aspecto, as interações dentro da empresa podem levar à piora de outro aspecto. Por exemplo, se o gestor aumentar o fator Preço Médio Unitário para elevar o Lucro, é muito provável que haja uma redução da Saída Real ou Quantidade Produzida. Isso tem o efeito de diminuir a Taxa de Ocupação dos recursos produtivos da empresa e elevar o Custo Médio Unitário, reduzindo o ganho obtido com a elevação dos preços.

A Tabela 4.7 mostra a interpretação dos indicadores de desempenho propostos por *Gold* para analisar os fatores de formação da lucratividade de uma empresa industrial. A análise é genérica mas serve de base para aplicação de casos concretos na função de Controladoria das empresas:

TABELA 4.7: INTERPRETAÇÃO DOS INDICADORES DA DECOMPOSIÇÃO PROPOSTA PELO MODELO DE *GOLD*

INDICADOR	NOME DO INDICADOR	DIREÇÃO DA MELHORIA	INTERPRETAÇÃO	RESPONSÁVEL
$\left(\dfrac{\text{Receita Total}}{\text{Saída Real}} \right)$	Preço Médio Unitário	↑ Quanto maior, melhor	O preço de venda do produto é determinado pela empresa para atender à demanda do mercado. Aumentos de preço, geralmente, são acompanhados por redução da quantidade vendida.	Vendas
$\left(\dfrac{\text{Custo Total}}{\text{Saída Real}} \right)$	Preço Médio Unitário	↓ Quanto menor, melhor	Para conseguir lucro em cada unidade vendida, o custo médio unitário de produção deve ser menor do que o preço médio unitário oferecido ao mercado. O custo médio unitário é influenciado pela quantidade produzida para diluir o custo fixo. Reduções na quantidade produzida aumentam o custo médio unitário.	Custos

CAPÍTULO 4: SISTEMAS DE MEDIÇÃO DE DESEMPENHO

Indicador	Nome do indicador	Direção da melhoria	Interpretação	Responsável
$\dfrac{\text{Saída Real}}{\text{Capacidade Teórica}}$	Taxa de Utilização	↑	Quanto maior, melhor	Quanto maior a taxa de utilização, mais os custos fixos podem ser diluídos em uma quantidade maior de produtos, causando a elevação da Receita Total e a redução do custo médio unitário do produto fabricado.	PCP
$\dfrac{\text{Capacidade Teórica}}{\text{Ativo Fixo}}$	Produtividade do Ativo Fixo	↑	Quanto maior, melhor	Aumentos no Ativo Permanente devem ser causados por investimentos que aumentem a capacidade de produção da empresa. Aumentos da capacidade permitem aumentar, proporcionalmente, a quantidade produzida. Investimentos em áreas não críticas aumentam o Ativo Permanente e não aumentam a capacidade de produção. A redução deste indicador mostra falta de foco nos investimentos da empresa.	Controladoria

DECOMPOSIÇÃO ALGÉBRICA DE INDICADORES DE DESEMPENHO **145**

INDICADOR	NOME DO INDICADOR	DIREÇÃO DA MELHORIA	INTERPRETAÇÃO	RESPONSÁVEL
$\left(\dfrac{\text{Ativo Fixo}}{\text{Ativo Total}}\right)$	Alocação do Capital	↓ Quanto menor, melhor	Manter a liquidez da empresa em valores adequados à sua operação permite a ela dispor de recursos para pagamentos das dívidas e obrigações de curto prazo. O comprometimento exagerado dos recursos financeiros em Ativos Permanentes afeta a capacidade de pagamento da empresa para saldar estas dívidas. Obriga a recorrer a fontes de financiamento mais caras, incorrendo em aumento significativo do Custo Total.	Controle da Qualidade, Ferramentaria, etc.

Verifica-se que para cada indicador analisado há um setor responsável diferente, o que mostra que a condução da empresa requer integração entre as áreas e clareza dos objetivos a serem atingidos. Em outras palavras, as ações de cada um deles devem ser coordenadas e realizadas dentro de parâmetros predefinidos, dado que a maximização parcial de cada um dos fatores não leva à maximização geral do resultado da empresa.

Há uma evidente decomposição de um dos fatores do modelo de *Gold* realizado pelo modelo de Muscat-Fleury. Isso pode ser mostrado na Figura 4.21: partindo da definição de Lucratividade de *Gold*, o inverso do fator Custo Médio Unitário ou Produtividade do Custo Total (PCT) é decomposto segundo o modelo de Muscat-Fleury.

CAPÍTULO 4: SISTEMAS DE MEDIÇÃO DE DESEMPENHO

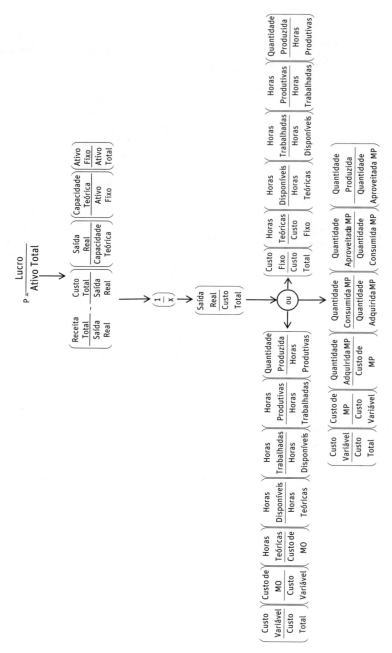

FIGURA 4.21: DECOMPOSIÇÃO PELO MODELO DE *GOLD* INTEGRADO COM DECOMPOSIÇÃO PELO MODELO MUSCAT-FLEURY

Overall Equipment Effectiveness (OEE)

O indicador do Rendimento Operacional Global, mais conhecido pela sigla OEE (*Overall Equipment Effectiveness*), mostra o nível de utilização dos equipamentos da empresa para geração de produtos aptos para comercialização, ou seja, produtos com qualidade. O OEE tem sua origem no Programa TPM (*Total Productive Maintenance*), o qual é voltado à melhoria das atividades de manutenção de equipamentos e, por isso, toma como base de cálculo do indicador o que é controlável pelo setor de manutenção da empresa, isto é, o Tempo de Carga.

Isso significa que o Tempo de Carga considera o Tempo Decidido de operação ou Tempo Calendário do equipamento mas exclui os tempos que não são controláveis pelo setor de manutenção da empresa ou tempo de paradas planejadas (tempo em que o PCP deixou o equipamento ocioso por falta de pedido e o tempo padrão de manutenção preventiva exigido pelo fornecedor do equipamento).

$$\begin{pmatrix} \text{Tempo} \\ \text{de Carga} \end{pmatrix} = \begin{pmatrix} \text{Tempo} \\ \text{Decidido} \end{pmatrix} - \begin{pmatrix} \text{Paradas} \\ \text{Planejadas} \end{pmatrix}$$

O Tempo de Operação é calculado considerando o Tempo de Carga subtraído das Perdas por Paradas (não Planejadas pelo PCP). São consideradas Perdas por Paradas as situações que não disponibilizam o equipamento para operação de produção por:

$$\begin{pmatrix} \text{Tempo de} \\ \text{Operação} \end{pmatrix} = \begin{pmatrix} \text{Tempo} \\ \text{de Carga} \end{pmatrix} - \begin{pmatrix} \text{Perda por} \\ \text{Paradas} \end{pmatrix}$$

Quebras ou manutenção corretiva: quando ocorre uma falha mecânica em estado de rompimento de um ou mais componentes. Ou seja, o equipamento fica indisponível até que se restabeleça a condição original e se inicie novamente a operação.

- *Setup* e regulagens ocorre quando a produção deve ser interrompida para preparar o próximo lote, incluindo a troca de moldes ou qualquer outro ferramental de produção. Inclui as regulagens subsequentes para ajustes nas especificações de conformação do produto segundo seu projeto e alcance da velocidade nominal de produção. Essa perda, também chamada de tempo de changeover, é medida desde o momento de produção da última peça boa do lote anterior até a primeira produção de peça boa do próximo lote.

- O Tempo Efetivo de Operação é difícil de ser cronometrado diretamente visto que se trata de um período de tempo virtual em que o equipamento produziria a quantidade produzida real se operasse em velocidade nominal de produção. A expressão abaixo pode auxiliar a entender a questão:

CAPÍTULO 4: SISTEMAS DE MEDIÇÃO DE DESEMPENHO

$$\left(\begin{array}{c} \text{Tempo Efetivo} \\ \text{de Operação} \end{array} \right) = \left(\begin{array}{c} \text{Tempo de} \\ \text{Ciclo Padrão} \end{array} \right) \times \left(\begin{array}{c} \text{Quantidade} \\ \text{Produzida Real} \end{array} \right)$$

Observe que o Tempo de Ciclo Padrão é medido em minutos/peça enquanto que a velocidade nominal de produção (especificada pelo fabricante) é medida em peças/minuto. Matematicamente, temos que:

$$\left(\begin{array}{c} \text{Tempo de} \\ \text{Ciclo Padrão} \end{array} \right) = \frac{1}{\left(\begin{array}{c} \text{Velocidade Nominal} \\ \text{de Produção} \end{array} \right)}$$

De outro modo, o Tempo Efetivo de Operação pode ser calculado por meio da contabilização direta das Perdas de Velocidade. Esse é um procedimento de difícil implementação sem o auxílio de captura de dados por meio de sensores automáticos instalados nos equipamentos.

$$\left(\begin{array}{c} \text{Tempo Efetivo} \\ \text{de Operação} \end{array} \right) = \left(\begin{array}{c} \text{Tempo de} \\ \text{Operação} \end{array} \right) - \left(\begin{array}{c} \text{Perda da} \\ \text{Velocidade} \end{array} \right)$$

As Perdas de Velocidade são muito complicadas de serem coletadas por meio de anotações feitas por operadores, principalmente se escritas em planilhas de papel. Tais perdas são agrupadas em dois tipos:

- **Redução da velocidade:** Problemas causados por desgaste dos equipamentos ou especificações não adequadas do material processado impedem que o equipamento desenvolva a velocidade especificada pelo fabricante. Por exemplo, o excesso de vibração do equipamento por folga em componentes rodantes pode resultar em rompimento catastrófico e risco significativo para os operadores caso o equipamento trabalhe na velocidade máxima de produção especificada; ou uma rugosidade inadequada do material processado que impede o correto posicionamento no molde gera refugos ou, se houver travamento da peça conformada, a quebra do ferramental.

- **Pequenas paradas:** Paradas momentâneas do equipamento por tempo menor do que dez minutos causadas por interferências externas. Por exemplo, paradas acionadas pelo operador para alinhamento do alimentador de fita metálica, ou pequenas lubrificações em componentes deslizantes. É uma perda difícil de ser contabilizada por causa do tempo reduzido de parada (os operadores não a consideram como "parada"), mas significativa por sua frequente ocorrência.

O Tempo Efetivo de Produção refere-se ao tempo utilizado para a produção de produtos adequados para a comercialização ou estoque e é calculado subtraindo-se, do Tempo Efetivo de Operação, as Perdas por Qualidade:

DECOMPOSIÇÃO ALGÉBRICA DE INDICADORES DE DESEMPENHO

$$\begin{pmatrix} \text{Tempo Efetivo} \\ \text{de Produção} \end{pmatrix} = \begin{pmatrix} \text{Tempo Efetivo} \\ \text{de Operação} \end{pmatrix} - \begin{pmatrix} \text{Perda por} \\ \text{Qualidade} \end{pmatrix}$$

- **Refugos e retrabalhos:** Tempo despendido na fabricação de produtos defeituosos durante a produção estabilizada que estão associados a causas relacionadas ao funcionamento incorreto dos equipamentos. Refugos são produtos descartados definitivamente do lote processado, podendo ser ou não reaproveitados como matéria-prima reciclada em um próximo lote. Retrabalhos são atividades relacionadas à recuperação de produtos os quais, em sua primeira conformação, foram rejeitados pelo controle da qualidade. Os produtos retrabalhados continuam sendo parte do lote processado.
- **Start up:** Refugos originados durante o tempo de estabilização do processo produtivo. Geralmente é relevante em processos contínuos nos quais a rampa de elevação da velocidade de produção é gradual e a qualidade dos produtos gerados é instável durante essa fase.

A Figura 4.22 mostra como são calculados os tempos relacionados à utilização dos equipamentos e as perdas referentes a cada um deles.

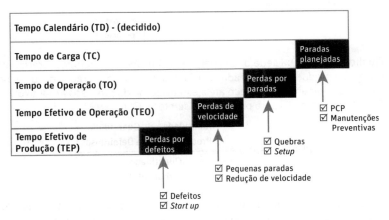

FIGURA 4.22: TEMPOS DE UTILIZAÇÃO DE EQUIPAMENTOS E AS PERDAS RELACIONADAS

Definidos os tempos e as perdas relacionadas à operação do equipamento, o OEE é calculado pela multiplicação de três indicadores que medem os desperdícios que ocorrem durante o processo produtivo, originados nos equipamentos.

$$\text{OEE} = \begin{pmatrix} \text{Disponibilidade} \\ \text{DIS} \end{pmatrix} \times \begin{pmatrix} \text{Desempenho Operacional} \\ \text{DOP} \end{pmatrix} \times \begin{pmatrix} \text{Qualidade} \\ \text{QUA} \end{pmatrix}$$

- **Disponibilidade (DIS):** Mede a porcentagem do Tempo de Carga que o equipamento ficou disponível para operação. Ou seja, mensura o nível de perdas relacionadas a

150 CAPÍTULO 4: SISTEMAS DE MEDIÇÃO DE DESEMPENHO

quebras (manutenção corretiva) e preparação de máquinas (*setup*). O valor de referência para processos discretos é DIS > 90%.

$$\text{Disponibilidade DIS} = \frac{\left(\begin{array}{c}\text{Tempo de}\\\text{Carga}\end{array}\right) - \left(\begin{array}{c}\text{Tempo de}\\\text{Parada}\end{array}\right)}{\left(\begin{array}{c}\text{Tempo de}\\\text{Carga}\end{array}\right)}$$

- **Desempenho Operacional (DOP):** Mede o tempo desperdiçado com redução de velocidade de produção por problemas técnicos e pequenas paradas causadas por ajustes rápidos do equipamento. Essas perdas podem ser calculadas pelo tempo desperdiçado de produção caso o equipamento opere em velocidade nominal (definida pelo fabricante) para a fabricação da quantidade produzida. O valor de referência para processos discretos é DOP > 95%.

$$\text{Desempenho Opreacional (DOP)} = \frac{\left(\begin{array}{c}\text{Tempo de}\\\text{Ciclo Padrão}\end{array}\right) \times \left(\begin{array}{c}\text{Quantidade}\\\text{Produzida}\end{array}\right)}{\left(\begin{array}{c}\text{Tempo de}\\\text{Operação}\end{array}\right)}$$

- **Qualidade (QUA):** Mede os desperdícios causados por refugos e retrabalhos em regime de produção estabilizada, e produtos defeituosos gerados desde o momento em que o equipamento é ligado até a estabilização do processo produtivo (start up). O valor de referência para processos discretos é QUA > 99%.

$$\text{Qualidade (QUA)} = \frac{\left(\begin{array}{c}\text{Quantidade}\\\text{Produzida}\end{array}\right) - \left(\begin{array}{c}\text{Quantidade}\\\text{de Defeituosos}\end{array}\right)}{\left(\begin{array}{c}\text{Quantidade}\\\text{Produzida}\end{array}\right)}$$

Substituindo-se os indicadores DIS, DOP e QUA pelas respectivas fórmulas de cálculo na expressão do OEE, e aplicando as simplificações algébricas pertinentes, chegamos a:

$$\text{OEE} = \frac{\left(\begin{array}{c}\text{Tempo de}\\\text{Ciclo Padrão}\end{array}\right)}{\left(\begin{array}{c}\text{Tempo de}\\\text{Carga}\end{array}\right)} \times \left[\left(\begin{array}{c}\text{Quantidade}\\\text{Produzida}\end{array}\right) - \left(\begin{array}{c}\text{Quantidade}\\\text{de Defeituosos}\end{array}\right)\right]$$

A Figura 4.23 mostra cada um dos indicadores estudados, as fórmulas de cálculo e os valores de referência para cada um deles aplicáveis para processos produtivos discretos. No caso de processos produtivos contínuos, os valores de referência são muito mais elevados.

DECOMPOSIÇÃO ALGÉBRICA DE INDICADORES DE DESEMPENHO

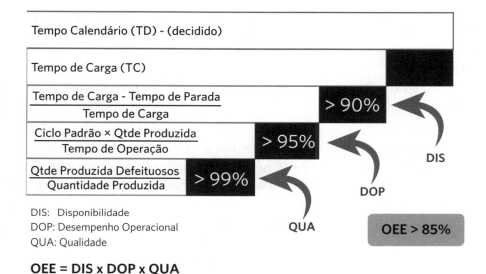

OEE = DIS x DOP x QUA

FIGURA 4.23: FÓRMULAS DE CÁLCULO DE DIS, DOP, QUA E OEE E VALORES DE REFERÊNCIA

ANÁLISES COM BASE NO EBITDA

Embora não apareça claramente no DRE, o EBITDA (Earnings Before Taxes, Interest, Depreciation, and Amortization) é um elemento importante para a análise financeira das empresas. Trata-se de uma medida contábil utilizada para avaliar o desempenho operacional da empresa e calculada somando-se as despesas de depreciação ao resultado operacional, conforme pode ser visto na expressão a seguir:

$$EBITDA = \begin{pmatrix} \text{Resultado} \\ \text{Operacional} \end{pmatrix} + (\text{Depreciação})$$

Além da depreciação, das despesas financeiras e dos impostos sobre o lucro, também não fazem parte do EBITDA as receitas e despesas não operacionais e receitas e despesas que não impactam, em nenhum momento, no Caixa. Segundo Cavalcante (2012), o cálculo do EBITDA utiliza fatores que possuem as seguintes características:

- Referem-se à gestão dos investimentos operacionais.
- São controláveis pelos gestores.
- Transitam pelo Caixa da empresa.

152 CAPÍTULO 4: SISTEMAS DE MEDIÇÃO DE DESEMPENHO

Em um outro modo de calcular o EBITDA, parte-se do Lucro Líquido depois do IR e adiciona-se a ele fatores não controláveis pelos gestores, isto é, anula-se o efeito provocado no cálculo do Lucro Líquido depois do IR, como mostrado na expressão a seguir:

$$EBITDA = \begin{pmatrix} \text{Lucro Líquido} \\ \text{depois do IR} \end{pmatrix} + \begin{pmatrix} \text{Provisão} \\ \text{para IR} \end{pmatrix} + \begin{pmatrix} \text{Despesas} \\ \text{Financeiras} \end{pmatrix} + (\text{Depreciação})$$

Para que se possa fazer análises comparativas da evolução do EBITDA em uma mesma empresa ao longo do tempo, ou comparar EBITDAS entre empresas similares, podemos utilizar o indicador Margem EBITDA que permite comparações sem a influência da inflação histórica ou do porte das empresas. O indicador Margem EBITDA é calculado da seguinte forma:

$$\begin{pmatrix} \text{Margem} \\ \text{EBITDA} \end{pmatrix} = \frac{EBITDA}{\begin{pmatrix} \text{Lucro Líquido} \\ \text{depois do IR} \end{pmatrix}}$$

O EBITDA também é utilizado para estimar o valor de uma empresa (Valuation) no caso de compra ou venda da empresa ou de suas ações em Bolsa. O cálculo do Valuation é feito por meio do indicador Múltiplo de EBITDA:

$$\begin{pmatrix} \text{Múltiplo de} \\ \text{EBITDA} \end{pmatrix} = \frac{\begin{pmatrix} \text{Valor da empresa} \\ \text{na Bolsa de Valores} \end{pmatrix} + \begin{pmatrix} \text{Dívida da} \\ \text{empresa} \end{pmatrix}}{EBITDA}$$

O Valor da empresa na Bolsa de Valores somente está disponível para empresas de capital aberto, mas, de qualquer forma, representa o Valor da empresa para os Acionistas em uma empresa que está sendo negociada. Assim:

$$\begin{pmatrix} \text{Valor da empresa} \\ \text{para os acionistas} \end{pmatrix} = \begin{pmatrix} \text{Valor da empresa} \\ \text{na Bolsa de Valores} \end{pmatrix}$$

Para calcular o Valuation ou valor para negociação de uma empresa, utiliza-se o valor de Múltiplo de EBITDA de uma empresa com características operacionais parecidas. As consultorias especializadas em intermediar negociações de compra e venda de empresas possuem a informação de qual é o Múltiplo de EBITDA de determinado segmento de mercado e os ajustes caso a caso. Em alguns segmentos, o indicador Múltiplo de EBITDA situa-se entre 6 e 8. Assim, podemos calcular uma estimativa para a venda ou compra de uma empresa pela expressão a seguir:

$$\begin{pmatrix} \text{Valor da empresa} \\ \text{para os acionistas} \end{pmatrix} = EBITDA \times \begin{pmatrix} \text{Múltiplo de} \\ \text{EBITDA} \end{pmatrix} - \begin{pmatrix} \text{Dívida da} \\ \text{empresa} \end{pmatrix}$$

DECOMPOSIÇÃO ALGÉBRICA DE INDICADORES DE DESEMPENHO **153**

Como exemplo, se uma empresa industrial tem uma dívida de $50.000, um EBITDA de $40.000 e o Múltiplo de EBITDA considerado ideal seja 6 vezes, o valor aproximado a ser negociado com os acionistas da empresa é:

$$\begin{pmatrix} \text{Valor da empresa} \\ \text{para os acionistas} \end{pmatrix} = 40.000 \times 6 - 50.000 = U\$190.000$$

HOSHIN KANRI

Hoshin, em japonês, significa "direção" e Kanri significa "gestão" ou "execução alinhada". Trata-se de um processo de desdobramento de políticas ou objetivos de longo prazo definidos pela alta administração em um plano de ação de caráter operacional que gere os efeitos desejados pelos objetivos propostos.

Turrioni e Souza (1999) definem *Hoshin Kanri* como "atividade sistemática que permeia toda a organização, com o objetivo de dar direção para a utilização dos recursos, visando o alcance das metas prioritárias e melhoria da organização como um todo". De qualquer modo, o processo de elaboração do desdobramento das políticas proposto pela metodologia *Hoshin Kanri*, ou simplesmente Hoshin, envolve os diversos níveis hierárquicos da empresa, conforme mostra Akao (1991), sintetizados na Figura 4.24.

CAPÍTULO 4: SISTEMAS DE MEDIÇÃO DE DESEMPENHO

Fonte: baseado em AKAO (1991)

Figura 4.24: Equipes envolvidas no processo de elaboração do *Hoshin Kanri*

A literatura traz diversos modelos estruturados de implementação do processo de planejamento do *Hoshin Kanri*; entretanto, todos eles têm como ponto central o envolvimento de todos os níveis hierárquicos que colaboram, desde a definição do direcionamento de longo prazo até as equipes operacionais que elaboram e implementam as ações alinhadas à obtenção dos resultados esperados pela empresa.

O processo de elaboração do Hoshin inicia-se pela definição da Unidade de Análise, que pode ser uma empresa, divisão, linha de produtos, site, departamento ou processo. A partir daí são estruturadas as equipes de trabalho, as quais podem assumir diversas formas, mas, basicamente, compõem-se de:

- Equipe de representantes da alta administração: Formada por membros da diretoria da empresa e convidados — sindicatos, fornecedores, clientes, etc. — e coordenados por um team leader que será responsável pelo funcionamento adequado da equipe. As funções dessa equipe são:
    - Definir a Missão, Visão, posicionamento competitivo, competências essenciais, etc.
    - Elaborar o Planejamento Estratégico: Elaborar a Análise SWOT; definir e priorizar os objetivos estratégicos de longo prazo (3 a 5 anos); estabelecer indicadores de desempenho alinhados; definir os processos prioritários para atingir os objetivos

DECOMPOSIÇÃO ALGÉBRICA DE INDICADORES DE DESEMPENHO

estratégicos, traçar um plano de ação alinhado aos processos prioritários e esboçar a Matriz Hoshin.

♦ Hoshin anual: Alinhar objetivos estratégicos (3 a 5 anos) com objetivos táticos (anual), refinar a Matriz Hoshin e incluir os Planos de Ação alinhados aos processos prioritários e suas respectivas equipes de trabalho e líderes de projeto de melhoria.

- Equipes gerenciais: Formado por membros do médio escalão da unidade de análise. A função dessas equipes é refinar a Matriz Hoshin, buscar a adequação das competências essenciais definidas no planejamento Hoshin anual e definir os recursos e as equipes operacionais que implantarão os Planos de Ação.

- Equipes de trabalho operacionais: Condução de eventos específicos de melhoria de acordo com o Plano de Ação estabelecido; implantação de projetos de melhoria de curto prazo (até 6 meses). Pode haver qualquer combinação de eventos *Kaizen*, Relatórios A3 ou quaisquer outros tipos de projetos.

A inovação proposta pelo Hoshin é a Matriz de Desdobramento das Políticas da empresa, a qual mostra como os objetivos propostos pelo Planejamento Estratégico estão relacionados com os indicadores e metas, estes com os processos prioritários da empresa e, finalmente, quais são os planos de ação que devem ser realizados para que os objetivos sejam alcançados. A Figura 4.25 mostra um exemplo da Matriz de Desdobramento das Políticas.

CAPÍTULO 4: SISTEMAS DE MEDIÇÃO DE DESEMPENHO

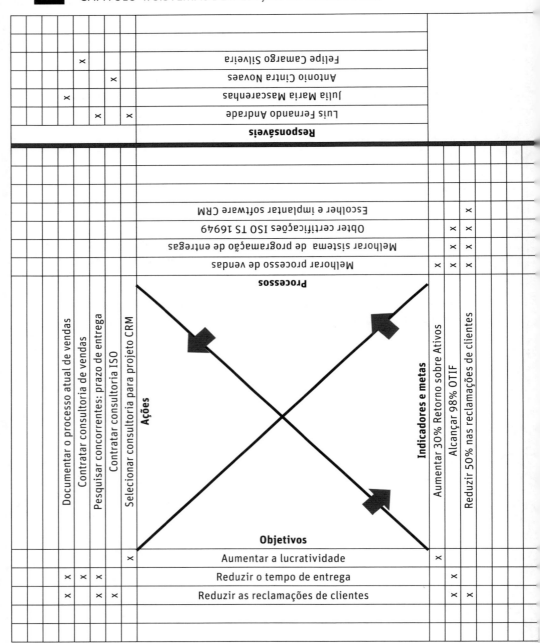

FIGURA 4.25: MATRIZ DE DESDOBRAMENTO DAS POLÍTICAS DO *HOSHIN KANRI*

Os desdobramentos de indicadores e metas anuais também podem ser feitos por rede de indicadores, conforme mostra a Figura 4.26. Note que foi utilizada a

DECOMPOSIÇÃO ALGÉBRICA DE INDICADORES DE DESEMPENHO

decomposição algébrica de indicadores dado serem eles baseados em indicadores econômico-financeiros. Também são utilizadas formulações algébricas em planilhas eletrônicas para realizar o desdobramento dos indicadores e metas. Esta opção é mais adequada para o acompanhamento mensal do cumprimento das metas intermediárias por toda a unidade de análise.

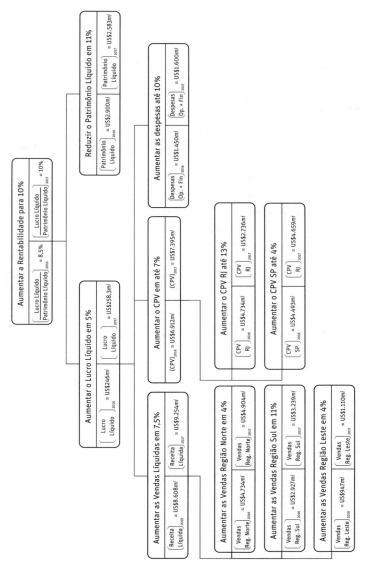

Figura 4.26: Desdobramento de indicadores e metas anuais

158 CAPÍTULO 4: SISTEMAS DE MEDIÇÃO DE DESEMPENHO

EXERCÍCIOS DE APLICAÇÃO

1. Os dados a seguir, datados de outubro de 2015, referem-se a duas empresas do setor químico, fabricantes de produtos concorrentes — PEBDI —, que usam como matéria-prima principal o Naftec. Calcule os indicadores (com três casas decimais), quando necessário, e marque a resposta correta com um (x).

Considere a seguinte estrutura de custos:

Custo Total = Custo Fixo + Custo Variável

Custo Variável = Custo Mão de Obra + Custo Matéria-prima

Custo Fixo = Custo de Equipamentos = Custo Médio Unitário de Equipamento x Capacidade Teórica

Item	Unid.	Carbona	Fenolat
Receita Total de PEBDI	US$	1.870,00	1.734,00
Preço médio unitário de PEBDI	US$/ton.	3,40	3,40
Custo médio unitário de Naftec	US$/ton.	0,50	0,50
Salário médio + encargos	US$/func.	5,00	4,75
Custo médio unitário de equipamento	US$/ton.	0,35	0,36
Capacidade Teórica	ton./mês	2.500,00	2.150,00
Capacidade Disponível	ton./mês	2.317,50	1.945,75
Capacidade Utilizada	ton./mês	1.042,88	1.245,28
Perdas por refugo de PEBDI	ton./mês	492,88	735,28
nº de funcionários/turno	func.	39	58
nº de dias/mês	dia	30	30
nº de turnos/dia	turno	2	1
nº de horas de trabalho/turno	horas	8	8
nº de domingos + feriados/mês	dia	4	4
faltas abonadas	horas	1.450	1.250
Variação de estoque de PEBDI	ton.	0	0
Quantidade adquirida de Naftec	ton.	824	674
Aumento de estoque de Naftec	ton.	10	20
Quantidade aproveitada de Naftec	ton.	743	627
Ativo Fixo	US$	6.000,00	4.800,00
Ativo Total	US$	8.200,00	7.100,00
CEQ = C_{muEQ} . Cap.			

DECOMPOSIÇÃO ALGÉBRICA DE INDICADORES DE DESEMPENHO 159

Pergunta-se:

a. Qual empresa possui maior índice de liquidez (Capital de Giro / Investimento Total)?

Indicador	Carbona	Fenolat
Resposta	( )	( )

b. Qual empresa tem mais problemas com manutenção dos equipamentos?

Indicador	Carbona	Fenolat
Resposta	( )	( )

c. Qual empresa teve maior perda porcentual por refugo de PA?

Indicador	Carbona	Fenolat
Resposta	( )	( )

d. Qual empresa utiliza menos MP na formulação de seu produto final?

Indicador	Carbona	Fenolat
Resposta	( )	( )

e. Qual empresa tem maior perda porcentual de MP no processo produtivo?

Indicador	Carbona	Fenolat
Resposta	( )	( )

continua...

160 CAPÍTULO 4: SISTEMAS DE MEDIÇÃO DE DESEMPENHO

... continuação

2. Qual empresa investe melhor em capital imobilizado visando elevar sua capacidade de produção máxima?

Indicador	Carbona	Fenolat

Resposta: ( ) ( )

3. As empresas *Penderi, Rankoff* e *Technic* foram premiadas como as melhores empresas no quesito desempenho econômico-financeiro nos setores financeiro, industrial e comercial. Os números do DRE e Balanço Patrimonial dessas empresas são mostrados na tabela abaixo.

Empresa:	Rankoff	Technic	Penderi
Demonstrativo do Resultado do Exercício	**MUS$**	**MUS$**	**MUS$**
Receita de vendas bruta	1.200	800	4.500
(-) Deduções de vendas	60	120	225
(=) Receita de vendas	1.140	680	4.275
(-) Custo de Mercadorias Vendidas (CMV)	513	306	1.069
(=) Lucro bruto	627	374	3.206
(-) Despesas operacionais: vendas, administ. e deprec.	72	43	369
(=) Resultado operacional	555	331	2.838
(-) Despesas Financeiras	141	117	721
(=) Lucro Líquido antes do imposto de renda	414	214	2.117
(-) Provisão para imposto de renda	124	64	635
(=) Lucro Líquido depois do imposto de renda	290	150	1.482

Pergunta-se:

a. Calcule os indicadores relacionados na tabela abaixo.

Balanço Patrimonial	MUS$	MUS$	MUS$
Ativo Circulante + Realizável em longo prazo	3.232	1.220	12.082
Ativo Permanente	2.295	1.355	25.494
Passivo Circulante + Exigível em longo prazo	1.939	610	7.249
Patrimônio Líquido	3.588	1.965	30.326

DECOMPOSIÇÃO ALGÉBRICA DE INDICADORES DE DESEMPENHO

Como as empresas foram premiadas em cada setor, indique a qual deles cada empresa pertence (Financeiro, Industrial ou Comercial) (1 ponto)

EMPRESAS	RANKOFF	TECHNIC	PENDERI
Setor em que a empresa foi premiada			

4. Responda **V** (verdadeiro) ou **F** (falso).

  a. Se o indicador *[Qt. Consumida MP / Qt. Adquirida MP] < 1*, significa que o estoque aumentou. ( )

  b. Se o indicador *[Capac. Disponível / Capac. Teórica]* aumentar, significa que a manutenção dos equipamentos melhorou. ( )

  c. A redução do indicador *[Horas Teórica / Custo de MO]* pode ser causado pelo aumento do uso de horas extras no período. ( )

  d. Em um processo de terceirização da ferramentaria em uma empresa metalúrgica, o indicador *[Custo Variável / Custo Total]* tende a se reduzir. ( )

  e. *Capital em Giro Total* é igual à soma do *Capital em Giro de Terceiros (Passivo)* mais o *Capital em Giro Próprio*. ( )

  f. *Dividendos de acionistas preferenciais* somente são considerados em empresas do tipo *Sociedade por Quotas de Responsabilidade Ltda*. ( )

  g. Os indicadores *Giro do Estoque* e *Período de Cobertura do Estoque* são indicadores redundantes. ( )

  h. Se o indicador *[Qt. Adquirida MP / Custo MP]* diminuir, significa que o preço unitário de aquisição de material diminuiu no período. ( )

  i. Uma rede de indicadores pode ser elaborada desconsiderando o objetivo do gestor ou as expectativas do cliente. ( )

  j. Para que o indicador *[Qt. Produzida PA / Qt. Aproveitada MP]* aumente, é necessário modificar o projeto do produto. ( )

CAPÍTULO 5

BALANCED SCORECARD

HISTÓRICO DO *BALANCED SCORECARD* **165**

Neste capítulo vamos discutir o conceito de *Balanced Scorecard*, um dos métodos mais utilizados pelas empresas para a elaboração de um SMD. O Mapa Estratégico, os mapas de cada uma das perspectivas e o desdobramento dos objetivos e indicadores estratégicos para as áreas operacionais utilizam o conceito de rede de indicadores baseado em correlação.

Em qualquer área do conhecimento há várias tendências e linhas de pensamento com autores se posicionando em cada uma delas. Em planejamento estratégico não é diferente, e encontramos vários autores e várias definições para um mesmo conceito. Não é objetivo deste livro fazer uma revisão sobre planejamento estratégico, por isso, ao discutirmos os conceitos da definição de BSC, vamos utilizar as definições apresentadas por Kaplan e Norton, as quais podem não coincidir com as utilizadas por uma empresa em particular.

HISTÓRICO DO *BALANCED SCORECARD*

Robert S. Kaplan, renomado professor da Universidade de Harvard, e David P. Norton, consultor em gestão de empresas, foram os coordenadores de um projeto patrocinado pela empresa de consultoria KPMG voltado ao estudo das atividades relacionadas à elaboração e acompanhamento do planejamento estratégico de doze empresas selecionadas. As conclusões a que chegaram foram reunidas no livro Measuring Performance in the Organization of the Future, que deu origem ao *Balanced Scorecard* (BSC).

Basicamente, o que os autores concluíram foi que os modelos e processos de elaboração do planejamento estratégico das empresas estudadas eram adequados se aplicados corretamente. As empresas, em geral, promovem eventos anuais com a diretoria executiva, conselhos de administração, convidados especialistas e consultores que executam o papel de facilitadores do processo de elaboração e atualização dos diversos elementos do planejamento estratégico. Depois de um determinado período, que pode durar diversos dias, e com algum grau de reclusão dos participantes do evento, cada um deles recebia como produto um volume encadernado contendo o Planejamento Estratégico da empresa para o próximo ano.

A análise do produto gerado no processo de planejamento estratégico, geralmente coordenado pelas empresas de consultoria, mostrava que o material produzido era adequado para direcionar as ações de caráter estratégico das organizações, fornecendo uma visão de futuro, os objetivos estratégicos (realizações operacionais necessárias para alcançar a visão de futuro) e os planos de ação (projetos de ações de pequeno porte necessárias para atingir um resultado desejado mostrado no objetivo estratégico). Segundo os autores, o problema começava quando os participantes retornavam às suas rotinas diárias, colocavam o volume contendo o planejamento estratégico na estante e raramente voltavam a consultá-lo para direcionar suas decisões operacionais.

Outro ponto importante é que, como não utilizavam o plano estratégico e, não raramente, não entendiam a terminologia utilizada na redação do documento, tam-

CAPÍTULO 5: *BALANCED SCORECARD*

bém não conseguiam transmitir a estratégia da empresa para os níveis hierárquicos inferiores. O resultado é que todo o esforço despendido pela equipe que formulara o planejamento estratégico tornava-se praticamente inútil, porque ela não conseguia transmiti-lo aos demais funcionários e também não influenciava as decisões dos gestores para que pudessem alcançar os objetivos propostos. Em suma, o problema não estava na formulação do planejamento estratégico, estava em sua implementação.

Nas poucas empresas que conseguiam monitorar a implementação do plano, isso normalmente era feito por meio de reuniões periódicas nas quais eram analisados os indicadores derivados da Demonstração de Resultado do Exercício, Balanço Patrimonial, Demonstração de Origens e Aplicações, Posição de Caixa, etc. Ou seja, todos os que são classificados como indicadores econômico-financeiros. A pergunta que se faz quando se utiliza esse tipo de indicadores é: estamos olhando para frente, direcionados à obtenção de nossos objetivos, ou olhando para trás, para coisas que já aconteceram e não podem mais ser mudadas?

Além disso, ao utilizar somente indicadores econômico-financeiros para monitorar seu planejamento estratégico, o executivo da empresa pode se encontrar em um dilema: objetivos estratégicos, por sua natureza, têm um horizonte de planejamento de longo prazo, tipicamente de três a cinco anos e, não raro, necessitam investimentos de grande porte que somente começarão a dar resultados após alguns anos. Por outro lado, os executivos têm que prestar contas aos Conselhos de Administração das empresas ou aos acionistas em um prazo muito menor, tipicamente a cada seis meses. Se for efetuado o investimento necessário para que a empresa consiga desenvolver novos produtos que garantirão sua sobrevivência no longo prazo, o caixa da empresa diminuirá ou será necessário buscar financiamento de terceiros. De qualquer modo, há redução dos ganhos potenciais ou aumento dos custos financeiros da empresa, o que impacta diretamente no lucro líquido apresentado aos acionistas.

Assim, o uso exclusivo de indicadores econômico-financeiros pode levar a decisões equivocadas por parte do executivo, priorizando resultados de curto prazo em detrimento de resultados no longo prazo, atitude que pode significar a sobrevivência ou insolvência da empresa. Dado o problema, os autores passaram a procurar um modo de auxiliar as empresas, não a formular, mas a divulgar, esclarecer e acompanhar a implementação do planejamento estratégico nas organizações. O resultado deste trabalho foi a elaboração do conceito de *Balanced Scorecard*, cuja tradução livre é pontuação balanceada.

CONCEITO DE *BALANCED SCORECARD*

CONCEITO DE *BALANCED SCORECARD*

O primeiro ponto importante que devemos considerar é que o BSC não é um instrumento adequado para formular o planejamento estratégico. O objetivo do BSC é definido pelas palavras traduzir, esclarecer, comunicar e alinhar a visão e a estratégia da empresa para todos os níveis hierárquicos da empresa.

Segundo o que os autores puderam concluir, a causa raiz da dificuldade de implementação do planejamento estratégico em uma organização é a falta de conhecimento por parte dos gerentes, supervisores e colaboradores dos objetivos e caminhos que a empresa se propôs a atingir. O BSC vem para preencher tal lacuna por meio de ferramentas que explicitam a terminologia, muitas vezes complicada, utilizada na redação de documentos emitidos pela alta administração. Kaplan e Norton conceituam o BSC como uma ferramenta para traduzir a Visão e a Estratégia da empresa em um conjunto abrangente de medidas de desempenho que servem de base para a elaboração de um sistema de medição e gestão estratégica.

Traduzir a Visão e a Estratégia das empresas num conjunto abrangente de medidas de desempenho que serve de base para um sistema de medição e gestão estratégica.

– A adoção do BSC possibilita:
  • Esclarecer e traduzir a visão e a estratégia
  • Comunicar e associar objetivos e medidas estratégicas
  • Elaborar, estabelecer metas e *alinhar iniciativas estratégicas*
  • Melhorar o feedback e o aprendizado estratégico

Histórico:

– Autores
  • Robert S. Kaplan
  • David P. Norton

– Estudo patrocinado pela KPMG

– *"Measuring Performance in the Organization of the Future"*

O que o BSC não é:
  • Forma de enquadrar os indicadores que a empresa já possui
  • Ferramenta para definir as estratégias da organização
  • Processo estático
  • Sistema de controlar controles

FIGURA 5.1: OBJETIVOS DO *BALANCED SCORECARD*

Note que a palavra-chave utilizada pelos autores na descrição do objetivo do BSC é traduzir. A redação do plano estratégico de uma empresa muitas vezes utiliza termos que são parte do jargão da alta administração e nem sempre são totalmente compreendidos pelos níveis hierárquicos inferiores. A experiência trazida pelos autores e a prática nas empresas mostram que a diversidade de interpretação do significado das palavras pode ocorrer mesmo entre membros da alta administração. Ao definirmos um indicador de desempenho que mostre o que se deseja medir, as ambiguidades de interpretação geralmente são reduzidas, o que não quer dizer que não haja contestações. Em todo caso, concordando ou não com a interpretação, todos os níveis da empresa têm um mesmo entendimento do que a empresa pretende ser no futuro.

Conforme já comentamos antes, embora os indicadores econômico-financeiros sejam muito importantes para saber se uma empresa está alcançando seus objetivos, eles não podem ser os únicos a serem utilizados em um processo de acompanhamento e gestão estratégica. O que Kaplan e Norton propõem é uma abordagem balanceada (daí o termo *Balanced* utilizado na definição do BSC) orientando-se por quatro direções, chamadas Perspectivas, conforme podemos observar na Figura 5.2:

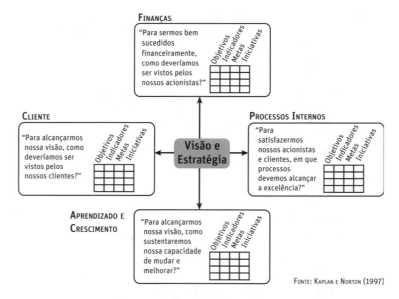

Fonte: Kaplan e Norton (1997)

Figura 5.2: As perspectivas do BSC

- **Financeira:** Mostra os resultados financeiros dos esforços despendidos pela empresa e responde à pergunta: "para sermos bem-sucedidos financeiramente, como deveríamos ser vistos pelos nossos acionistas?". Essa perspectiva é a mais importante nas empresas em busca de lucro mas é bastante reduzida, e às vezes inexistente, nos Mapas Estratégicos de empresas estatais e ONG's.

CONCEITO DE *BALANCED SCORECARD* **169**

- **Clientes:** Mostra como a empresa se posiciona no mercado e responde à pergunta: "para alcançarmos nossa visão, como deveríamos ser vistos pelos nossos clientes?". Basicamente, essa perspectiva mostra como a empresa se apresentará ao mercado, quais expectativas dos clientes ela procurará atender, onde ele está e, principalmente, quem ele é. Embora tais perguntas pareçam simples de serem respondidas, a experiência mostra que há muitas divergências de opinião entre os colaboradores e mesmo entre os executivos de uma empresa.

- **Processos Internos:** Mostra como as operações da empresa fornecem resultados que estão orientados às expectativas detectadas dos clientes e deve responder à pergunta: "para satisfazermos nossos acionistas e clientes, em quais processos devemos alcançar a excelência?". Note que a Operação da empresa deve não apenas atingir os resultados esperados pelos clientes mas também obedecer a uma "trava", que é a necessidade de atingir as expectativas dos acionistas por intermédio, principalmente, do custo de produção. A operação da empresa não precisa alcançar a excelência em todas as atividades desenvolvidas, mas utilizar o conceito de foco no Core Competence, traduzido como competência central da empresa, que, nas palavras de Hamel e Prahalad no artigo "The Core Competence of the Corporation", designa "as competências estratégicas, únicas e distintivas de uma organização que lhe conferem uma vantagem competitiva intrínseca e, por isso, constituem os fatores-chave de diferenciação face aos concorrentes". Operações ou atividades nas quais não há uma vantagem que as diferencie dos concorrentes e cuja tecnologia de produção é amplamente dominada pelo mercado podem ser terceirizadas sem que a empresa seja prejudicada. É importante notar que as operações ou Processos Internos devem estar em linha com o que a empresa pretende oferecer a seus clientes para conquistá-los. Em outras palavras, a Estratégia de Operações precisa estar alinhada à Estratégia Competitiva para que, segundo o conceito desenvolvido por Skinner, não haja um "elo perdido" entre o Marketing e a Produção da empresa.

- **Aprendizado e Crescimento:** Mostra como a empresa supre recursos humanos e tecnológicos para detectar mudanças nas expectativas dos clientes e, se isso ocorrer, como as operações da empresa devem mudar para suportar as mudanças requeridas em seus resultados. Também responde à pergunta: "para alcançarmos a nossa visão, como sustentaremos nossa capacidade de mudar e melhorar?". No curto prazo, a dinâmica estabelecida entre as três perspectivas anteriores permanece estável, com a Produção (e seus diversos objetivos estratégicos mostrados na Perspectiva Processos Internos) fornecendo resultados iguais ou acima das expectativas dos clientes (mostradas na Perspectiva Clientes) e, dessa forma, consegue-se que o cliente adquira os produtos fornecendo o faturamento necessário (componente da Perspectiva Financeira). Do mesmo modo, a Produção da empresa tem que atender às expectativas dos acionistas, mantendo os custos operacionais dentro de parâmetros que proporcionem um lucro adequado aos acionistas. No entanto, essa dinâmica não é estável no médio e longo prazos, e cada componente sofre constantes mudanças. Por exemplo, as expectativas dos clientes mudam porque os concorrentes começam a oferecer novos produtos e serviços. Se a expectativa muda, a operação da empresa deve mudar também para poder atender às expectativas dos clientes. Para que uma mudança ocorra, são necessárias novas competências em Recursos Humanos, novos equipamentos, nova infraestrutura e novas tecnologias de produção. Os objetivos estratégicos voltados ao provimento das competências necessárias à mudança e à inovação é que são objeto de análise da Perspectiva Aprendizado e Crescimento. A Figura 5.3. ilustra como é a dinâmica das 4 Perspectivas do BSC.

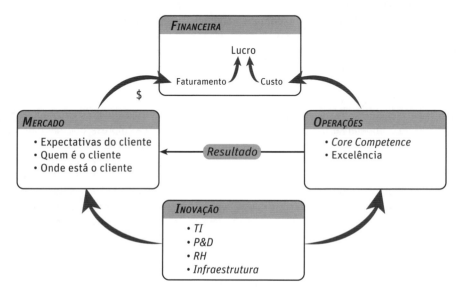

FIGURA 5.3: DINÂMICA DAS PERSPECTIVAS DO BSC

As perspectivas do BSC não precisam seguir regras rígidas de elaboração e cada empresa deve adotar a nomenclatura e o número de perspectivas que forem mais convenientes às suas necessidades. Por exemplo:

- As fundações de apoio e órgãos governamentais geralmente não possuem a Perspectiva Financeira, uma vez que as operações da empresa não visam o lucro como forma principal de sustentação da empresa. Os aspectos financeiros são colocados como objetivos estratégicos da Perspectiva Processos Internos ou Aprendizado e Crescimento.
- As ONG's (Organizações Não Governamentais) e empresas estatais geralmente substituem a Perspectiva Clientes pela Perspectiva Sociedade, uma vez que elas entendem que o cliente final de suas atividades é a sociedade e não empresas ou indivíduos.
- Algumas empresas com foco social podem elaborar um BSC com a Perspectiva Clientes e a Perspectiva Sociedade. Nesse caso, os mapas estratégicos contam com cinco perspectivas.

Outros muitos exemplos podem ser obtidos na literatura especializada sobre a escolha das Perspectivas do BSC, mas a grande maioria das empresas escolhe as Perspectivas originais propostas pelos autores: Financeira, Clientes, Processos Internos e Aprendizado e Crescimento.

CONCEITOS BÁSICOS EM PLANEJAMENTO ESTRATÉGICO

Relembrando: em planejamento estratégico, tal como em qualquer área do conhecimento, há várias tendências e linhas de pensamento. Quanto ao BSC, seguimos aqui as definições conceituais de Kaplan e Norton, as quais podem diferir das utilizadas por uma empresa em particular.

Para facilitar a compreensão de cada um desses termos, a Figura 5.4 auxilia a relacioná-los quando utilizados em planejamento estratégico.

FIGURA 5.4: RELACIONAMENTO ENTRE OS TERMOS DE PLANEJAMENTO ESTRATÉGICO

- **Missão:** Pode ser conceituada como a razão da existência da organização e explicita os fins para atender à sociedade e ao mercado. A redação da Missão da empresa deve ser atemporal, ou seja, refere-se ao que a empresa foi, é e continuará a ser. Mesmo informalmente, a Missão da empresa é algo inerente a ela desde sua fundação, mas

CAPÍTULO 5: *BALANCED SCORECARD*

em algum momento de sua existência deve ser formalizada, e necessita ser atualizada cada vez que a dinâmica do mercado, fusões, aquisições ou inovações mudem os propósitos específicos da empresa perante a sociedade. Na Figura 5.5 encontram-se alguns exemplos de Missão de empresas.

Citibank

• "Oferecer qualquer serviço financeiro em qualquer país, onde for possível fazê-lo de forma legal e rentável".

McDonald's

• "Servir alimentos de qualidade com rapidez e simpatia, num ambiente limpo e agradável".

Localiza

• "Oferecer soluções de transporte, através do aluguel de carros, buscando a excelência".

FIGURA 5.5: EXEMPLOS DE MISSÃO DE EMPRESAS

- **Visão de futuro:** A redação da visão de futuro, ou simplesmente Visão, de uma empresa emprega, propositadamente, termos que tentam transmitir direcionamentos ou conceitos gerais do que a empresa pretende ser ou se tornar dentro de um determinado horizonte de tempo. Possivelmente, um executivo teria muitas dúvidas, somente baseado nessa redação, sobre qual a direção a seguir durante sua gestão e quais as atividades que deve implementar para atingir o que se espera dele, o que, de alguma maneira, está expresso na visão de futuro. Em outras palavras, a visão de futuro não é um instrumento gerencial, porém, precisa ser concretizado em objetivos específicos chamados também de objetivos estratégicos. O horizonte de tempo considerado na Visão de Futuro varia de empresa para empresa e de setor para setor da economia, mas, em média, podemos considerar de 10 a 15 anos como um tempo adequado. Claro que existem exceções, como empresas de Tecnologia da Informação ou do setor educacional, que consideram um tempo entre 5 a 10 anos, e empreendimentos que exigem longo tempo de maturação dos projetos, por exemplo, construção de aviões, hidrelétricas de grande porte e empresas estatais cujas Visões de Futuro consideram um horizonte de tempo de até 30 anos. Na Figura 5.6 há alguns exemplos de Visão de Futuro de empresas durante a segunda metade do século XX que refletem momentos críticos de cada uma delas.

CONCEITOS BÁSICOS EM PLANEJAMENTO ESTRATÉGICO — 173

3M
- "Ser reconhecida como uma empresa inovadora e a melhor fornecedora de produtos e serviços que atendam ou excedam às expectativas dos clientes".

Itaú Unibanco
- "Ser o banco líder em performance e perene, reconhecidamente sólido e ético, destacando-se por equipes motivadas, comprometidas com a satisfação dos clientes com a comunidade e com a criação de diferenciais competitivos".

Pepsi Co.
- "Derrotar a Coca-Cola".

Honda
- "Esmagar, espremer e massacrar a Yamaha".

FIGURA 5.6: EXEMPLOS DE VISÃO DE FUTURO

- **Objetivos Estratégicos:** Se a Visão tem por característica expor conceitos amplos a serem seguidos pela empresa no longo prazo, os objetivos estratégicos são realizações de caráter operacional necessárias para atingir a Visão de Futuro. Em outras palavras, os objetivos estratégicos são Fatores Críticos de Sucesso (FCS's) para atingir os conceitos mostrados na Visão. Por serem críticos, necessariamente devem ser poucos e muito bem focados para que os executivos da empresa tenham uma noção clara do que se espera como resultado de suas ações. Como regra geral, os objetivos estratégicos devem ser redigidos de forma a serem transmitidos pelos vários níveis hierárquicos da empresa. Alguns cuidados precisam ser tomados:

  ♦ Utilizar termos que possam ser facilmente entendidos pelos colaboradores e que tenham um significado único dentro da empresa. Evitar termos ambíguos como "comprometimento dos funcionários", "flexibilidade operacional", "satisfação do cliente", "efetividade comportamental", etc.

  ♦ Utilizar verbos com sentido de continuidade no tempo (por exemplo: desenvolver, disseminar, aprimorar, estabilizar, orientar, aumentar, etc.) e evitar verbos com sentido de fim determinado (por exemplo: implantar, comprar, vender, terceirizar, etc.). Estes últimos são mais apropriados a Planos de Ação ou projetos de melhoria. Como em todo projeto, há um início e fim especificados e, uma vez atingido esse fim, encerra-se o projeto. Os objetivos estratégicos caracterizam-se pela busca contínua ao longo do tempo, e por essa razão não têm um fim especificado como

CAPÍTULO 5: *BALANCED SCORECARD*

ocorre com os Planos de Ação. A Figura 5.7 mostra os principais verbos utilizados na redação de objetivos estratégicos e planos de ação:

OBJETIVOS ESTRATÉGICOS

utilizar verbos com sentido de continuidade

- Desenvolver
- Disseminar
- Aprimorar
- Estabilizar
- Orientar
- Aumentar
- Reduzir
- Crescer
- Fortalecer
- Garantir

PLANOS DE AÇÃO

utilizar verbos com sentido de fim determinado

- Implantar
- Comprar
- Vender
- Terceirizar
- Elaborar

FIGURA 5.7: EXEMPLOS DE VERBOS UTILIZADOS NA REDAÇÃO DE OBJETIVOS E PLANOS DE AÇÃO

- **Estratégia:** Basicamente, estratégia é uma forma de expor como a empresa alcançará o objetivo estratégico. Trata-se de um termo que possui diversas definições dependendo do autor e da linha de pensamento que representa. Eis algumas delas: "Declaração explícita de intenções para alcançar um determinado objetivo no longo prazo"; "Conjunto logicamente ordenado de causas e efeitos entre objetivos"; "Plano mestre abrangente que estabelece como a corporação alcançará sua visão e seus objetivos". Por exemplo, tomemos um banco que tem como objetivo estratégico aumentar o número de agências no Brasil. Para conseguir atingi-lo, há várias opções: a) abrir novas agências; b) comprar um banco privado com um número significativo de agências nos locais desejados pela empresa; c) adquirir um banco estatal que esteja sendo objeto de privatização. Cada uma dessas opções são caminhos diferentes a serem analisados pela empresa para conseguir atingir o objetivo desejado. Cumpre lembrar que o objetivo "aumentar o número de agências no Brasil" pode ser visto também como um "caminho" ou opção para atingir um outro objetivo estratégico, por exemplo, "aumentar o faturamento com tarifas bancárias". Por sua vez, o objetivo "aumentar o faturamento com tarifas bancárias" pode ser um "caminho" ou opção para alcançar um outro objetivo estratégico, por exemplo, "aumentar o lucro do Banco".

CONCEITOS BÁSICOS EM PLANEJAMENTO ESTRATÉGICO — 175

Percebemos, então, que Estratégia pode ser vista como um conjunto logicamente ordenado de causas e efeitos entre objetivos. A Figura 5.8 mostra os conceitos discutidos neste item.

Objetivo Estratégico
- **Onde** quero chegar
- "Estático"

Estratégia
- **Como** vou alcançar o objetivo estratégico
- "Dinâmico"
  - "Declaração explícita de intenções para **alcançar** um determinado objetivo no longo prazo"
  - "Conjunto logicamente ordenado de **causas e efeitos** entre objetivos"
  - "Plano mestre abrangente que estabelece como a corporação **alcançará** sua visão e seus objetivos"

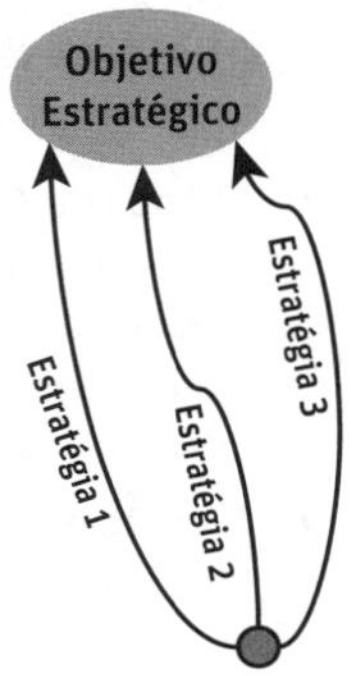

FIGURA 5.8: CONCEITO DE ESTRATÉGIA E OBJETIVO ESTRATÉGICO

- **Medidas de desempenho:** Conforme já discutimos neste livro, desempenho é a relação entre o resultado de uma operação e a expectativa do cliente ou de um gestor (que, de certa forma, também é um cliente). Os desempenhos são classificados como satisfatórios, insatisfatórios ou excelentes; do ponto de vista do cliente é colocado como satisfeito, insatisfeito ou encantado. Se o leitor tem dúvidas sobre esse conceito, sugere-se reler o capítulo 2 deste livro.

- **Sistema de medição:** É um conjunto logicamente ordenado de indicadores de desempenho que mostra os pontos principais de controle de uma empresa. O capítulo 4 mostra diversos tipos de sistemas de medição de desempenho (SMD's) que podem ser utilizados no BSC. Todavia, o conceito de mapa estratégico usa relações de causa e efeito não algébricos, ou seja, de correlação entre objetivos estratégicos. Como o número de variáveis correlacionadas pode ser muito numeroso, utiliza-se o conceito de Fatores Críticos de Sucesso para reduzir o número de relações de causa e efeito no mapa estratégico.

- **Fatores Críticos de Sucesso:** São competências necessárias mas não suficientes para que um determinado objetivo estratégico seja atingido. Dizendo de outro modo, a execução de um FCS não garante o sucesso (o atingimento do objetivo estratégico), porém, a não execução garante o fracasso. No capítulo 2 analisamos o conceito de FCS's e recomendamos como leitura adicional.
- **Metas:** Valores a serem atingidos por um indicador de desempenho que interpreta o significado de um objetivo estratégico. No Capítulo 2 discutimos esse conceito com mais detalhes.
- **Planos de Ação:** Atividades que devem ser realizadas para causar uma alteração nos indicadores de desempenho monitorados e seu Valor Atual se aproximar da Meta. Em outras palavras, os planos de ação devem ter uma relação clara de causa e efeito com o objetivo que a empresa pretende atingir, caso contrário todo o recurso gasto no plano de ação ficará inócuo.
- **Gestão estratégica:** É um conjunto de procedimentos para avaliação periódica, geralmente anual, do desempenho dos objetivos estabelecidos no planejamento estratégico de uma empresa. Inclui a análise e alteração, se necessário, de metas, indicadores e dos próprios objetivos estratégicos. Requer que as informações corretas e válidas estejam disponíveis para os tomadores de decisão. A Figura 5.9 mostra esses conceitos de uma maneira gráfica.

Figura 5.9: Atividades da Gestão Estratégica nas empresas

RELAÇÃO ENTRE VISÃO, OBJETIVOS ESTRATÉGICOS, INDICADORES DE DESEMPENHO E METAS

Seja qual for a definição de Visão de Futuro, Objetivos Estratégicos, Indicadores de Desempenho e Metas que utilizamos em nossas atividades profissionais, um ponto essencial é que todos esses conceitos devem estar alinhados quando elaboramos o planejamento estratégico da empresa. Este é um ponto frequentemente negligenciado, levando a uma confusão de direcionamentos entre aquilo que a empresa quer implementar e aquilo que é transmitido aos demais níveis hierárquicos. Ou seja, os colaboradores da empresa passam a ver a visão, os objetivos e as metas colocadas pelos níveis superiores como um emaranhado de conceitos ininteligíveis e confusos.

O objetivo deste item é esclarecer qual a relação entre cada um desses conceitos e a importância de estarem alinhados para que todos saibam a razão de perseguir uma meta operacional e qual a relação que ela tem com os objetivos estratégicos e estes com a Visão de Futuro da empresa.

A RELAÇÃO ENTRE VISÃO DE FUTURO E OBJETIVOS ESTRATÉGICOS

A redação da Visão de Futuro de uma empresa normalmente contém termos genéricos e conceituais que não mostram claramente onde a empresa pretende chegar nem quais as ações concretas que precisa realizar para conseguir chegar ao estado desejado. Já discutimos que termos mais genéricos precisam ser explicitados em realizações operacionais, chamadas de objetivos estratégicos, de modo a possibilitar aos executivos da empresa ter uma clareza sobre onde a empresa pretende chegar. Em outras palavras, os objetivos estratégicos devem ser derivados da Visão de Futuro e conter critérios mais claros que interpretem o que o termo utilizado nela realmente quer dizer.

A redação dos objetivos estratégicos é um processo muito difícil na elaboração do planejamento estratégico e, em geral, suscita demoradas discussões nas reuniões das comissões encarregadas dessa tarefa. Isso é fácil de compreender já que a aplicação de termos conceituais e genéricos na operação de uma determinada empresa gera diferentes interpretações, tão numerosas quanto o número de membros de uma reunião e, frequentemente, antagônicas entre si.

A frase em que se mostra a Visão de Futuro deve ser dividida em tantas partes quantos forem os conceitos diferentes contidos nela e que, juntos, formam a imagem do que a empresa pretende ser no futuro. Por exemplo, na frase "ter administração flexível e integrada" observamos dois conceitos distintos a serem interpretados: "ter administração flexível" e "ter administração integrada". Se tomarmos uma frase mais complexa, por exemplo, "ser referência nacional e internacional em ensino, pesquisa e extensão", temos, a rigor, seis conceitos contidos nela:

- Ser referência nacional em ensino.
- Ser referência nacional em pesquisa.

CAPÍTULO 5: *BALANCED SCORECARD*

- Ser referência nacional em extensão.
- Ser referência internacional em ensino.
- Ser referência internacional em pesquisa.
- Ser referência internacional em extensão.

Isso equivale a dizer que, quanto mais complexa for a Visão de Futuro da empresa, mais complexo será o processo de interpretação dos conceitos, o que, provavelmente, gerará um número considerável de objetivos estratégicos. Dizendo de outro modo, quanto mais abrangente for a Visão de Futuro (o que equivale a dizer que é menos focada), mais difícil será o trabalho dos executivos na tarefa de gerenciamento para atingir os objetivos estratégicos em face do grande número deles. Quanto maior o número de objetivos, maior será a disputa por recursos limitados da empresa e, consequentemente, menor a quantidade de recursos aplicados para alcançar cada um deles.

Entre todas as interpretações colocadas em discussão, há a necessidade de escolher as mais relevantes, uma vez que não é possível, na prática das empresas, gerenciar um grande número de objetivos. Conforme discutimos no Capítulo 3, recomenda-se a utilização do método dos Critérios Relevantes de Interpretação (CRI) para reduzir as diversas interpretações a um ou dois itens considerados os mais importantes e essenciais para atingir a imagem ou o estado descrito pela visão de futuro. Tais itens considerados os mais importantes e essenciais são os objetivos estratégicos da empresa. A Figura 5.10 ilustra o processo de desdobramento de conceitos desde a Visão de Futuro até o objetivo estratégico.

RELAÇÃO ENTRE VISÃO, OBJETIVOS ESTRATÉGICOS, ...

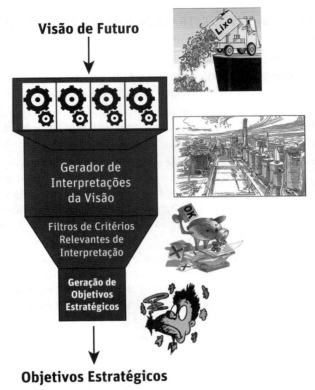

FIGURA 5.10: DESDOBRAMENTO DE TERMOS DA VISÃO DE FUTURO EM OBJETIVOS ESTRATÉGICOS

Já comentamos que o horizonte de planejamento da Visão de Futuro é de, em média, 15 anos e o horizonte de planejamento dos objetivos estratégicos é de, em média, cinco anos. Assim, com a aplicação do conceito de Gestão Estratégica, os objetivos estratégicos devem ser periodicamente alterados mas sempre alinhados à Visão de Futuro. Todo o processo de troca de objetivos estratégicos ao longo do tempo segue o princípio da priorização. Nos primeiros anos do horizonte de planejamento há determinadas prioridades a serem atendidas para atingir o estado descrito na Visão de Futuro, com cada prioridade sendo expressa por um objetivo estratégico. Ao serem atingidas, as prioridades mudam, o que equivale a dizer que os objetivos estratégicos mudam.

Esse processo continua até que a Visão de Futuro seja alterada e um novo ciclo se reinicie. Note que a Visão de Futuro é o guia que conduz todo o processo de planejamento estratégico e deve ser vista como mais do que uma frase de efeito pendurada nas paredes da empresa.

CAPÍTULO 5: *BALANCED SCORECARD*

Relação entre objetivos estratégicos e indicadores de desempenho

Visto que os objetivos estratégicos têm que estar alinhados aos termos utilizados na redação da Visão de Futuro da empresa, vamos nos dedicar a estudar a relação entre os objetivos estratégicos e os indicadores de desempenho.

Essa relação corresponde ao pano de fundo de todo o ensinamento deste livro: "primeiro o objetivo, depois o indicador". Se depois de ler o Capítulo 3 isso ainda não ficou claro, não nos importamos de recordar alguns pontos essenciais:

- Na elaboração dos indicadores de desempenho, utilize o conceito de Critérios Relevantes de Interpretação (CRI), em que o significado do termo qualitativo utilizado no objetivo deve ficar claro, possibilitando diagnosticar sua presença ou ausência, enfim, que possam ser expressos numericamente. Na definição defendida no Capítulo 3, interpretar um termo qualitativo utilizado na redação do objetivo estratégico, significa trocar palavras por números.

- Cada objetivo estratégico suscita diversas interpretações, umas mais e outras menos relevantes. Não é possível, nem necessário, que cada interpretação diferente gere um indicador diferente, pois a proliferação deles fará com que, na prática, seja difícil gerenciá-los. Somente as interpretações julgadas relevantes é que devem dar origem a indicadores de desempenho.

- Cada interpretação relevante não necessariamente pode ser descrita por um indicador apenas. Por exemplo, tomando o objetivo "promover a internacionalização da empresa" o termo "internacionalização" pode ser interpretado pelo critério de "aumentar o faturamento com exportações" ou "abrir filiais no exterior". Assim, o objetivo pode ser expresso por dois indicadores. Recomenda-se, e assim mesmo em casos muito excepcionais, que um mesmo indicador não seja interpretado por mais do que três critérios distintos, preservando o caráter de relevância da interpretação.

- Uma relação aceitável entre objetivos e indicadores de desempenho em um Mapa Estratégico do BSC pode ser mostrada por meio do indicador:

$$\text{Relação}_{Objetos\ KPI's} - \frac{\text{n}\underline{\text{o}} \text{ de KPI's}}{\text{n}\underline{\text{o}} \text{ de Objetos Estratégicos}}$$

  - Mínimo = 1,0 KPI/objetivo (todos os objetivos estratégicos devem ter, necessariamente, pelo menos um indicador que mostre o que se deseja medir).
  - Média = 1,5 KPI/objetivo
  - Máximo = 1,7 KPI/objetivo (evita-se que haja um número muito grande de indicadores a serem gerenciados).

- Na elaboração do indicador, verificar a característica da Validade, ou seja, o indicador de desempenho deve mostrar o que se deseja medir. A prática nas empresas mostra que esse ponto ocasiona muita discussão nos grupos de trabalho. Isso traz muitos

RELAÇÃO ENTRE VISÃO, OBJETIVOS ESTRATÉGICOS, ...

benefícios porque, ao ser colocado, um indicador quantitativo esclarece o significado de um conceito que pode estar obscuro ou mal compreendido pelos colaboradores da empresa.

- A classificação de indicadores utilizada em BSC define dois tipos de indicadores de desempenho:

    ◆ Indicadores de resultado, também chamados de Outcomes, indicadores de Efeito, Lagging indicators, indicadores de Ocorrência ou indicadores que medem a consequência de ações tomadas no passado.

    ◆ Indicadores de meio, também chamados de Drivers, indicadores de Causa, Leading indicators, indicadores de Tendência ou indicadores de medem a tomada de ações.

No Capítulo 4, discutimos com mais detalhes as características dos indicadores de desempenho, também chamados de KPI's (*Key Performance Indicators*), que devem ser seguidos para que o SMD (Sistema de Medição de Desempenho) tenha uma coerência interna e inteligível para todos os níveis hierárquicos da empresa.

RELAÇÃO ENTRE INDICADORES DE DESEMPENHO E METAS

Do mesmo modo que fizemos no item anterior, é conveniente relembrar o conceito de Meta para guiar a atividade dos grupos de trabalho, principalmente os principais pontos do método *SMART* de elaboração das metas de um indicador.

Meta é definida como um valor a ser atingido por um indicador que traduz o significado de um objetivo. Em decorrência, o estabelecimento de uma Meta pressupõe a existência de um indicador. Os cuidados para o estabelecimento das Metas de um SMD são expressos na sigla *SMART*, utilizando as iniciais de cinco palavras em inglês: Specific, Measurable, *Achievable, Relevant* e *Time frame*.

- *Specific* (Específico): Usar termos claros e precisos. Esclarecer o que está incluído e excluído dos cálculos do valor do indicador para saber se a Meta foi atingida ou não.

- Measurable (Mensurável): Possível de ser medido numericamente, e as informações, passíveis de serem coletadas.

- *Achievable* (Alcançável): Possível de ser realizado em bases concretas. O estabelecimento de metas inviáveis afeta diretamente a motivação dos colaboradores em tentar atingi-las.

- *Relevant* (Relevante): Devem ter grande importância relativamente a outros fatores e refletir o desejo das equipes de trabalho em colocar energia para alcançar a meta.

- *Time frame* (Temporal): Prazo definido para ser alcançado; o período de cálculo do indicador deve ser compatível com o tempo necessário para alcançar a meta e torná-la gerenciável, isto é, ter a possibilidade de colocar ações corretivas caso o valor calculado estiver se afastando ou esteja impossibilitado de atingir a meta no prazo acordado.

CAPÍTULO 5: *BALANCED SCORECARD*

Em resumo, ao se definir uma Meta, é preciso verificar alguns pontos essenciais para que fique claro qual é a lacuna que deve ser fechada em relação ao valor atual do indicador de desempenho:

- Expressar claramente a unidade de medida. Evitar termos como quantidade, volume, etc.
- A Meta deve ter a mesma unidade dimensional do indicador (peças/hh; ton./hm; etc).

Embora seja frequente que as metas sejam fixadas em porcentagem de aumento ou redução calculadas sobre o valor atual no início de um período de planejamento (por exemplo: aumento de 20% na Receita Líquida) é conveniente fixá-las pelo valor que deve ser alcançado para que o acompanhamento da evolução do indicador fique mais claro.

Relação entre Metas e Planos de Ação

Quando se define um indicador de desempenho, é necessário saber qual é o valor atual do indicador no início do processo de acompanhamento da implementação do planejamento estratégico, para então estabelecer a Meta que deve ser alcançada em determinado período de tempo. A diferença entre o valor atual e a Meta é chamada de gap ou lacuna.

Se a empresa continuar a operar conforme o que ocorreu no passado, a tendência mais provável é que o valor atual fique inalterado. Para que o indicador assuma valores em direção à Meta, ou seja, fechar o gap, é necessário que se implementem alguns Planos de Ação que promovam esse efeito. Em outras palavras, o Plano de Ação deve atacar as causas principais, ou causas raiz, da lacuna.

Na Figura 5.11 podemos observar graficamente o relacionamento que existe entre a Visão de Futuro, a geração dos objetivos estratégicos, os indicadores de desempenho, as Metas e os Planos de Ação.

RELAÇÃO ENTRE VISÃO, OBJETIVOS ESTRATÉGICOS, ...

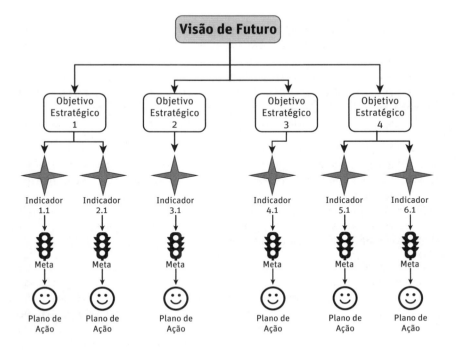

FIGURA 5.11: RELACIONAMENTO ENTRE VISÃO, OBJETIVOS, INDICADORES, METAS E PLANOS DE AÇÃO

ESTUDO DE CASO: PROJETO POLI 2015

Em 11 de março de 2002 iniciava-se uma nova gestão na Diretoria da Escola Politécnica da Universidade de São Paulo (EPUSP), quando foi tomada a decisão estratégica de lançar o POLI 2015, um projeto que visava a elaboração do planejamento estratégico da instituição para o ano de 2015. O diretor da escola de engenharia, Prof. Dr. Vahan Agopian, liderou esse projeto e confiou ao Prof. Romeu Landi a missão de repensar a EPUSP nas vésperas da instituição completar 110 anos.

Liderado por um especialista no trato de questões estratégicas, um conjunto de professores foi convidado para constituir um Grupo Coordenador com o objetivo de planejar esse projeto.

Esse grupo organizou um grande evento para a busca de um consenso para a pergunta: "qual é a POLI que queremos e como deverá ser o engenheiro por ela formado no ano de 2015?".

CAPÍTULO 5: BALANCED SCORECARD

O evento foi realizado entre 7 e 9 de novembro de 2002 em um hotel de Campos de Jordão, e se compunha de atividades de grupos de trabalhos e sessões plenárias, organizados de acordo com técnicas de elaboração de planejamento estratégico. Participaram dele dezenas de professores e ex-alunos que exercem relevantes atividades profissionais. O resultado do evento foi a formulação da Visão de Futuro, ou, como foi chamada internamente, de Visão Estratégica da Escola Politécnica para o ano 2015, a qual, após alguns ajustes realizados nas semanas seguintes, foi definida desta forma:

"A Poli 2015 será referência nacional e internacional em ensino, pesquisa e extensão universitária. Estará comprometida com o desenvolvimento sustentável nas dimensões social, econômica e ambiental. Terá administração flexível e integrada. O engenheiro da Poli 2015 terá formação abrangente, tanto sistêmica quanto analítica, fundamentada em sólidos conhecimentos das ciências básicas para a Engenharia, com atitude de sempre aprender. Será competente no relacionamento humano e na comunicação. Terá postura ética e comprometimento cultural e social com o Brasil."

A partir da Visão Estratégica, um Grupo Coordenador composto pela ampliação do Grupo Planejador passou a detalhar esses programas e ações, escolhendo uma metodologia para suportar uma mudança de tamanha envergadura. Em março de 2003, foi escolhida a metodologia BSC – Balanced Scorecard e, com o apoio de especialistas da empresa Symnetics, representante no Brasil dessa metodologia, foram desenvolvidas as etapas do método BSC. A Figura 5.12 mostra as etapas percorridas pelo projeto POLI 2015.

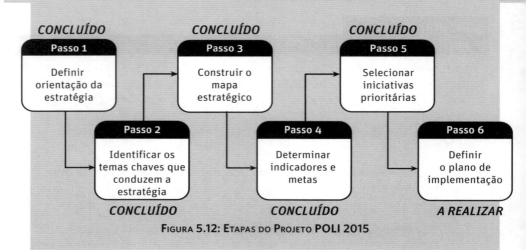

Figura 5.12: Etapas do Projeto POLI 2015

RELAÇÃO ENTRE VISÃO, OBJETIVOS ESTRATÉGICOS, ...

As reuniões semanais do Grupo Coordenador tinham o objetivo de interpretar os concei- tos expressos na redação da Visão de Futuro, transformá-los em um grupo de objetivos estratégicos e dispô-los em um Mapa Estratégico. Para que essa interpretação fosse correta, o primeiro passo foi convidar alguns professores e ex-alunos que estiveram presentes no evento do ano anterior para que, por meio de entrevistas individuais, pu- dessem relatar qual foi o entendimento ou interpretação de cada um dos termos da Visão e quais eram os fatores críticos nos quais a instituição deveria investir para alcançá-los. Como era de se esperar, as opiniões foram ligeiramente divergentes, e coube ao Grupo Planejador, em sessão plenária, decidir pela melhor interpretação de cada um dos termos.

O processo de interpretação de um dos termos está mostrado na Figura 5.13, na qual podemos observar que, partindo da frase "ser referência nacional em ensino" foram gera- das diversas interpretações do que significava, em termos operacionais, aquele conceito. Na sessão plenária foram apresentadas as interpretações colhidas nas entrevistas com os participantes da reunião. Algumas delas estão transcritas abaixo:

- O aluno deve sentir orgulho de ser politécnico.

- Atrair os melhores alunos do Brasil.

- Formar os melhores profissionais.

- Ser reconhecida pelos alunos como a melhor escola de engenharia.

- Empresas competirem para contratar estagiários.

Todas as interpretações foram listadas em um quadro a fim de melhorar a visibilidade para todo o grupo de participantes, e com a moderação de um especialista em planejamento estratégico os diversos itens foram discutidos e elencados em ordem de importância segundo a percepção de cada um. O resultado desse processo foi a eleição do primeiro objetivo estratégico que comporia o Mapa Estratégico do POLI 2015: "ser reconhecida pelos alunos como a melhor escola de engenharia do Brasil".

CAPÍTULO 5: *BALANCED SCORECARD*

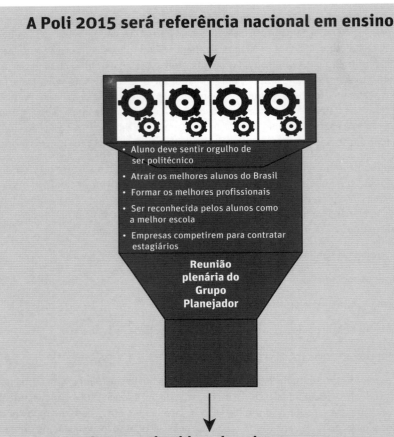

FIGURA 5.13: APLICAÇÃO DO DESDOBRAMENTO DA VISÃO EM OBJETIVOS ESTRATÉGICOS NO POLI 2015

O processo de elaboração dos objetivos estratégicos a partir da Visão de Futuro da Escola Politécnica continuou por várias semanas, dada a complexidade e a grande quantidade dos termos inseridos em sua redação. Quanto mais abrangente era o termo discutido, mais difícil era a tarefa de conseguir um acordo entre os membros sobre a interpretação mais relevante que deveria fazer parte do Mapa Estratégico. Entretanto, o comprometimento dos membros do Grupo Planejador em realizar a tarefa, pioneira na época para uma instituição de ensino superior pública, fez com que o projeto fosse concluído com méritos para o resultado alcançado. A Figura 5.14 mostra o Mapa Estratégico que foi elaborado para direcionamento dos esforços de melhoria da instituição.

RELAÇÃO ENTRE VISÃO, OBJETIVOS ESTRATÉGICOS, ...

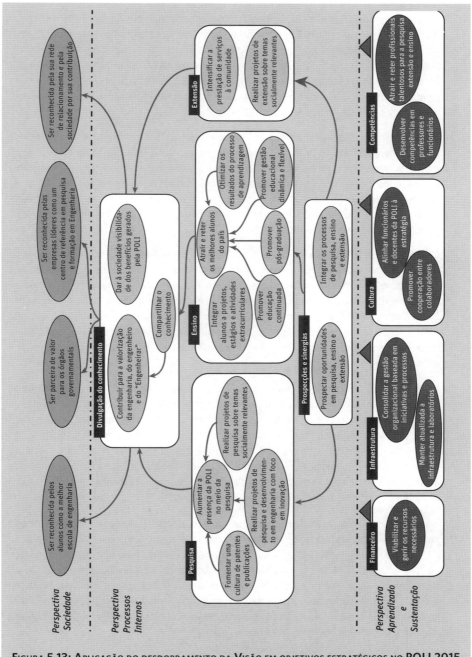

FIGURA 5.13: APLICAÇÃO DO DESDOBRAMENTO DA VISÃO EM OBJETIVOS ESTRATÉGICOS NO POLI 2015

CAPÍTULO 5: BALANCED SCORECARD

Ao mesmo tempo que eram definidos os objetivos estratégicos, iniciava-se o processo de colocar indicadores de desempenho ou KPI's em cada um deles. Novamente com o auxílio de especialistas de uma consultoria, as discussões sobre qual seria o melhor indicador para mostrar o que se desejava medir em cada objetivo prolongaram-se por diversas semanas em função das muitas divergências conceituais entre os membros do grupo. Exaustivas atividades de conciliação entre as partes foi necessária, mas, mesmo assim, o resultado obtido não era satisfatório.

Uma das principais discussões foi como medir o objetivo "ser reconhecida como a melhor escola de engenharia do Brasil". Havia um grupo que defendia que esse indicador seria melhor mostrado por um evento tipo Painel para o qual seriam convidados vestibulandos, empresários e executivos que avaliariam como a Escola Politécnica era vista perante as demais escolas de engenharia. O argumento contrário é que esse tipo de coleta de dados é muito oneroso e, pelo fato de ter sido patrocinado pela própria Escola Politécnica, o resultado tenderia a apresentar um viés.

Outro grupo defendia que a percepção sobre qual seria a melhor escola deveria vir do mercado por pesquisas independentes. Ao se levantar quais eram as pesquisas disponíveis que elaboravam um *ranking* de escolas superiores, verificava-se que a metodologia de coleta e tratamento dos dados era questionável. Por fim, dadas as dificuldades apresentadas acima, foi escolhido como KPI a relação *nº de candidatos / nº de vagas*. A escolha também não foi objeto de unanimidade de opiniões dentro do Grupo Coordenador, e alguns dos membros opuseram-se veementemente a ela, mas, dadas as restrições, foi esse o indicador escolhido.

Na Figura 5.15 podemos ver mais alguns indicadores de desempenho que foram elaborados a partir dos objetivos estratégicos associados, originados de frases coletadas da redação da Visão de Futuro. Nota-se que todos os passos são questionáveis e pode haver dúvidas sobre se o objetivo estratégico interpreta corretamente a frase da Visão e se o indicador de desempenho mostra o que se deseja medir. Em todo caso, o mérito desse processo é que esclarece para todos os colaboradores da Escola Politécnica aonde a escola pretende chegar e o que está sendo medido para comprovar se o objetivo foi atingido. Essa é a principal contribuição do método BSC.

Outra discussão interessante nesse processo foi o estabelecimento das Metas de cada indicador. No caso do indicador *nº de candidatos / nº de vagas*, a procura foi pela superação do *benchmark* das escolas de engenharia, que era ocupado pelo Instituto Tecnológico da Aeronáutica (ITA) com a marca de 50 candidatos para cada vaga disponível. Como se tratava de ser a melhor escola de engenharia, essa relação deveria ser superada até o ano 2015, colocando-se a meta de conseguir atrair para os vestibulares da Escola Politécnica 70 candidatos para cada vaga disponível, já considerando o aumento desse indicador como *benchmarking* a ser superado.

RELAÇÃO ENTRE VISÃO, OBJETIVOS ESTRATÉGICOS, ...

Visão	Será referência nacional em ensino	Terá administração integrada	Será referência nacional e internacional em pesquisa
Objetivo Estratégico	Será reconhecida pelos alunos como a melhor escola de engenharia	Todos os softwares acadêmicos integrados	Ser reconhecida por sua rede de relacionamento e pela sociedade por sua contribuição
Indicador	Relação candidato/ vaga no vestibular	nº de softwares acadêmicos que acessam o BD Oracle	% de pesquisadores classificados como 1A na CAPES
Valor atual	17:1	2	5%
Meta 2015	70:1	15	20%

Figura 5.15: Desdobramento do BSC: visão, objetivos, indicadores e metas

Para conseguir sair de um valor de 17 candidatos para cada vaga em 2003 para 70 candidatos, é necessária a implementação de Planos de Ação. Dois planos foram sugeridos pelo Grupo Coordenador:

a. Opção de carreira no Vestibular: Ao se analisar os motivos da queda desse indicador nos anos anteriores, verificou-se que o vestibulando queria ver no vestibular a última barreira para alcançar sua escolha de carreira profissional. Na época, o *curriculum* programado da Escola Politécnica previa que o aluno entrava, no primeiro ano, sem escolher a opção de carreira, ou seja, o primeiro ano era comum para todas as opções e habilitações. Por meio de disputa de notas obtidas nas disciplinas do primeiro ano, o aluno fazia uma opção pelas grandes áreas da engenharia: Civil, Mecânica, Química e Elétrica. No final do segundo ano, também por meio de disputa por médias obtidas nas disciplinas, o aluno finalmente alcançava a opção definitiva na carreira profissional. Ainda que, em teoria, esse processo ajudasse o aluno a decidir com mais segurança qual a carreira profissional mais adequada às suas aspirações, na prática gerava um período de pressão adicional no aluno, que frequentemente, por não atingir as notas necessárias, era obrigado a escolher uma opção que não lhe satisfazia. O Plano de Ação foi retirar os inconvenientes detectados e colocar a opção pela carreira definitiva já no Vestibular. O plano foi implementado e foi o principal responsável pelo aumento significativo desse indicador.

b. Vestibular nacional: Uma das vantagens que o ITA tinha sobre as demais escolas de engenharia é que possuía um exame vestibular em todo o país. Isso aumentava consideravelmente a quantidade de candidatos interessados em estudar naquela escola. Como informação adicional, em determinados anos o Estado do Ceará chegou a enviar 25% dos alunos que estudavam nas diversas carreiras de engenharia para o ITA. O Plano de Ação de promover um vestibular de âmbito nacional para a Escola Politécnica não foi aprovado por dificuldades de implementação junto à Universidade de São Paulo e por tratar-se de uma universidade financiada pelo Estado de São Paulo e não pelo governo federal.

O projeto POLI 2015 foi um desafio para a Diretoria da Escola Politécnica e para os professores e colaboradores que auxiliaram em sua implementação. Diversos eventos com os funcionários e professores da escola foram realizados para que os objetivos e indicadores de desempenho fossem de conhecimento de todos os colaboradores e cada um soubesse o que a Escola Politécnica esperava do trabalho deles.

Anualmente, o Grupo Coordenador voltava a se reunir para a atividade de Gestão Estratégica, quando era examinada a variação dos valores dos indicadores de desempenho em relação às Metas. Quando adequado, havia modificação na redação dos objetivos estratégicos, indicadores de desempenho e metas. Apesar de todas as dificuldades apresentadas no processo de implementação e acompanhamento, foi uma vitória conseguida por todos os que se propuseram a levar esse projeto até o final.

ESTRUTURA DO MAPA ESTRATÉGICO

O principal produto do método BSC é a geração do Mapa Estratégico, que pode ser definido como uma ferramenta que facilita o entendimento e a comunicação do planejamento estratégico para todos os colaboradores da empresa. A estrutura básica de um Mapa Estratégico tem os seguintes itens:

- As Perspectivas consideradas válidas pela empresa são dispostas em lanes (faixas) sequenciadas de cima para baixo em ordem de importância para a empresa. Geralmente a sequência é disposta em:
  - ◆ Perspectiva Financeira.
  - ◆ Perspectiva Clientes.
  - ◆ Perspectiva Processos Internos.
  - ◆ Perspectiva Aprendizado e Crescimento.
- Os objetivos estratégicos são dispostos em retângulos ou elipses dentro da Perspectiva correspondente. A Figura 5.16 mostra um detalhamento da estrutura de um Mapa Estratégico com os principais elementos que o compõem.

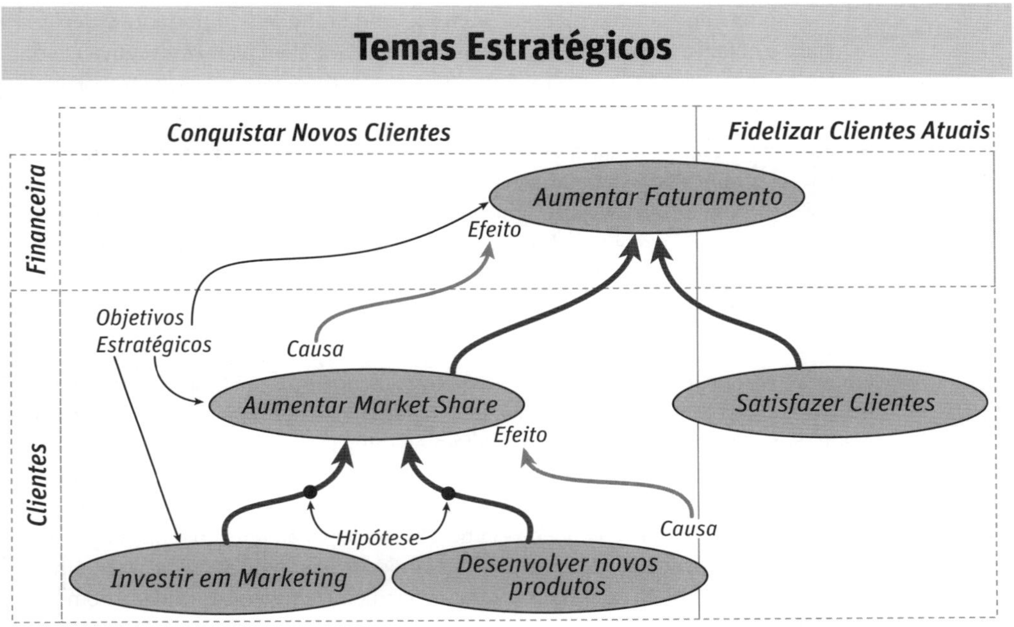

ESTRUTURA DO MAPA ESTRATÉGICO **191**

FIGURA 5.16: ELEMENTOS PARA CONSTRUÇÃO DE UM MAPA ESTRATÉGICO

- Os objetivos estratégicos podem ser reunidos em Temas Estratégicos. A reunião pode ser feita por figuras geométricas envolvendo os objetivos que tenham um tema comum, ou em colunas dentro do Mapa Estratégico.

- O relacionamento causa e efeito dos objetivos estratégicos é mostrado por meio de setas. O objetivo de onde parte a seta é considerado como causa e o objetivo onde chega a seta é o efeito desejado. A regra geral é que o objetivo de efeito esteja acima do objetivo de causa no Mapa Estratégico. Note que um mesmo objetivo pode ser causa de um e efeito de outro. Excepcionalmente, pode haver relacionamento causa e efeito entre Temas Estratégicos (reunião de objetivos com o mesmo propósito).

- O posicionamento dos objetivos estratégicos nas diversas Perspectivas segue um critério determinado pela empresa e pode não coincidir com o critério adotado por outra empresa. Algumas regras básicas são:

  - Posicionar objetivos estratégicos que envolvam recursos financeiros na Perspectiva Financeira. Os exemplos mais comuns são: aumentar o faturamento, reduzir o custo, maximizar a alavancagem financeira, utilizar capital próprio, etc.

  - Posicionar objetivos estratégicos que envolvam o relacionamento com o mercado na Perspectiva Cliente. Os objetivos que mostram os meios para se conseguir promover o relacionamento desejado podem estar tanto na Perspectiva Clientes

CAPÍTULO 5: *BALANCED SCORECARD*

quanto na Perspectiva Processos Internos. Lembrar que o importante é deixar claro o objetivo a ser atingido e não necessariamente em qual Perspectiva ele é melhor posicionado. Isso gera discussões demoradas nos grupos de trabalho e não muda substancialmente o resultado alcançado.

♦ Posicionar objetivos estratégicos que envolvam Pesquisa e Desenvolvimento, Infraestrutura, Recursos Humanos e Tecnologia da Informação e demais objetivos relacionados com a inovação promovida pela empresa, na Perspectiva Aprendizado e Crescimento. Também pode gerar dúvidas se um determinado objetivo deve ser posicionado na Perspectiva Processos Internos, no entanto, vale a recomendação de posicionar onde for mais conveniente para o entendimento dos colaboradores da empresa.

• Embora a recomendação de ter poucos objetivos estratégicos continue valendo, pode ocorrer o efeito contrário de insuficiência de causas para conseguir um determinado efeito. Por exemplo, ao se tomar o objetivo estratégico "melhorar a qualidade dos produtos fabricados" na Perspectiva Processos Internos, coloca-se como causa apenas o objetivo "promover o treinamento dos colaboradores nos procedimentos operacionais". Embora se reconheça a importância do treinamento dos colaboradores no aprimoramento da qualidade do produto fabricado, somente atingir esse objetivo não será suficiente para conseguir melhorar significativamente a qualidade do produto fabricado. É provável que a empresa tenha que investir em novas tecnologias e equipamentos, além de programas de desenvolvimento de novos fornecedores de materiais e laboratórios de controle da qualidade. A Figura 5.17 mostra a relação adequada de causa e efeito em um Mapa Estratégico.

ESTRUTURA DO MAPA ESTRATÉGICO 193

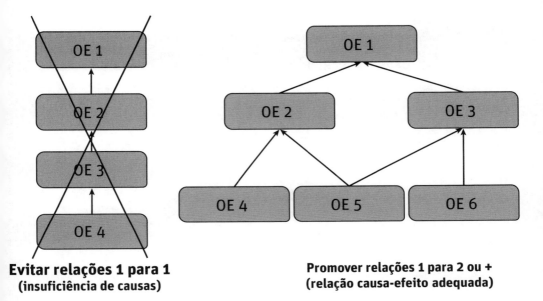

FIGURA 5.17: RELAÇÃO ADEQUADA DE CAUSA E EFEITO EM UM MAPA ESTRATÉGICO

- Ao fazermos uma relação de causa e efeito entre dois ou mais objetivos estratégicos estamos também adotando a hipótese de que aqueles objetivos estão correlacionados, isto é, se alterarmos o valor das causas há uma probabilidade de que o valor do efeito se altere em uma determinada proporção. Em termos técnicos, a correlação é a medida padronizada da relação entre duas variáveis:
    - A correlação assume valores entre (1) e (-1) e nunca pode ser maior do que 1 ou menor do que menos 1. Uma correlação próxima a zero indica que as duas variáveis não estão relacionadas.
    - Uma correlação positiva indica que as duas variáveis se movem na mesma direção, e a relação é forte quanto mais a correlação se aproxima de 1. Uma correlação negativa indica que as duas variáveis movem-se em direções opostas e, do mesmo modo, a relação entre as duas variáveis é mais forte quanto mais próxima de -1 a correlação ficar.
    - Na prática das operações das empresas é muito difícil a ocorrência de duas variáveis perfeitamente correlacionadas positivamente (r=1). Isso significa que se movem, essencialmente, em perfeita proporção na mesma direção, enquanto dois conjuntos que estão perfeitamente correlacionados negativamente movem-se em perfeita proporção em direções opostas.

CAPÍTULO 5: *BALANCED SCORECARD*

EXEMPLO:
MAPA ESTRATÉGICO DE UMA EMPRESA DO SETOR DE CIMENTOS PARA CONSTRUÇÃO CIVIL

Na Figura 5.18 podemos observar um exemplo de Mapa Estratégico de uma empresa produtora de cimento para construção civil. Vários pontos importantes da estratégia da empresa para melhorar a lucratividade são mostrados:

a. A empresa possui dois Temas Estratégicos: Reter clientes (que reúne objetivos posicionados no lado esquerdo do Mapa Estratégico) e Excelência Operacional (que reúne objetivos posicionados no lado direito).

b. A empresa busca lucratividade mas sem exposição demasiada a riscos. Esse ponto fica claro quando considera o objetivo de "usar prioritariamente o capital próprio".

c. O aumento de faturamento deve ser obtido por meio de duas causas principais: "aumentar a fatia de mercado" e "diminuir a reclassificação de 2ª escolha". Esse objetivo é devido à natureza da operação da empresa em que todos os lotes de cimento fabricado têm aproximadamente o mesmo custo, mas, por deficiências no processo produtivo, alguns lotes são fabricados fora das especificações de cimento de melhor qualidade, sendo desviados para serem ensacados em marcas alternativas e vendidos por um preço menor. Ao reduzir a quantidade de "2ª escolha", o custo fica inalterado mas aumenta significativamente a receita de venda desses produtos.

d. O posicionamento de mercado escolhido pela empresa mostra que deseja ter parcerias com os distribuidores e dar um tratamento diferenciado aos grandes clientes. Mas não pretende descuidar dos clientes atuais dado o objetivo "reter clientes", que tem como causas principais superar as principais reclamações dos clientes atuais que se mostram insatisfeitos com o prazo de entrega praticado pela empresa, originando o objetivo "entregar mais rápido". Outra reclamação significativa é a falta de produtos para aplicações especiais na construção civil que são oferecidos pela concorrência. Os clientes preferem comprar de um único fornecedor que ofereça todos os produtos necessários para desenvolver sua atividade em vez de comprar poucos produtos de vários fornecedores. A empresa viu que esse era um motivo relevante para que diversos clientes atuais deixem de comprar em um futuro próximo originando o objetivo "desenvolver novos produtos".

ESTRUTURA DO MAPA ESTRATÉGICO

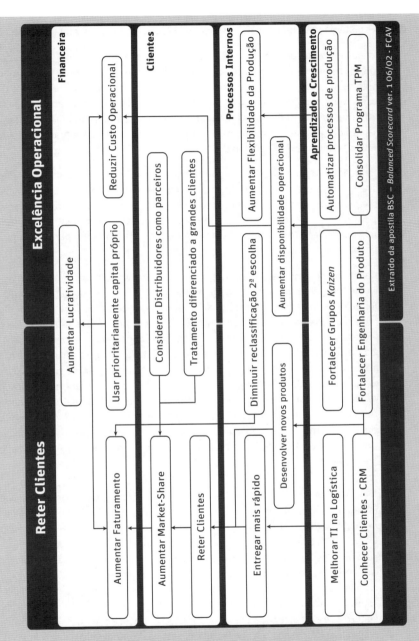

FIGURA 5.18: MAPA ESTRATÉGICO DE EMPRESA DO SETOR DE CIMENTOS

CAPÍTULO 5: *BALANCED SCORECARD*

e. Os objetivos posicionados na Perspectiva Processos Internos mostram que:

Aumentar a velocidade de entrega (objetivo "entregar mais rápido") é fator crítico para reter clientes. Por outro lado, para conseguir o efeito de "entregar mais rápido" é necessário que a empresa melhore o fluxo de informações dentro do processo logístico da empresa e também com os clientes, facilitando a coleta e tratamento dos pedidos que chegam. Observa-se que o objetivo "entregar mais rápido" é causa para o objetivo "reter clientes" mas é o efeito desejado do objetivo "melhorar a TI na Logística".

Para alcançar o objetivo de "diminuir a reclassificação de 2ª escolha", será necessário "fortalecer Grupos *Kaizen*" uma vez que a experiência de implantação desse programa na empresa obteve resultados consideráveis nos anos anteriores. Impossibilitada de aumentar investimentos em novos equipamentos para melhorar a qualidade do produto, a empresa escolheu tal caminho para conseguir melhorar a qualidade do produto final.

Tratando-se de processo produtivo com uso intensivo de equipamentos, o objetivo de "aumentar a disponibilidade operacional" é fator crítico para conseguir o objetivo "reduzir custo operacional", uma vez que o tempo de equipamento parado para manutenção é muito alto. Para atacar problemas relacionados à manutenção, a empresa considerou necessário "consolidar o programa TPM" (sigla de *Total Productive Maintenance*), o qual estava no início da implantação e prometia resultados expressivos no futuro. O ataque ao tempo excessivo de *set up* para troca de lotes de cimento de especificações diferentes originou o objetivo "aumentar a flexibilidade da produção", que também estava alinhado à necessidade futura de fabricação de novos produtos. Para conseguir atingir o objetivo de "aumentar a flexibilidade da produção" será necessário "automatizar os processos de produção". que está posicionado na Perspectiva Aprendizado e Crescimento.

f. Na Perspectiva Aprendizado e Crescimento são mostrados os objetivos que suportam todas as mudanças que a empresa deseja promover em seu planejamento estratégico. Verifica-se que os objetivos de "conhecer clientes por meio de CRM" e "fortalecer a engenharia de produto" darão suporte ao objetivo de "desenvolver novos produtos". Uma alternativa utilizada por empresas é não ligar separadamente cada um dos objetivos da Perspectiva Aprendizado e Crescimento com objetivos de outras Perspectivas, pois entendem que se trata de um bloco que suporta as demais. Nesse caso, representa-se o suporte por um triângulo equilátero que percorre toda a largura do Mapa Estratégico, e posicionado entre a Perspectiva Processos Internos e a Perspectiva Aprendizado e Crescimento, conforme mostra a Figura 5.19.

ESTRUTURA DO MAPA ESTRATÉGICO

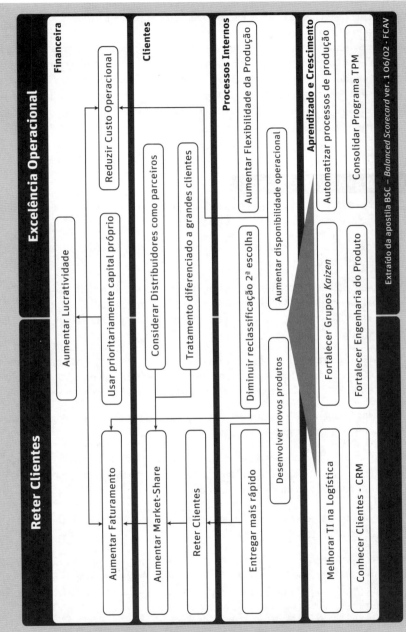

FIGURA 5.19: MAPA ESTRATÉGICO SEM RELAÇÃO DIRETA DE CAUSA E EFEITO NA PERSPECTIVA APRENDIZADO E CRESCIMENTO

CAPÍTULO 5: *BALANCED SCORECARD*

É difícil responder qual opção é melhor: sem relação direta de causa e efeito na Perspectiva Aprendizado e Crescimento ou demonstrando a relação direta. Sob o ponto de vista de esclarecer e visualizar as relações entre os objetivos, a 2ª opção é mais adequada, inclusive para a elaboração de modelos que simulem as alternativas pelas quais a empresa pode passar. Contudo, o argumento contrário é que essas causas e efeitos não são fáceis de serem correlacionadas, ou seja, todos os objetivos da Perspectiva Aprendizado e Crescimento (causas) afetam todos os objetivos da Perspectiva Processos Internos (efeitos).

QUESTÕES PARA DISCUSSÃO

1. Pesquise "Visão de futuro" e "Missão" de empresas privadas. Os textos encontrados estão adequados ao conceito de "Visão" e "Missão".

2. Além de "Visão" e "Missão", algumas empresas divulgam também os seus "Valores". Qual é o conceito de "Valores"?

3. Os objetivos estratégicos devem estar, necessariamente, refletidos na "Visão de Futuro" da empresa. Elabore um procedimento simples para que o conteúdo do texto da "Visão de Futuro" seja contemplado nos objetivos estratégicos definidos pela empresa.

4. Os "Mapas Estratégicos" mostram a relação causa-efeito entre os objetivos estratégicos. Analisando a forma com que estes "Mapas Estratégicos" foram elaborados pelas empresas, verificam-se duas formas básicas de relacionar causa-efeito.

   a. Relação direta: dois objetivos são conectados por uma flecha indicando claramente a relação causa-efeito entre eles.

   b. Relação difusa: vários indicadores são dispostos lado a lado e um sinal mostra que o conjunto destes objetivos (causa) influenciarão no desempenho de um outro conjunto de indicadores (efeito).

5. Quais são os pontos positivos e negativos destas duas formas de representar os "Mapas Estratégicos"?

6. Não necessariamente, um "Mapa Estratégico" precisa ter as perspectivas "Financeira", "Clientes", "Processos Internos" e "Infraestrutura". Pesquise "Mapas Estratégicos" nos quais aparecem outros tipos de perspectiva e analise o objetivo da escolha destas perspectivas customizadas para a empresa.

CAPÍTULO 6

MODELO *GAP4* PARA INDICADORES DE ÁREAS OPERACIONAIS DE UMA EMPRESA

CONCEITO DO MODELO GAP 4 **201**

O modelo *Balanced Scorecard* apresentado e discutido no Capítulo 5 tem uma eficácia maior quando é utilizado para comunicar a estratégia de uma empresa, porém, apresenta limitações para aplicação em unidades operacionais da mesma empresa. A literatura mostra que diversos autores adaptaram o modelo original no intuito de preencher essa lacuna, uns com maior, outros com menor sucesso nos métodos propostos.

O modelo Gap 4 faz parte do conjunto de modelos que tem por objetivo a elaboração de um sistema de medição de desempenho que possa ser aplicável em áreas operacionais das empresas. Tem a vantagem de ter sido concebido especificamente para esse fim, evitando as adaptações que os demais modelos apresentam.

CONCEITO DO MODELO GAP 4

O modelo Gap 4 foi desenvolvido pelo Grupo de Operações e Logística (GOL) do Departamento de Engenharia de Produção da Escola Politécnica da USP. O nome Gap deriva do termo gap (lacuna) que é o principal conceito utilizado pelo modelo e o número 4 (quatro) refere-se às quatro matrizes que o compõem.

O objetivo desse modelo é preencher uma lacuna na literatura que mostrava poucos métodos para suportar o procedimento de elaboração de indicadores operacionais nas empresas. Por outro lado, há muitos métodos que lidam com sistemas de medição de desempenho direcionados aos procedimentos para a elaboração de indicadores que mostram a evolução do planejamento estratégico das empresas, sendo o principal deles o modelo *Balanced Scorecard* discutido no Capítulo 5.

A Figura 6.1 mostra que algumas características do BSC tornam mais complicada sua aplicação para áreas operacionais das empresas porque:

- Desde sua concepção foi dedicado a auxiliar a comunicação do planejamento estratégico para toda a empresa e não apenas para partes específicas dela, geralmente denominadas de áreas operacionais.
- O horizonte de planejamento no nível estratégico varia de três a cinco anos para a maioria das empresas, enquanto que o horizonte de planejamento das áreas operacionais, em geral, é de apenas um ano.
- Considera apenas clientes externos para analisar as relações com o mercado, ou seja, para alcançar a Visão de Futuro de como a empresa quer ser vista por seus clientes. Por outro lado, as áreas operacionais atendem a clientes internos (eventualmente, também a clientes externos).
- O Mapa Estratégico, principal instrumento de comunicação da estratégia da empresa utilizado pelo BSC, mostra somente a relação de causa e efeito entre os objetivos estratégicos. Torna-se necessária a adoção de outro instrumento (Mapa da Perspectiva) para explicitar os indicadores de desempenho associados a cada objetivo e suas respectivas metas e Planos de Ação.

CAPÍTULO 6: MODELO *GAP4* PARA INDICADORES DE ÁREAS OPERACIONAIS...

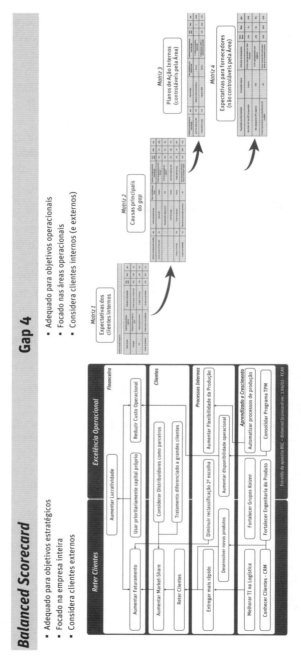

FIGURA 6.1: COMPARAÇÃO DE OBJETIVOS ENTRE BSC E GAP 4

CONCEITO DO MODELO GAP 4

O primeiro passo para a aplicação do modelo Gap 4 é a definição da área operacional em que serão elaborados e monitorados os indicadores de desempenho. Essa área, denominada Unidade de Análise (UA), pode ser uma diretoria, departamento, setor, seção, processo, subprocesso ou qualquer outra denominação de uma parte integrante da empresa.

Cada função ou processo da empresa que fornece materiais, serviços ou informação para a UA é chamada de Fornecedor Interno e qualquer função ou processo que recebe materiais, serviços ou informações da UA é denominado de Cliente Interno. Eventualmente, uma determinada UA pode ter Fornecedores Externos, como ocorre com Compras, Suprimentos, Recebimento ou Estoque de Matérias-primas e, do mesmo modo, pode ter Clientes Externos, como é o caso de Vendas, Expedição, Assistência Técnica ou *Call Center*.

Na Figura 6.2 temos um exemplo de definição de Unidade de Análise — o setor de Estamparia, que é uma área operacional de uma empresa fabricante de fogões a gás, para o qual serão estabelecidos todos os indicadores de desempenho. A Estamparia tem, como Fornecedores Internos, o Estoque de Matéria-prima (MP), Programação da Produção (PCP) e Gestão da Qualidade (GQ), e, como Clientes Internos, o Estoque de Produtos Acabados (PA), o PCP e GQ. Nota-se que um mesmo setor pode ser um Cliente Interno e um Fornecedor Interno. No caso, o PCP fornece o Plano Mestre de Produção, o que o classifica como um Fornecedor Interno, e recebe as informações sobre a produção realizada, sendo então classificado como Cliente Interno. O setor de Gestão da Qualidade (GQ) também é um Cliente Interno e um Fornecedor Interno da Unidade de Análise Estamparia. O GQ fornece as especificações para os testes da Qualidade sendo, portanto, classificado como Fornecedor Interno, e recebe as informações sobre os testes de Qualidade realizados, e assim é considerado como um Cliente Interno.

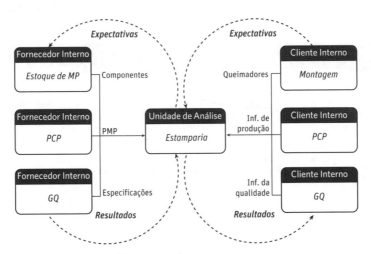

Figura 6.2: Definição da Unidade de Análise, clientes e fornecedores internos

Há, normalmente, clientes internos que têm expectativas voltadas ao aspecto financeiro do setor. A situação mais comum é a Controladoria da empresa exigir o cumprimento de metas de custo total do setor, ou custo por peça fabricada. No entanto, deve-se atentar para as devidas responsabilidades na composição do custo. Um erro frequente é analisar o custo total de fabricação de determinada peça misturando as responsabilidades de uso demasiado de recursos físicos (excesso de mão de obra para transporte de peças, retrabalhos, refugos, perdas de processo, esperas excessivas, etc.) com o custo de aquisição do material a ser processado. O custo por uso demasiado de recursos é responsabilidade das áreas operacionais que processam o material modificando-lhes a forma ou a composição. O custo de aquisição do material é de responsabilidade da área de Compras ou Suprimentos. Assim, no caso de desvio acentuado, o gestor deve saber separar as responsabilidades para poder aplicar a ação corretiva no local correto.

Alguns pontos devem ser devidamente apreciados na definição das Unidades de Análises e seus respectivos Clientes e Fornecedores Internos e Externos:

- A Unidade de Análise deve ser bem definida e constar do organograma da empresa, bem como seus Clientes Internos e Fornecedores Internos, conforme mostra a Figura 6.3.

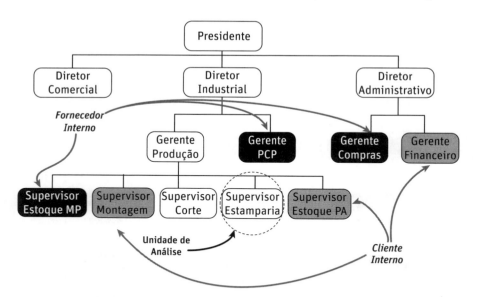

FIGURA 6.3: ORGANOGRAMA DA EMPRESA MOSTRANDO A UNIDADE DE ANÁLISE, CLIENTES E FORNECEDORES INTERNOS

- A Unidade de Análise deve ter um gestor definido que será responsável por:
    - gerenciar a área operacional;
    - responder pela evolução dos indicadores de desempenho; e

CONCEITO DO MODELO GAP 4 — 205

- ◆ aplicar as ações corretivas necessárias para o atingimento das metas.
- Um Cliente ou Fornecedor Interno não pode ser um setor subordinado ao Gestor da Unidade de Análise.
- As expectativas dos Clientes Internos devem ser claramente definidas em termos de:
  - ◆ velocidade ou prazo de entrega ao cliente;
  - ◆ custo ou preço de aquisição para o cliente; e
  - ◆ qualidade para o cliente.
- O Gestor da Unidade de Análise não tem autoridade nem responsabilidade para colocar ações corretivas em outros setores, incluindo Clientes e Fornecedores Internos ou Externos.

Este último item é fonte de conflitos dentro das empresas nas quais autoridades e responsabilidades dos gestores não estão bem definidas. Nos cursos de Administração de Empresas ensina-se que para toda responsabilidade deve haver uma autoridade correspondente. A razão é que para um gestor ser avaliado por um determinado indicador é preciso que ele tenha condições de implementar ações corretivas que atuem nas causas do mau desempenho do indicador.

Em outras palavras, o gestor deve ter clara a noção de causa e efeito: o efeito é o comportamento da área operacional que será avaliada pelos indicadores de desempenho, e as causas são as variáveis, que são alteradas por ações corretivas para atingir o efeito desejado.

Na Figura 6.2 também identificamos que os Clientes Internos da Unidade de Análise têm Expectativas em relação à Unidade de Análise e ela tem que fornecer Resultados para os Clientes Internos. Recordando o conceito de Desempenho, a avaliação do desempenho da Unidade de Análise resultará da comparação entre o resultado fornecido por ela e a expectativa do Cliente Interno.

$$\text{Desempenho da Unidade de Análise} = \frac{\text{Resultado da Unidade de Análise}}{\text{Expectativa do Cliente Interno}}$$

Do mesmo modo, a Unidade de Análise é o Cliente Interno de seus Fornecedores Internos, assim, a Unidade de Análise também tem Expectativas para com os Fornecedores Internos, e os Fornecedores Internos têm que proporcionar resultados adequados às expectativas da Unidade de Análise.

$$\text{Desempenho do Fornecerdor Interno} = \frac{\text{Resultado do Fornecedor Interno}}{\text{Expectativa da Unidade de Análise}}$$

Como se pode observar na prática das empresas, alguns fatores que compõem o efeito a ser avaliado em uma Unidade de Análise dependem de seus Fornecedores Internos e, às vezes, dos Fornecedores Externos. Como os gestores da Unidade de Análise não têm autoridade de implementar ações corretivas nos Fornecedores Internos, a única coisa que podem fazer é expressar qual é a Expectativa em relação

CAPÍTULO 6: MODELO *GAP4* PARA INDICADORES DE ÁREAS OPERACIONAIS...

aos Fornecedores Externos e demonstrar, por fatos e dados (incluindo indicadores de desempenho) que seus Fornecedores Internos não estão atendendo adequadamente às suas Expectativas. Por sua vez, o não atendimento das expectativas da Unidade de Análise implica em não atendimento das expectativas dos Clientes Internos da Unidade de Análise.

Tal encadeamento de Resultados e Expectativas no processo produtivo das empresas não é tão fácil de ser entendido como parece inicialmente. A experiência dos autores na aplicação desses conceitos em dezenas de empresas mostra que há muita dificuldade na definição de quem são os Clientes e Fornecedores Internos e uma dificuldade maior ainda de explicitar quais são as expectativas dos Clientes Internos.

Em sua versão mais simples, o modelo GAP 4 de elaboração de indicadores de desempenho para unidades operacionais utiliza quatro matrizes. O número de matrizes pode aumentar para cinco ou mais quanto mais complexa for a busca pela causa raiz da lacuna (gap) entre o Valor Atual do indicador de desempenho e a Meta a ser alcançada. A Figura 6.4 mostra o esquema simplificado do modelo Gap 4.

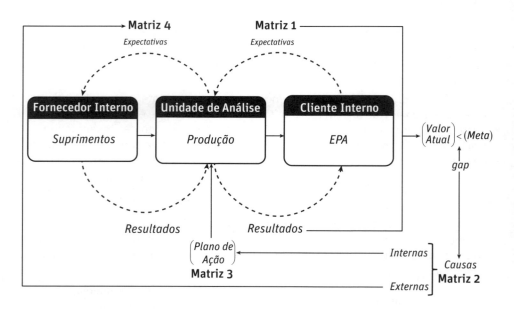

FIGURA 6.4: ESQUEMA SIMPLIFICADO DO MODELO **GAP 4**

Tome como exemplo a área operacional de Produção como Unidade de Análise, a qual recebe os materiais e componentes para o processo produtivo do setor de Suprimentos (que assume o papel de Fornecedor Interno) e envia os produtos aca-

CONCEITO DO MODELO GAP 4 **207**

bados para o setor de Estoque de Produtos Acabados ou EPA (que assume o papel de Cliente Interno). As funções das quatro matrizes são:

- **Matriz 1: Expectativas dos Clientes Internos.** É a matriz mais importante do modelo GAP 4 porque explicita as expectativas dos clientes internos, interpreta-as mediante um indicador de desempenho e mostra se elas estão sendo cumpridas. É formada por 6 colunas, conforme mostra a Figura 6.5:

CLIENTE INTERNO	EXPECTATIVA DOS CLIENTES INTERNOS	INDICADOR DE DESEMPENHO	VALOR ATUAL	META	GAP
PCP	Entrega de lotes de peças no prazo	nº lotes no prazo / nº lotes total	85%	90%	5%
PCP	Reduzir tamanho de lote	nº peças / nº de lotes	420	350	20%
Gestão da Qualidade	Produzir peças com qualidade	% peças dentro das especificações	92%	97%	5%

FIGURA 6.5: MATRIZ 1 DO MODELO GAP 4

- ◆ **Coluna 1: Nome do Cliente Interno: Nome dos Clientes Internos da Unidade de Análise.** Os clientes internos devem estar claramente identificados no organograma da empresa. No caso citado, temos o PCP e a Gestão da Qualidade.

- ◆ **Coluna 2: Expectativa do Cliente Interno.** As expectativas dos clientes internos devem ser claras e bem definidas e geralmente correspondem a três tipos: custo alto por excesso de uso de recursos, qualidade ou tempo de entrega. No exemplo, temos o PCP com duas expectativas ("Entrega de lotes de peças no prazo" e "Reduzir o tamanho do lote") e o GQ com a expectativa "Produzir peças com qualidade".

- ◆ **Coluna 3: Indicador de Desempenho.** Para mostrar que as expectativas dos clientes internos estão sendo monitoradas, deve-se estabelecer um indicador que explicite o entendimento das expectativas, colocando-as, quando possível, em termos quantitativos. As recomendações para a elaboração dos indicadores de desempenho foram discutidas no Capítulo 2 e devem ser recordadas. No exemplo, a expectativa "Entrega de lotes de peças no prazo" é monitorada pelo indicador "% de lotes entregues no prazo"; a expectativa "Reduzir o tamanho do lote" é monitorada pelo indicador "Lote Médio" ou "nº de peças / nº de lotes"; a expectativa "Produzir peças com qualidade" pelo indicador "% de peças dentro das especificações" ou "% peças aprovadas".

- ◆ **Coluna 4: Valor Atual.** O Valor Atual de um indicador de desempenho é o valor obtido em cada período definido de coleta de dados que representa o estado em que se encontra a Unidade de Análise referente àquele indicador de desempenho. Por definição, o Valor Atual deve ter a mesma unidade de medida do indicador de desempenho. No exemplo, o Valor Atual do indicador "% de lotes entregues no prazo" é 85%; o Valor Atual do indicador "Lote Médio" ou "nº de peças / nº de

CAPÍTULO 6: MODELO *GAP4* PARA INDICADORES DE ÁREAS OPERACIONAIS...

lotes" é 420 peças por lote; o Valor Atual do indicador "% de peças dentro das especificações" ou "% peças aprovadas" é 92%.

♦ **Coluna 5: Meta (geralmente com horizonte de um ano).** Os cuidados para o estabelecimento de metas também foram discutidos no Capítulo 3, devendo ser recordado principalmente o modelo *SMART*. Entretanto, uma regra simples e bastante utilizada pelos gestores consiste em colocar a Meta como um valor na metade da distância entre o Valor Atual e o ideal de desempenho de determinado indicador. Por exemplo, dado o indicador Tempo Médio de *Setup*, cujo Valor Atual é 40 minutos/*setup*, e o ideal de desempenho, de 10 minutos/*setup* (o ideal do *Single Minute Exchange of Dies* é fazer o *setup* em menos de 10 minutos), então a Meta a ser estabelecida é (40 + 10)/2= 25 minutos/*setup*. Para áreas operacionais, o horizonte de planejamento ou *time frame* é geralmente de um ano. Outro cuidado a ser tomado é que a unidade de medida da Meta deve ser a mesma do indicador de desempenho e do Valor Atual. No exemplo, a Meta do indicador "% de lotes entregues no prazo" é 90%; a Meta do indicador "Lote Médio" ou "nº de peças / nº de lotes" é 350 peças por lote; a Meta do indicador "% de peças dentro das especificações" ou "% peças aprovadas" é 97%.

♦ **Coluna 6: Gap.** Se houver, a diferença entre o Valor Atual e a Meta é chamada de lacuna ou gap, em inglês. Por definição, o gap assume sempre valores positivos se a meta não foi cumprida, ou valor zero se a meta já foi cumprida. Note que não importa se o Valor Atual está acima ou abaixo da Meta, uma vez que isso depende de o valor do indicador de desempenho tender a quanto maior, melhor ou quanto menor, melhor. Na Matriz 1, se a Meta não foi cumprida, deve ser calculado o gap porcentual:

→ Unidade do indicador é %: Neste caso, basta calcular o módulo da diferença entre o Valor Atual e a Meta.

$$Gap = \left| \left(\begin{matrix} Valor \\ Atual \end{matrix}\right) - (Meta) \right|$$

→ Unidade de indicador não é %: Neste caso, o gap percentual é calculado pela diferença entre o Valor Atual e a Meta dividido pela Meta e multiplicado por 100.

$$Gap = \left| \frac{\left(\begin{matrix} Valor \\ Atual \end{matrix}\right) - (Meta)}{(Meta)} \right| \times 100$$

→ Se a Meta já foi cumprida: Gap = Zero

A Figura 6.6 resume os cálculos do gap porcentual em todas as situações de unidade do indicador de desempenho que está sendo analisado. Pelo modelo GAP 4, se não há um gap significativo, o indicador de desempenho correspondente não precisa ser monitorado; trata-se, porém, de uma decisão que cabe ao gestor da Unidade de Análise.

CONCEITO DO MODELO GAP 4 **209**

$$
\text{Gap}
\begin{cases}
\% & \left| \left(\dfrac{Valor}{Atual} \right) - (Meta) \right| \\[4ex]
\text{não } \% & \dfrac{\left| \left(\dfrac{Valor}{Atual} \right) - (Meta) \right|}{(Meta)} \times 100
\end{cases}
$$

Gap = O se a *Meta* já foi atingida ou superada

FIGURA 6.6: CÁLCULO DO GAP PORCENTUAL

- **Matriz 2: Causas principais dos gaps.** Mostra as causas principais (ou causas raiz) da lacuna de um indicador de desempenho relacionado na Matriz 1. Para o diagnóstico de qual é a causa principal, utilizam-se técnicas relacionadas com Ferramentas da Qualidade, Seis Sigma ou qualquer outra técnica que possa fazer um diagnóstico adequado. Recomenda-se que, para cada indicador de desempenho atendido da Matriz 1, relacione-se, no máximo, duas causas principais. Em alguns casos, quando a causa do gap apontado na Matriz 1 for muito complexa, é recomendável elaborar uma "Matriz 2A" que conterá as causas secundárias para cada uma das causas principais da Matriz 2. Com isso, a causa fica claramente explicitada e pode ser monitorada por meio de indicadores de desempenho. A Figura 6.7 mostra que a Matriz 2 é formada por 8 colunas que explicitam:

CAPÍTULO 6: MODELO *GAP4* PARA INDICADORES DE ÁREAS OPERACIONAIS...

Indicador de desempenho atendido	*Gap*	*Causas principais do Gap*	*Setor responsável pela Causa*	*Indicador de desempenho da Causa Principal do Gap*	*Valor Atual*	*Meta*	*Gap*
nº lotes no prazo / nº lotes total	5%	Falta de MP	Compras	% lotes reprogramados por falta de peças	15%	5%	10%
=	=	Reprogramação urgente de OP	PCP	% OP reprogramados com urgência	13%	5%	8%
nº peças/ nº de lotes	20%	Tempo de *setup* alto	Estamparia (UA)	Tempo médio de *setup*	120	90	33%
% peças dentro das especificações	5%	Corte fora de especificação	Estamparia (UA)	% peças cortadas fora de especificação	4%	1%	3%

FIGURA 6.7: MATRIZ 2 DO MODELO GAP 4

CONCEITO DO MODELO GAP 4 | 211

♦ **Coluna 1: Indicador de desempenho atendido.** Mostra os indicadores de desempenho da Coluna 3 da Matriz 1. O indicador de desempenho atendido aparece em quantas linhas forem necessárias para explicitar a causa raiz relacionada a ele. No exemplo da Figura 6.7, o indicador nº de lotes no prazo / nº de lotes totais aparece em duas linhas porque há duas causas principais que explicam o gap. Os outros indicadores de desempenho atendidos aparecem em apenas uma linha porque há somente uma causa principal relevante que explica o gap.

♦ **Coluna 2: Gap do indicador de desempenho atendido.** Esta coluna contém o mesmo valor da última coluna da Matriz 1. A Figura 6.8 mostra a relação entre a Matriz 1 e a Matriz 2:

MATRIZ 1

Cliente Interno	Expectativa dos Clientes Internos	Indicador de desempenho	Valor Atual	Meta	Gap
PCP	Entrega de lotes de peças no prazo	nº lotes no prazo / nº lotes total	85%	90%	5%
PCP	Reduzir tamanho de lote	nº peças / nº de lotes	420	350	20%
Gestão da Qualidade	Produzir peças com qualidade	% peças dentro das especificações	92%	97%	5%

MATRIZ 2

Indicador de desempenho atendido	Gap	Causas principais do gap	Setor responsável pela Causa	Indicador de desempenho da Causa Principal do gap	Valor Atual	Meta	Gap
nº lotes no prazo / nº lotes total	5%	Falta de MP	Compras	% lotes reprogramados por falta de peças	15%	5%	10%
"	"	Reprogramação urgente de OP	PCP	% OP reprogramados com urgência	13%	5%	8%
nº peças/ nº de lotes	20%	Tempo de *setup* alto	Estamparia (UA)	Tempo médio de *setup*	120	90	33%
% peças dentro das especificações	5%	Corte fora de especificação	Estamparia (UA)	% peças cortadas fora de especificação	4%	1%	3%

FIGURA 6.8: RELAÇÃO ENTRE A MATRIZ 1 E MATRIZ 2

♦ **Coluna 3: Causa principal do gap.** Mostra qual causa principal explica o gap apresentado na Coluna 2. Recomenda-se:

→ Utilizar as técnicas conhecidas (Ferramentas da Qualidade, Etapa Analysis da metodologia Seis Sigma, etc) de busca de causas principais ou causas raiz que explicam o gap do indicador de desempenho atendido.

→ No máximo, sejam relacionadas duas causas principais para cada indicador de desempenho atendido.

→ No caso da Causa Principal não ser suficiente para explicar a causa do gap do indicador de desempenho atendido, pode-se elaborar uma outra Matriz 2,

CAPÍTULO 6: MODELO *GAP4* PARA INDICADORES DE ÁREAS OPERACIONAIS...

denominada "Matriz 2A" mostrando as Causas Secundárias de cada Causa Principal, conforme mostra a Figura 6.9:

◆ **Coluna 4: Setor responsável pela causa.** Toda causa principal tem um setor responsável por sua ocorrência. As causas podem ter duas origens básicas, conforme mostra a Figura 6.9, as quais são tratadas de maneira diferente pelo modelo Gap 4:

→ Causas de responsabilidade da Unidade de Análise (UA): Como a responsabilidade pela ocorrência da causa é do gestor da Unidade de Análise (UA), ele também tem a responsabilidade de colocação de Ações Corretivas ou Planos de Ação para reduzir ou eliminar a ocorrência da causa. Os Planos de Ação serão tratados na Matriz 3.

→ Causas de responsabilidade de Fornecedores Internos ou Externos: Neste caso, como a responsabilidade da ocorrência da causa é de outro setor da empresa (Fornecedor Interno ou Externo), o gestor da Unidade de Análise (UA) não tem autoridade de colocar Ações Corretivas ou Planos de Ação que possam eliminar a ocorrência da causa. Ele somente pode ter a Expectativa de que a causa seja eliminada no outro setor da empresa.

Fornecedores internos são os responsáveis pela causa do *gap* (UA não tem autoridade para colocar um Plano de Ação)

Indicador de desempenho atendido	GAP	Causas principais do GAP	Setor responsável pela Causa	Indicador de desempenho da Causa Principal do GAP	Valor Atual	Meta	GAP
nº lotes no prazo / nº lotes total	5%	Falta de MP	Compras	% lotes reprogramados por falta de peças	15%	5%	10%
"	"	Reprogramação urgente de OP	PCP	% OP reprogramados com urgência	13%	5%	8%
nº peças/ nº de lotes	20%	Tempo de *setup* alto	Estamparia (UA)	Tempo médio de *setup*	120	90	33%
% peças dentro das especificações	5%	Corte fora de especificação	Estamparia (UA)	% peças cortadas fora de especificação	4%	1%	3%

Unidade de Análise (UA) é a responsável pela causa do *gap* (UA tem autoridade para colocar um Plano de Ação)

FIGURA 6.9: RESPONSABILIDADES DAS CAUSAS DO GAP

◆ **Coluna 5: Indicador de desempenho da causa principal do gap.** Não basta apenas argumentar com opiniões, considerações e exposição de motivos qualitativos de que a causa principal está atuando sobre o processo, é necessário que se mostre com fatos e dados. O indicador de desempenho da causa principal do gap deve mostrar com dados quantitativos que a causa está atuando e ser fiel ao estado do fenômeno medido. A necessidade da presença de um indicador de desempenho quantitativo evita que o diagnóstico da causa principal seja baseado apenas na experiência ou no feeling do gestor. Experiência e feeling são importantes na busca de possíveis causas, mas a conclusão de qual é a causa principal deve ser baseada em fatos e dados, e demonstrados por indicadores de desempenho.

CONCEITO DO MODELO GAP 4

- **Coluna 5: Valor Atual.** O Valor Atual do indicador de desempenho da causa do gap mostra a frequência de ocorrência da causa no período de coleta de dados definido (diário, semanal, mensal, etc).
- **Coluna 6: Meta.** Mostra qual valor o indicador de desempenho deve atingir dentro de um período de planejamento definido. Em geral, o período de planejamento ou *time frame* para áreas operacionais é de um ano.
- **Coluna 7: Gap.** A diferença entre o Valor Atual e a Meta (denominada de gap ou lacuna) mostra que a causa principal está atuando e gerando o efeito de não deixar que a Unidade de Análise (UA) atinja as expectativas correspondentes de seus clientes internos. Essa relação entre os gaps da Matriz 2 é mostrada na Figura 6.10.

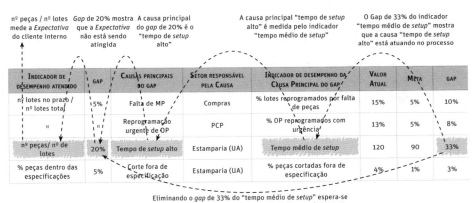

FIGURA 6.10: RELAÇÃO ENTRE OS GAPS DA MATRIZ 2

- **Matriz 3: Planos de Ação da UA.** Na matriz 3 são relacionados apenas os indicadores de desempenho das causas cuja responsabilidade é da Unidade de Análise (UA), uma vez que a Matriz 3 relacionará os Planos de Ação ou Ações Corretivas para eliminar a causa principal. Conforme já comentamos, o gestor da UA somente tem autoridade de colocar Planos de Ação ou Ações Corretivas dentro de sua área operacional. Nesse caso, o gestor da UA tem autoridade de implementar Planos de Ação na UA. A Figura 6.11 mostra que a Matriz 3 é formada por 8 colunas que explicitam:

CAPÍTULO 6: MODELO *GAP4* PARA INDICADORES DE ÁREAS OPERACIONAIS...

INDICADOR DE DESEMPENHO DA CAUSA DO *GAP*	GAP	PLANO DE AÇÃO	SETOR RESPONSÁVEL PELO PLANO DE AÇÃO	INDICADOR DE DESEMPENHO DO PLANO DE AÇÃO	VALOR ATUAL	META	GAP
Tempo médio de *setup*	33%	Implantar SMED nas prensas 200T	Estamparia (UA)	% Prensas 200T com SMED	10%	50%	40%
% peças cortadas fora de especificação	3%	Implantar gabaritos nas ferramentas de corte	Estamparia (UA)	nº de gabaritos nas ferramentas de corte	0	10	100%

FIGURA 6.11: MATRIZ 3 DO MODELO GAP 4

◆ **Coluna 1: Indicador de desempenho da causa.** A Coluna 1 contém os mesmos indicadores da Coluna 5 da Matriz 2 que têm a Unidade de Análise (UA) como setor responsável pela causa.

◆ **Coluna 2: Gap do indicador de desempenho da causa.** Contém o mesmo valor da Coluna 8 da Matriz 2, conforme mostra a Figura 6.12.

CONCEITO DO MODELO GAP 4 — 215

MATRIZ 2

Indicador de Desempenho Atendido	GAP	Causas Principais do GAP	Setor Responsável pela Causa	Indicador de desempenho da Causa Principal do gap	Valor Atual	Meta	GAP
nº lotes no prazo / nº lotes total	5%	Falta de MP	Compras	% lotes reprogramados por falta de peças	15%	5%	10%
"	"	Reprogramação urgente de OP	PCP	% OP reprogramados com urgência	13%	5%	8%
nº peças/ nº de lotes	20%	Tempo de *setup* alto	Estamparia (UA)	Tempo médio de *setup*	120	90	33%
% peças dentro das especificações	5%	Corte fora de especificação	Estamparia (UA)	% peças cortadas fora de especificação	4%	1%	3%

MATRIZ 3

Indicador de Desempenho da Causa do gap	GAP	Plano de Ação	Setor responsável pelo Plano de Ação	Indicador de desempenho do Plano de Ação	Valor Atual	Meta	GAP
Tempo médio de *setup*	33%	Implantar SMED nas prensas 200T	Estamparia (UA)	% Prensas 200T com SMED	10%	50%	40%
% peças cortadas fora de especificação	3%	Implantar gabaritos nas ferramentas de corte	Estamparia (UA)	nº de gabaritos nas ferramentas de corte	0	10	100%

Figura 6.12: Relação entre a Matriz 2 e Matriz 3

- ◆ **Coluna 3: Plano de Ação.** Uma vez diagnosticada a causa raiz, o gestor da Unidade de Análise (UA) deve colocar uma Ação Corretiva ou Plano de Ação que ataque a causa raiz. A seleção de qual Plano de Ação deve ser implantado é uma tarefa que requer conhecimentos específicos da área de atuação da UA, de Sistemas de Produção Enxuta, etc.

- ◆ **Coluna 4: Setor responsável pelo Plano de Ação.** Nesta Matriz, a responsabilidade da implantação do Plano de Ação é sempre do gestor da UA. O Plano de Ação pode ser conduzido por outro setor da empresa ou mesmo por uma empresa terceirizada, contudo, a autoridade de liberação e alocação de recursos é do gestor da UA. Ele será responsável pelo correto diagnóstico da causa raiz e da eficácia do Plano de Ação. Na coluna 4 da Matriz 3 sempre constará o nome da UA.

- ◆ **Coluna 5: Indicador de desempenho do Plano de Ação.** É importante notar que este indicador deve mostrar se o Plano de Ação está sendo implantado (e não se está dando resultados). Os indicadores que constam dessa coluna são derivados dos indicadores de gestão de projetos referentes a orçamento ou cumprimento de cronograma. Note que o que mostra se o Plano de Ação está dando certo é o fechamento do gap que consta da coluna 2.

CAPÍTULO 6: MODELO *GAP4* PARA INDICADORES DE ÁREAS OPERACIONAIS...

- ♦ **Coluna 6: Valor Atual.** Mostra em que estado de implantação está o Plano de Ação. No início do período considerado esse valor deve ser baixo.
- ♦ **Coluna 7: Meta.** Mostra o valor que o indicador deve alcançar quando o Plano de Ação for inteiramente implantado.
- ♦ **Coluna 8: Gap.** Calculado conforme os critérios mostrados.
- • **Matriz 4: Expectativas com relação aos fornecedores internos.** Na matriz 4 são relacionados apenas os indicadores de desempenho das causas principais cuja responsabilidade não é da Unidade de Análise (UA), porque a Matriz 4 relacionará as expectativas relacionadas aos fornecedores internos. A Matriz 4 é a mais fácil de ser elaborada porque tais expectativas são geradas a partir da negação da causa do problema. Por exemplo, o desempenho da UA é prejudicado porque um fornecedor interno, o setor de Compras, dispõe de prazo muito grande para repor os estoques. A expectativa da Unidade de Análise para seu fornecedor Setor de Compras é que reduza o tempo de compra para repor os estoques. Do mesmo modo, o indicador de desempenho e o gap permanecem os mesmos. A Figura 6.13 mostra a relação entre a Matriz 2 e a Matriz 4.

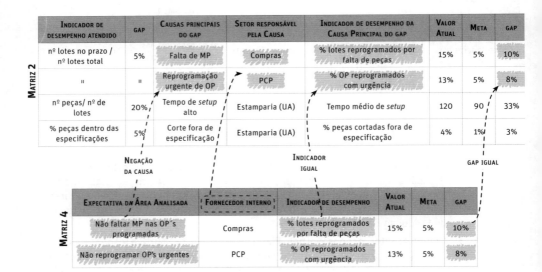

Figura 6.13: Relação entre Matriz 2 e Matriz 4

- ♦ **Coluna 1: Expectativa da Unidade de Análise.** É simples formular a expectativa da UA, bastando negar a causa externa diagnosticada. Na Figura 6.12, vemos que, se a causa diagnosticada é a "Falta de MP", a expectativa da UA em relação ao setor de Compras é "não faltar MP para as OP's programadas". Se a causa diagnosticada é "Reprogramação urgente de OP's", a expectativa da UA em relação ao PCP é "não reprogramar OP's urgentes".

CONCEITO DO MODELO GAP 4 — 217

- **Coluna 2: Fornecedor Interno.** É o mesmo da Coluna 4 da Matriz 2, uma vez que a expectativa é dirigida ao mesmo setor que está causando o problema para a UA.
- **Coluna 3: Indicador de desempenho.** É o mesmo da Coluna 5 da Matriz 2, uma vez que, se a expectativa é a negação da causa, o indicador pode permanecer o mesmo.
- **Colunas 4, 5 e 6:** São os mesmos das Colunas 6, 7 e 8 da Matriz 2, já que, se o indicador permanece o mesmo, o Valor Atual, a Meta e o gap também permanecem os mesmos.

É fácil verificar que cada linha da Matriz 4 que tem a UA como cliente deve ser incorporada à Matriz 1 (Expectativas dos Clientes) de cada um dos fornecedores quando se for aplicar o Modelo Gap 4 em suas respectivas áreas operacionais. Por exemplo, ao aplicar o Modelo Gap 4 para a área de Compras, esta será a Unidade de Análise (UA) enquanto que a área operacional da Estamparia assumirá a função de fornecedor interno, conforme mostra a Figura 6.14.

CAPÍTULO 6: MODELO *GAP4* PARA INDICADORES DE ÁREAS OPERACIONAIS...

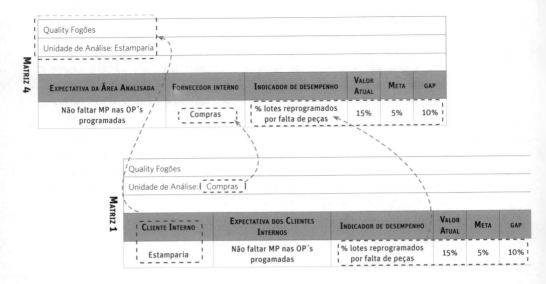

FIGURA 6.14: MATRIZ 4 DA UA SERÁ A MATRIZ 1 DO FORNECEDOR INTERNO

CONCEITO DO MODELO GAP 4 **219**

EXEMPLO:
SMD PARA CONTROLE DE GASTOS COM COMBUSTÍVEIS DE COLHEITADEIRAS DE CANA-DE-AÇÚCAR

Usinas de açúcar e álcool têm como fator crítico de sucesso o abastecimento de cana-de-açúcar por produção própria para garantir o fluxo contínuo de matéria-prima em seu processo produtivo. Na fase de colheita, o equipamento padrão utilizado são as colheitadeiras mecanizadas, que substituem com vantagens a colheita manual há pouco abandonada. Os equipamentos precisam de combustível para executar a tarefa, e esse custo, um dos principais, é constantemente monitorado pela empresa.

Este estudo de caso analisa o processo de implantação de um SMD para controle do consumo de combustível, pois a empresa optou por instalar um sistema de coleta de dados de abastecimento em campo utilizando *RFID* (Identificação por Rádio Frequência).

a. Expectativa da direção em relação aos gastos com combustível

A priorização dos gastos operacionais da empresa diagnosticou que o consumo de combustível é um dos gastos mais relevantes, necessitando de um estudo mais aprofundado de como poderiam ser reduzidos. A Tabela 6.1 traduz de maneira simplificada a expectativa do gestor:

TABELA 6.1: EXPECTATIVA DO GESTOR

CLIENTE/GESTOR	EXPECTATIVAS DO GESTOR	INDICADOR DE DESEMPENHO	VALOR ATUAL	META	GAP
Diretoria	Reduzir Custo com combustíveis	R$ combustíveis/ton. colhida	10,2	9,5	6,9%

A expectativa deve ser interpretada corretamente para esclarecer se foi adequadamente compreendida por todos os interessados, e a melhor maneira para isso é estabelecer um indicador de desempenho. Neste caso específico, o indicador de desempenho que interpreta a expectativa da direção é o custo de combustível por tonelada de cana colhida.

b. A busca das causas principais e secundárias do *gap*

Para que o efeito mostrado pelo *gap* possa ser eliminado, e o *gap* fechado, deve-se buscar a causa raiz do problema a ser resolvido. Diversas ferramentas podem ser utilizadas para tal fim: FMEA, diagrama dos cinco Por Quês, diagrama de Ishikawa, delineamento de experimentos, análise de variância, etc. Todavia, uma das ferramentas mais simples e eficazes é o diagrama de *Ishikawa,* que auxilia na organização do raciocínio de uma equipe de trabalho.

O problema da aplicação dessa ferramenta é que ela apenas aponta prováveis causas raiz, mas são necessárias análises posteriores para determinar a causa mais relevante. A Figura 6.15 mostra uma análise simplificada feita para diagnosticar as possíveis causas do efeito "Custo alto de combustíveis".

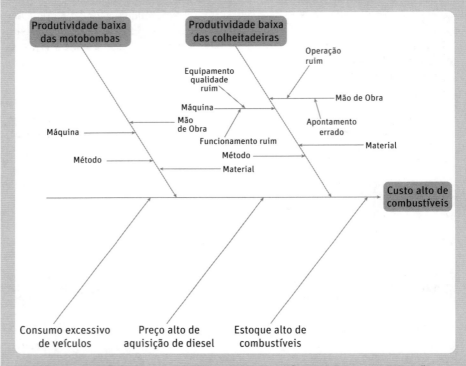

FIGURA 6.15: DIAGRAMA DE ISHIKAWA PARA O EFEITO "CUSTO ALTO DE COMBUSTÍVEIS"

Com as informações obtidas pela ferramenta e alguns levantamentos de dados, faz-se a tabela na qual se desdobra o efeito em suas causas principais. No entanto, não basta apenas apontar a causa do efeito analisado, é necessário demonstrar que essa causa está atuando no processo e que seu efeito é relevante. Para que se possa esclarecer a relevância da causa, elabora-se um indicador de desempenho que interpreta a atuação da causa no efeito que se quer reduzir. A Tabela 6.2 mostra as causas principais definidas por análise de dados e os indicadores de desempenho correspondentes.

CONCEITO DO MODELO GAP 4

TABELA 6.2: CAUSAS PRINCIPAIS DO *GAP*

INDICADOR DE DESEMPENHO	GAP	CAUSAS PRINCIPAIS	ÁREA RESPONSÁVEL	INDICADOR DE DESEMPENHO	VALOR ATUAL	META	GAP
R$ combustíveis/ ton. colhida	7,4%	Produtividade baixa das colheitadeiras	Operação	litros diesel / ton colhida	20,1	15,1	33,1%
		Produtividade baixa das motobombas	Operação	litros diesel / ton vinhoto	1,2	0,9	33,3%
		Consumo excessivo de veículos	Operação	litros combustível / km	5,2	4,9	6,1%
		Estoque alto de combustíveis	Operação	MR$ estoque médio diesel	250	200	25,0%
		Preço alto de aquisição de diesel	Suprimento	R$/litro diesel	1,2	1,1	9,1%

Verifica-se que há uma relação entre os indicadores e *gaps* mostrados na Tabela 6.1 e Tabela 6.2. Em outras palavras, as tabelas guardam a mesma relação de causa e efeito mostrada no diagrama de Ishikawa, conforme mostra a Figura 6.16.

CAPÍTULO 6: MODELO *GAP4* PARA INDICADORES DE ÁREAS OPERACIONAIS...

Cliente/ Gestor	Expectativas do Gestor	Indicador de desempenho	Valor Atual	Meta	Gap
Diretoria	Reduzir Custo com combustíveis	R$ combustíveis/ ton. colhida	10,2	9,5	6,9%

Indicador de desempenho	Gap	Causas principais	Área Responsável	Indicador de desempenho	Valor Atual	Meta	Gap
R$ combustíveis/ ton. colhida	7,4%	Produtividade baixa das colheitadeiras	Operação	litros diesel/ ton colhida	20,1	15,1	33,1%
		Produtividade baixa das motobombas	Operação	litros diesel/ ton vinhoto	1,2	0,9	33,3%
		Consumo excessivo de veículos	Operação	litros combustível/ km	5,2	4,9	6,1%
		Estoque alto de combustíveis	Operação	MR$ estoque médio diesel	250	200	25,0%
		Preço alto de aquisição de diesel	Suprimento	R$/litro diesel	1,2	1,1	9,1%

Figura 6.16: Relação entre os indicadores de desempenho

Continuando a investigação da causa raiz, selecionamos cada uma das causas principais para elaborar novo procedimento de busca. Novamente utilizamos o diagrama de causa e efeito para desdobrar a causa principal "baixa produtividade das colheitadeiras" em causas secundárias: Máquinas, Mão de Obra, Material e Método. Cada uma delas será novamente desdobrada em causas subsequentes segundo a profundidade do diagnóstico feito pela equipe de trabalho. A Figura 6.16 ilustra como esse desdobramento foi efetuado.

CONCEITO DO MODELO GAP 4

O levantamento e análise dos dados resultantes da investigação apontam para as causas secundárias mais relevantes, as quais, conforme mostra a Tabela 6.2, devem ser mostradas por indicadores válidos, ou seja, capazes de mostrar o que se deseja medir.

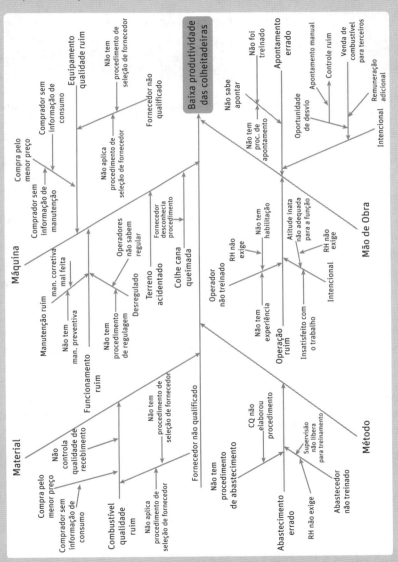

FIGURA 6.17: DIAGRAMA DE ISHIKAWA PARA "BAIXA PRODUTIVIDADE DAS COLHEITADEIRAS"

CAPÍTULO 6: MODELO *GAP4* PARA INDICADORES DE ÁREAS OPERACIONAIS...

A Tabela 6.3 mostra como são desdobradas as causas principais em causas secundárias relevantes e seus respectivos indicadores de desempenho. Vale lembrar que a priorização das causas secundárias deve ser feita por meio de análise de dados conforme adequado.

TABELA 6.3: CAUSAS SECUNDÁRIAS DO *GAP*

CAUSAS PRINCIPAIS	GAP	CAUSAS SECUNDÁRIAS	ÁREA RESPONSÁVEL	INDICADOR DE DESEMPENHO	VALOR ATUAL	META	GAP
Produtividade baixa das colheitadeiras	33,1%	Consumo excessivo de colheitadeiras	Operação	litros diesel/ hora-máq.	150	140	7,1%
		Paradas excessivas das colheitadeiras	Operação	% horas colhed. em operação	50%	75%	33,3%
Produtividade baixa das motobombas	33,3%	Consumo excessivo de motobombas	Operação	litros diesel/ hora-máq.	150	140	7,1%
		Perdas excessivas nas transferências	Operação	litro abastecidos / litros transferidos	95%	98%	3,1%
Consumo excessivo de veículos	6,1%	Manutenção ruim dos veículos	Manutenção	% manutenção programada	70%	95%	26,3%
Estoque alto de combustíveis	25,0%	Estoque alto de combustíveis em comboios	Operação	litros médio por comboio	3.000	2.500	20,0%

CONCEITO DO MODELO GAP 4 — 225

A relação entre causas principais e causas secundárias, assim como os indicadores de desempenho, são ambos mostrados na Figura 6.18. A lógica do procedimento de desdobramento de causas é a mesma do Diagrama de Ishikawa, com a vantagem de mostrar que a causa apontada é relevante e, ao mesmo tempo, esclarecer para toda a equipe de trabalho o que significa cada um dos conceitos apontados na investigação. Quando se elabora um indicador que monitora a causa apontada, é possível calcular seu valor atual e negociar uma meta a ser cumprida em determinado período de tempo, geralmente um ano, para metas operacionais.

Indicador de desempenho	Gap	Causas principais	Área responsável	Indicador de desempenho	Valor atual	Meta	Gap
R$ combustíveis/ ton. colhida	7,4%	Produtividade baixa das colheitadeiras	Operação	litros diesel/ton colhida	20,1	15,1	33,1%
		Produtividade baixa das motobombas	Operação	litros diesel/ton vinhoto	1,2	0,9	33,3%
		Consumo excessivo de veículos	Operação	litros combustível/km	5,2	4,9	6,1%
		Estoque alto de combustíveis	Operação	MR$ estoque médio diesel	250	200	25,0%
		Preço alto de aquisição de diesel	Suprimento	R$/litro diesel	1,2	1,1	9,1%

Causas principais	Gap	Causas secundárias	Área responsável	Indicador de desempenho	Valor atual	Meta	Gap
Produtividade baixa das colheitadeiras	33,1%	Consumo excessivo de colheitadeiras	Operação	litros diesel/ hora-máq.	150	140	7,1%
		Paradas excessivas das colheitadeiras	Operação	% horas colhed. em operação	50%	75%	33,3%
Produtividade baixa das motobombas	33,3%	Consumo excessivo de motobombas	Operação	litros diesel /hora-máq.	150	140	7,1%
		Perdas excessivas nas transferências	Operação	litro abastecidos / litros transferidos	95%	98%	3,1%
Consumo excessivo de veículos	6,1%	Manutenção ruim dos veículos	Manutenção	% manutenção programada	70%	95%	26,3%
Estoque alto de combustíveis	25,0%	Estoque alto de combustíveis em comboios	Operação	litros médio por comboio	3.000	2.500	20,0%

FIGURA 6.18: RELAÇÃO ENTRE CAUSAS PRINCIPAIS E SECUNDÁRIAS

226 CAPÍTULO 6: MODELO *GAP4* PARA INDICADORES DE ÁREAS OPERACIONAIS...

c. Planos de Ação para atacar as causas do *gap*

Ao se diagnosticar a causa raiz de um problema a ser resolvido, é necessário que se coloque um Plano de Ação que combata a causa raiz, o que, se o diagnóstico estiver correto, reduzirá o efeito indesejado. Do mesmo modo, é preciso colocar um indicador de desempenho que mostre se o Plano de Ação está sendo implantado. A Tabela 6.4 mostra a relação entre as causas e os Planos de Ação recomendados, com seus respectivos indicadores de desempenho.

TABELA 6.4: PLANOS DE AÇÃO PARA FECHAR O GAP

CAUSAS SECUNDÁRIAS	GAP	PLANO DE AÇÃO	ÁREA RESPONSÁVEL	INDICADOR DE DESEMPENHO	VALOR ATUAL	META	GAP
Consumo excessivo de colheitadeiras	7,1%	Instalação de tags nas colheitadeiras e comboios	TI	% tags instalados	50%	95%	47,4%
		Captação de dados via tag nas colheitadeiras	Operação	% dados via tag	95%	99%	4,0%
Paradas excessivas das colheitadeiras	33,3%	Cumprir manutenção programada	Manutenção	% manutenção programada	95%	99%	4,0%
Consumo excessivo de motobombas	7,1%	Instalação de tags nas motobombas	TI	% tags instalados	60%	85%	29,4%
Perdas excessivas nas transferências	3,1%	Captação de dados via tag nos comboios	Operação	% dados via tag	95%	99%	4,0%
Manutenção ruim dos veículos	26,3%	Cumprir manutenção programada	Manutenção	% manutenção programada	55%	95%	42,1%
Estoque alto de combustíveis em comboios	20,0%	Implantar procedimento de abastecimento	Operação	% operadores treinados	10%	85%	88,2%

A análise sintética do procedimento adotado para a elaboração do Sistema de Medição de Desempenho revela que a lógica do procedimento reside em que os Planos de Ação devem atacar uma causa secundária relevante, que por sua vez diminui sua participação na Causa Principal. Com a redução da atuação da causa principal, o efeito correspondente também é reduzido em

CONCEITO DO MODELO GAP 4

uma determinada proporção, a qual será tanto maior quanto maior a relevância da causa principal no efeito, e maior a relevância da Causa Secundária na Causa Principal. A eficácia do Plano de Ação é mostrada pela redução do gap da causa secundária. A Figura 6.19 mostra a relação entre as duas últimas tabelas.

CAUSAS PRINCIPAIS	GAP	CAUSAS SECUNDÁRIAS	ÁREA RESPONSÁVEL	INDICADOR DE DESEMPENHO	VALOR ATUAL	META	GAP
Produtividade baixa das colheitadeiras	33,1%	Consumo excessivo de colheitadeiras	Operação	litros diesel/hora-máq.	150	140	7,1%
		Paradas excessivas das colheitadeiras	Operação	% horas colhed. em operação	50%	75%	33,3%
Produtividade baixa das motobombas	33,3%	Consumo excessivo de motobombas	Operação	litros diesel/hora-máq.	150	140	7,1%
		Perdas excessivas nas transferências	Operação	litros abastecidos / litros transferidos	95%	98%	3,1%
Consumo excessivo de veículos	6,1%	Manutenção ruim dos veículos	Manutenção	% manutenção programada	70%	95%	26,3%
Estoque alto de combustíveis	25,0%	Estoque alto de combustíveis em comboios	Operação	litros (média por comboio)	3.000	2.500	20,0%

CAUSAS SECUNDÁRIAS	GAP	PLANO DE AÇÃO	ÁREA RESPONSÁVEL	INDICADOR DE DESEMPENHO	VALOR ATUAL	META	GAP
Consumo excessivo de colheitadeiras	7,1%	Instalação de tags nas colheitadeiras e comboios	TI	% tags instalados	50%	95%	47,4%
Paradas excessivas das colheitadeiras	33,3%	Captação de dados via tag nas colheitadeiras	Operação	% dados via tag	95%	99%	4,0%
Consumo excessivo de motobombas	7,1%	Cumprir manutenção programada	Manutenção	% manutenção programada	95%	99%	4,0%
Perdas excessivas nas transferências	3,1%	Instalação de tags nas motobombas	TI	% tags instalados	60%	85%	29,4%
Manutenção ruim dos veículos	26,3%	Captação de dados via tag nos comboios	Operação	% dados via tag	95%	99%	4,0%
Estoque alto de combustíveis em comboios	20,0%	Cumprir manutenção programada	Manutenção	% manutenção programada	55%	95%	42,1%
		Implantar procedimento de abastecimento	Operação	% operadores treinados	10%	85%	88,2%

FIGURA 6.19: RELAÇÃO ENTRE PLANOS DE AÇÃO E CAUSAS SECUNDÁRIAS

CAPÍTULO 6: MODELO *GAP4* PARA INDICADORES DE ÁREAS OPERACIONAIS...

Seguramente, o problema mais difícil de ser resolvido na elaboração de um SMD não é a definição dos indicadores de desempenho, mas o projeto do Sistema de Informações que fará a coleta de dados para fornecer as informações a serem mostradas pelos indicadores de desempenho. Dessa forma, é necessário elaborar uma tabela que faça a verificação entre os indicadores de desempenho que foram elaborados e a necessidade de captação de dados, suas fontes respectivas, responsáveis e periodicidade de coleta.

A Tabela 6.5 mostra, para a área Operações, quais são os dados que necessitam ser escolhidos pelo sistema de informações. As informações mais importantes da tabela são:

- Indicador de Desempenho: Indicador cuja responsabilidade de ação corretiva cabe à área analisada, no caso, a área de Operações.

- Unidade de coleta: Mostra o maior nível de detalhamento a que pode chegar uma possível estratificação para investigação da causa raiz de uma disfunção detectada no indicador que mede as expectativas do gestor, causas principais, causas secundárias ou Planos de Ação.

- Dados coletados: Identifica quais dados brutos devem ser coletados para o cálculo correto do indicador de desempenho.

- Fonte dos dados: Nome do relatório ou planilha de coleta de dados no qual serão coletados os dados necessários.

- P/I: Mostra em que meio estão disponíveis os dados: (P) se impressos; (I) se em meio magnético.

- Periodicidade: Determina qual a periodicidade de coleta e cálculo dos indicadores de desempenho correspondentes.

A Tabela 6.5 mostra como deve ser feita a coleta de dados para a área de Operações:

a. Conclusão

Este trabalho procurou mostrar um procedimento para a elaboração de um SMD baseado na definição das expectativas do gestor, determinação do gap a ser fechado, investigação das causas principais, causas secundárias e Planos de Ação com os respectivos indicadores de desempenho.

O procedimento proposto também define a coleta de dados necessários para a elaboração do sistema de informações que permite calcular os indicadores de desempenho. Cada área responsável pelos indicadores de desempenho tem que elaborar o quadro de coleta de dados. Neste relatório isso foi feito somente para a área de Operações.

CONCEITO DO MODELO GAP 4 — 229

TABELA 6.5: SISTEMA DE INFORMAÇÕES PARA COLETA DE DADOS NA ÁREA DE OPERAÇÕES

ÁREA RESPONSÁVEL PELOS DADOS	INDICADOR DE DESEMPENHO	UNIDADE DE COLETA	DADOS COLETADOS	FONTE DOS DADOS	P/I	PERÍOD.
Operação	litros diesel/ton. colhida	por colheitadeira	litros diesel consumidos	Rel A	I	M
		por colheitadeira	ton. cana colhida	Rel B	I	M
	litros diesel/ton. vinhoto	por motobomba	litros diesel consumidos	Rel A	I	M
		por motobomba	ton. vinhoto bombeado	Rel C	I	M
	litros combustível/km	Por veículo	litros combustível consumidos	Rel A	I	M
		Por veículo	Km rodados	Rel D - Kilometragem	I	M
	MR$ estoque médio diesel	Por tanque	Estoque diário de diesel	Rel A	I	M
	litros diesel/hora-máq.	por colheitadeira	litros diesel consumidos	Rel A	I	M
		por colheitadeira	hora-máq. trabalhada	Rel D	I	M
	% horas colhed. em operação	por colheitadeira	hora-máq. trabalhada	Rel D - Horímetro	I	M
		por colheitadeira	hora-máq. prevista	Rel E - PCP	I	M
	litros diesel/hora-máq.	por motobomba	litros diesel consumidos	Rel A	I	M
		por motobomba	hora-máq. trabalhada	Rel D	I	M
	litros abastecidos / litros transferidos	por comboio	litros abastecidos	Rel A	I	M
		por comboio	Litros transferidos	Rel A	I	M
	litros médio por comboio	por comboio	Estoque diário de diesel	Rel A	I	M
	% dados via tag	por equipamento	nº abastecimentos com tag	Rel A	I	M
		por equipamento	nº abastecimentos sem tag	Rel A	I	M
	% operadores treinados	por operador	nº operadores treinados	Planilha A	P	M
		por operador	nº operadores treinados	Rel E - RH	P	M
		por operador	nº operadores totais	Rel E - RH	P	M

APLICAÇÃO DE CONCEITOS

1. A aplicação dos conceitos do GAP4 pode ser feito em empresa real ou fictícia.

2. Itens a serem entregues:

   a. Relação de fornecedores e clientes internos (e/ou externos) da unidade de análise.

   b. Uma expectativa de um dos clientes internos (e/ou externos).

   c. Uma causa raiz interna e uma causa raiz externa à unidade de análise.

   d. Um plano de ação na unidade analisada e uma expectativa para um fornecedor interno (e/ou externo).

3. Itens de Avaliação:

   e. Clareza das expectativas dos clientes, causas principais e planos de ação.

   f. Adequação da causa e efeito entre expectativas, causas e planos de ação.

   g. Validade dos indicadores em relação à expectativa, causa e plano de ação correspondente.

   h. Clareza dos Indicadores:

      - Indicadores quantitativos (nº, Kg, l, %, ton/hh, etc).

      - Explicitar a forma de cálculo, se necessário (evitar termos como eficácia, eficiência, etc).

      - Indicadores obtidos de terceiros: citar a fonte (*market share*: Fonte Nielsen, indicador CL 45a); (satisfação de cliente: Fonte *Customer Quest*; metodologia *AKW*).

4. Atividade principal da empresa analisada:

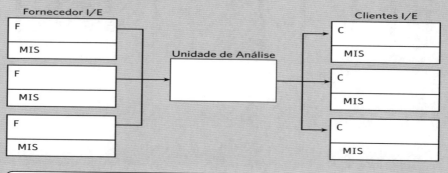

CONCEITO DO MODELO GAP 4 — 231

MATRIZ 1					
CLIENTE	EXPECTATIVA DO CLIENTE	INDICADOR DE DESEMPENHO	VALOR ATUAL	META	GAP

MATRIZ 2							
INDICADOR DE DESEMPENHO ATENDIDO	GAP	CAUSAS PRINCIPAIS DO GAP	SETOR RESPONSÁVEL PELA CAUSA	INDICADOR DE DESEMPENHO DA CAUSA	VALOR ATUAL	META	GAP

MATRIZ 3							
INDICADOR DE DESEMPENHO ATENDIDO	GAP	CAUSAS PRINCIPAIS DO GAP	SETOR RESPONSÁVEL PELA CAUSA	INDICADOR DE DESEMPENHO DA CAUSA	VALOR ATUAL	META	GAP

MATRIZ 4					
EXPECTATIVA DA ÁREA ANALISADA	FORNECEDOR INTERNO	INDICADOR DE DESEMPENHO	VALOR ATUAL	META	GAP

CAPÍTULO 7

INDICADORES EM SERVIÇOS

Medir variáveis em processos de prestação de serviços é mais complexo do que em processos de manufatura. A complexidade decorre das características próprias dos serviços, os quais envolvem, por sua própria natureza, uma maior heterogeneidade de resultados, recursos e processos. Em maior ou menor grau, qualquer empresa, mesmo industrial, precisa ter processos de prestação de serviços, a começar pela necessidade de vender seus produtos por meio de um processo de prestação de serviços comerciais, e serviços administrativos que organizam as informações para atender aos requisitos fiscais, tributários, sanitários, ambientais e trabalhistas. Em resumo, as características de um processo de prestação de serviços são:

- **O serviço altera o estado dos recursos, enquanto a manufatura altera a forma ou a composição dos recursos.** O termo alteração de estado remete a uma interpretação muito ampla: estava sujo, ficou limpo; estava doente, curou-se; estava quebrado, consertou-se; estava com dívida de curto prazo, alongou a dívida; estava em um local, foi deslocado para outro local; pertencia a uma empresa, passou a pertencer a outra empresa, e por aí vai.

- **Separação entre *front office* e *back office*:** As atividades em *front office* são caracterizadas pelo contato ou interação entre o cliente e o prestador de serviços, gerando os momentos da verdade (*moments of truth*). As atividades em *back office* ocorrem sem o contato com o cliente e geram produtos (bens ou serviços) que permitem atender à solicitação do cliente no *front office*. Em serviços de treinamento, as atividades de *front office* são desenvolvidas em sala de aula, enquanto que as atividades de *back office* consistem no preparo das apostilas, manutenção dos microcomputadores, etc.

- **Necessidade da presença do cliente ou de um bem do cliente:** O cliente dispara a prestação de serviços porque é necessária a presença dele ou de um bem dele para que o serviço seja realizado. Para que seja possível o serviço de treinamento, há necessidade de que o cliente, no caso o aluno, esteja presente na sala de aula ou assista a uma aula em EAD para que se possa alterar seu estado, de sem conhecimento para com conhecimento.

- **Perecibilidade:** Os serviços perecem com o tempo. Se um aluno não estiver na sala de aula enquanto o professor ministra a aula, o serviço prestado pereceu. Se um avião levantar voo com um assento vazio, o serviço de transporte de passageiro pereceu. Se um quarto de hotel pernoita vazio, o serviço de hospedagem pereceu.

- **Heterogeneidade:** O serviço é necessariamente disparado por pessoas que, por si só, são heterogêneas na forma de agir e interagir com o prestador de serviços. A mesma heterogeneidade também é encontrada nos bens dos clientes que são objeto da prestação dos serviços. Por exemplo: ao saírem da linha de montagem de uma fábrica de automóveis, dois carros de mesmo modelo e cor apresentam muito poucas diferenças entre si. Entretanto, quando vendidos e chegar o momento do serviço de revisão programada na concessionária, eles voltam diferentes em virtude do uso que cada um deles teve.

- **Produção e consumo simultâneos:** Essa característica somente é observada no *front office*, uma vez que há o contato entre o cliente e o prestador de serviços. Como há essa interação e avaliação mútua entre eles, quando o prestador realiza o serviço o

CAPÍTULO 7: INDICADORES EM SERVIÇO...

cliente imediatamente o consome. Como exemplo, em uma aula presencial, no mesmo instante que um professor pronuncia as palavras, os alunos as ouvem, ou seja, consomem o serviço de educação. Assim, como não é possível fazer o controle do produto no *front office*, uma vez que não há possibilidade de testar o produto antes de chegar ao cliente, é necessário fazer o controle do processo, ou seja, deve-se assegurar que todas as variáveis necessárias para a prestação adequada do serviço estejam conformes. Por exemplo, é necessário que o professor esteja descansado quando for lecionar, que os materiais necessários estejam prontos, etc. Já no *back office*, produção e consumo são separados. Como não há contato com o cliente, o produto ou serviço pode ser produzido, testado e, se adequado, enviado para o *front office* para ser entregue ao cliente.

Este último item demonstra que o produto gerado no processo de prestação de serviços é muito heterogêneo, e isso dificulta significativamente a contagem para efeito de medição da saída do processo. Uma solução adequada que permite diminuir essa heterogeneidade é a adoção do conceito de índice de produto equivalente (ou simplesmente produto equivalente). Tal conceito é utilizado em manufatura e pode também ser utilizado em serviços, sendo denominado índice de serviço equivalente.

CONCEITO DE ÍNDICE DE PRODUTO EQUIVALENTE (IPE)

Os processos produtivos de manufatura buscam a redução da variabilidade na fabricação de produtos para que eles permaneçam dentro dos limites especificados pelo projeto. Mas uma empresa industrial possui dezenas de itens em sua linha de produtos fabricados, alguns mais e outros menos complexos, o que torna inadequada uma soma desses produtos diferentes como medida da saída do processo produtivo para efeito de cálculo de indicadores.

Como exemplo, tomemos uma empresa fabricante de produtos de linha branca que produz máquinas de lavar roupa e geladeiras. Para designar a produção total da empresa, podemos somar a produção de geladeiras e de máquinas de lavar roupa e chegar a um número "total de peças produzidas". Mas, convenhamos, somar dois produtos completamente diferentes não é um procedimento adequado.

Uma solução possível é o uso do conceito de índice de produto equivalente, definido como a proporção de um dado produto em relação a um produto considerado padrão pela empresa com referência a um determinado recurso empregado em sua produção. Essa definição tem dois elementos principais:

- **Produto padrão:** Normalmente, utiliza-se o produto (ou, mais especificamente, o SKU) de maior volume de produção da empresa.
- **Recurso produtivo:** Essa variável será utilizada para calcular a proporção do produto analisado em relação ao produto padrão. Os recursos produtivos que podem ser utilizados são:
    - ◆ Custo total padrão: Esse critério abrange todos os recursos produtivos (MO, MP e EQ) utilizados na produção do produto incorporando as quantidades consideradas ideais pelo projeto do produto e pelo projeto do processo.

CONCEITO DE ÍNDICE DE PRODUTO EQUIVALENTE (IPE)

- ◆ **Tempo padrão:** Quando todos os produtos fabricados pela empresa gastam, aproximadamente, os mesmos recursos de material mas utilizam tempos diferenciados de uso de mão de obra e equipamento para serem produzidos, a comparação da complexidade entre produtos pode ser expressa como proporção do tempo padrão de fabricação determinado pelo projeto do processo.

- ◆ **Material padrão:** Analogamente, se todos os produtos fabricados pela empresa gastam, aproximadamente, os mesmos recursos de mão de obra e equipamento mas utilizam volumes diferenciados de material para serem produzidos, a comparação da complexidade entre produtos pode ser expressa como proporção da quantidade de material determinado pelo projeto do produto.

O cálculo do índice produto equivalente (IPE) é feito por meio de proporção (ou regra de três) em relação ao produto padrão referente ao recurso produtivo escolhido. Como exemplo, vamos calcular o valor do produto equivalente de dois produtos em relação ao produto padrão definido pela empresa utilizando como critério a proporção do custo total padrão. A Tabela 7.1 mostra como é determinado o produto equivalente deles:

TABELA 7.1: EXEMPLO DE CÁLCULO DE PRODUTO EQUIVALENTE POR CUSTO TOTAL PADRÃO

DADOS DE CUSTEIO			QUANTIDADES-PADRÃO			CUSTO-PADRÃO		
ITENS DE CUSTEIO	UNID	R$/ UNID.	PRODUTO PADRÃO	PRODUTO 2	PRODUTO 3	PRODUTO PADRÃO	PRODUTO 2	PRODUTO 3
Mão de obra	hh	13,64	18	10	25	245,45	136,36	340,91
Material	n	214,00	1	1	2	214,00	214,00	428,00
Equipamento	hm	31,25	6	4	8	187,50	125,00	250,00
				CUSTO TOTAL PADRÃO =		646,95	475,36	1.018,91
				ÍNDICE DE PRODUTO EQUIVALENTE (IPE) =		1,00	0,73	1,57

CAPÍTULO 7: INDICADORES EM SERVIÇO...

$$IPE_2 = \frac{(\text{Custo Total Padrão})_{\text{Produto 2}}}{(\text{Custo Total Padrão})_{\text{Produto padrão}}} = \frac{475,63}{646,95} = 0,73$$

$$IPE_3 = \frac{(\text{Custo Total Padrão})_{\text{Produto 3}}}{(\text{Custo Total Padrão})_{\text{Produto padrão}}} = \frac{1018,91}{646,95} = 1,57$$

Para facilitar a comunicação entre os gestores, cada empresa atribui um nome para o IPE=1,00, geralmente denominado de UPP (Unidade de Produto Padrão). Assim, se IPE2= 0,73, significa que o Produto 2 equivale a 0,73 UPP. Para calcular a produção total equivalente em UPP, é necessário fazer uma ponderação da quantidade produzida de cada item pelo índice de produto equivalente (IPE) calculado. A Tabela 7.2 mostra um exemplo de cálculo da produção total equivalente em UPP:

TABELA 7.2: EXEMPLO DE CÁLCULO DE PRODUÇÃO TOTAL EQUIVALENTE EM UPP

PRODUTOS	QUANT	IPE	UPP
Produto 1 (padrão)	2.500	1,00	2.500,00
Produto 2	1.800	0,73	1.314,00
Produto 3	750	1,57	1.177,50
	PRODUÇÃO TOTAL EQUIVALENTE =		4.991,50

Com a produção total equivalente calculada em UPP, é possível calcular a produtividade do processo produtivo em relação a um dos recursos utilizados. A Tabela 7.3 mostra o cálculo da produtividade da mão de obra.

CONCEITO DE ÍNDICE DE PRODUTO EQUIVALENTE (IPE)

TABELA 7.3: EXEMPLO DE CÁLCULO DA PRODUTIVIDADE DA MÃO DE OBRA DA EMPRESA EM UPP/HH

PRODUTOS	HH UTILIZADAS	UPP
Produto 1 (padrão)	880	2.500,00
Produto 2	1.408	1.314,00
Produto 3	1.056	1.177,50
Total	3.344	4.991,50
	UPP/HH =	1,49

$$UPP/_{hh} = \frac{4.991,50}{3.334} = 1,49$$

A comparação desse indicador pelo histórico é interessante para observar de um ponto de vista gerencial as melhorias ou problemas que possam ocorrer no processo produtivo da empresa. A Figura 7.1 mostra um exemplo de comparação temporal do indicador de produtividade de mão de obra utilizando a medida de UPP/hh.

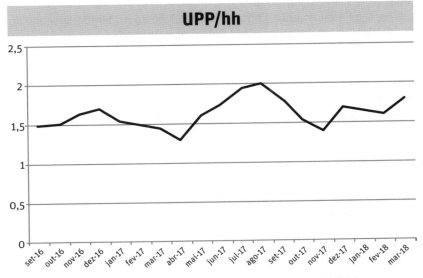

FIGURA 7.1: EXEMPLO DE EVOLUÇÃO HISTÓRICA DO INDICADOR UPP/HH

CAPÍTULO 7: INDICADORES EM SERVIÇO...

CONCEITO DE ÍNDICE DE SERVIÇO EQUIVALENTE (ISE)

Analisamos no Anexo I que processos produtivos têm como saída produtos tangíveis (bens) e produtos intangíveis (serviços). A diferença não é tão simples como colocamos (quando há uma parte significativa de intangibilidade), mas ambos resultam de um processo produtivo e, como tal, podem ser medidos por meio de indicadores de desempenho.

É próprio de serviços apresentar uma heterogeneidade maior do que manufatura. Isso decorre, principalmente, da necessidade de contato com o cliente no *front office*, e, tratando-se de interação entre seres humanos, é próprio de sua natureza a heterogeneidade de comportamento. Porém, assim como em manufatura existem diversos tipos de produtos manufaturados, em serviços existem diversos tipos de serviços prestados, e também aqui é inadequado somar serviços cujo procedimento de atendimento é mais complexo, com serviços cujo procedimento de atendimento é menos complexo.

No caso de serviços, os recursos material e equipamentos não costumam variar muito de um tipo de serviço para outro. O recurso que mostra maior variação em relação ao tipo de serviço prestado por uma empresa é a mão de obra, ou seja, o tempo despendido pelo prestador para realizar o serviço. Por exemplo, em uma loja de serviço de atendimento a clientes de uma concessionária de energia elétrica, os clientes podem requisitar diversos tipos de serviços, desde a emissão de segunda via de pagamento da conta de luz, passando por pedido de religação de energia elétrica, até a contestação de multa por fraude. Os materiais (papel e toner de impressora) e equipamentos (microcomputadores e impressoras) não variam muito em cada um dos tipos de atendimento. O maior diferencial está no tempo despendido pelo atendente para realizar as atividades requeridas pelo cliente.

Serviços complexos tendem a apresentar um tempo e custo maior para a realização do atendimento, enquanto que serviços mais simples apresentam tempo e custo menores. A simples soma de quantidades de serviços prestados — por exemplo, o número de atendimentos realizados por um operador — não expressa adequadamente a quantidade de trabalho que um operador despendeu durante aquele período.

Similar ao IPE, uma solução possível para a homogeneização de serviços diferenciados é o uso do conceito de índice de serviço equivalente (ISE), definido como a proporção de um dado serviço em relação a um serviço considerado padrão pela empresa com referência a um dado recurso empregado em sua produção. Essa definição tem dois elementos principais:

- **Serviço padrão:** Geralmente é utilizado o serviço de maior volume de produção da empresa.
- **Recurso produtivo:** Esta variável será utilizada para calcular a proporção do serviço analisado em relação ao serviço padrão. Do mesmo modo que foi colocado para o IPE, os recursos produtivos que podem ser utilizados são:
    - ◆ Custo total padrão: Esse critério abrange todos os recursos produtivos (MO, MP e EQ) utilizados na produção do serviço, incorporando as quantidades consideradas ideais pelo projeto do serviço e pelo projeto do processo.

CONCEITO DE ÍNDICE DE SERVIÇO EQUIVALENTE (ISE)

◆ Tempo padrão: Quando todos os serviços prestados pela empresa gastam, aproximadamente, os mesmos recursos de material e equipamento, mas utilizam tempos diferenciados de uso de mão de obra em sua prestação, a comparação da complexidade entre serviços pode ser expressa em proporção do tempo padrão determinado pelo projeto do processo. O tempo padrão de prestação de serviço é obtido por meio de cronometragens de vários casos considerados ideais que seguem um método padrão definido em procedimento documentado.

◆ Material padrão: Esta variável geralmente não apresenta grandes alterações entre os serviços prestados por uma empresa, contudo, se acontecer que todos os serviços prestados pela empresa gastam, aproximadamente, os mesmos recursos de mão de obra e equipamento, porém utilizam volumes diferenciados de material na sua prestação, a comparação da complexidade entre serviços pode ser expressa em proporção da quantidade de material determinado pelo projeto do serviço ou método padrão.

O cálculo do índice serviço equivalente (ISE) é feito por meio de proporção (ou regra de três) em relação ao serviço padrão referente ao recurso produtivo escolhido. Como exemplo, vamos calcular o índice de serviço equivalente de vários tipos de atendimento de uma concessionária de energia elétrica em relação ao serviço padrão definido pela empresa, utilizando como critério de cálculo a proporção do tempo padrão.

No exemplo, a loja de atendimento aos consumidores de uma concessionária de energia elétrica oferece diversos serviços que, em parte, podem ser observados na Tabela 7.4. O tempo padrão de cada um dos tipos de serviço foi obtido pelo cálculo da média dos tempos de cronometragem de atendimentos filmados e selecionados como atendimentos "ideais", realizados por atendentes qualificados e treinados.

TABELA 7.4: EXEMPLO DE CÁLCULO DO ÍNDICE DE SERVIÇO EQUIVALENTE PELO CRITÉRIO DE TEMPO PADRÃO

TIPO DE SERVIÇO	T. PADRÃO (MIN)
Reclamação de conta incorreta	5:30
Emissão de 2ª via	2:40
Pedido de aumento de carga	10:00
Pedido de ligação nova residencial	6:00
Pedido de ligação nova condominial	12:00
Pedido de ligação nova industrial	15:00
Pedido de religação	3:30

Como os tempos de cronometragem variam para um mesmo tipo de serviço, a suficiência do número de cronometragens (amostra) para um erro relativo de 5% e confiança de 95% pode ser calculada pela fórmula:

CAPÍTULO 7: INDICADORES EM SERVIÇO...

$$N' = \left(\frac{\sqrt[40]{N \sum x^2 - \left(\sum x\right)^2}}{\sum x} \right)^2$$

sendo:
N'= nº de cronometragens requeridas
N = nº de cronometragens realizadas
X = Tempo de cada uma das cronometragens realizadas
Se:
N' M N, então a amostra é suficiente
N' > N, então é necessário mais cronometragens do serviço designado

Os índices de serviços equivalentes são calculados proporcionalmente ao tempo padrão do serviço padrão, normalmente o tipo de serviço de maior volume. A Figura 7.2 mostra os ISE de cada tipo de serviço e os cálculos realizados para a obtenção de um deles.

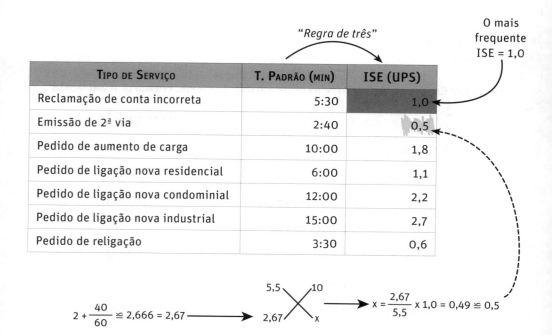

Figura 7.2: Exemplo de cálculo de ISE com base no tempo padrão

CONCEITO DE ÍNDICE DE SERVIÇO EQUIVALENTE (ISE)

Tal como no IPE, para facilitar a comunicação entre os gestores, cada empresa atribui um nome para o ISE=1,00, em geral denominado de UPS (Unidade Padrão de Serviço). Assim, se ISE Emissão 2ª via= 0,5 significa que o serviço de atendimento de "Emissão de 2ª via" equivale a 0,5 do serviço de atendimento de "Reclamação de conta incorreta". Para calcular a produção total de serviços prestados equivalentes em UPS, é necessário fazer uma ponderação da quantidade realizada da cada serviço pelo índice de serviço equivalente (ISE) calculado.

Esse método permite comparar a produtividade da mão de obra de cada um dos atendentes, mesmo que tenham prestado diferentes tipos de serviços durante o período. Como exemplo, a Tabela 7.5 mostra o cálculo da produtividade de dois funcionários, A.S.N.F (que trabalhou 178,5 horas no período) e L.F.P.A (que trabalhou 148,5 horas no período), os quais prestaram os serviços contabilizados na coluna "Quant.".

Observe que, embora L.F.P.A. tenha trabalhado menos horas no atendimento e tenha produzido um número menor de UPS, a produtividade dele (2,21 UPS/hh) foi maior do que a de A.S.N.F. (2,06 UPS/hh), que produziu um número maior de UPS mas despendeu, proporcionalmente, mais tempo para realizar aqueles atendimentos.

TABELA 7.5: EXEMPLO DE CÁLCULO DE PRODUTIVIDADE DE MÃO DE OBRA DE DOIS ATENDENTES

CAPÍTULO 7: INDICADORES EM SERVIÇO...

Funcionário: A.S.N.F

Tipo de Serviço	Quant.	UPS	Tot UPS
Reclamação de conta incorreta	53	1,0	53,0
Emissão de 2ª via	127	0,5	63,5
Pedido de aumento de carga	41	1,8	73,8
Pedido de ligação nova residencial	25	1,1	27,5
Pedido de ligação nova condominial	12	2,2	26,4
Pedido de ligação nova industrial	36	2,7	97,2
Pedido de religação	44	0,6	26,4
Total de UPS no mês =			367,8
Total horas trabalhadas (hh) =			178,5
Produtividade (UPS / hh) =			2,06

Funcionário: L.F.P.A.

Tipo de Serviço	Quant.	UPS	Tot UPS
Reclamação de conta incorreta	51	1,0	51,0
Emissão de 2ª via	62	0,5	31,0
Pedido de aumento de carga	65	1,8	117,0
Pedido de ligação nova residencial	30	1,1	33,0
Pedido de ligação nova condominial	10	2,2	22,0
Pedido de ligação nova industrial	10	2,7	27,0
Pedido de religação	78	0,6	46,8
Total de UPS no mês =			327,8
Total horas trabalhadas (hh) =			148,5
Produtividade (UPS / hh) =			2,21

A produtividade de um setor de atendimento (ou de um atendente individual) pode ser analisada em sua evolução histórica e fornece informações relevantes para a verificação de seu desempenho. A Figura 7.3 mostra a evolução histórica da produtividade em UPS/hh de um atendente.

SERVICE LEVEL AGREEMENT (SLA)

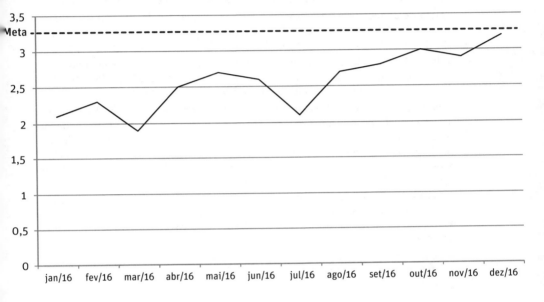

Figura 7.3: Comparação da produtividade por histórico de um atendente

SERVICE LEVEL AGREEMENT (SLA)

Service Level Agreement, ou Acordo de Nível de Serviço, comporta diversas definições. Pode-se conceituar SLA como um limite superior ou inferior especificado em contrato associado a um determinado indicador de desempenho. Outra forma é o estabelecimento de uma meta, acordada em contrato entre cliente e prestador de serviços, com *time frame* zero, ou seja, a meta deve ser alcançada imediatamente sob pena de sanções.

Conforme já discutimos, uma meta é definida como "um valor a ser atingido por um indicador que traduz o significado de um objetivo". Uma meta pressupõe a existência de um indicador e deve ser específica, mensurável, factível, relevante e com prazo definido (*SMART*). Um SLA deve possuir todas essas características, apenas com a especificidade de que a meta deve ser cumprida desde o início da vigência do contrato. Este, por sua vez, deve especificar, esclarecer, documentar e formalizar o acordo sobre:

CAPÍTULO 7: INDICADORES EM SERVIÇO...

- **Fórmula de cálculo do indicador:** Utilizar preferencialmente linguagem matemática para esclarecer como serão feitos os cálculos do valor atual do indicador, incluindo a periodicidade de cálculo. Evitar termos ambíguos como eficácia, eficiência, efetividade e outros que não tenham uma definição única e inteligível por todos os envolvidos.
- **Coleta de dados:** Definir claramente a fonte de dados, a unidade de medida, a periodicidade de coleta, os responsáveis pela inserção dos dados, o responsável pela coleta e os critérios de inclusão e exclusão dos dados coletados.
- **Valores do limite superior ou inferior para cada indicador de desempenho:** A definição clara desses limites é o ponto principal e pertence à essência do conceito do SLA. Incluir no contrato a periodicidade de revisão de tais limites.
- **Periodicidade do cálculo do valor atual e da avaliação do SLA:** O valor atual do indicador de desempenho deve ser confrontado com o limite superior ou inferior correspondente segundo a periodicidade definida em contrato. Valores fora dos limites especificados são não conformidades ou descumprimento do acordo, e sujeitam-se a sanções. Se especificado em contrato, valores atuais superiores ao limite mínimo ou inferiores ao limite máximo podem gerar bonificações proporcionais à diferença calculada.
- **Sanções por não cumprimento do SLA:** Quando o SLA não é cumprido, ou seja, o valor atual de um indicador está fora do limite inferior ou superior, o contrato deve especificar quais são as sanções que o prestador deverá sofrer pelo descumprimento. Os tipos mais comuns de sanções são:
  - Pagamento de multa ou abatimento de seu valor no faturamento a ser apresentado pelo prestador do serviço.
  - Redução do faturamento ao prestador do serviço, proporcional à diferença entre o valor atual e o limite superior ou inferior especificado.
  - Compromisso de compensação futura com realização de desempenho superior proporcionalmente ao descumprimento diagnosticado.
  - Apresentação de ações corretivas adequadas para permitir a melhoria do processo e cumprimento do SLA.
  - Cancelamento de contrato caso haja recorrência do descumprimento sem apresentar ações corretivas adequadas.

Um contrato de SLA pode conter vários indicadores de desempenho e, para cada um deles, ter um limite especificado em contrato ou uma meta imediata associada e acordada. As análises de cumprimento de SLA podem ser feitas em cada indicador individualmente ou agregadas em um único IGD (Índice Geral de Desempenho; consulte o Capítulo 8).

É comum em contratos de prestação de serviços de *Call Center* para Serviços de Assistência a Clientes (SAC) que vários SLAs devam ser cumpridos. Alguns exemplos de indicadores de desempenho de *Call Center* que, tipicamente, fazem parte de um contrato de SLA são:

- **Tempo Médio de Espera (TME):** Média do tempo decorrido entre o início da chamada telefônica e o início do atendimento por um atendente.
- **Tempo Médio de Atendimento (TMA):** Média do tempo decorrido desde o início até o final do atendimento completo.

SERVICE LEVEL AGREEMENT (SLA) **247**

- **Taxa de abandono:** Porcentagem das ligações em espera que foram interrompidas deliberadamente pelo cliente antes do início do atendimento.
- *First Call Resolution (FCR):* Porcentagem das ligações em que o cliente teve seu problema inteiramente resolvido, ou seja, não foi necessário que o cliente ou prestador refaça a ligação para tratar do mesmo problema em um determinado intervalo de tempo. Esse indicador pode ser mensurado de diversas maneiras. Uma ligação é considerada como problema não resolvido se o mesmo cliente (identificado pelo número de telefone ou pelo código de cliente):
  - ◆ Voltar a ligar para o *Call Center* no mesmo dia ou em um período de tempo definido, independentemente do tema tratado no atendimento. Essa medida não diferencia se os chamados subsequentes do mesmo cliente são referentes ao mesmo problema ou a problemas diferentes.
  - ◆ Voltar a ligar para o *Call Center* no mesmo dia ou em um determinado período de tempo tratando do mesmo código de atendimento de uma ou mais ligações anteriores. Essa medida diferencia se os chamados subsequentes do mesmo cliente são referentes ao mesmo problema ou a problemas diferentes. Geralmente, os scripts de atendimento solicitam que o atendente classifique o problema do cliente segundo uma codificação padronizada ou, nos melhores softwares, a codificação é gerada automaticamente dependendo das telas abertas pelo atendente.
  - ◆ Responder a uma pesquisa, feita por URA (sigla de Unidade de Resposta Audível, um sistema computadorizado que atende ligações telefônicas) ou por um atendente designado, em que declara que o problema gerador da ligação ao *Call Center* não foi resolvido completamente.

A Tabela 7.6 mostra um exemplo de indicadores e os respectivos SLAs acordados em contrato de um prestador de serviços por meio de *Call Center*.

TABELA 7.6: EXEMPLO DE INDICADORES E **SLA**S DE *CALL CENTER*

INDICADOR	UNIDADE	MIN./ MAX	SLA	VALOR ATUAL	OK?
Tempo Médio de Espera (TME)	minutos	máximo	2:00	2:30	não
Tempo Médio de Atendimento (TMA)	minutos	máximo	6:40	5:50	sim
Taxa de Abandono	%	máximo	5,0%	8,2%	não
First Call Resolution (FCR)	%	mínimo	95,0%	98,2%	sim

Os processos de prestação de serviços de logística, quando realizados pelos operadores logísticos, também são sujeitos a contratos de SLA. Os principais indicadores objeto desses contratos são:

- *On Time In Full* (OTIF): Porcentagem de pedidos que foram entregues completos e no prazo acordado.

CAPÍTULO 7: INDICADORES EM SERVIÇO...

- *On Time Delivery* (OTD): Porcentagem de pedidos que foram entregues no prazo.
- *Order Fill Rate* (OFR): Porcentagem de pedidos que foram integralmente entregues.
- *Transport Damage*: Porcentagem do valor dos produtos danificados no transporte até o cliente em relação ao valor total dos produtos entregues.

O mesmo acontece com os prestadores de serviços de server farm (grupo de computadores servidores) que se comprometem a fornecer uma disponibilidade de acesso (indicador) mínima (meta acordada) do cliente aos servidores remotos, calculada em um determinado período de tempo.

INDICADORES DE NÍVEL DE SERVIÇO (INS)

Indicadores de Nível de Serviço (INS) são definidos como indicadores de desempenho que mostram a porcentagem de cases que atenderam às especificações acordadas em contrato entre o cliente e o prestador em um certo período de tempo.

O termo case ou instância, como denominado em gestão de processos de TI, ou, genericamente, eventos, refere-se a uma unidade em processamento — equivalente a um cliente com um problema — que é tratada nas diversas atividades constituintes do processo de prestação de serviços. Assim, um cliente com n problemas tratados no transcorrer de um processo de prestação de serviços equivale a n cases, ou, então, n clientes que solicitam a resolução de um mesmo tipo de problema também equivalem a n cases. A Tabela 7.7 mostra o case típico de alguns processos de prestação de serviços mais comuns no mercado.

Tabela 7.7: Exemplo de processos prestação de serviços e seus respectivos cases

Processo de prestação de serviços	Case
Call Center	Ligação do cliente
Financiamento imobiliário	Pedido de financiamento
Conta a pagar	Boleto
Expedição de carga	Volume de carga

Note que um case que trafega por um processo de prestação de serviços é equivalente a uma peça que trafega por um processo industrial. A Figura 7.4 mostra um case que trafega por um processo de prestação de serviços de *Call Center*.

INDICADORES DE NÍVEL DE SERVIÇO (INS)

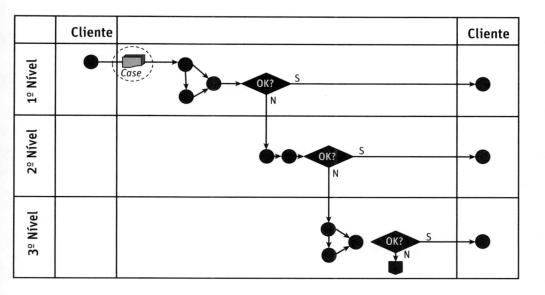

FIGURA 7.4: EXEMPLO DE CASE EM UM PROCESSO DE *CALL CENTER*

Genericamente, podemos definir um INS pela expressão:

$$INS = \frac{n^{\underline{o}} \text{ de } cases \text{ OK}}{n^{\underline{o}} \text{ de } cases \text{ total}} \times 100 = \frac{n^{\underline{o}} \text{ de eventos OK}}{n^{\underline{o}} \text{ de eventos total}} \times 100$$

Na expressão, nº de cases OK são os cases processados pelo processo de prestação de serviços que atenderam às expectativas do cliente, ou seja, estiveram dentro do limite inferior ou superior acordado. Observe que um indicador de nível de serviço (INS) possui três características principais:

- Unidade: %
- Máximo: 100%
- Quanto maior, melhor

Para a elaboração de indicadores de nível de serviço, é essencial conhecer claramente a expectativa do cliente e interpretá-la corretamente por meio de variáveis mensuráveis. Para conhecer a expectativa do cliente, recomenda-se fortemente utilizar técnicas adequadas que, invariavelmente, pressupõem um contato direto com o cliente, ou seja, pergunte ao cliente o que ele deseja e evite pressupor que o prestador conhece o que o cliente deseja. Caso contrário, o prestador oferecerá uma série de itens de serviços que o cliente não valoriza (não pagaria por eles) e deixará de oferecer uma outra quantidade de itens que o cliente considera essencial para decidir comprar daquele prestador de serviços.

CAPÍTULO 7: INDICADORES EM SERVIÇO...

Podemos utilizar os conceitos de *Critical Customer Requirement* (CCR), *Voice of Customer* (VoC) e *Critical to Quality* (CTQ) e Critérios Relevantes de Interpretação (CRI) para auxiliar no diagnóstico da expectativa do cliente e interpretá-la em variáveis quantitativas:

- Ferramentas para diagnóstico da expectativa do cliente:
    - ◆ CCR (*Critical Customer Requirements*): Representam as características de produto ou serviço que são definidas pelo cliente interno ou externo.
    - ◆ VOC (*Voice of Customer*): Declaração qualitativa do cliente sobre o que ele espera do produto ou serviço, ou seja, o que o cliente espera de um produto ou serviço (necessidades declaradas de um cliente).
- Interpretação das expectativas em variáveis quantitativas:
    - ◆ CTQ (*Critical to Quality*): Características principais mensuráveis de um produto ou processo cujos padrões de desempenho ou limites de especificação devem ser cumpridos para satisfazer o cliente. Requer uso de ferramentas específicas para converter os CCR's em termos mensuráveis e pode incluir limites superiores e/ou inferiores de especificação. Geralmente deve ser interpretado a partir de um CCR sobre o que ele espera do produto ou serviço para uma especificação quantitativa e factível.
    - ◆ CRI (Critérios Relevantes de Interpretação): Técnica de tradução dos conceitos qualitativos que estão na redação dos objetivos, em variáveis quantitativas que interpretem o significado daquele conceito qualitativo. Em resumo, trata-se de trocar palavras por números.

Em face da importância da detecção da expectativa do cliente, convém reforçar o que já discutimos antes: a prática de mercado mostra que "se a empresa não faz o que o cliente quer, ela quebra; mas se a empresa faz tudo o que o cliente quer, ela quebra também".

Tendo isso em conta, a aplicação de um procedimento padrão para a elaboração de um INS auxilia o gestor de uma unidade de análise do prestador do serviço (diretoria, gerência, setor, processo, etc.) a desenhar um sistema de medição de desempenho (SMD) que, efetivamente, vai se mostrar muito útil na detecção do atingimento das expectativas do cliente e do gerenciamento de sua operação.

Procedimento para elaboração de Indicador de Nível de Serviço (INS):

- Defina claramente a unidade de análise (diretoria, gerência, setor, processo, área, etc) do prestador do serviço.
- Defina claramente quem é o cliente da unidade de análise:
    - ◆ Cliente interno: Área ou processo da própria empresa que utiliza os serviços prestados pela unidade de análise.
    - ◆ Cliente externo: Empresa ou indivíduo que tem a autonomia de decisão de escolha do fornecedor na compra do tipo de serviço prestado pela empresa.
- Priorize as expectativas do cliente.
- Pergunte ao cliente sobre suas expectativas.

INDICADORES DE NÍVEL DE SERVIÇO (INS)

- Defina a expectativa mais relevante (a mais importante para o cliente).
- Verifique se existe algum termo qualitativo na redação da expectativa.
- Estabeleça uma variável quantitativa que interprete o termo qualitativo.
- Elabore um indicador de Nível de Serviço:
  - ◆ Numerador: Nº de cases ou eventos que cumprem a expectativa.
  - ◆ Denominador: Nº de cases ou eventos totais que passam pelo processo.
  - ◆ A unidade de medida do case ou evento deve ser a mesma no numerador e no denominador.
- Levante dados e calcule o Valor Atual do indicador.
- Estabeleça metas atingíveis em um ano.

Para exemplificar a aplicação do procedimento, vamos elaborar os indicadores de nível de serviço em três casos, conforme mostra a Figura 7.5:

CAPÍTULO 7: INDICADORES EM SERVIÇO...

Itens do procedimento	Caso 1	Caso 2	Caso 3
Cliente	Usuário da biblioteca de uma faculdade de Engenharia	Setor de Roteirização de Cargas	Transportadora terceirizada
Unidade Analisada (Fornecedor)	Biblioteca Central	Setor de Pátio de Veículos	Setor de Expedição de Cargas do CD
Expectativa do cliente (CCR ou VoC)	Receber o livro rapidamente	Receber veículos em boas condições de manutenção	Cumprir o agendamento de carga
Interpretação (CTQ ou CRI)	rapidamente = até 24h após solicitado	boas condições de manutenção = completar a viagem sem quebras	Cumprir o agendamento = máximo 15 minutos de atraso além do horário agendado
Indicador de Nível de Serviço (INS)	$\dfrac{\text{nº livros recebidos em até 24h}}{\text{nº livros solicitados total}}$	$\dfrac{\text{nº viagens completadas sem quebra}}{\text{nº viagens total}}$	$\dfrac{\text{nº veículos recebidos até 15 min atraso}}{\text{nº veículos recebidos total}}$
Valor Atual	84,3%	91%	72,2%
Meta	90,0%	98%	95,0%
Periodicidade	Mensal	Mensal	Semanal

(Anotações: **Valor Atual** e **Valor Desejado** indicados no Caso 1)

Figura 7.5: Exemplos de elaboração de indicador de nível de serviço (NS)

INDICADORES DE NÍVEL DE SERVIÇO (INS) **253**

CASO 1: BIBLIOTECA CENTRAL DE UMA FACULDADE DE ENGENHARIA

Competir com os sites de busca da internet parecia levar ao esquecimento as bibliotecas da faculdade onde ministrei aulas durante muitos anos. Constatei, surpreso, que os alunos ainda gostam de ir à biblioteca, procurar os volumes nas prateleiras e folhear as páginas dos livros indicados como textos pelos professores das disciplinas do semestre, ou mesmo para estudar em um ambiente sossegado, embora quase todos estejam com fones de ouvido conectados ao celular.

Acostumados a estudar um dia antes da prova, os alunos procuram os livros na biblioteca com a expectativa de retirá-los rapidamente para se prepararem para a prova. O termo rapidamente é qualitativo e sujeito a diversas interpretações já que envolve um julgamento do usuário. Esse tipo de declaração qualitativa do cliente é o produto de técnicas de levantamento de necessidades conhecidas como *Voice of Customer* (VoC), ou Voz do Cliente.

Para conseguir interpretar corretamente o termo qualitativo, um grupo de bibliotecárias que preparava um trabalho a ser apresentado em um congresso da área fez uma pesquisa perguntando aos alunos, entre outros assuntos, o que significava o termo rapidamente. Embora para grande parte deles isso significasse conseguir o livro no mesmo momento em que o solicitavam à biblioteca da faculdade, uma segunda pergunta esclarecia melhor o tempo máximo de espera para a obtenção do livro sem que o aluno se sentisse prejudicado. A quase totalidade dos entrevistados concordava que o livro pedido poderia ser retirado no dia seguinte caso não estivesse disponível imediatamente, ou seja, não haveria maiores transtornos se conseguissem receber um exemplar em até 24 horas após a solicitação. A razão era simples: como estudariam somente na noite anterior à prova, geralmente iam à biblioteca dois ou três dias antes para obter o livro. Assim, a característica mensurável desse serviço (espera máxima de 24 horas) é denominada de *Critical to Quality* (CTQ).

Com o CTQ definido, foi possível elaborar o indicador de nível de serviço da Biblioteca Central daquela faculdade de Engenharia seguindo o procedimento descrito para a elaboração de um INS:

$$INS = \frac{n^{\circ} \text{ de livros recebidos em até 24h}}{n^{\circ} \text{ de livros solicitados total}} \times 100$$

A coleta de dados para o cálculo do valor atual do INS não foi difícil, já que a biblioteca dispunha de um software que armazenava as solicitações, as reservas, as retiradas e as devoluções de livros pelos alunos da faculdade. O valor calculado do primeiro mês, ou o nível de serviço da Biblioteca Central, foi de 84,3%. Isso significa que o fornecedor de serviço — a Biblioteca Central —, considerado como nossa unidade de análise, conseguiu atender à expectativa do cliente — o usuário da biblioteca — em 84,3% das solicitações feitas a ela. Por um acordo entre os gestores da Biblioteca Central, definiu-se a meta a ser alcançada em um ano: um nível de serviço de 90%, sendo o INS calculado com periodicidade mensal.

CASO 2: FORNECIMENTO DE VEÍCULOS ADICIONAIS PELO SETOR PÁTIO DE VEÍCULOS

A característica de uma empresa prestadora de serviços de transporte de malotes para a Empresa de Correios e Telégrafos (ECT) é a significativa variabilidade de cargas em determinadas rotas. O Setor de Roteirização, normalmente, aloca veículos com capacidade de carga adequada à demanda média para percorrer as rotas diárias de distribuição de malotes nas diversas unidades da ECT no interior do Estado.

Não é raro que, devido a algum evento especial, como o aniversário de uma cidade, festas regionais, rodeios ou eventos religiosos, o volume de carga ultrapasse a capacidade dos veículos de carga alocados para aquela rota específica. O Setor de Roteirização detecta poucas horas antes do início da expedição dos malotes que o volume de carga de uma determinada rota excedeu a capacidade do veículo designado. A solução padronizada é solicitar veículos adicionais para o Setor de Pátio de Veículos — aqui considerado a nossa unidade de análise e, por consequência, o Setor de Roteirização é o cliente — para adequar a capacidade à demanda da rota.

A maior reclamação que o Setor de Roteirização (o cliente) faz do Setor de Pátio de Veículos (a unidade de análise) é o estado de conservação dos veículos que são fornecidos para o complemento emergencial da capacidade de carga. Constatou-se que é frequente que tais veículos tenham problemas mecânicos durante a viagem causando atrasos nas entregas ou mesmo o acionamento de socorro mecânico em rodovias.

Assim, a expectativa do Setor de Roteirização é que o Setor de Pátio de Veículos forneça veículos em boas condições de manutenção. A declaração qualitativa é parte integrante da VoC e precisa ser interpretada por meio de características mensuráveis (CTQ) para que possa ser identificada corretamente quando da sua ocorrência. Após acertos entre os gestores das duas áreas, definiu-se que a expressão veículos em boas condições de manutenção seria interpretada como veículo que complete a viagem sem quebras mecânicas. Evidentemente, outras restrições foram colocadas para o setor fornecedor do serviço como não aceitar veículos com pneus desgastados, lanternas de sinalização queimadas ou freios com deficiência perceptível. O indicador de nível de serviço do Setor de Pátio de Veículos foi estabelecido como:

$$INS = \frac{n^{\circ} \text{ de viagens completadas sem quebra}}{n^{\circ} \text{ de viagens total}} \times 100$$

O diário de bordo dos veículos adicionais fornecidos pelo Setor de Pátio de Veículos forneceu as informações necessárias para o cálculo do indicador. No primeiro mês de tabulação dos resultados, verificou-se que somente 91% dos veículos completavam as viagens designadas sem quebras mecânicas. Isso significa que o nível de serviço do Setor de Pátio de Veículos era de apenas 91% ou, colocando de outra forma, a expectativa do cliente era satisfeita em apenas 91% dos atendimentos. Em uma negociação entre os gestores das duas áreas da empresa, ficou acertado que

INDICADORES DE NÍVEL DE SERVIÇO (INS)   **255**

a meta a ser atingida dentro de um ano seria de 98% das viagens completadas sem quebras mecânicas.

Caso 3: Agendamento de carga para transportadora
TERCEIRIZADA

O projeto de terceirização da frota de veículos para distribuição das cargas a partir do Centro de Distribuição daquela empresa fabricante de produtos alimentícios orgânicos teve o objetivo de reduzir o custo de transporte. O processo foi muito bem-feito e resultou na contratação de uma transportadora idônea no mercado e com referências de bons serviços prestados.

O contrato assinado previa a implantação de um processo de agendamento de cargas no Setor de Expedição do fabricante de produtos orgânicos para que a empresa de transporte terceirizado pudesse otimizar a utilização de seus veículos. Isso acabou expondo o verdadeiro motivo do alto custo e da baixa produtividade da antiga frota própria: o problema não estava na frota mas nos constantes atrasos de carregamento realizados pelo Setor de Expedição, o que causava um excessivo número de veículos em espera na fila de carga e impedimentos de entregas por invadir horários de restrição de circulação na cidade.

A transportadora terceirizada logo sentiu os efeitos do processo deficiente de separação, preparo e conferência das cargas, e contabilizava inúmeros veículos em fila de espera no pátio do Centro de Distribuição. A aplicação dos conceitos de *Voice of Customer* diagnosticou a principal expectativa do cliente: cumprir o agendamento de carga.

É necessário, aqui, esclarecer uma certa inversão de papéis para poder entender o procedimento de elaboração do índice de nível de serviço (INS): o fornecedor do serviço de transporte — a transportadora terceirizada — é o cliente do processo de carga, enquanto que o Setor de Expedição do CD do fabricante de produtos alimentícios orgânicos é a unidade de análise.

A declaração qualitativa trazida pelo VoC contém um conceito que precisa ser esclarecido por meio de características mensuráveis: o que significa cumprir o agendamento de carga? Supondo que um carregamento esteja agendado para as 11:00h mas o Setor de Expedição iniciou a carga do veículo às 11:01h, isso pode ser considerado um atraso? Qual a tolerância máxima, em minutos, de início da carga no veículo agendado para que seja considerada como agendamento cumprido?

Não foi difícil chegar a um acordo, e considerou-se como tolerância máxima de atraso de início da carga o tempo de 15 minutos após o horário agendado. Assim, se uma carga agendada para as 11:00h iniciasse até 11:15h, seria considerada como pontual, mas, se o início da carga ocorresse às 11:16h, seria considerada atrasada. Com base nessas definições, o indicador de nível de serviço do Setor de Expedição foi estabelecido como:

CAPÍTULO 7: INDICADORES EM SERVIÇO...

$$INS = \frac{n^o \text{ de veículos recebidos até 15 min atraso}}{n^o \text{ de veículos recebidos total}} \times 100$$

O apontamento dos motoristas no registro de ponto dos veículos de carga da transportadora terceirizada foi a fonte de dados para o cálculo do valor atual do INS do Setor de Expedição. No primeiro mês em que foi feita a medida, o INS apontava para 72,2% de agendamentos pontuais. O acerto entre as partes definiu uma meta de 95% para ser alcançada no final de um ano após o início do contrato de prestação de serviço com aferição do indicador semanalmente.

APLICAÇÃO DE CONCEITOS

1. Escolha uma empresa que conheça adequadamente os processos de prestação de serviços.

   a. Escolha uma área da empresa (setor, departamento, etc), denominada de Área A.

   b. Escolha uma área da empresa que seja cliente da área do item anterior, denominada Área B.

   c. Defina pelo menos uma expectativa da Área B em relação à Área A.

   d. Se a expectativa for qualitativa, defina um requisito quantitativo e mensurável, que interprete o significado principal da expectativa (por exemplo, veículo com boa manutenção = veículo que complete a viagem sem quebras).

   e. Defina um indicador que meça o nível de serviço ao cliente (Área B).

      - Unidade: %

      - Máximo: 100%

      - Quanto maior, melhor

   f. Defina uma meta a ser alcançada em um ano.

   g. Defina a periodicidade de cálculo do indicador.

INDICADORES DE NÍVEL DE SERVIÇO (INS) 257

Fornecedor (Área A)	
Cliente (Área B)	
Expectativa (CCR ou VoC)	
Interpretação (CTQ ou CRI)	
Indicador de Nível de Serviço	
Meta (1 ano)	
Periodicidade	

2. Escolha uma empresa que conheça adequadamente os processos de prestação de serviços.

    a. Escolha uma área da empresa (setor, departamento, etc).

    b. O nome da unidade de saída equivalente será *UBS: Unidade Básica de Serviço.*

    c. Defina os serviços a serem considerados como produção válida (os serviços considerados como produção devem ser passíveis de contagem).

    d. Escolha o serviço a ser considerado como UBS = 1,00.

    e. Calcule a UBS de cada serviço por análise qualitativa.

    f. Defina o recurso que será considerado no denominador do indicador de produtividade (por exemplo: HHT, Custo do Serviço, etc).

258 CAPÍTULO 7: INDICADORES EM SERVIÇO...

	Tipo de Serviço	
1		
2		
3		
4		
5		
6		
7		
8		
9		
10		

3. Calcule a produtividade de dois funcionários conforme os dados abaixo.

			Funcionário		Funcionário	
			C.O.R.	R.G.R.	C.O.R.	R.G.R.
Saída	Descrição	UBS	Q	Q	S.E.	S.E.
Tipo 1			25	14		
Tipo 2			40	55		
Tipo 3			18	10		
Tipo 4			7	15		
Tipo 5			22	33		
Tipo 6			71	62		
Tipo 7			15	28		
Tipo 8			35	27		
Tipo 9			55	78		
Tipo 10			10	18		
				Total		
	Horas-Homem Trabalhadas	HHT	204	197	204	197
				UBS/HHT		

CAPÍTULO 8

ÍNDICE OU INDICADOR?

IGD: ÍNDICE GERAL DE DESEMPENHO

Índice é um caso especial de indicador. Mesmo na literatura, há uma certa confusão com o uso dos dois termos: índice ou indicador de satisfação do cliente? Índice ou indicador de market share? Seguindo à risca as definições que vamos detalhar neste capítulo, seria correto dizer índice de satisfação do cliente e indicador de market share. Para entender melhor a diferença entre eles, podemos dizer que a principal diferença entre indicador e índice é que indicador possui uma unidade de medida (%, km/l, ton/hh, etc.), enquanto que índice utiliza pontos para medir sua evolução. Quando é melhor utilizar um indicador e quando é melhor utilizar um índice?

De modo geral, para acompanhar o estado de um determinado processo em uma empresa utilizam-se indicadores calculados diretamente a partir de dados coletados em determinadas etapas do processo, daí a constatação de que todo indicador tem uma unidade de medida.

Índices têm, normalmente, características gerenciais, ou seja, tratam de grandezas complexas com caráter agregativo e sintético (resumem o comportamento de muitos valores) por meio de uma pontuação adimensional, mas é necessário desagregá-los em seus componentes parciais para encontrar as causas principais de sua variação. Índices são utilizados quando se quer mostrar:

- A evolução de uma determinada variável em relação a um valor de referência temporal (datas distintas) ou espacial (*benchmark*, orçamento, etc) também chamado de número índice. Exemplo: Índice Base 100.
- A composição de vários indicadores ponderados para formar um novo valor que agregue o comportamento equivalente deles. Exemplos: Índice Geral de Desempenho (IGD); Índice Geral de Preços (IGP).
- A quantificação de avaliações qualitativas como "confiança do consumidor", "sentimento econômico", "clima de negócios", etc, muito utilizados em Macroeconomia para descrever o comportamento de diversas variáveis ponderadas.

Este capítulo é dedicado a analisar índices utilizados em gestão de negócios e propor soluções para reduzir o número de indicadores a serem analisados por um gestor. No entanto, caso necessário, o leitor pode encontrar outras aplicações em Estatística, Economia, Administração Pública, Finanças, Engenharia, Física e Medicina.

IGD: ÍNDICE GERAL DE DESEMPENHO

Um dos principais problemas que um gestor encontra em suas atividades de monitoramento das áreas a ele subordinadas é o grande número de indicadores de desempenho a analisar. Suponhamos um gerente de Produção de uma indústria que tenha 15 áreas subordinadas e cada uma delas tenha cinco indicadores de desempenho designados. Fazendo a conta, verificamos que esse gestor teria que analisar 75 indicadores mensalmente.

CAPÍTULO 8: ÍNDICE OU INDICADOR?

Já comentamos em um capítulo anterior que é praticamente impossível que, com isso, um gestor consiga formar um raciocínio completo do que acontece nas áreas pelas quais é responsável, daí a importância de encontrar uma forma de reduzir o número de indicadores a um único indicador de desempenho que mostre, de maneira sintética — ou melhor, com enfoque gerencial — se as suas áreas estão ou não atingindo as metas estabelecidas.

Nessa questão, o comportamento das ações da Bolsa de Valores de São Paulo serve como paralelo. Centenas de ações são negociadas diariamente e cada uma delas tem um comportamento próprio de valorização ou desvalorização em relação ao preço praticado no pregão anterior. É impraticável, no intuito de avaliar o desempenho da Bolsa como um todo, analisar cada uma das ações negociadas e, para resolver esse problema, criou-se o IBOVESPA, ou Índice da Bolsa de Valores de São Paulo, o qual resume o comportamento de todas as ações negociadas que fazem parte daquele índice.

O mesmo procedimento pode ser adotado para resumir, em um único índice, o comportamento dos indicadores de desempenho de cada uma das áreas subordinadas ao gestor. Porém, há um problema em adotar o mesmo cálculo utilizado no IBOVESPA: todas as ações têm uma única unidade — R$ — enquanto que os indicadores de desempenho podem ter diversas unidades de medida.

A solução passa pelo conceito de decomposição por ponderação, em que cada um dos indicadores deve ser convertido para uma única unidade de medida e ser ponderado, conforme adequado, para formar um único índice.

A Figura 8.1 mostra uma área que tem seu desempenho monitorado por meio de três indicadores: retrabalho, disponibilidade de máquina e absenteísmo. Verifica-se que cada um deles possui unidades diferentes:

- Retrabalho é medido em % de peças retrabalhadas. Quanto menor o valor do indicador, melhor o desempenho da área.
- Disponibilidade de máquina é medido em % de horas-máquina que estão aptas a receber algum tipo de carga de trabalho. Quanto maior o valor do indicador, melhor o desempenho da área.
- Absenteísmo é medido em horas-homem ausentes do trabalho. Quanto menor o valor do indicador, melhor o desempenho da área.

Além das unidades diferentes, o sentido de melhoria do indicador (quanto maior, melhor ou quanto menor, melhor) também deve ser levado em consideração na tentativa de composição por ponderação. Diferentemente do modelo Gap 4, se a área superar as metas, ela deve ter um mérito contabilizado a seu favor, enquanto que, se as metas não forem atingidas, ela sofrerá um demérito que prejudicará seu desempenho geral.

IGD: ÍNDICE GERAL DE DESEMPENHO

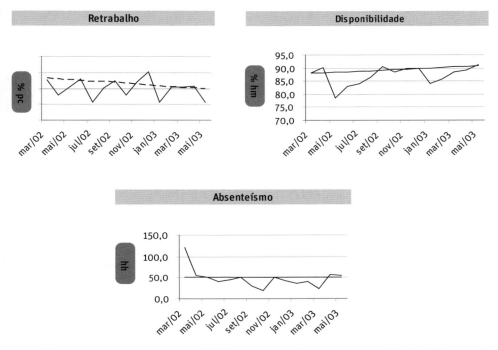

Problema: Como avaliar o desempenho de vários indicadores com unidades diferentes?

FIGURA 8.1: EXEMPLO DE INDICADORES DE DESEMPENHO DE UMA ÁREA INDUSTRIAL

Para que se possa reduzir todos os indicadores considerados essenciais para medir o desempenho do setor analisado em um único indicador, quatro providências devem ser tomadas:
- Todos os indicadores considerados devem ser modificados para que tenham uma única unidade de medida.
- A diferença entre o valor atual e a meta deve ser considerada.
- O sentido da melhoria (quanto maior, melhor ou quanto menor, melhor) deve ser considerado.
- A importância relativa ("pesos") entre os indicadores do setor analisado deve ser considerada.

Os quatro itens citados podem ser observados no conceito de Índice Geral de Desempenho (IGD) que aplica o método de diferença porcentual entre Valor Atual e Meta em relação à Meta. A Figura 8.2 mostra que qualquer indicador de desempenho, com qualquer unidade de medida, é reduzido à unidade % se dividirmos a diferença entre o Valor Atual e a Meta pelo valor da Meta naquele período de tempo.

CAPÍTULO 8: ÍNDICE OU INDICADOR?

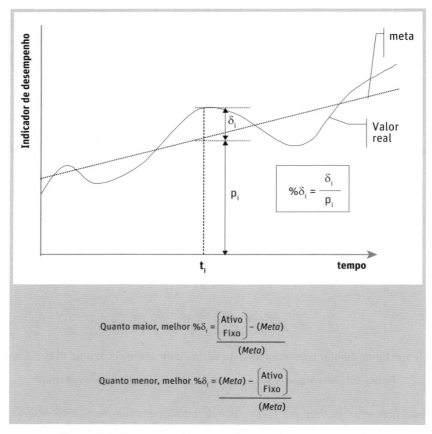

FIGURA 8.2: CÁLCULOS DO INDICADOR GERAL DE DESEMPENHO — IGD

Algebricamente, temos:

$$\%\delta_i = \frac{\delta_i}{p_i}$$

Em que:
%δi = diferença percentual entre Valor Atual e Meta no período i
δi = diferença absoluta entre Valor Atual e Meta no período i
pi = Valor da Meta no período i

Um ponto importante é que mesmo os indicadores com unidades % (por exemplo, % de retrabalho ou % de disponibilidade de máquina) devem passar pelo mesmo proce-

IGD: ÍNDICE GERAL DE DESEMPENHO **265**

dimento descrito acima. Em outras palavras, o resultado da operação será um indicador porcentagem de porcentagem.

O termo da expressão algébrica $\%\delta$ = diferença porcentual entre Valor Atual e Meta no período i deve considerar o sentido da melhoria para imputar os créditos e deméritos ao setor analisado. Para isso, a forma de cálculo desse indicador deve ser diferente, dependendo de o sentido da melhoria ser do tipo quanto maior, melhor ou quanto menor, melhor.

As expressões algébricas a seguir mostram como deve ser calculado o indicador $\%\delta$ em um caso ou em outro. Observe que, se o indicador for positivo, o setor superou a meta estabelecida; se o indicador for negativo, o setor não alcançou a meta estabelecida, e no caso do indicador ser igual a zero, o setor atingiu o valor exato da meta estabelecida.

$$\text{Quanto maior, melhor} \Rightarrow \%\delta_i = \frac{\left(\dfrac{Ativo}{Fixo}\right) - (Meta)}{(Meta)}$$

$$\text{Quanto menor, melhor} \Rightarrow \%\delta_i = \frac{(Meta) - \left(\dfrac{Ativo}{Fixo}\right)}{(Meta)}$$

O último item a ser analisado é a importância relativa dos indicadores, ou "pesos", que farão parte do IGD. Esses "pesos" são denominados pelo fator Wi. Como se trata de uma composição de indicadores, cada um deles pode ter uma importância específica para o gestor da área. Caso todos os indicadores tenham a mesma importância relativa, o IGD será composto pela média aritmética de cada um dos $\%\delta i$, ou seja, os Wi serão iguais. A Figura 8.3 mostra as diversas composições de importância relativa entre cinco indicadores considerados para o cálculo do IGD. A condição essencial para a aplicação do conceito de IGD é que a soma de todas as ponderações relativas seja 1 (ou 100%).

CAPÍTULO 8: ÍNDICE OU INDICADOR?

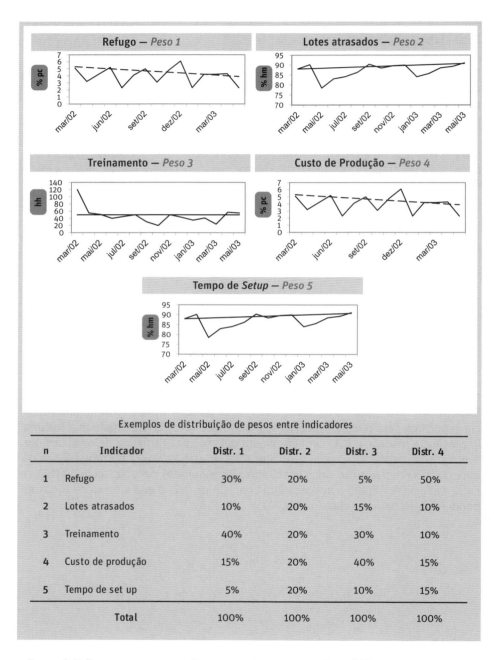

FIGURA 8.3: EXEMPLOS DE COMPOSIÇÃO DA IMPORTÂNCIA RELATIVA (PESOS) W_i ENTRE OS INDICADORES

IGD: ÍNDICE GERAL DE DESEMPENHO **267**

A forma de se chegar a uma ponderação adequada dos indicadores considerados pode ser feita por:

- Negociação entre os gestores da área analisada que, qualitativamente, podem avaliar a importância relativa entre eles.
- Método de comparação entre critérios de avaliação conhecidos como Matriz 0/1 ou Matriz de comparação Pairwise mostrados no Anexo II.
- Método AHP (*Analytic Hierarchy Process*), o qual fornece um quadro de referência para a estruturação de um problema de decisão, e auxilia a representar, quantificar e relacionar cada um de seus elementos para a avaliação de soluções alternativas.

O cálculo do valor do IGD em cada tempo t (dia, semana, mês, etc) é feito multiplicando-se %δi pelo valor da importância relativa Wi e somando os fatores. Algebricamente, a operação matemática é mostrada na expressão a seguir:

$$IGD_t = \sum_{i=1}^{n} W_{it} \times \%\delta_{it}$$

O valor do IGD em cada tempo t pode assumir valores positivos, negativos ou zero. A interpretação de cada uma dessas situações é essencial para que o gestor compreenda adequadamente o que está acontecendo com as áreas operacionais sob sua responsabilidade:

- **IGD>0:** Significa que, na média ponderada, a área sob sua responsabilidade superou as metas estabelecidas. Não significa que nenhum indicador tenha ficado abaixo da meta.
- **IGD=0:** Significa que, na média ponderada, a área sob sua responsabilidade atingiu as metas estabelecidas. Não significa que nenhum indicador tenha ficado abaixo ou acima da meta.
- **IGD<0:** Significa que, na média ponderada, a área sob sua responsabilidade ficou abaixo das metas estabelecidas. Não significa que nenhum indicador tenha ficado acima da meta.

Caso necessário, o gestor pode analisar cada um dos componentes do IGD (%δi×Wi) para identificar qual indicador i está contribuindo mais significativamente para o resultado final e colocar as ações corretivas ou de premiação mais adequadas. A Figura 8.4 mostra como fica a visualização do IGD mostrada em um gráfico.

CAPÍTULO 8: ÍNDICE OU INDICADOR?

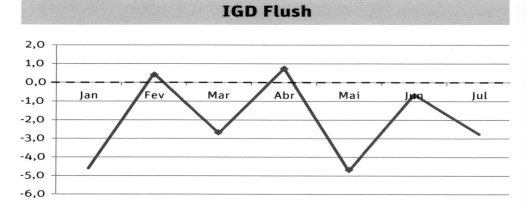

FIGURA 8.4: VISUALIZAÇÃO DO IGD EM GRÁFICO

O IGD da área Flush de uma empresa industrial, mostrado na Figura 8.4, foi calculado consolidando quatro indicadores selecionados pela área: Scrap, Horas Extras, % de Entregas no Prazo e Giro do Estoque, cada um ponderado conforme mostra a Tabela 8.1:

TABELA 8.1: DADOS DOS INDICADORES DA ÁREA FLUSH PARA CÁLCULO DO IGD

INDICADOR	%	UN.	SENTIDO	V / M	JAN	FEV	MAR	ABR	MAI	JUN
% SCRAP	30%	%	Quanto menor, melhor	Valor	5,5%	6,0%	4,0%	3,5%	5,1%	3,5%
				Meta	5,0%	5,0%	4,0%	4,0%	4,0%	3,0%
HORAS EXTRAS	15%	hh	Quanto menor, melhor	Valor	900	800	1.200	1.040	750	700
				Meta	1.100	1.000	950	900	880	850
% ENTREGAS NO PRAZO	40%	%	Quanto maior, melhor	Valor	70%	81%	80%	83%	85%	87%
				Meta	75%	77%	79%	82%	84%	86%
GIRO DE ESTOQUE	15%	dias	Quanto menor, melhor	Valor	50	39	39	42	35	33
				Meta	45	43	41	39	37	36

Aplicando a fórmula de cálculo do IGD para os dados coletados no mês de janeiro, temos:

$$IGD_{jan} = 30 \times \left(\frac{5,0 - 5,5}{5,5}\right) + 15 \times \left(\frac{1100 - 900}{1100}\right) + 40 \times \left(\frac{70 - 75}{75}\right) + 15 \times \left(\frac{45 - 50}{45}\right) = -4,6$$

IGD: ÍNDICE GERAL DE DESEMPENHO

A Tabela 8.2 mostra os resultados parciais para cada um dos indicadores componentes do IGD obtidos repetindo o cálculo em todos os meses de janeiro a julho. A soma de cada coluna representa o valor do IGD em cada mês. O resultado parcial do indicador no mês de janeiro é mostrado na expressão a seguir:

$$(W_{Scrap} \times \%\delta_{Scrap})_{jan} = 30 \times \left[\frac{5,0 - 5,5}{5,5} \right] = -3,0$$

Tomando como exemplo o mês de maio, quando o IGD obteve seu menor valor no período, observamos que não obstante três indicadores terem superado a meta, Horas Extras, % de Entregas no Prazo e Giro do Estoque, o desempenho muito ruim do indicador % Scrap fez com que o IGD tivesse o valor negativo. Ou seja, o bom desempenho dos três indicadores não foi suficiente para compensar o desempenho muito ruim do indicador % Scrap.

TABELA 8.2: CÁLCULO DOS FATORES PARCIAIS DO IGD

INDICADOR	JAN	FEV	MAR	ABR	MAI	JUN	JUL
% SCRAP	-3,0	-6,0	0,0	3,8	-8,3	-5,0	0,0
HORAS EXTRAS	2,7	3,0	-3,9	-2,3	2,2	2,6	-0,5
% ENTREGAS NO PRAZO	-2,7	2,1	0,5	0,5	0,5	0,5	-1,4
GIRO DE ESTOQUE	-1,7	1,4	0,7	-1,2	0,8	1,3	-0,9
IGD	**-4,6**	**0,5**	**-2,7**	**0,8**	**-4,7**	**-0,6**	**-2,8**

Uma outra forma de analisar os indicadores responsáveis pelo mau desempenho da área Flush no mês de maio é visualizar os fatores parciais do IGD nesse mês por meio de um Diagrama de Pareto. Essa ferramenta da qualidade permite visualizar os componentes de uma variável do maior para o menor:

CAPÍTULO 8: ÍNDICE OU INDICADOR?

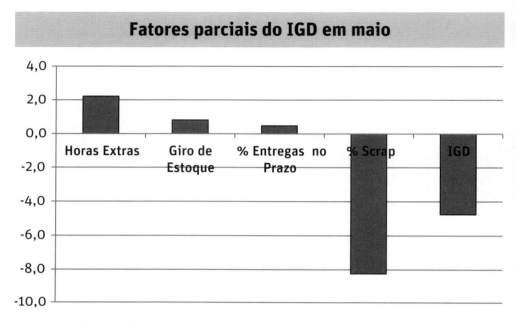

FIGURA 8.5 DIAGRAMA DE PARETO DOS FATORES PARCIAIS DO IGD NO MÊS DE MAIO

O Diagrama permite visualizar claramente que o desempenho muito ruim do indicador % Scrap (-8,3) foi o principal responsável pelo valor negativo de -4,7 do IGD no mês de maio, anulando os bons desempenhos dos indicadores Horas Extras (2,2), Giro do Estoque (0,8) e % de Entregas no Prazo (0,5). Isso reforça o caráter gerencial do IGD: este indicador não dá detalhes sobre o comportamento de seus componentes, do mesmo modo que o Índice da Bolsa de Valores não fornece detalhes sobre cada uma das ações que o compõem.

O objetivo do IGD é reduzir todos os indicadores de desempenho de uma área operacional em um único indicador. No caso da área Fluxo, a Figura 8.6 mostra como foi a composição por ponderação do IGD.

IGD: ÍNDICE GERAL DE DESEMPENHO **271**

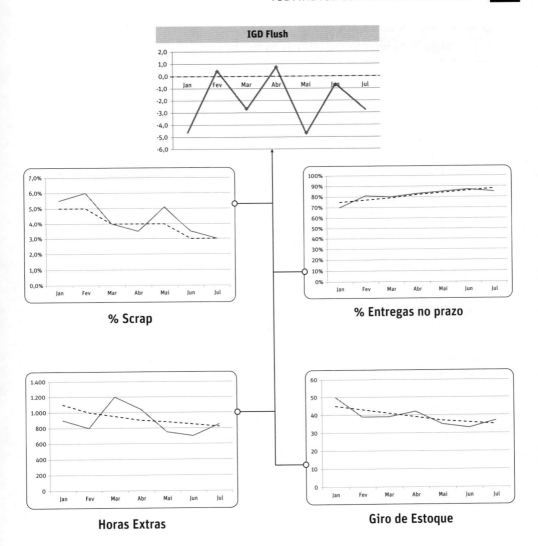

Figura 8.6: IGD da área Flush e seus indicadores componentes

CAPÍTULO 8: ÍNDICE OU INDICADOR?

APLICAÇÃO DE CONCEITO:
IGD DA ÁREA OPERACIONAL CKD-MBA

Embora o caso tenha sido elaborado há vários anos, aspectos relacionados à preservação de procedimentos operacionais internos e políticas de impedimento da exposição da empresa na mídia motivaram a não divulgação do nome e dados reais da área analisada. A área operacional analisada, denominada CKD-MBA, é responsável pela usinagem de peças críticas na montagem de eixos traseiros de caminhões de grande porte. A atividade da área era feita em três turnos contando com, aproximadamente, 40 operadores de equipamentos de usinagem, dois supervisores no Turno 1, dois supervisores no Turno 2 e mais um supervisor no Turno 3.

Na época do estudo de caso, o gestor da área operacional CKD-MBA monitorava três indicadores de desempenho principais: % *Refugo* de peças usinadas, *Disponibilidade* dos equipamentos de usinagem e *Absenteísmo* dos operadores. Cada um deles tinha metas definidas pelo gestor do nível hierárquico superior imediato. Embora não fosse um número excessivo de indicadores para monitoramento, o gestor da área operacional concordou em implantar o IGD como instrumento auxiliar de gestão.

Como os indicadores e metas já estavam estabelecidos, restava a definição dos "pesos" relativos de cada indicador que mostrassem a importância relativa entre eles. Para isso foi marcada uma reunião entre os cinco supervisores de turno e mais o gerente da área operacional CKD-MBA. Um consultor externo foi designado como facilitador do processo de obtenção dos "pesos". Depois de quase uma hora de reunião sobre qual a relação de importância entre os indicadores, não se chegou a uma conclusão. A solução encontrada pelo facilitador foi fornecer uma folha de papel para cada participante da reunião e solicitar que, nela, fizessem a distribuição dos "pesos" que mais lhes parecia adequada. Uma prosaica média aritmética entre os seis valores fornecidos pelo gerente e cinco supervisores forneceu os valores finais dos "pesos":

Como os indicadores eram monitorados há algum tempo, não foi difícil conseguir os valores mês a mês e aplicar os cálculos para a obtenção do IGD da área operacional. A Figura 8.7 mostra os dados e o resultado dos cálculos:

IGD: ÍNDICE GERAL DE DESEMPENHO — 273

OP	
Ret	0,41
Disp	0,36
Abs	0,23
Σ =	1,00

Retrabalho — Unid. = %

Data	Real	Meta	%
01/03/02	5,1	5,3	3,8%
01/04/02	3,2	5,2	38,5%
02/05/02	4,2	5,1	17,6%
02/06/02	5,2	5,0	-4,0%
03/07/02	2,3	4,9	53,1%
03/08/02	4,1	4,8	14,6%
03/09/02	5,0	4,7	-6,4%
04/10/02	3,1	4,6	32,6%
04/11/02	4,8	4,5	-6,7%
05/12/02	6,1	4,4	-38,6%
05/01/03	2,3	4,3	46,5%
05/02/03	4,2	4,2	0,0%
08/03/03	4,2	4,1	-2,4%
08/04/03	4,3	4,0	-7,5%
09/05/03	2,3	3,9	41,0%

Disponibilidade — Unid. = %

Data	Real	Meta	%
01/03/02	88,1	88,0	0,1%
01/04/02	90,2	88,2	2,3%
02/05/02	78,5	88,4	-11,2%
02/06/02	83,1	88,6	-6,2%
03/07/02	84,2	88,8	-5,2%
03/08/02	86,3	89,0	-3,0%
03/09/02	90,4	89,2	1,3%
04/10/02	88,5	89,4	-1,0%
04/11/02	89,7	89,6	0,1%
05/12/02	90,0	89,8	0,2%
05/01/03	84,1	90,0	-6,6%
05/02/03	85,7	90,2	-5,0%
08/03/03	88,6	90,4	-2,0%
08/04/03	89,3	90,6	-1,4%
09/05/03	91,1	90,8	0,3%

Absenteísmo — Unid. = HH

Data	Real	Meta	%
01/03/02	120,0	50,0	-140,0%
01/04/02	55,0	50,0	-10,0%
02/05/02	51,0	50,0	-2,0%
02/06/02	40,0	50,0	20,0%
03/07/02	45,0	50,0	10,0%
03/08/02	50,0	50,0	0,0%
03/09/02	30,0	50,0	40,0%
04/10/02	20,0	50,0	60,0%
04/11/02	50,0	50,0	0,0%
05/12/02	43,0	50,0	14,0%
05/01/03	35,0	50,0	30,0%
05/02/03	41,0	50,0	18,0%
08/03/03	24,0	50,0	52,0%
08/04/03	57,0	50,0	-14,0%
09/05/03	55,0	50,0	-10,0%

IGD

Data	I
01/03/02	-0,31
01/04/02	0,14
02/05/02	0,03
02/06/02	0,01
03/07/02	0,22
03/08/02	0,05
03/09/02	0,07
04/10/02	0,27
04/11/02	-0,03
05/12/02	-0,13
05/01/03	0,24
05/02/03	0,02
08/03/03	0,10
08/04/03	-0,07
09/05/03	0,15

$$3,8 * 0,41 + 0,1 * 0,36 + -140,0 * 0,23 = -0,31$$

Figura 8.7: Dados e cálculo IGD da área operacional CKD-MBA

CAPÍTULO 8: ÍNDICE OU INDICADOR?

A Figura 8.7 destaca os dados utilizados no cálculo do IGD no mês de março de 2002 e o cálculo do IGD no referido mês foi feito conforme a expressão a seguir:

$$IGD_{mar2002} = 3,8 \times 0,41 + 0,1 \times 0,36 + (-140,0) \times 0,23 = -0,31$$

A visualização da evolução do IGD da área analisada é mostrada na Figura 8.8. Verifica-se que o setor conseguiu superar suas metas na maioria dos meses analisados, mas enfrentou problemas em alguns períodos, os quais foram devidamente analisados pelo gestor da área.

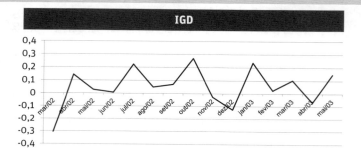

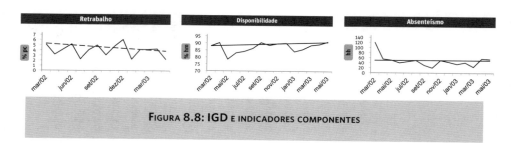

FIGURA 8.8: IGD E INDICADORES COMPONENTES

ÍNDICE DE SATISFAÇÃO DO CLIENTE

As modernas técnicas de gestão de negócios são unânimes em apontar o cliente como o principal responsável pela sobrevivência da empresa no mercado. Expressões como Estratégia Competitiva são fartamente alardeadas como essenciais para encontrar caminhos para fazer com que o cliente comprador opte por seu produto e despreze os produtos da concorrência.

Mais importante (e mais barato) do que conquistar novos clientes é a capacidade da empresa de manter os clientes já conquistados, e estes somente continuarão comprando seu produto se ela atender às suas expectativas. No que se refere às expectativas, a empresa não deve tentar adivinhar quais são elas: deve ter a coragem de perguntar ao cliente. Caso contrário, é muito provável que entregará itens que o cliente não valoriza e deixará de entregar outros que o cliente considera essenciais. Por outro lado, deve-se considerar um ensinamento do Marketing: "se não fizer o que o cliente deseja, a empresa quebra; se fizer tudo o que o cliente deseja, a empresa quebra também".

Para auxiliar na solução de conflitos entre expectativas do cliente e operação da empresa, Parasuraman et al. (1985) propuseram o Modelo dos Gaps de Qualidade dos Serviços, ilustrado na Figura 8.9, que mostra que as divergências ocorrem em diversos pontos do processo de atendimento ao cliente:

- Gap 1: Divergência entre a expectativa do cliente e o que a empresa ou o prestador do serviço entendeu como sendo a expectativa do cliente.
- Gap 2: Divergência entre o entendimento da empresa e as especificações que elabora para atender o cliente.
- Gap 3: Divergência entre as especificações elaboradas e o serviço gerado.
- Gap 4: Divergência entre o serviço gerado e a comunicação externa ao cliente.
- Gap 5: Divergência entre o serviço esperado e o serviço fornecido.

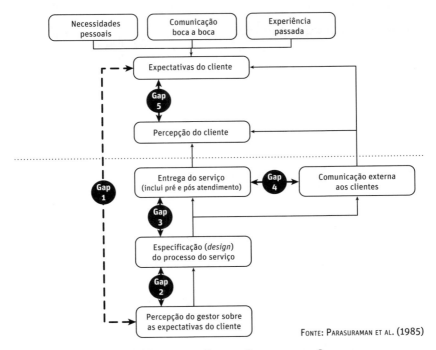

FIGURA 8.9: MODELO DOS GAPS DE QUALIDADE DOS SERVIÇOS

276 CAPÍTULO 8: ÍNDICE OU INDICADOR?

Índices de satisfação do cliente são comumente aplicados para medir o Gap 5, ou seja, as divergências entre o serviço esperado e o serviço fornecido. As formas de cálculo variam muito de empresa para a empresa e também variam desde métodos simples a métodos mais sofisticados. Nas subseções seguintes vamos analisar alguns exemplos:

PORCENTAGEM DE PERGUNTA DIRETA

Este método é muito simples e consiste em fazer apenas uma pergunta ao cliente: "Você está satisfeito com o serviço prestado?". Permite somente duas respostas: "Sim" para clientes satisfeitos e "não" para clientes insatisfeitos e, para estes últimos, pode-se solicitar comentários sobre a causa da insatisfação. Os dados são coletados após o serviço ser prestado, como o checkout de supermercados e lojas ou utilizando a Unidade de Resposta Audível (URA) em *Call Centers*. O cálculo é feito pelo quociente entre o número de avaliações "sim" sobre o total de avaliações coletadas. A Tabela 8.3 mostra um exemplo de coleta e cálculo desse índice de satisfação do cliente.

TABELA 8.3: ÍNDICE DE SATISFAÇÃO DO CLIENTE PELO MÉTODO DE PORCENTAGEM DE PERGUNTA DIRETA

SATISFEITO COM O SERVIÇO PRESTADO?		OBSERVAÇÃO
SIM	NÃO	
x		
x		
	x	Preço muito alto
	x	Atendimento ruim do vendedor
x		
x		
...	...	
215	18	TOTAL
92,3%		ÍNDICE DE SATISFAÇÃO DO CLIENTE

$$\text{Índice de Satisfação do Cliente} = \left(\frac{n^{\underline{o}} \text{ de avaliações "Sim"}}{n^{\underline{o}} \text{ Total de avaliações}} \right) = \frac{215}{215 + 18} = 92,3\%$$

MÉDIA PONDERADA DE AVALIAÇÕES QUALITATIVAS POR ESCALA *LIKERT*

Trata-se de um método em que o cliente atribui uma nota para cada questão formulada pelo prestador do serviço que, em princípio, avalia os aspectos mais im-

ÍNDICE DE SATISFAÇÃO DO CLIENTE **277**

portantes do serviço prestado. O maior problema desse método está na formulação dos itens de avaliação, uma vez que, como já explicitado anteriormente, deve refletir as principais variáveis que o cliente espera receber do serviço prestado. Um exemplo de adequação das expectativas com os itens de avaliação é mostrado na Tabela 8.4:

TABELA 8.4: ADEQUAÇÃO DAS EXPECTATIVAS DO CLIENTE COM OS ITENS DE AVALIAÇÃO

N	EXPECTATIVA DO CLIENTE	ITEM DO QUESTIONÁRIO DE AVALIAÇÃO	PESO
1	Rapidez em agendar a consulta pelo *Call Center*	Demora em agendar ao telefone com o médico solicitado	20,0%
2	Baixo tempo de espera na recepção do consultório médico	Tempo de espera na recepção para ser atendido pelo médico	25,0%
3	Atendimento cordial da recepção	Educação do recepcionista	15,0%
4		Interesse do recepcionista em prestar atendimento	30,0%
5	Consultório confortável e limpo	Limpeza e higiene das dependências do consultório	10,0%
		TOTAL	100,0%

O passo seguinte é estabelecer a importância relativa dos itens de avaliação. Métodos adequados para estabelecimento de "pesos" entre os itens de avaliação podem ser encontrados no Anexo II. É conveniente estabelecer uma normalização entre os "pesos" para que a soma deles seja 1 ou 100%. A Tabela 8.5 mostra um exemplo de atribuição de "pesos":

TABELA 8.5: ATRIBUIÇÃO DE "PESOS" AOS ITENS DE AVALIAÇÃO

ITEM DO QUESTIONÁRIO DE AVALIAÇÃO	PESO
Demora em agendar ao telefone com o médico solicitado	20,0%
Tempo de espera na recepção para ser atendido pelo médico	25,0%
Educação do recepcionista	15,0%
Interesse do recepcionista em prestar atendimento	30,0%
Limpeza e higiene das dependências do consultório	10,0%
TOTAL	100,0%

CAPÍTULO 8: ÍNDICE OU INDICADOR?

Para quantificar a avaliação qualitativa do cliente, estabelece-se uma Escala *Likert* escolhida conforme a conveniência da empresa avaliada. As escalas mais comuns são de 1 a 10, 1 a 5 e 1 a 4. Uma variante do método é auxiliar o cliente avaliador com atributos que caracterizem sua avaliação como "Ótimo", "Bom", "Regular" e "Ruim" ou "Concordo fortemente", "Concordo", "Concordo em parte", "Discordo" e "Discordo fortemente". A Figura 8.10 mostra algumas dessas escalas de avaliação".

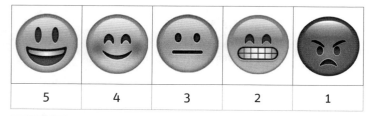

ÓTIMO	BOM	REGULAR	RUIM
4	3	2	1

ÓTIMO	BOM	REGULAR	RUIM	PÉSSIMO
5	4	3	2	1

5	4	3	2	1

ÓTIMO									PÉSSIMO
10	9	8	7	6	5	4	3	2	1

FIGURA 8.10: ESCALAS PARA AVALIAÇÃO PELO CLIENTE

Ao serem coletadas as avaliações dos clientes, cada nota é ponderada pelo peso atribuído sendo calculada uma média. O prestador de serviço especifica uma nota mínima para estabelecimento do nível de atendimento das expectativas do cliente. Se o índice for menor do que esse valor, uma ação corretiva deve ser implementada. Notas individuais muito baixas também devem ser objeto de procedimentos de recuperação de cliente. A Tabela 8.6 mostra como é calculado o índice de satisfação do cliente.

ÍNDICE DE SATISFAÇÃO DO CLIENTE · 279

TABELA 8.6: COLETA E CÁLCULO DO ÍNDICE DE SATISFAÇÃO DO CLIENTE

N	ITEM DO QUESTIONÁRIO DE AVALIAÇÃO	PESO	C1	C2	C3	C4	C5	C6	C7	C8	C9	C10	C11	C12	C13	C14	C15
1	Demora em agendar ao telefone com o médico solicitado	20,0%	9	8	10	10	9	8	7	10	9	10	7	10	9	10	10
2	Tempo de espera na recepção para ser atendido pelo médico	25,0%	9	9	10	10	9	8	7	10	9	8	8	10	9	8	10
3	Educação do recepcionista	15,0%	10	9	9	10	9	8	7	10	9	9	9	10	8	8	8
4	Interesse do recepcionista em prestar atendimento	30,0%	10	9	9	10	9	9	8	10	9	9	9	10	8	9	8
5	Limpeza e higiene das dependências do consultório	10,0%	10	10	9	10	10	9	9	10	9	10	10	10	9	9	8
	TOTAL	100,0%	9,55	8,9	9,45	10	9,1	8,4	7,5	10	9	9,05	8,45	10	8,55	8,8	8,9
	ÍNDICE DE SATISFAÇÃO DO CLIENTE																9,0

$$ISC_{c1} = 9 \times 0,20 + 9 \times 0,25 + 10 \times 0,15 + 10 \times 0,30 + 10 \times 0,10 = 9,6$$

$$ISC_{c2} = 8 \times 0,20 + 9 \times 0,25 + 9 \times 0,15 + 9 \times 0,30 + 10 \times 0,10 = 8,9$$

$$\dots$$

$$ISC_{c15} = 10 \times 0,20 + 10 \times 0,25 + 8 \times 0,15 + 8 \times 0,30 + 8 \times 0,10 = 8,9$$

$$ISC = \frac{\sum_{i=1}^{n} ISC_{ci}}{n} = \frac{9,6 + 8,9 + 9,5 + \dots + 8,9}{15} = 9,0$$

CAPÍTULO 8: ÍNDICE OU INDICADOR?

A explicitação do resultado do Índice de Satisfação do Cliente (ISC) pode ser feito utilizando um método inverso à quantificação das avaliações qualitativas. Pode-se dizer que é possível qualificar o resultado quantitativo obtido no ISC relacionando cores ou desenhos. A Figura 8.11 mostra como cada intervalo de notas de ISC pode ser associado a um símbolo que expressa a avaliação qualitativa do cliente.

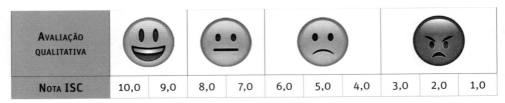

FIGURA 8.11: ASSOCIAÇÃO DE SÍMBOLOS A INTERVALOS DO ISC

ÍNDICE BASE 100

Também chamado de número índice, este tipo de índice mede a evolução do valor de uma variável obtida em uma data específica em relação a um valor-base ou valor de referência associado a uma data-base (na data-base, I=100). A expressão matemática que descreve o cálculo de um índice base 100 é dado por:

$$I_N = \frac{Valor_{dataN}}{Valor_{data\text{-}base}} \times 100$$

Percebe-se facilmente que o cálculo utiliza o conceito de interpolação linear, ou simplesmente regra de três, em que um quarto valor é calculado como proporção de outros três valores envolvidos.

$$Valor_{data\text{-}base} \rightarrow 100$$
$$Valor_{dataN} \rightarrow x$$

A Tabela 8.7 mostra o valor do preço de compra de um determinado item de estoque cotado no último dia de cada mês e o cálculo dos índices correspondentes. No exemplo, a data-base é 31/05/2015, quando o índice assume o valor 100.

ÍNDICES DE PROSPECÇÃO DE EXPECTATIVAS

TABELA 8.7: ÍNDICE BASE 100 DE UM SKU

DATA	31/05/15	30/06/15	31/07/15	31/08/15	30/09/15	31/10/15	30/11/15
Preço	R$123,57	R$124,66	R$122,90	R$124,88	R$125,14	R$126,35	R$126,48
Índice	100,0	100,9	99,5	101,1	101,3	102,2	102,4

ÍNDICES DE PROSPECÇÃO DE EXPECTATIVAS

Utiliza-se este índice quando se pretende quantificar uma prospecção de variáveis qualitativas como "confiança", "sentimento", "clima de negócios" e outros. Usualmente, esses índices são calculados com base em valores coletados que estimam perspectivas mais ou menos favoráveis em relação ao momento atual. Os resultados são mostrados por meio de uma escala tendo o valor 100 como uma "expectativa igual ao momento atual"; valores abaixo de 100 indicam "pessimismo em relação ao momento atual", e valores acima de 100 indicam "otimismo em relação ao momento atual".

Um exemplo desse tipo de indicador é o Ifo *Business Climate Index* calculado pelo Ifo *Institute for Economic Research* que coleta as expectativas de mais de 7.000 empresas participantes dos diversos setores da economia desse 2005. Para o cálculo do índice, são coletadas as opiniões sobre:

- A situação atual dos negócios, com três opções possíveis: "bom", "satisfatório" ou "ruim" (good, satisfactory, poor).
- A previsão para os próximos seis meses, também com três opções: "mais favorável"; "imutável" ou "menos favorável" (more favorable, unchanged, less favorable).

A avaliação da situação atual (business situation) é calculada por meio da diferença entre os percentuais de "bom" e "ruim", assim como a avaliação da previsão futura (business expectations) também é calculada pela diferença entre os percentuais de "mais favorável" e "menos favorável". O *business climate index* é a média geométrica (raiz quadrada da multiplicação dos fatores) do *business situation index* e do *business expectations index*. O valor obtido é normalizado pela média do ano 2000. Um exemplo simples dos cálculos previstos pode ser visto na Tabela 8.8.

$$Valor = \sqrt{BSI \times BEI}$$

em que

BSI — *Business Situation Index*

BEI — *Business Expectations Index*

CAPÍTULO 8: ÍNDICE OU INDICADOR?

TABELA 8.8: EXEMPLO SIMPLIFICADO DE CÁLCULO DO IFO *BUSINESS CLIMATE INDEX*

I	AVALIAÇÕES	FREQUÊNCIA	%	1+ (%UP-%DOWN)	BCI
BUSINESS SITUATION	Total respostas	2.300	100,00%	BSI	99,1
	good	700	30,43%	113,04%	
	satisfactory	1.200	52,17%		
	poor	400	17,39%		
BUSINESS EXPECTATIONS	Total respostas	2.300	100,00%	BEI	
	more favorable	250	10,87%	86,96%	
	unchanged	1.500	65,22%		
	less favorable	550	23,91%		

A Figura 8.12 mostra a evolução do Índice de Sentimento Econômico da União Europeia e da Zona do Euro mostrando os efeitos da crise de 2009 e a posterior recuperação das expectativas dos agentes econômicos.

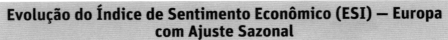

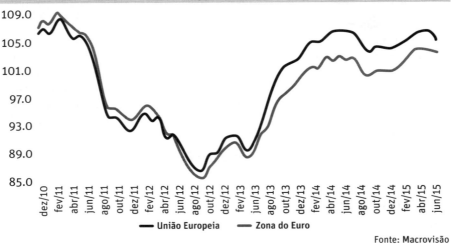

FIGURA 8.12: EVOLUÇÃO DO ÍNDICE DE SENTIMENTO ECONÔMICO DA **UE** E **ZE**

ÍNDICE DE PROSPECÇÃO DE EXPECTATIVAS **283**

Índice de Confiança do Consumidor (ICC)

Esse indicador mede as expectativas dos consumidores em relação às perspectivas financeiras da família, da situação econômica do país, do desemprego e da poupança nos próximos 12 meses. A pesquisa é feita nas primeiras semanas de cada mês com entrevistas em uma amostra estratificada composta entre duas e três mil pessoas, dependendo do país ou região. Na União Europeia, cada país faz sua pesquisa e remete os resultados para a Directorate General for Economic and Financial Affairs (DG ECFIN) para uma consolidação ajustada à sazonalidade.

Segundo Sequeira (2011), o cálculo do Índice de Confiança do Consumidor (ICC) corresponde à média aritmética da DPRE (diferença percentual de respostas extremas ou saldo das respostas extremas — SRE — ou *balance of respondents*) das respostas de um questionário às seguintes questões:

- Perspectivas sobre a situação financeira da família nos próximos 12 meses.
- Perspectivas sobre a situação econômica do país nos próximos 12 meses.
- Evolução do desemprego nos próximos 12 meses.
- Perspectivas de poupança nos próximos 12 meses.

A aplicação do questionário permite respostas a cada uma das questões segundo uma escala de notas que vai de "melhora muito" a "piora muito". A Tabela 8.9 mostra a relação entre as avaliações qualitativas e a escala adotada para a quantificação.

TABELA 8.9: ESCALA PARA RESPOSTAS DO QUESTIONÁRIO DO ICC

ESCALA	(++)	(+)	(=)	(--)	(-)	NS
AVALIAÇÃO	Melhora muito	Melhora um pouco	Mantém-se	Piora um pouco	Piora muito	Não sabe

O DPRE corresponde à diferença entre as porcentagens das respostas positivas (++) e (+), e negativas (-) e (--). Note que o cálculo não inclui as respostas "Não sabe" (NS) e "Mantém-se" (=), o que gera críticas à sua forma de cálculo conforme mostra a fórmula a seguir:

$$DPRE_i = (\%Resp_i(++) \times 1,0 + \%Resp_i(+) \times 0,5) - (\%Resp_i(-) \times 0,5 + \%Resp_i(-) \times 1,0$$

CAPÍTULO 8: ÍNDICE OU INDICADOR?

Analisando a fórmula de cálculo, chegamos à conclusão de que o valor de um DPRE pode variar entre -100 e 100. Uma simulação do cálculo do DPRE da questão "Perspectivas sobre a situação financeira da família nos próximos 12 meses" com 2.980 respondentes gerou um DPRE = -19,2%, conforme mostra a Tabela 8.10.

TABELA 8.10: SIMULAÇÃO DO CÁLCULO DO DPRE

Perspectivas sobre a situação financeira da família nos próximos 12 meses

AVALIAÇÃO	ESCALA	RESPOSTAS	%
Melhora muito	(++)	120	4,0%
Melhora um pouco	(+)	352	11,8%
Mantém-se	(=)	1258	42,2%
Piora um pouco	(--)	712	23,9%
Piora muito	(-)	513	17,2%
Não sabe	NS	25	0,8%
	TOTAL	2980	100,0%
	DPRE		-19,2%

O resultado do ICC corresponde a uma média aritmética dos quatro DPRE calculados. Ao resultado da média é acrescentada a constante 100 para que o índice varie entre 0 e 200. Assim, índices menores do que 100 indicam perspectivas pessimistas nos próximos 12 meses, enquanto que índices maiores do que 100 indicam perspectivas otimistas nos próximos 12 meses. Uma simulação do ICC é feita na Tabela 8.11.

$$ICC = \left(1 + \frac{\sum_{i=1}^{4} DPREi}{4} \times 100 \right)$$

ÍNDICES DE PROSPECÇÃO DE EXPECTATIVAS **285**

TABELA 8.11: SIMULAÇÃO DO CÁLCULO DO ICC

QUESTÕES		SITUAÇÃO FINANCEIRA DA FAMÍLIA		SITUAÇÃO ECONÔMICA DO PAÍS		DESEMPREGO		POUPANÇA	
AVALIAÇÃO	ESCALA	RESPOSTAS	%	RESPOSTAS	%	RESPOSTAS	%	RESPOSTAS	%
Melhora muito	(++)	120	4,0%	190	6,4%	145	4,9%	151	5,1%
Melhora um pouco	(+)	352	11,8%	521	17,5%	452	15,2%	417	14,0%
Mantém-se	(=)	1258	42,2%	1008	33,8%	915	30,7%	1540	51,7%
Piora um pouco	(--)	712	23,9%	624	20,9%	918	30,8%	471	15,8%
Piora muito	(-)	513	17,2%	615	20,6%	550	18,5%	395	13,3%
Não sabe	NS	25	0,8%	22	0,7%	0	0,0%	6	0,2%
TOTAL		2980	100,0%	2980	100,0%	2980	100,0%	2980	100,0%
DPRE		-19,2%		-16,0%		-21,4%		-9,1%	
ICC				83,6					

CAPÍTULO 8: ÍNDICE OU INDICADOR?

O mesmo método ou variantes dele podem ser aplicados a outros índices de confiança, como o Índice de Confiança na Indústria (ICI) no Brasil. A Figura 8.13 mostra a evolução do ICI evidenciando as crises de 2008 e 2014.

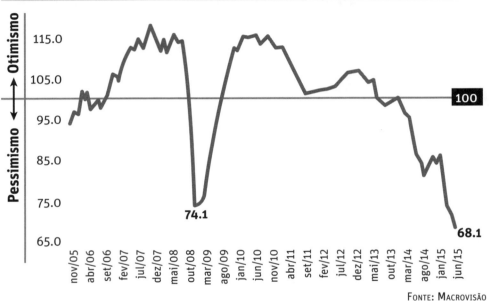

FIGURA 8.13: EVOLUÇÃO DO ÍNDICE DE CONFIANÇA DA INDÚSTRIA (ICI) NO BRASIL

ÍNDICES AGREGADORES DE PREÇOS

Esses índices correspondem a casos particulares do conceito de Índice Geral de Desempenho (IGD) em que todos os itens componentes são medidos em unidades monetárias, o que simplifica seu cálculo. São muito utilizados em Macroeconomia para explicitar o comportamento geral de preços de uma Unidade de Análise (UA), que pode ser um País, Estado, Província, Setor ou mesmo Bolsas de Valores.

ÍNDICES AGREGADORES DE PREÇOS **287**

Índice da Bolsa de Valores de São Paulo (IBOVESPA)

O IBOVESPA mede o comportamento médio do movimento de valorização ou desvalorização dos ativos de maior negociabilidade e representatividade na Bolsa de Mercadorias e Futuros de São Paulo (BM&F Bovespa). Chamado de "ibovespa índice de retorno total", inclui, além das variações nos preços dos ativos integrantes, o impacto da distribuição de proventos (Metodologia do Índice BOVESPA, 2014).

Percebe-se claramente que o cálculo do IBOVESPA é complexo, principalmente pelos ajustes necessários quando da "distribuição de proventos" (dividendos, bonificações, bônus de subscrições) ou eventos significativos como cisões, fusões, ofertas públicas de aquisição e outros. Portanto, o que apresentaremos nesta subseção é a metodologia sem incluir os "ajustes".

O primeiro ponto importante é que nem todas as ações negociadas na BM&F Bovespa são consideradas no cálculo do IBOVESPA. O IBOVESPA "é o resultado de uma Carteira Teórica de ativos, elaborada de acordo com os critérios estabelecidos", sendo que essa Carteira Teórica de ativos é refeita a cada quatro meses. Para ingressar nessa carteira e, portanto, no cálculo do índice, é necessário cumprir alguns critérios de inclusão estabelecidos na publicação Metodologia do Índice BOVESPA (2014):

- 95% de presença em pregão no período de vigência das três carteiras anteriores.
- 0,1% de participação no volume financeiro no mercado à vista no período de vigência das três carteiras anteriores.
- Não ter o preço da ação menor do que R$1,00 (denominada Penny Stock).
- Estar entre os ativos elegíveis (ações) que, no período de vigência das três carteiras anteriores, em ordem decrescente de Índice de Negociabilidade (IN), representam em conjunto 85% do somatório total desses índices.

$$IN = \sqrt[3]{\frac{ni}{N}} \times \sqrt[3]{\left(\frac{vi}{V}\right)^2} \times \frac{pi}{P}$$

ni = nº de negócios da ação i no mercado à vista

N = nº de negócios total no mercado à vista da BM&FBOVESPA

vi = volume financeiro gerado pela ação i no mercado à vista

V = volume financeiro total no mercado à vista da BM&FBOVESPA

pi = nº de pregões em que a ação foi negociada

P = nº de pregões total do período analisado

Caso determinada ação (ou "ativo", termo utilizado pela BM&F BOVESPA) não cumpra dois dos critérios descritos, será excluída do cálculo do IBOVESPA. Outros detalhes sobre os critérios de exclusão podem ser obtidos na publicação Metodologia do Índice BOVESPA (2014).

O IBOVESPA é calculado a cada intervalo de 30 segundos durante o período de negociação de ações na BM&F BOVESPA com particular importância para o índice de

CAPÍTULO 8: ÍNDICE OU INDICADOR?

abertura e fechamento do pregão, que mostra o comportamento médio dos preços das ações negociadas naquele período.

$$IBOVESPA(t) = \frac{\text{Valor Total da Carteira}}{\text{Redutor}} = \frac{\sum_{i=1}^{n} Pit \times Qit}{\alpha}$$

n = nº total de ações integrantes da Carteira Teórica do IBOVESPA

Pit = último preço da ação i no instante t

Qit = quantidade de ação i na Carteira Teórica no instante t

α = redutor de adequação do valor total da carteira ao de divulgação do índice

Verifica-se que a Quantidade Teórica de ações de cada empresa que compõe a Carteira Teórica de ativos tem a mesma função de "peso" para cada uma das ações no cálculo periódico do IBOVESPA.

EXEMPLO:
ÍNDICE IBOVAL

Dado que o cálculo real do IBOVESPA é bastante complexo, vamos exemplificar o método de cálculo explicado nesta seção por meio do índice IBOVAL de uma Bolsa de Valores hipotética. Essa Bolsa de Valores negocia 25 "ativos" ou ações de empresas de capital aberto. O procedimento de definição da *Carteira Teórica de ativos* é feito a cada início de quadrimestre e, a menos que ocorram fatos significativos, permanece constante durante todo o período. A Tabela 8.12 mostra uma Simulação do cálculo do Índice de Negociabilidade (IN).

ÍNDICES AGREGADORES DE PREÇOS

TABELA 8.12: SIMULAÇÃO DO CÁLCULO DO ÍNDICE DE NEGOCIABILIDADE (IN) DAS 25 AÇÕES HIPOTÉTICAS

Ação (A)	Nº DE NEGÓCIOS (N)	VOLUME FINANCEIRO (v)	Nº DE PREGÕES (P)	(N)/(N)	(v)/(V)	(P)/(P)	IN
Ação 1	19.190	836.832,00	324	0,0385	0,1081	0,0375	0,0029
Ação 2	20.590	181.351,50	321	0,0413	0,0234	0,0372	0,0011
Ação 3	25.900	356.260,00	348	0,0519	0,0460	0,0403	0,0019
Ação 4	26.490	644.489,50	322	0,0531	0,0833	0,0373	0,0027
Ação 5	30.390	451.957,50	319	0,0609	0,0584	0,0370	0,0022
Ação 6	9.620	389.801,50	330	0,0193	0,0504	0,0382	0,0014
Ação 7	67.400	76.179,00	367	0,1351	0,0098	0,0425	0,0010
Ação 8	12.460	677.652,00	338	0,0250	0,0876	0,0392	0,0023
Ação 9	12.750	168.086,50	352	0,0256	0,0217	0,0408	0,0009
Ação 10	11.000	134.166,00	357	0,0220	0,0173	0,0414	0,0008
Ação 11	10.700	124.691,00	320	0,0214	0,0161	0,0371	0,0007
Ação 12	14.910	105.551,50	332	0,0299	0,0136	0,0385	0,0007
Ação 13	18.700	155.011,00	319	0,0375	0,0200	0,0370	0,0009
Ação 14	44.160	443.430,00	369	0,0885	0,0573	0,0428	0,0028
Ação 15	9.570	240.475,50	371	0,0192	0,0311	0,0430	0,0011
Ação 16	18.800	308.885,00	371	0,0377	0,0399	0,0430	0,0017
Ação 17	34.010	813.144,50	356	0,0682	0,1051	0,0413	0,0038
Ação 18	23.850	47.564,50	330	0,0478	0,0061	0,0382	0,0005
Ação 19	20.570	113.889,50	355	0,0412	0,0147	0,0411	0,0009
Ação 20	4.020	70.115,00	323	0,0081	0,0091	0,0374	0,0003
Ação 21	35.760	105.930,50	374	0,0717	0,0137	0,0433	0,0010
Ação 22	8.870	205.607,50	373	0,0178	0,0266	0,0432	0,0010
Ação 23	7.080	383.169,00	379	0,0142	0,0495	0,0439	0,0014
Ação 24	6.580	155.958,50	321	0,0132	0,0202	0,0372	0,0007
Ação 25	5.570	549.360,50	358	0,0112	0,0710	0,0415	0,0016
TOTAL	**498.940**	**7.739.559**	**8.629**	**1,0000**	**1,0000**	**1,0000**	**0,0361**

Aplicando o conceito de Curva ABC nos *INs* calculados das 25 ações, selecionamos 17 ações que, em conjunto, representam 85% do somatório total desses índices. A Tabela 8.13 mostra como foi feito tal procedimento.

CAPÍTULO 8: ÍNDICE OU INDICADOR?

TABELA 8.13: SELEÇÃO DAS AÇÕES QUE REPRESENTAM 85% DO SOMATÓRIO DOS INS

AÇÃO (A)	IN	%IN	%IN ACUM	CLASSIF
Ação 17	0,0038	10,4%	10,4%	
Ação 1	0,0029	8,0%	18,4%	
Ação 14	0,0028	7,8%	26,2%	
Ação 4	0,0027	7,4%	33,6%	
Ação 8	0,0023	6,3%	39,9%	Ações incluídas no cálculo do IBOVAL
Ação 5	0,0022	6,1%	45,9%	
Ação 3	0,0019	5,4%	51,3%	
Ação 16	0,0017	4,7%	55,9%	
Ação 25	0,0016	4,4%	60,3%	
Ação 23	0,0014	4,0%	64,3%	
Ação 6	0,0014	3,9%	68,2%	
Ação 15	0,0011	3,2%	71,3%	Ações incluídas no cálculo do IBOVAL
Ação 2	0,0011	2,9%	74,3%	
Ação 21	0,0010	2,9%	77,1%	
Ação 22	0,0010	2,8%	79,9%	
Ação 7	0,0010	2,8%	82,7%	
Ação 9	0,0009	2,6%	85,3%	
Ação 13	0,0009	2,5%	87,8%	
Ação 19	0,0009	2,4%	90,1%	
Ação 10	0,0008	2,2%	92,3%	Ações excluídas do cálculo do IBOVAL
Ação 12	0,0007	1,9%	94,2%	
Ação 11	0,0007	1,8%	96,0%	
Ação 24	0,0007	1,8%	97,8%	
Ação 18	0,0005	1,3%	99,1%	
Ação 20	0,0003	0,9%	100,0%	
TOTAL	0,0361	100,0%		

ÍNDICES AGREGADORES DE PREÇOS | 291

Como a porcentagem acumulada dos *IN calculados* (INC) é 85,3%, deve-se fazer um ajuste nos porcentuais para que a soma total seja 100% (*INA ou IN ajustado*). Isso é feito por intermédio de uma simples operação de *regra de três*. Supondo que o IBOVAL do último dia do quadrimestre anterior esteja em 58.000 pontos (IBQA), o valor do IBOVAL no início do primeiro dia do quadrimestre seguinte permanece inalterado. Por isso é feita a distribuição dos 57.000 pontos proporcionalmente ao INA, gerando a coluna *PONT* ou pontuação (*PONT=INA x IBQA*). Note que a soma total da coluna *PONT* é também de 57.000 pontos. Esse é um dos modos de estabelecer o *Redutor* encontrado na fórmula do IBOVESPA.

Para calcular as *Quantidades Teóricas de ativos* que comporão a *Carteira Teórica de ativos*, a pontuação (*PONT*) obtida no cálculo anterior é dividida pelo *Preço da ação (PA)* no fechamento do último pregão do quadrimestre anterior, gerando a coluna *Carteira Teórica* (PONT÷PA). Como se percebe, os valores associados a cada ação (*Quantidade Teórica*) da *Carteira Teórica* comporta-se como "peso" no cálculo do IBOVAL. A Tabela 8.14 mostra como esse procedimento foi feito.

TABELA 8.14: CÁLCULO DA *CARTEIRA TEÓRICA* DO IBOVAL PARA O QUADRIMESTRE SEGUINTE

Ação (A)	%IN CALCULADO	%IN AJUSTADO	PONTUAÇÃO (INA) x (IBQA)	PREÇO DA AÇÃO	CARTEIRA TEÓRICA
(A)	(INC)	(INA)	(PONT)	(PA)	(PONT)÷(PA)
Ação 17	10,4%	12,2%	6.948,38	12,75	545,0
Ação 1	8,0%	9,3%	5.326,58	11,00	484,2
Ação 14	7,8%	9,2%	5.244,52	10,70	490,1
Ação 4	7,4%	8,7%	4.952,37	14,91	332,2
Ação 8	6,3%	7,3%	4.180,36	18,70	223,5
Ação 5	6,1%	7,1%	4.054,01	44,16	91,8
Ação 3	5,4%	6,3%	3.578,02	9,57	373,9
Ação 16	4,7%	5,5%	3.117,05	18,80	165,8
Ação 25	4,4%	5,2%	2.943,47	34,01	86,5
Ação 23	4,0%	4,7%	2.654,79	23,85	111,3
Ação 6	3,9%	4,5%	2.589,73	20,57	125,9
Ação 15	3,2%	3,7%	2.106,26	4,02	523,9
Ação 2	2,9%	3,4%	1.949,20	35,76	54,5
Ação 21	2,9%	3,3%	1.907,53	8,87	215,1
Ação 22	2,8%	3,3%	1.859,92	7,08	262,7
Ação 7	2,8%	3,3%	1.855,93	6,58	282,1
Ação 9	2,6%	3,0%	1.731,89	5,57	310,9
TOTAL	85,3%	100,0%	57.000,00		

CAPÍTULO 8: ÍNDICE OU INDICADOR?

continua...

... continuação

Ação (A)	%IN CALCULADO	%IN AJUSTADO	Pontuação (INA) x (IBQA)	Preço da Ação	Carteira Teórica
(A)	(INC)	(INA)	(PONT)	(PA)	(PONT)÷(PA)
Ação 17	10,4%	12,2%	6.948,38	12,75	545,0
Ação 1	8,0%	9,3%	5.326,58	11,00	484,2
Ação 14	7,8%	9,2%	5.244,52	10,70	490,1
Ação 4	7,4%	8,7%	4.952,37	14,91	332,2
Ação 8	6,3%	7,3%	4.180,36	18,70	223,5
Ação 5	6,1%	7,1%	4.054,01	44,16	91,8
Ação 3	5,4%	6,3%	3.578,02	9,57	373,9
Ação 16	4,7%	5,5%	3.117,05	18,80	165,8
Ação 25	4,4%	5,2%	2.943,47	34,01	86,5
Ação 23	4,0%	4,7%	2.654,79	23,85	111,3
Ação 6	3,9%	4,5%	2.589,73	20,57	125,9
Ação 15	3,2%	3,7%	2.106,26	4,02	523,9
Ação 2	2,9%	3,4%	1.949,20	35,76	54,5
Ação 21	2,9%	3,3%	1.907,53	8,87	215,1
Ação 22	2,8%	3,3%	1.859,92	7,08	262,7
Ação 7	2,8%	3,3%	1.855,93	6,58	282,1
Ação 9	2,6%	3,0%	1.731,89	5,57	310,9
TOTAL	85,3%	100,0%	57.000,00		

A divulgação do IBOVAL pode ser feita de duas maneiras: por meio de seu valor absoluto ou pela variação em relação ao pregão anterior. Veja na Tabela 8.14 como são efetuados esses cálculos.

Tabela 8.14: Cálculo do IBOVAL e da variação em relação ao pregão anterior

Ação (A)	Quant. Carteira Teórica	Preço da Ação	IBOVAL	Preço da Ação	IBOVAL	Preço da Ação	IBOVAL	Preço da Ação	IBOVAL	Preço da Ação	IBOVAL
(A)	(CT)	31/ago	31/ago	01/set	01/set	02/set	02/set	03/set	03/set	04/set	04/set
Ação 17	545,0	12,75	6.948,38	12,50	6.812,13	13,46	7.335,31	11,68	6.365,26	12,43	6.773,99
Ação 1	484,2	11,00	5.326,58	12,50	6.052,93	11,99	5.805,97	11,06	5.355,63	12,58	6.091,67
Ação 14	490,1	10,70	5.244,52	12,01	5.886,60	11,18	5.479,78	11,20	5.489,59	12,19	5.974,83
Ação 4	332,2	14,91	4.952,37	15,53	5.158,30	14,60	4.849,40	13,86	4.603,61	13,72	4.557,11
Ação 8	223,5	18,70	4.180,36	20,27	4.531,33	19,41	4.339,07	20,34	4.546,97	17,16	3.836,09
Ação 5	91,8	44,16	4.054,01	43,24	3.969,56	42,78	3.927,33	44,95	4.126,54	44,78	4.110,93
Ação 3	373,9	9,57	3.578,02	9,76	3.649,06	10,45	3.907,04	9,25	3.458,38	11,21	4.191,19
Ação 16	165,8	18,80	3.117,05	18,92	3.136,95	19,97	3.311,04	18,28	3.030,83	19,35	3.208,24
Ação 25	86,5	34,01	2.943,47	35,67	3.087,13	34,76	3.008,38	35,23	3.049,05	32,52	2.814,51
Ação 23	111,3	23,85	2.654,79	24,34	2.709,33	23,47	2.612,49	25,08	2.791,70	25,10	2.793,93
Ação 6	125,9	20,57	2.589,73	19,88	2.502,86	22,23	2.798,72	20,22	2.545,66	19,32	2.432,35
Ação 15	523,9	4,02	2.106,26	3,10	1.624,23	3,09	1.618,99	3,95	2.069,58	2,59	1.357,02
Ação 2	54,5	35,76	1.949,20	35,92	1.957,93	36,76	2.003,71	35,46	1.932,85	34,74	1.893,61
Ação 21	215,1	8,87	1.907,53	9,32	2.004,30	10,38	2.232,26	9,12	1.961,29	9,75	2.096,77
Ação 22	262,7	7,08	1.859,92	7,57	1.988,65	8,70	2.285,50	7,76	2.038,56	7,75	2.035,93
Ação 7	282,1	6,58	1.855,93	6,34	1.788,24	7,12	2.008,24	7,88	2.222,61	7,96	2.245,17
Ação 9	310,9	5,57	1.731,89	4,79	1.489,36	6,54	2.033,50	6,74	2.095,68	6,02	1.871,81
Pontos			57.000,00		58.348,88		59.556,72		57.683,81		58.285,14
Variação diária			BASE		2,37%		2,07%		-3,14%		1,04%

ÍNDICE GERAL DE PREÇOS — DISPONIBILIDADE INTERNA (IGP-DI)

O Índice Geral de Preços — Disponibilidade Interna (IGP-DI), divulgado desde 1947 pelo Instituto Brasileiro de Economia (IBRE) da Fundação Getulio Vargas (FGV), é indicador de movimentos de preços, isto é, uma medida que sintetiza a inflação nacional. O IGP-DI "capta o movimento geral de preços por meio de pesquisa realizada nas áreas de cobertura de cada componente durante o mês calendário, isto é, do primeiro ao último dia do mês de referência. Nessa pesquisa, cobre-se todo o processo produtivo, desde preços de matérias-primas agrícolas e industriais, passando pelos preços de produtos intermediários até os de bens e serviços finais". (IBRE-FGV. IGP-DI Metodologia, 2014, p. 4). É utilizado para:

- Medição da inflação no Brasil.
- Referência para correções de preços e valores contratuais.
- Cálculo do Produto Interno Bruto (PIB).
- Deflator das Contas Nacionais em geral.

É calculado pela média ponderada do Índice de Preços ao Produtor Amplo (IPA), Índice de Preços ao Consumidor (IPC) e Índice Nacional de Custo da Construção (INCC) divulgados no conceito de Disponibilidade Interna (DI). Segundo a mesma fonte, os pesos da ponderação foram definidos com base nas "parcelas da despesa interna bruta, calculadas com base nas Contas Nacionais". A fórmula de cálculo do IGP-DI para um determinado mês (t) é:

$$[IGP - DI]_t = 0,6 \times [IPA - DI]_t + 0,3 \times [IPC - DI]_t + 0,1 \times [INCC - DI]_t$$

$[IGP - DI]t$ = número índice do IPA-DI no período t

$[IPA - DI]t$ = número do índice IPC-DI no período t

$[INCC - DI]t$ = número do índice INCC-DI no período t

Cada um dos componentes da fórmula (IPA-DI, IPC-DI e INCC-DI) é calculado com o uso de um processo de encadeamento dos índices mensais segundo a fórmula de Laspeyres encadeado de base móvel. Esse procedimento de cálculo permite, de um lado, que a série de índices mensais de um determinado período anual seja considerada de forma independente e, de outro, que atualizações das ponderações, alterações de método e expansões da amostra possam ser introduzidas periodicamente sem perda significativa da comparação histórica. A fórmula básica de cálculo do IPA, IPC e INCC segundo o critério Laspeyres encadeado de base móvel é dada por:

ÍNDICE GERAL DE PREÇOS — DISPONIBILIDADE INTERNA (IGP-DI)

$$I_{t,0} = \prod_{J\neg1}^{t} I_{j,j1}$$

em que

$$I_{J,J\text{-}1} = \frac{1}{\sum W_{j}^{i}} \cdot \sum_{i\neg1}^{n} W_{j}^{i} \cdot \frac{P_{j}^{i}}{P_{j\text{-}1}^{i}}$$

It,0 = índice do mês t em relação à base 0

IJ,J-1 = índice do mês j em relação ao mês anterior

$$W_{j}^{i} = W_{0}^{i} \cdot \frac{P_{j}^{i}}{P_{j-1}^{i}}$$

= ponderação do item i no mês básico, tal que $\displaystyle\sum_{i\neg1}^{n} W_{0}^{i} = 1$

FONTE: (IBRE-FGV. IGP-DI METODOLOGIA, 2014, P. 5)

O IBRE-FGV afirma que "as estruturas de pesos e a relação de produtos integrantes dos índices que compõem o IGP-DI são revistas periodicamente, incorporando pesquisas estatísticas recentes. Com esse procedimento, mantém-se a capacidade do IGP-DI de aferir corretamente o movimento geral de preços" (IBRE-FGV. IGP-DI Metodologia, 2014, p5). Uma síntese dos 3 índices que compõem o IGP-DI pode ser observada na Tabela 8.15:

CAPÍTULO 8: ÍNDICE OU INDICADOR?

TABELA 8.15: COMPONENTES DO IGP-DI

	SIGLA	IPA	IPC	INCC
NOME		Índice de Preços ao Produtor Amplo	Índice de Preços ao Consumidor	Índice Nacional de Custos da Construção
OBJETIVO		Medir as variações médias dos preços recebidos pelos produtores domésticos na venda de seus produtos.	Medir variações de preços de um conjunto fixo de bens e serviços componentes de despesas habituais de famílias com nível de renda entre 1 e 33 salários mínimos mensais.	Medir a evolução de custos de construções habitacionais.
COLETA DE DADOS		Pesquisa sistemática de preços realizada nas principais regiões de produção do país.	Pesquisa de preços sistemática entre dias 1 a 30 de cada mês em sete principais capitais do país: Belo Horizonte, Brasília, Porto Alegre, Recife, Rio de Janeiro, Salvador e São Paulo.	Coleta em sete capitais: Belo Horizonte, Brasília, Porto Alegre, Recife, Salvador, Rio de Janeiro e São Paulo.
COMPONENTES DO ÍNDICE		Produtos de Origem (OG) – Produtos Agropecuários (lavouras temporárias, lavouras permanentes e agropecuária) e Industriais (indústria extrativa e indústria de transformação). Produtos segundo Estágios de Processamento (EP) – Bens Finais (bens de consumo e bens de investimento, Bens Intermediários (materiais, componentes, embalagens e suprimentos) e Matérias-primas Brutas (agropecuários e minerais).	Bens e serviços distribuídos em oito grupos ou classes de despesa: Alimentação, Habitação, Vestuário, Saúde e Cuidados Pessoais, Educação, Leitura e Recreação, Transportes, Despesas Diversas e Comunicação.	Índice de mão de obra da construção civil. Índice de materiais, equipamentos e serviços com representatividade na indústria da construção civil.

continua...

ÍNDICE GERAL DE PREÇOS — DISPONIBILIDADE INTERNA (IGP-DI)

...continuação

Sigla	IPA	IPC	INCC
Nome	ÍNDICE DE PREÇOS AO PRODUTOR AMPLO	ÍNDICE DE PREÇOS AO CONSUMIDOR	ÍNDICE NACIONAL DE CUSTOS DA CONSTRUÇÃO
Amostra	6.400 cotações de 1.200 empresas informantes para 340 produtos selecionados com base nos dados da Produção Agrícola Municipal (PAM), Produção da Pecuária Municipal (PPM) e Pesquisa Industrial Anual (PIA-Produto).	Cesta de bens e serviços selecionada da Pesquisa de Orçamentos Familiares – POF (IBGE, 2008/2009) e baseada na estrutura média de despesas de consumo de famílias residentes nos sete municípios pesquisados, com renda mensal entre 1 e 33 salários mínimos.	12.300 informações de cerca de 1.200 informantes; 41 tipos de materiais, equipamentos e serviços; 11 categorias de mão de obra relevantes (segmentado em salários e encargos sociais).
Base de cálculo dos pesos	Produtos Agropecuários: participação média no Valor Adicionado Bruto (VAB) em três anos consecutivos. Distribuição por produto segundo valores de produção observados nas pesquisas PAM e PPM. Produtos Industriais: participação média no Valor Adicionado Bruto (VBA) em três anos consecutivos. Distribuição por valor das vendas da PIA – Empresa e a PIA – Produto.	Despesas de consumo obtidas por meio da Pesquisa de Orçamentos Familiares (POF) que reflete, em termos porcentuais, a importância monetária dos bens e serviços, componentes da amostra no dispêndio total da população objetivo.	Distribuição regional da construção residencial urbana: baseada em estatísticas de licenças de "habite-se" (área edificada), das Secretarias Municipais de Obras. Participação dos itens de custo por tipos de obras em cada região pesquisada: baseada no Boletim de Custos, entidade especializada detentora de estatísticas para identificação de preços e quantidades físicas por tipo de obra.

continua...

298 CAPÍTULO 8: ÍNDICE OU INDICADOR?

...continuação

	IPA	IPC	INCC
SIGLA			
NOME	ÍNDICE DE PREÇOS AO PRODUTOR AMPLO	ÍNDICE DE PREÇOS AO CONSUMIDOR	ÍNDICE NACIONAL DE CUSTOS DA CONSTRUÇÃO
BASE DE CÁLCULO DOS PESOS	As ponderações do IPA são atualizadas a cada dois anos (anos pares) e calculados a partir de médias móveis trienais.	O cálculo é complexo dado que considera-se a importância relativa de uma determinada mercadoria em um dado município selecionado.	Participação dos itens de custo por tipos de obras em cada região pesquisada: baseada no Boletim de Custos, entidade especializada detentora de estatísticas para identificação de preços e quantidades físicas por tipo de obra. Cada uma das 7 regiões pesquisadas tem pesos diferentes para cada tipo de obra H1, H4 e H12 para efeito de cálculo do INCC.
ITENS PESQUISADOS	Produtos industriais: coleta mensal diretamente das empresas informantes (produtores) dos produtos mais representativos das vendas dessas empresas (valores líquidos de venda à vista sem impostos sobre produtos, frete e descontos). Produtos agropecuários: coleta nas centrais de abastecimento regionais, cooperativas agropecuárias, bolsas de mercadorias, secretarias estaduais de agricultura e outros. Considera-se, para o IPA, três cotações ao longo da semana. Os relativos de preços são calculados comparando-se a média aritmética do período de referência com a média dos trinta dias anteriores.	Gêneros alimentícios, de material de limpeza, de artigos de higiene, de cuidados e de serviços pessoais: coleta feita por donas de casa (prestadoras autônomas de serviço) devidamente treinadas, a cada dez dias, nos mesmos estabelecimentos, com idêntica lista de insumos, e conforme calendário prévio. Outros produtos: coleta feita por funcionários do IBRE, uma vez por mês, diretamente nos estabelecimentos informantes, de modo uniforme ao longo do mês. Estabelecimentos e produtos definidos com base no POF. Tarifas públicas, Tributos (IPVA) e Bens e Serviços Especiais (aluguel, empregados domésticos, condomínios, e outros) recebem tratamento especial.	Materiais, equipamentos e serviços: diretamente de atacadistas e construtoras (valores de venda à vista, deduzidos descontos eventuais e acrescidos impostos incidentes). Mão de obra: planilhas de orçamento, em empresas de engenharia civil e recrutamentos.

ÍNDICES DE QUALIDADE DE VIDA

Promover a melhoria das condições de vida da população carente é um dos objetivos mais importantes da administração pública. Para direcionar os esforços das autoridades competentes, são necessários indicadores de desempenho que determinem os itens mais necessitados de ações corretivas. As distorções apontadas na consideração apenas da dimensão econômica (PIB per capita) mostram que esse critério é insuficiente para avaliar o nível real de atendimento das necessidades humanas.

ÍNDICE DE DESENVOLVIMENTO HUMANO (IDH)

No contexto de aprimorar as avaliações da condição de vida de uma população, o Índice de Desenvolvimento Humano (IDH) inova ao considerar igualmente três dimensões: vida longa e saudável, acesso ao conhecimento e padrão de vida digno. Cada uma dessas dimensões é representada por indicadores que quantificam as desigualdades de desenvolvimento humano entre países, estados, municípios ou mesmo entre bairros (BNDES, 2000).

O (IDH) é uma medida do nível de atendimento das necessidades humanas básicas que incorpora a média de três indicadores específicos:

- Expectativa de vida ao nascer (medida de vida longa e saudável).
- Nível de instrução (medida de acesso ao conhecimento) representado pela média ponderada da Taxa de Alfabetização de Adultos (peso 2/3) e Taxa de Escolarização Bruta (TEB)[1] combinada dos níveis de educação primário, secundário e superior (peso 1/3).
- Nível de renda (medida de padrão de vida digno) representado pelo PIB per capita (dólares PPC – paridade de poder de compra).

A cada cálculo do IDH, são escolhidas as "balizas", ou valores máximos e valores mínimos de cada um dos indicadores considerando os países que constam da amostra pesquisada (Scarpin e Slomski, 2007). Para que haja uma homogeneização na escala de comparação entre países, cada indicador é convertido em um índice que pode variar de zero (índice mínimo) a um índice máximo, o qual é calculado pela seguinte fórmula:

$$\text{Índice da Dimensão} = \frac{\left(\begin{array}{c}Valor\\Atual\end{array}\right) - \left(\begin{array}{c}Valor\\Mínimo\end{array}\right)}{\left(\begin{array}{c}Valor\\Máximo\end{array}\right) - \left(\begin{array}{c}Valor\\Mínimo\end{array}\right)}$$

Desde a década de 1990, a ONU calcula o IDH para um extenso conjunto de países e publica os resultados no Relatório do Desenvolvimento Humano (RDH) do PNUD (Programa das Nações Unidas para o Desenvolvimento). A composição

---

[1] Taxa de Escolarização Bruta (TEB) compara o total das matrículas em um dado nível de ensino com a população na faixa etária adequada a esse nível. Fonte: MEC/Inep/Seec.

CAPÍTULO 8: ÍNDICE OU INDICADOR?

aritmética desses índices gera o IDH. Quanto mais próximo de 1 for o IDH, maior será o nível de desenvolvimento humano do país ou região analisada. Para efeito de análise comparada (ranking), o PNUD estabeleceu três principais categorias:

- IDH < 0,5 Baixo Desenvolvimento Humano
- 0,5 M IDH < 0,8 Médio Desenvolvimento Humano
- 0,8 M IDH < 1 Alto Desenvolvimento Humano

Note que a manutenção ou aumento do IDH de determinado país não significa alteração de sua posição no ranking do RDH porque o valor obtido de cada um é comparado com os valores dos demais, e os valores das "balizas" podem se alterar a cada cálculo. A Tabela 8.16 mostra as dimensões, indicadores parciais, indicadores de dimensão e pesos do IDH.

TABELA 8.16: DIMENSÕES E PESOS DO IDG

DIMENSÃO	VIDA LONGA E SAUDÁVEL	ACESSO AO CONHECIMENTO		PADRÃO DE VIDA DIGNO
INDICADOR	Esperança de vida ao nascer	Taxa de alfabetização de adultos	Taxa de Escolaridade Bruta (TEB)	PIB per capita (dólar PPC)
ÍNDICE PARCIAL		Índice de alfabetização de adultos	Índice de TEB	
PESO DO ÍNDICE PARCIAL		2/3	1/3	
ÍNDICE DA DIMENSÃO	Índice da esperança de vida ao nascer	Índice da educação		Índice do PIB
PESO DO ÍNDICE DA DIMENSÃO	1/3	1/3		1/3
IDH	Índice de Desenvolvimento Humano — IDH			

BASEADO EM FUKUDA-PARR (2004)

$$IDH = \frac{1}{3} \times \begin{pmatrix} \text{Índice da} \\ \text{Esperança de} \\ \text{Vida ao nascer} \end{pmatrix} + \frac{1}{3} \times \left[\times \frac{2}{3} \begin{pmatrix} \text{Índice de} \\ \text{Alfabetização} \\ \text{de Adultos} \end{pmatrix} + \frac{1}{3} \times \begin{pmatrix} \text{Índice de} \\ \text{Escolaridade} \\ \text{Bruta} \end{pmatrix} \right] + \frac{1}{3} \times \begin{pmatrix} \text{Índice} \\ \text{do PIB} \end{pmatrix}$$

ÍNDICES DE QUALIDADE DE VIDA **301**

Na Tabela 8.17 encontra-se o ranking do IDH de 2013 mostrando os países com maior nível de atendimento das necessidades humanas e os de pior classificação segundo os critérios adotados.

TABELA 8.17: AMOSTRA DO RANKING **IDH 2013**

Pos	PAÍS	IDH
1	Noruega	0,955
2	Austrália	0,938
3	EUA	0,937
4	Holanda	0,921
5	Alemanha	0,920
10	Japão	0,912
20	França	0,893
50	Belarus	0,793
85	BRASIL	0,730
100	Jordânia	0,700
150	Camarões	0,495
185	Moçambique	0,327
186	Níger	0,304
186	R.D. Congo	0,304

FONTE: PNUD 2015

ÍNDICE DE DESENVOLVIMENTO HUMANO MUNICIPAL (IDHM)

O IDH é um índice que sintetiza o nível de atendimento das necessidades humanas consolidando as informações por país. A desagregação se faz necessária para que os recursos públicos a serem distribuídos possam ser direcionados para cada município. Em função disso, foi elaborado o Atlas do Desenvolvimento Humano no Brasil, publicado pelo PNUD. A metodologia de cálculo baseia-se no IDH, uma vez que considera as mesmas três dimensões (vida longa e saudável, acesso ao conhecimento e padrão de vida digno) mas apresenta algumas adaptações, como o cálculo decenal devido à disponibilidade de dados gerados pelo IBGE (Atlas do Desenvolvimento Humano no Brasil, 2013). A Tabela 8.18 mostra a metodologia de cálculo do IDHM.

302 CAPÍTULO 8: ÍNDICE OU INDICADOR?

TABELA 8.18: METODOLOGIA DE CÁLCULO DO IDHM

DIMENSÃO	VIDA LONGA E SAUDÁVEL (LONGEVIDADE)	ACESSO AO CONHECIMENTO (EDUCAÇÃO)		PADRÃO DE VIDA DIGNO (RENDA)
INDICADOR	Esperança de vida ao nascer	Escolaridade da População Adulta	Fluxo Escolar da População Jovem	Renda per capita
ÍNDICE PARCIAL		% 18+ com fundamental completo	% 5-6 na escola % 11-13 nos anos finais do fundamental % 15-17 com fundamental completo % 18-20 com médio completo	
CÁLCULO DO ÍNDICE PARCIAL		$\sqrt[3]{(I_{PopAdulto}) \times (I_{PopJovem})^2}$		
ÍNDICE DA DIMENSÃO	Índice Municipal da esperança de vida ao nascer	Índice Municipal da Educação		Índice Municipal da Renda
PESO DO ÍNDICE DA DIMENSÃO	IDHM Longevidade	IDHM Educação		IDHM Renda
IDHM	$IDHM = \sqrt[3]{IDHM_{Longevidade} \times IDHM_{Educação} \times IDHM_{Renda}}$			

BASEADO EM ATLAS DO DESENVOLVIMENTO HUMANO NO BRASIL METODOLOGIA, 2013

ÍNDICES DE *RATING* OU DE CLASSIFICAÇÃO POR ESTRATOS

Agrupar elementos em estratos com características semelhantes fornece aos gestores uma informação adicional de quem são seus pares, e, aos fornecedores e financiadores, uma informação mais simples do que a análise de múltiplos indicadores e índices para as tomadas de decisão.

Vimos a possibilidade de agrupar diversos indicadores em um Índice Geral de Desempenho (IGD) mas nem sempre isso é possível dada a complexidade da análise de tantas variáveis quantitativas e qualitativas, incluindo as de difícil tratamento como "ambiente institucional", "credibilidade", "instabilidade política" e "comprometimento com marcos regulatórios". Isso ocorre frequentemente quando se quer avaliar o grau de risco de inadimplência de um país em relação a financiamentos adquiridos no mercado internacional ou a atuação de uma instituição em pesquisa e desenvolvimento tecnológico frente a seus pares.

As decisões de classificação por estratos não são cartesianas. Há um procedimento geral que guia as decisões de um comitê responsável pela análise das informações quantitativas e qualitativas previamente processadas, mas não se pode descartar a influência de variáveis políticas no processo de alocar um determinado elemento (país ou instituição) em um certo estrato.

Alcançar a inclusão em determinado estrato ou nível superior permite ao país ou instituição o acesso a fontes de financiamento.

RATING DE RISCO SOBERANO E RISCO PAÍS

Canuto e Santos (2003) dizem que risco soberano e risco país, embora fortemente correlacionados, referem-se a objetos distintos. Risco soberano é o risco das operações de concessão de crédito a Estados soberanos, ou seja, o resultado da avaliação da capacidade e disposição de um governo em honrar integralmente sua dívida nos prazos e condições acordados com os credores quando da contratação do empréstimo. O risco país é mais abrangente do que o risco soberano uma vez que adiciona a capacidade e disposição das empresas privadas de honrar compromissos de crédito, mas são subordinadas a decisões de conversibilidade e controle de transferência de capitais para os credores por parte do Estado soberano. Uma moratória da dívida soberana reduziria o fluxo de capitais para o país e afetaria a capacidade de pagamento das dívidas externas do setor privado.

A avaliação do risco soberano é sintetizada em classificações, ou ratings, feitas pelas agências Moody's, *Standard & Poor's* (S&P) e *Fitch*, que são estimativas da probabilidade de um dado governo entrar em moratória (suspensão do pagamento dos juros ou do principal da dívida na data de seu vencimento, ou de redução unilateral significativa do valor negociado de um título). A Figura 8.13 mostra a escala de classificação de risco das principais agências internacionais.

CAPÍTULO 8: ÍNDICE OU INDICADOR?

FIGURA 8.13: ESCALA DE CLASSIFICAÇÃO DE RISCOS DAS PRINCIPAIS AGÊNCIAS INTERNACIONAIS

STANDARD & POORS

CLASSIFICAÇÃO	AVALIAÇÃO	
AAA	Máximo	Grau de investimento
AA+	Capacidade muito forte	
AA		
AA-		
A+	Capacidade forte	
A		
A-		
BBB+	Capacidade adequada	
BBB		
BBB-		
BB+	Capacidade incerta	Grau Especulativo
BB		
BB-		
B+	Capacidade prejudicada	
B		
B-		
CCC+	Capacidade vulnerável	
CCC		
CCC-		
CC		
C		
SD	Moratória	
D		
-		

MOODY'S

CLASSIFICAÇÃO	AVALIAÇÃO	
Aaa	Risco mínimo	Grau de investimento
Aa1	Risco muito baixo	
Aa2		
Aa3		
A1	Risco médio	
A2		
A3		
Baa1	Risco moderado	
Baa2		
Baa3		
Ba1	Risco moderado-alto	Grau Especulativo
Ba2		
Ba3		
B1	Risco alto	
B2		
B3		
Caa1	Risco muito alto	
Caa2		
Caa3		
-	-	
-	-	
Ca	Moratória	
C		
-		

FITCH

CLASSIFICAÇÃO	AVALIAÇÃO	
AAA	Grau elevado	Grau de investimento
AA+		
AA		
AA-		
A+	Grau médio	
A		
A-		
BBB+		
BBB		
BBB-		
BB+	Grau especulativo	Grau Especulativo
BB		
BB-		
B+	Grau altamente especulativo	
B		
B-		
CCC+	Risco substancial	
CCC		
CCC-		
CC		
C		
DDD	Moratória	
DD		
D		

FONTE: MOODY'S, STANDARD & POOR'S (S&P) E FITCH.

ÍNDICES DE RATING OU DE CLASSIFICAÇÃO POR ESTRATOS

O processo de classificação de risco não é divulgado com detalhes pelas agências citadas, mas pode-se inferir que é complexo, com grande número de variáveis quantitativas e qualitativas analisadas e que envolve um número considerável de comissões e avaliadores qualificados. No entanto, estudos como os de Canuto e Santos (2003) e Rossi Júnior e Vasconcelos (2007) concluem que grande parte das diferenças entre as classificações de países, no que se refere ao risco soberano, pode ser explicada por um conjunto relativamente pequeno de variáveis:

- Renda per capita em dólares.
- Inflação medida pelo índice de preços ao consumidor.
- Taxa de crescimento econômico.
- Relação entre a dívida externa total e as receitas em conta-corrente.
- Relação entre dívida bruta do governo e receitas fiscais totais.
- Frequência de episódios de moratória a partir de 1975.
- Grau de abertura comercial (soma de exportações e importações em relação ao PIB).

Quanto às empresas, a classificação de risco de crédito tem uma correlação forte com a do país soberano em que estão instaladas. Geralmente, a classificação soberana é o grau máximo que pode ser obtido por uma empresa, mas pode ser maior em situações especiais quando, pelo porte ou relações institucionais que essa empresa tem com o governo, pode ser favorecida com permissões de remessa de capitais em regime diferenciado. As variáveis mais importantes que habilitam uma empresa a ter uma classificação de risco maior do que a classificação soberana são:

- A probabilidade de moratória generalizada no caso de inadimplência do governo central.
- O valor da dívida, levando-se em conta as garantias.
- Condições de obtenção de divisas em virtude de exportações regulares e em larga escala, ativos no exterior, proprietário estrangeiro ou outras fontes de apoio externo.
- Integração com as redes de produção global e de suprimento.
- Importância para a economia nacional e para os mercados de capitais internacionais.

Finalmente, os preços dos ativos negociados em mercados internacionais são fortemente influenciados pelas classificações de risco soberano e risco país. Esses preços são determinados por negociações que consideram as condições gerais de liquidez, a aversão a risco dos compradores e o risco específico de cada ativo negociado.

CAPÍTULO 8: ÍNDICE OU INDICADOR?

Avaliação de programas de pós-graduação CAPES

O Sistema de Avaliação da Pós-graduação foi implantado em 1976 pela Coordenação de Aperfeiçoamento de Pessoal de Nível Superior (Capes), uma fundação do Ministério da Educação (MEC) que visa dar suporte à expansão e consolidação dos cursos de pós-graduação stricto sensu (mestrado e doutorado) em todos os estados da Federação.

Os objetivos da Capes são: estabelecer o padrão de qualidade exigido dos cursos de mestrado e de doutorado, identificar os cursos que atendem a tal padrão, contribuir para o aprimoramento de cada programa de pós-graduação, bem como contribuir para o aumento da eficiência dos programas no atendimento das necessidades nacionais e regionais de formação de recursos humanos de alto nível (CAPES, 2015).

Os programas de pós-graduação cadastrados são divididos em 48 Áreas de Avaliação (CAPES, 2014) para permitir uma certa homogeneidade de comparação entre eles. Os programas são avaliados por meio de um procedimento que envolve análises qualitativas e quantitativas e classificados segundo uma escala de notas de 1 a 7, sendo 3 a nota mínima para que o programa seja credenciado e possa emitir diplomas reconhecidos no Brasil.

O conceito geral de avaliação dos programas de pós-graduação feito pela CAPES é baseado no resultado gerado em cada programa em vez de focar no processo para obtê-lo. A análise é feita por meio de cinco critérios:

- **Proposta do programa:** Análise qualitativa da coerência, consistência, abrangência e atualização das áreas de concentração, estrutura curricular, infraestrutura e inovação.

- **Corpo docente:** O corpo docente representa 20% do total da avaliação e vários indicadores dependem das quantidades apontadas neste item. São analisados o perfil do corpo docente, titulação, diversificação de origem de formação, experiência, aprimoramento e compatibilidade ao programa; adequação e dedicação dos docentes permanentes para pesquisa e formação do programa; distribuição da pesquisa e formação entre os docentes e contribuição dos docentes de pós-graduação na graduação, futuros ingressantes na PG e projetos de Iniciação Científica.

- **Corpo discente, teses e dissertações:** Análise quantitativa das teses e dissertações defendidas em relação ao corpo docente e discente; distribuição das orientações de teses e dissertações defendidas em relação aos docentes; qualidade das teses e dissertações da produção discente; sua graduação e de onde são egressos, e eficiência na formação de mestres e doutores bolsistas, bem como o tempo médio de formação e porcentual de bolsistas titulados.

- **Produção intelectual:** Análise quantitativa por indicadores de publicações qualificadas por docente permanente; distribuição de publicações qualificadas em relação ao corpo docente permanente e produção técnica, patentes e outras produções relevantes.

ÍNDICES DE RATING OU DE CLASSIFICAÇÃO POR ESTRATOS 307

- **Inserção social:** Análise qualitativa de inserção e impacto regional e nacional do programa, integração e cooperação com outros programas e centros de pesquisa, e visibilidade ou transparência dada pelo programa à sua atuação.

A avaliação em cada um desses critérios é feita por atribuição de conceitos — "Deficiente", "Fraco", "Regular", "Bom" e "Muito Bom" — sendo que os melhores programas recebem conceito "Muito Bom" e os demais são classificados em relação a eles. Em outras palavras, de uma avaliação para outra os limites de classificação deslocam-se, e um programa com melhor conteúdo em determinado critério pode passar de "Bom" a "Regular" no caso de outros programas daquela Área de Avaliação apresentarem melhorias superiores àquele critério. A Figura 8.14 mostra os critérios de avaliação CAPES detalhados utilizados na Área de Avaliação Engenharias III. Uma melhor visualização das tabelas é encontrada no Anexo IV.

308 CAPÍTULO 8: ÍNDICE OU INDICADOR?

		Quesitos/Itens	Peso	Indicador	
1		**Proposta do Programa**	**0%**		
	1.1.	Coerência, consistência, abrangência da área, de linhas de pesquisa e proposta curricular	40%		
	1.2.	Planejamento do programa para desenvolvimento futuro, desafios internacionais, formação dos alunos, inserção social dos egressos	40%		
	1.3.	Infraestrutura para ensino e pesquisa	20%		
2		**Corpo Docente**	**20%**		
	2.1.	Perfil do corpo docente, titulação, diversificação de origem de formação, experiência, aprimoramento e compatibilidade ao programa	30%		
		2.1.1. Docentes bolsistas		FOR	
				PesqPQ	
				PesqDT	
				TD	
				DP	
				DC	
		2.1.2. Docentes permanentes		ADE	
	2.2.	Adequação e dedicação dos DP para pesquisa e formação do programa	30%		
		2.2.1. Disciplinas da pós-graduação			

ÍNDICES DE RATING OU DE CLASSIFICAÇÃO POR ESTRATOS

Comentário	Critério para MB
Análise qualitativa da consistência e coerência entre área de concentração, linha de pesquisa, projetos de pesquisa, estrutura curricular, ementas das disciplinas e corpo docente permanente	
Análise qualitativa da visão ou planejamento para desenvolvimento futuro, evolução da avaliação trienal, propósitos de formação de alunos, metas de inserção social dos egressos e desafios internacionais de produção de conhecimento	
Análise qualitativa da adequação da infraestrutura para ensino, pesquisa, administração do programa e principais equipamentos	
$$FOR = \frac{PesqPQ + PesqDT}{TD}$$	
% docentes bolsistas PQ (Produtividade em pesquisa) e DT (Desenvolvimento tecnológico)	
nº de docentes com bolsa de Produtividade em Pesquisa do CNPq	
nº de docentes com bolsa de Desenvolvimento Tecnológico do CNPq	
nº total de docentes do programa (DP + DC)	
nº de docentes permanentes do programa	
nº de docentes colaboradores do programa	
$$ADE = \frac{DP}{TD} \times 100$$	
% de docentes permanentes do programa	
$$ATI = \frac{DPG}{DP}$$	Bom balanceamento na distribuição da carga didática entre docentes

continua...

CAPÍTULO 8: ÍNDICE OU INDICADOR?

...continuação

		Quesitos/Itens	Peso	Indicador	
				ATI	
				DPG	
		2.2.2. Projetos de pesquisa		MB, B, R, F ou D	
	2.3.	Distribuição da pesquisa e formação entre os docentes	30%		
				D3A	
				D3A1	
				D3A2	
	2.4.	Contribuição dos docentes de pós-graduação na graduação, futuros ingressantes na PG e projetos de Iniciação Científica		MB, B, R, F ou D	
3		Corpo discente, teses e dissertações	35%		
	3.1.	Quantidade de teses e dissertações defendidas em relação ao corpo docente e discente	30%		
				ORI	

ÍNDICES DE RATING OU DE CLASSIFICAÇÃO POR ESTRATOS

Comentário	Critério para MB
nº médio de disciplinas ministradas por docente permanente (DP)	
nº de disciplinas de pós-graduação ministradas no programa	
Análise qualitativa da relevância e participação de docentes nos projetos de pesquisa (valores e tipos de financiamento)	
$$D3A = \frac{n^{\circ}\ D3A}{DP} \times 100$$	
% de DP envolvidos com: (1) lecionou pelo menos 1 disciplina de pós-graduação no ano; (2) participou de, pelo menos, uma publicação em periódicos A1, A2 ou B1 no triênio; (3) teve, pelo menos, duas orientações concluídas no triênio $$D3A1 = \frac{n^{\circ}\ D3A1}{DP} \times 100$$	
% de DP envolvidos com 2 atividades entre: (1) lecionou pelo menos 1 disciplina de pós-graduação no ano; (2) participou de, pelo menos, uma publicação em periódicos A1, A2 ou B1 no triênio; (3) teve, pelo menos, duas orientações concluídas no triênio $$D3A2 = \frac{n^{\circ}\ D3A2}{DP} \times 100$$	
% de DP envolvidos com 1 atividade entre: (1) lecionou pelo menos 1 disciplina de pós-graduação no ano; (2) participou de, pelo menos, uma publicação em periódicos A1, A2 ou B1 no triênio; (3) teve, pelo menos, duas orientações concluídas no triênio	
Análise qualitativa da contribuição dos docentes de PG na graduação, futuros ingressantes na PG e projetos de Iniciação Científica	
$$ORI = \frac{n^{\circ}\ MT + 2 \times n^{o}\ DT}{TD}$$	
Orientação de dissertações e teses defendidas em relação ao total do corpo docente	

continua...

312   CAPÍTULO 8: ÍNDICE OU INDICADOR?

...continuação

		Quesitos/Itens	Peso	Indicador	
				MT	
				DT	
				TD	
	3.2.	Distribuição das orientações de teses e dissertações defendidas em relação aos docentes	10%		
				PSA	
				DSOC	
				DP	
	3.3.	Qualidade das teses, dissertações, produção discente, egressos e graduação	40%		
		3.3.1. Produção discente doutorado			
				PRDD	
				NTD	
				NDD	
				QTD	
				PIL	
				PNL	
				PI	
				PN	
				PID	
				PND	

ÍNDICES DE RATING OU DE CLASSIFICAÇÃO POR ESTRATOS

COMENTÁRIO	CRITÉRIO PARA MB
n° de Mestres titulados no triênio	
n° de Doutores titulados no triênio	
n° total de docentes do programa (DP + DC)	
$$PSA = \frac{DSOC}{DP} \times 100$$	
% de Docentes Permanentes que não tiveram orientações de mestrado ou doutorado em relação ao corpo de Docentes Permanentes do programa (DP)	
n° de docentes permanentes sem orientações concluídas no período	
n° de docentes permanentes do programa	
$$PRDD = \frac{QTD}{NTD + NDD}$$	
Produção média por discente e egresso de doutorado	
n° de teses defendidas no triênio	
n° de dissertações defendidas no triênio	
$4 \times$ PIL + $3 \times$ PNL + $2 \times$ PI + PN + $0{,}1 \times$ PID + $0{,}05 \times$ PND + $0{,}05 \times$ SNR + A1 + A2 $\times$ 0,85 + B1 $\times$ 0,7 + B2 $\times$ 0,5 + B3 $\times$ 0,2 + B4 $\times$ 0,1 + B5 $\times$ 0,05 + Anais(0,1 $\times$ CI + 0,05 $\times$ CI + 0,025 $\times$ REI	
Publicações de discentes autores + egressos que concluíram nos últimos 5 anos	
n° de patentes internacionais licenciadas	
n° de patentes nacionais licenciadas	
n° de patentes internacionais concedidas	
n° de patentes nacionais concedidas	
n° de patentes internacionais depositadas	
n° de patentes nacionais depositadas	

continua...

314 CAPÍTULO 8: ÍNDICE OU INDICADOR?

...continuação

		QUESITOS/ITENS	PESO	INDICADOR	
				SNR	
				A1	
				A2	
				B1	
				B2	
				B3	
				B4	
				B5	
				A1	
		3.3.2. Produção discente Mestrado			
				PRDD	
				NDD	
	3.4.	Eficiência na formação de mestres e doutores bolsistas: tempo médio de formação e percentual de bolsistas titulados	20%		
		3.4.1. Tempo médio de titulação de bolsistas de mestrado			
				TTBM	
				BM	
		3.4.2. Tempo médio de titulação de bolsistas de doutorado			
				TTBD	
				BD	
4.		PRODUÇÃO INTELECTUAL	35%		

ÍNDICES DE RATING OU DE CLASSIFICAÇÃO POR ESTRATOS

Comentário	Critério para MB
Software registrado	
nº de publicações A1 Qualis Engenharias III	
nº de publicações A2 Qualis Engenharias III	
nº de publicações B1 Qualis Engenharias III	
nº de publicações B2 Qualis Engenharias III	
nº de publicações B3 Qualis Engenharias III	
nº de publicações B4 Qualis Engenharias III	
nº de publicações B5 Qualis Engenharias III	
nº de publicações A1 Qualis Engenharias III	
$$PRDM = \dfrac{QTD}{NDD}$$	
Produção média por discente e egresso de doutorado	
nº de dissertações defendidas no triênio	
$$EFTM = \dfrac{\sum TTBM}{BM}$$	MB se EFTM compatível com tempo máximo de bolsas de mestrado de agências de fomento
Tempo, em meses, de titulação de bolsistas de mestrado	
nº de bolsistas de mestrado	
$$EFTD = \dfrac{\sum TTBD}{BD}$$	MB se EFTM compatível com tempo máximo de bolsas de doutorado de agências de fomento
Tempo, em meses, de titulação de bolsistas de doutorado	
nº de bolsistas de doutorado	

continua...

316 CAPÍTULO 8: ÍNDICE OU INDICADOR?

...continuação

		Quesitos/Itens	Peso	Indicador	
	4.1.	Publicações qualificadas por docente permanente	50%		
				NPQD	
				TD	
	4.2.	Distribuição de publicações qualificadas em relação ao corpo docente permanente	30%		
				DPD	
				TD	
				DP	
	4.3.	Produção técnica, patentes e outras produções relevantes	20%		
				PTC	
				QTP	
				TD	
				OT	
				PIL	
				PNL	

ÍNDICES DE RATING OU DE CLASSIFICAÇÃO POR ESTRATOS

Comentário	Critério para MB
$$PQD = \dfrac{NPQD}{TD}$$	
A1 + A2 × 0,85 + B1 × 0,7 + B2 × 0,5 + B3 × 0,2 + B4 × 0,1 + B5 × 0,05	
nº total de docentes do programa (DP + DC)	
B2, B3, B4, B5, são, cada um, saturados em 1 (uma) publicação, em média, por docente, por ano.	
$$DPD = \dfrac{DPA1B1}{DP}$$	MB para programas que exibirem uma distribuição equilibrada de publicações qualificadas entre os docentes permanentes
% de Docentes Permanentes que tiveram publicações A1, A2 e B1 em relação ao corpo de Docentes Permanentes do programa (DP)	
nº total de docentes do programa (DP + DC)	
nº de docentes permanentes do programa	
$$PTC = \dfrac{QTP}{TD} + OT$$	
Produção técnica dos docentes permanentes em relação ao total de docentes	
4 × PIL + 3 × PNL + 2 × PI + PN + 0,1 × PID + 0,05 × PND + 0,05 × SNR + 0,2 × CLI + 0,1 × CLN + 0,5 × LID + 0,2 × AI + 0,1 × AN + 0,05 × REAI	
nº total de docentes do programa (DP+DC)	
Avaliação qualitativa do conjunto da produção técnica do programa (consultorias, assessorias, pareceres, auditorias, relatórios técnicos, material didático, desenvolvimento de aplicativos, protótipos, aperfeiçoamento de processos de produção, desenvolvimento de modelos de gestão, artigos em revistas técnicas, elaboração de projeto, conferências, programas de rádio e televisão, pareceres para órgão de fomento institucionais)	OT: programa de maior índice receberá a totalidade dos pontos percentuais e os demais programas serão pontuados proporcionalmente
nº de patentes internacionais licenciadas	
nº de patentes nacionais licenciadas	

continua...

318 CAPÍTULO 8: ÍNDICE OU INDICADOR?

...continuação

		Quesitos/Itens	Peso	Indicador	
				PI	
				PN	
				PID	
				PND	
				SNR	
				CLI	
				CLN	
				LID	
				AI	
				AN	
				REAI	
5		Inserção Social	10%		
	5.1.	Inserção e impacto regional e nacional do programa	40%		
	5.2.	Integração e cooperação com outros programas e centros de pesquisa	40%		
	5.3.	Visibilidade ou transparência dada pelo programa à sua atuação	20%		

Figura 8.14: Critérios de avaliação CAPES Engenharias III
Fonte: CAPES, Documento de Área 2013, Engenharias III.

ÍNDICES DE RATING OU DE CLASSIFICAÇÃO POR ESTRATOS

Comentário	Critério para MB
nº de patentes internacionais concedidas	
nº de patentes nacionais concedidas	
nº de patentes internacionais depositadas	
nº de patentes nacionais depositadas	
Software registrado	
nº de capítulos de livros internacionais	
nº de capítulos de livros nacionais	
nº de livros tecnológicos, extensão ou didáticos	
nº de artigos completos em anais de congressos internacionais	
nº de artigos completos em anais de congressos nacionais	
nº de resumos estendidos em anais de congressos internacionais	
Análise qualitativa da participação de membros do corpo docente e discente em ações que favoreçam a inserção e impacto regional e nacional	
Análise qualitativa da participação formal em projetos de cooperação entre programas com níveis de consolidação diferentes, voltados para a inovação na pesquisa, programas de cooperação e intercâmbios formais e sistemáticos	
Análise qualitativa da transparência do programa na disseminação de informações, dados atualizados, disponibilidade de teses e dissertações defendidas e atuação do programa	

CAPÍTULO 8: ÍNDICE OU INDICADOR?

A conversão de indicadores quantitativos para atribuições de conceitos qualitativos como "Regular" ou "Muito Bom" se vale de tabelas nas quais cada um dos atributos é definido por limites de determinado indicador. Por exemplo: no item 4.1. Publicações qualificadas por docente permanente, a análise do indicador PQD segue a Tabela 8.19:

TABELA 8.19: TABELA DE ATRIBUIÇÃO DE CONCEITO NO INDICADOR **PQD**

CONCEITO	PQD
Muito Bom	$0,85 \leq PQD$
Bom	$0,65 \leq PQD < 0,85$
Regular	$0,45 \leq PQD < 0,65$
Fraco	$0,25 \leq PQD < 0,45$
Deficiente	$PQD < 0,25$

FONTE: CAPES, DOCUMENTO DE ÁREA 2013, ENGENHARIAS III.

Os procedimentos de avaliação variam dependendo da Área de Avaliação, mas procuram manter uma certa padronização desenvolvida ao longo dos anos pela CAPES. De maneira geral, e com base em Maccari et al. (2008), infere-se que as notas atribuídas a cada programa de pós-graduação seguem os pressupostos de classificação por estratos, uma vez que reúne em um mesmo estrato (no caso, as notas de 1 a 7), programas de pós-graduação com o mesmo padrão de qualidade.

A Tabela 8.20 mostra que, para um programa ser classificado nos dois estratos superiores, todos os critérios de avaliação devem ter conceito "Muito Bom". Além disso, uma série de atributos qualitativos são considerados quando um programa é candidato a ser classificado com nota 6 ou 7 (CAPES, 2013):

ÍNDICES DE RATING OU DE CLASSIFICAÇÃO POR ESTRATOS **321**

TABELA 8.20: ATRIBUIÇÃO DE NOTAS DE PROGRAMAS DE PÓS-GRADUAÇÃO CAPES

N	CRITÉRIO	NOTA				
		3	4	5	6	7
1	Proposta do Programa	Adequada	Adequada	Adequada	Adequada	Adequada
2	Corpo Docente	Regular	Bom	Bom	Muito Bom	Muito Bom
3	Corpo discente, teses e dissertações	Regular	Bom	Muito Bom	Muito Bom	Muito Bom
4	Produção intelectual	Regular	Bom	Muito Bom	Muito Bom	Muito Bom
5	Inserção Social	Regular	Bom	Muito Bom	Muito Bom	Muito Bom

- Desempenho diferenciado no que diz respeito à produção científica.
- Possuir nível de excelência equivalente a bons programas semelhantes no exterior.
- Sinais evidentes de que o corpo docente desempenha papel de liderança e representatividade em sua respectiva comunidade.
- Programas com nota 7 devem ter desempenho claramente destacado dos demais, inclusive daqueles com nota 6.

A avaliação trienal (a partir de 2017 a periodicidade será quadrienal) dos programas pelo Sistema Nacional de Pós-graduação da CAPES, apesar das críticas e da necessidade de constante melhoria, trouxe contribuições significativas para o estabelecimento de padrões de qualidade dos programas de mestrado e doutorado oferecidos pelas instituições de ensino superior (IES) do Brasil.

QUESTÕES PARA DISCUSSÃO:

1. Procure referências metodológicas para o cálculo do Índice de Condições de Vida (ICV) e compare com a metodologia de cálculo do IDHM. Quais são as principais diferenças e semelhanças que podemos encontrar nesses dois indicadores?

2. Levante os principais índices internacionais de avaliação e classificação do risco país (*Standard & Poors, Moody's* e *Fitch Ratings*). Analise seus componentes (ex: risco político, risco mercadológico) e discuta a validade desse indicador para mostrar o estado de um país quanto à sua capacidade de pagamento de compromissos internacionais.

CAPÍTULO 8: ÍNDICE OU INDICADOR?

3. Pesquise e compare as metodologias de cálculo dos Índices IBOVESPA, Dow-Jones e Nasdaq. Quais são as especificidades de cada um deles e para qual finalidade eles foram criados?

4. Pesquise outras metodologias de avaliação de satisfação do cliente. Quais são as principais características de cada uma delas, vantagens e desvantagens de sua aplicação?

5. Colete os dados históricos dos indicadores de desempenho de um setor ou gerência de sua empresa. Calcule o IGD e analise as causas dos picos máximos e mínimos do índice.

6. Alguns índices são compostos por média aritmética ponderada e outros por média geométrica. Discuta quais são as vantagens e desvantagens da cada uma das escolhas. Pesquise outros indicadores que utilizam média geométrica em sua composição.

7. *"Qualis* é um conjunto de procedimentos utilizados pela CAPES para estratificação da qualidade da produção intelectual dos programas de pós-graduação. Os periódicos são classificados conforme a qualidade dos artigos e de outros tipos de produção a partir da análise da qualidade dos veículos de divulgação, no caso, os periódicos científicos. A classificação de periódicos é realizada pelas áreas de avaliação e passa por processo anual de atualização. Esses veículos são enquadrados em estratos indicativos da qualidade — A1, o mais elevado; A2; B1; B2; B3; B4; B5; C — com peso zero." (CAPES, 2014a). Esse procedimento é alvo de críticas e elogios por parte da comunidade acadêmica. Pesquise sobre o assunto e enumere os pontos fortes e fracos dessa forma de avaliação da produção intelectual.

8. O *Journal Citation Reports* (JCR), publicado pelo Institute for Scientific Information (ISI) é uma base dos resultados da avaliação de periódicos indexados na Web of Science (um serviço online que possibilita o acesso a bancos de dados sobre investigações acadêmicas e científicas). Pesquise sobre o JCR e analise as vantagens e desvantagens de utilizar esse índice em relação ao *Qualis Periódicos* editado pela CAPES.

9. Pesquise outros índices de *rating* ou classificação por estratos. Quais são os objetivos e características específicas de cada um deles?

10. Com base nos conceitos discutidos neste capítulo, proponha um índice de avaliação dos funcionários da empresa ou departamento em que trabalha. Quais requisitos mais importantes serão avaliados? Quais funcionários poderão ser avaliados pelo índice proposto?

CAPÍTULO 9

MERITOCRACIA

HISTÓRICO DA MERITOCRACIA

Meritocracia é comparável a uma faca: um instrumento perigoso, que pode ferir alguém pelo mau uso mas muito útil se for bem manejada. Meritocracia, portanto, é um instrumento de gestão que em si mesmo não é bom nem ruim, mas pode tornar-se uma coisa ou outra dependendo de quem, quando, onde, por que e como é utilizado.

O nome meritocracia deriva do latim — mereo, meres, merui, meritum, merere, verbo conjugado que significa merecer, ter mérito ou obter e serve como designação de uma forma de gestão baseada no mérito. Empresas privadas e públicas aplicam critérios de mérito em seus procedimentos de recompensa, reconhecimento e gestão de carreira de seus funcionários. O objetivo principal é valorizar e reter colaboradores que produzem resultados consistentes com o objetivo da organização e promovem seu crescimento.

Neste capítulo vamos discutir os mecanismos de recompensa e reconhecimento que as empresas utilizam para a implantação e gestão da meritocracia: promoção de cargos, aumento da remuneração (tanto fixa quanto variável), bolsas de estudo, viagens, eventos com premiação de colaboradores individuais ou grupos de trabalho pela diretoria da empresa, divulgação para toda a empresa de colaboradores que se destacaram em suas áreas de trabalho e várias outras formas.

HISTÓRICO DA MERITOCRACIA

A Meritocracia foi colocada como oposição ao *spoil system*, expressão derivada da frase do senador americano William L. Marcy: "to the victors belong the spoils" (Em tradução livre: "ao vitorioso pertence o espólio"), que suportava uma mudança radical de distribuição de cargos no governo federal dos Estados Unidos, implementada pelo presidente Andrew Jackson em 1829. Até então, os ricos possuíam cargos no governo e, uma vez empossados pelo presidente ou Congresso, não eram substituídos até sua morte ou aposentadoria.

A substituição de ocupantes dos cargos por critérios difusos como "lealdade com a administração", por um lado renovou a gestão pública, mas, por outro, trouxe consequências negativas como a derrocada de famílias tradicionais, redução do comércio em Washington e o aumento da corrupção. O *spoil system*, criticado por décadas, foi substituído pelo Pendleton Civil Service Reform Act após o assassinato do presidente James Garfield, em 1881, por um candidato a cargo desapontado com a não indicação. Essa lei instituiu a criação do funcionalismo público federal,

CAPÍTULO 9: MERITOCRACIA

cujos ocupantes não poderiam ser contratados ou demitidos como resultado das flutuações políticas.

Barbosa (2014) afirma que "historicamente, a prática e a ideologia meritocrática nunca foram uma demanda da sociedade brasileira" embora a mesma autora mostrasse que a meritocracia já tinha um embrião na Constituição promulgada em 1824, que regia que "todo cidadão pode ser admitido em cargos públicos civis, políticos ou militares, sem outra diferença que não seja por seus talentos ou virtudes". O ponto frágil dessa expressão é que não havia uma forma clara de avaliação de "talentos e virtudes", o que foi sanado pela Constituição de 1934, a qual definia o critério de ingresso em cargos públicos por concurso aberto de provas e títulos. Gorsky (2012) é mais enfático quando diz:

> "é latente a necessidade de que os escalões mais altos das administrações, principalmente na esfera federal, sejam profissionalizados. Nesse ponto a sociedade precisa cumprir seu papel de cobrança e controle manifestando-se em desacordo com as designações de cargos que surgem como frutos de alianças políticas" (GORSKY, 2012. p.1).

Se analisarmos textos com viés declaradamente político, focados em gestão pública, as posições pró e contra a meritocracia atingem extremos dotados de agressividade. Podemos observar tal controvérsia em Fernandes (2014) que, alinhado às questões sindicais, refuta essa forma de gestão quando diz:

> "esse sistema meritocrático, existente há anos no plano formal e no plano do discurso, nunca foi uma prática legitimamente aceita. E não há como aceitá-la! Quem é servidor público sabe que a tradição da cultura administrativa brasileira é eminentemente autoritária, na qual todo plano de avaliação de desempenho é aplicado para punir servidores desmotivados, pôr todos a trabalhar sem poder questionar os métodos utilizados, muitos deles retrógrados, outros desnecessários". (FERNANDES, 2014, p.1)

Na mesma linha de mostrar a falácia da meritocracia, Ballestra (2014) defende que o diferencial entre as pessoas é sua capacitação em vez do mérito ao realizar uma tarefa, chegando mesmo a propor um distanciamento entre esses dois conceitos:

> "mérito não é algo que se possa cobrar, nem é algo que se possa medir por puro esforço na realização das tarefas cotidianas, mérito é algo que se outorga, não que se exige ou se cobra [...] A escolha pela capacitação deveria ser algo natural, evidente por si mesmo. Mas para que essa escolha possa realmente dar frutos ela obrigatoriamente deve se separar e se distanciar da ideia de mérito, e de meritocracia" (BALLESTRA, 2014, p.1)

HISTÓRICO DA MERITOCRACIA

Já para Vianna (2015), inclinado a posições de pensamento liberal, a meritocracia tem um papel diametralmente oposto como forma de gestão, especialmente a gestão pública, quando coloca:

> *"a nossa cultura acadêmica prefere a 'mediocracia', onde ser fraco é bom, mostrando a síntese do cobertor curto, onde resolve-se um problema criando outro, em nome de uma igualdade invejosa, demonstrando que o socialismo não é nada mais que a legitimação da inveja, onde não se aceita o sucesso individual, a capacidade de uma pessoa lutar pelos seus objetivos, para se cultuar o inerte, o invejoso, o que nunca se dedicou para conquistar nada em sua vida. Já o que se dedicou, que renunciou a várias coisas para conquistar o seu objetivo, esse sofre preconceito, e é tido como um pária. Nivela-se por baixo" (VIANNA, 2015, p.2).*

Gorsky (2012) concorda com a valorização do esforço de indivíduos que buscam trabalhar de forma correta e mostrando competência no desenvolvimento de suas funções, independentemente da estabilidade que o funcionalismo público ofereça:

> *"valorizar os indivíduos que se destacam e que muitas vezes acabam sendo penalizados, pois recebem carga de trabalho ainda maior como forma de compensar o prejuízo causado pela falta de comprometimento do servidor incompetente que se apoia na garantia da estabilidade para cumprir diariamente sua jornada de trabalho, recebendo em dia seus proventos, porém contribuindo muito pouco para a adequada execução do serviço pelo qual é pago pela sociedade" (GORSKY, 2012. p.1).*

O "discurso meritocrático", conforme aponta Barbosa (2014) ao fazer uma revisão sobre esse tema, aponta para a importância do reconhecimento, e da punição para os indivíduos que não cumprem as metas acordadas:

> *"O cerne do discurso meritocrático é a importância atribuída ao valor do reconhecimento dos resultados individuais. O não reconhecimento ou a premiação indevida, segundo seus partidários, gera insatisfação e desestímulo. Induz à acomodação, promove injustiças e a desmoralização das cobranças e dos planejamentos previstos nas organizações. Nesse discurso, a meritocracia é um estímulo, um instrumento para se fazer mais e melhor. Esse estímulo não é só pecuniário, mas é, também, simbólico. As pessoas sentem-se recompensadas pelos esforços despendidos e gratificadas pelo seu reconhecimento público." (BARBOSA, 2014, p.83)*

Verifica-se que, pela análise de alguns textos disponíveis, o assunto de implantação de meritocracia é antigo, complexo e permeado de inferências ideológicas e políticas. Em resumo, não se trata de uma questão apenas técnica; nesta reside um dos principais pontos de discussão de tal modo de gestão: qual é o critério para diferenciar o mérito entre os colaboradores?

AVALIAÇÃO DE DESEMPENHO E MERITOCRACIA

Meritocracia pressupõe recompensas e algum tipo de punição a indivíduos e grupos, derivados de uma avaliação de desempenho, portanto, pode-se ter um dos componentes sem, necessariamente, ter o outro. Meritocracia com uma avaliação de desempenho falha produz injustiças, insatisfações e pouco se diferencia do paternalismo, apadrinhamento, nepotismo e reciprocidade nas relações pessoais. Avaliação de desempenho sem meritocracia é um esforço de custo significativo para as empresas sem que ela usufrua de seus benefícios. Para os colaboradores de uma empresa, a realização dessa atividade que, frequentemente, é estressante e carece de consequências que justifiquem o esforço despendido, acaba caindo em descrédito e julgada desnecessária.

A avaliação de desempenho que seja considerada perfeita às necessidades de uma empresa é extremamente difícil de ser implementada dada a necessidade de focalização em alguns pontos essenciais. Pela própria definição, quando se foca em alguns pontos, automaticamente outros são abandonados, e isso gera distorções conforme discutido em capítulos anteriores.

Casos de sucesso que tratam de recompensas por atingimento de metas são muitos, mesmo no Brasil, onde o conceito de meritocracia é incipiente ou inexistente na maioria das organizações (BARBOSA, 2014): bonificações por cumprimento de metas em áreas específicas do sistema bancário, em processos de comercialização de produtos e serviços e, principalmente, o sistema meritocrático implementado por Lemann, Telles e Sucupira desde a gestão do Banco Garantia até a formação da Interbrew (CORREA, 2013).

A Meritocracia se opõe às promoções por antiguidade, em que a lógica é a valorização da experiência adquirida durante os anos de dedicação e assiduidade à empresa. É oposta também à lógica isonômica segundo a qual aquilo que se dá a um tem que ser estendido a todos, e o mérito individual não é merecedor de um reconhecimento diferenciado. Tal lógica é adepta da distribuição equitativa de qualquer verba adicional alocada para premiar o bom desempenho e enfatiza a "harmonia social", "o trabalho em equipe" e "um pouco para todos é melhor do que mais para alguns" (BARBOSA, 2014).

MERITOCRACIA E MOTIVAÇÃO

Recompensas e punições são ferramentas que a meritocracia utiliza para motivar os indivíduos a entregar o que foi previamente acordado com os níveis hierárquicos

MERITOCRACIA E MOTIVAÇÃO **329**

superiores, pressupondo um alinhamento entre os resultados individuais e os objetivos da empresa. Ao propor conseguir que uma pessoa se movimente em determinada direção preestabelecida, introduz-se o conceito espinhoso da motivação.

O termo motivação deriva do latim movere, que significa mover ou movimento e está ligado à intensidade do esforço que um indivíduo faz para atingir um objetivo. A literatura é farta em apontar definições e modos de interagir com um indivíduo para que se motive. Seguindo a proposição de Heckhausen e Heckhausen (2008), verifica-se haver dois aspectos do termo:

- **Motivação intrínseca:** Gerada a partir de necessidades e disposição da personalidade de um indivíduo, o que determina o grau de importância de um objetivo para ele, e o valor das consequências de uma ação. A motivação é vista como força de impulso que leva um indivíduo a procurar resolver uma tensão interna.

- **Motivação extrínseca:** É o efeito sobre um indivíduo de eventos originados no ambiente que o circunda, para que ele se mova em determinada direção em busca de obter recompensas ou evitar punições. A motivação como força de atração (para algo considerado como um bem) e repulsa (de algo considerado como um mal) leva em consideração as preferências individuais, dado que diferentes pessoas consideram diferentes objetivos como mais ou menos desejáveis.

Maslow (1968), autor de um dos mais conhecidos trabalhos sobre as necessidades humanas, coloca que um indivíduo possui cinco tipos de necessidades, as quais organizou em uma pirâmide, conforme mostra a Figura 9.1. Essas necessidades são divididas em dois grupos:

- Necessidades básicas: Relacionadas a instintos primitivos do ser humano, exigem urgência na resolução: sua falta produz um estado indesejável de privação e, consequentemente, são mais poderosas como fatores motivacionais:

  - **Necessidades fisiológicas:** Alimentação, respiração, sono, excreção.

  - **Necessidades de segurança íntima:** Abrangem necessidades físicas e psíquicas: segurança do corpo, saúde, emprego, família, propriedade.

- Necessidades de crescimento: Relacionadas à busca, pelo indivíduo, de algo desejável, de caráter mais elevado, para crescer e se desenvolver, e são mais próximas ao uso da razão para serem saciadas:

  - **Necessidades de amor e relacionamentos:** Amizade, amor, família, participação em grupos de relacionamento.

  - **Necessidades de estima:** Autoconfiança, autoestima, respeito dos outros, confiança.

  - **Necessidades de autorrealização:** Criatividade, desafios, moralidade.

CAPÍTULO 9: MERITOCRACIA

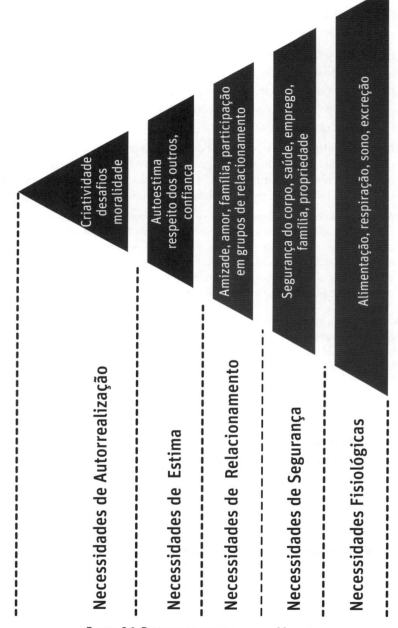

FIGURA 9.1: PIRÂMIDE DE NECESSIDADES DE MASLOW

MERITOCRACIA E MOTIVAÇÃO **331**

Siqueira (2011), analisando as proposições de Douglas McGregor na Teoria X e Y, mostra que este autor identificou dois grupos de indivíduos com atitudes distintas na execução de suas atividades em uma empresa, ou seja, suas disposições em relação ao trabalho:

- **Teoria X:** Os postulados dessa teoria identificam um grupo de pessoas cujo gerenciamento pressupõe que:
  - ◆ Elas acreditam que o trabalho, em si mesmo, é desagradável para a maioria das pessoas que não são ambiciosas, evitam correr riscos e assumir responsabilidades, e preferem ser dirigidas.
  - ◆ Necessitam de práticas organizacionais que induzam um indivíduo ao trabalho: por coação ou sedução, ambas em suas diferentes variantes.
  - ◆ Por um lado, induz as pessoas ao cumprimento de suas metas por ameaças, punições, disciplina e estrito controle, e procura compensar as deficiências humanas pela coação ou pelo constrangimento.
  - ◆ Por outro lado, seduz as pessoas a desempenhar adequadamente suas funções por meio de concessão de gratificações, elogios e, em casos extremos, de manipulações.
  - ◆ Por não acreditar que criatividade e iniciativa sejam inerentes à maioria das pessoas na resolução dos problemas das organizações, é necessário criar funções, cargos, atividades e atribuições que não pressuponham criatividade e iniciativa, restringindo-se a procedimentos padronizados e rotineiros, isto é, mantenham as práticas habituais de realização das tarefas.
  - ◆ A coação e a manipulação são formas inapropriadas de gestão para obter níveis de excelência no desempenho dos colaboradores.
- **Teoria Y:** Os postulados dessa teoria identificam um grupo de pessoas cujo gerenciamento pressupõe que:
  - ◆ Elas acreditam que o trabalho é tão natural como o lazer, se as condições forem favoráveis.
  - ◆ Os gestores devem criar condições favoráveis para que o trabalho seja realizado, ou seja, precisam desenvolver ambientes e processos de trabalho que permitam a participação e o engajamento dos indivíduos efetivamente envolvidos na resolução das tarefas e atividades.
  - ◆ O autocontrole é indispensável ao atingimento dos objetivos da empresa, e se torna possível desde que sejam fornecidas as condições adequadas no ambiente de trabalho. A função de um executivo será, então, desenvolver esses ambientes e processos favoráveis, ou facilitadores, ao autocontrole no trabalho.
  - ◆ A criatividade e a iniciativa são encontradas nas pessoas efetivamente envolvidas na resolução dos problemas, e os gestores devem encontrar formas de envolver, comprometer e engajar as pessoas nas funções que elas realizam.

CAPÍTULO 9: MERITOCRACIA

As teorias apresentadas parecem concordar que o comportamento humano é uma função da pessoa e do ambiente, mas a meritocracia é uma ferramenta de motivação extrínseca proposta por Heckhausen e voltada a pessoas que compõem o grupo descrito como Teoria X proposta por McGregor. A Figura 9.2 mostra como as forças de atração e repulsa atuam sobre um indivíduo para que ele saia de uma zona de conforto e se mova na direção desejada pela organização.

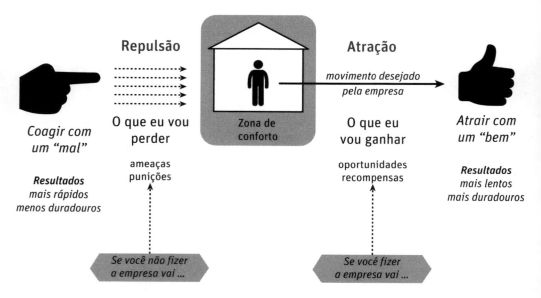

Figura 9.2: Forças do ambiente atuando sobre um indivíduo para tirá-lo da zona de conforto

Concordamos com Siqueira (2011), que sustenta que todo ser humano é motivado dado que a motivação faz parte das pessoas. A motivação é sempre a busca de um bem para si mesmo, mas o problema é que nem sempre a motivação se volta para o trabalho. A meritocracia é uma ferramenta de alinhamento de objetivos para que o movimento do indivíduo coincida com o movimento desejado pela empresa. Os indicadores de desempenho fornecem uma forma de esclarecer e alinhar esses objetivos entre a empresa e o funcionário.

MERITOCRACIA E MOTIVAÇÃO **333**

QUESTÕES PARA DISCUSSÃO

1. "E se eu não fizer, o que acontece?". Formule esta pergunta para cada membro do grupo. Compare as respostas obtidas de funcionários de empresas privadas e empresa públicas.

2. Quais são os mecanismos de motivação para funcionários públicos melhorarem os indicadores de desempenho estabelecidos pelo gestor público. Dê exemplos.

3. O fator crítico para o sucesso de programas baseados em *Lean Manufacturing* é a implantação do que se convencionou chamar de "Cultura Lean". A literatura mostra que, para mudar a cultura, inicia-se pela mudança do que se faz para depois mudar o que se pensa. Quais são os mecanismos que você sugere para reduzir a resistência à mudança?

4. A motivação para implantar um novo processo ou melhorar um processo já existente depende do grau de contato do prestador de serviço com o cliente? Ou seja, funcionários do *front office* (que têm contato com o cliente) são mais motivados do que funcionários do *back office* (sem contato com o cliente)?

5. Discuta com os membros do grupo quais são as formas de motivação utilizadas nas empresas, separadas em dois grupos:

   a. Mecanismos de recompensa

   b. Mecanismos de punição

ANEXO I

SISTEMAS DE PRODUÇÃO GERAM AS INFORMAÇÕES PARA INDICADORES DE DESEMPENHO

CONCEITO DE SISTEMA DE PRODUÇÃO **337**

O objetivo deste anexo é recordar alguns conceitos básicos de sistemas de produção, as diversas formas de analisar um sistema de produção, denominadas de Visões, e mostrar os tipos de processos produtivos de acordo com as alterações nos recursos.

CONCEITO DE SISTEMA DE PRODUÇÃO[1]

Para poder entender os conceitos de desempenho, é necessário estudar os conceitos básicos de sistemas de produção. Baseado no correto entendimento do que é entrada, processamento e saída de um sistema de produção, é possível compreender os diversos tipos de indicadores de desempenho.

Um sistema de produção pode ser definido como um conjunto logicamente ordenado de operações que, utilizando determinados recursos, produz uma saída de valor para o cliente. Para que esse conjunto de operações trabalhe da melhor forma possível, desenvolveu-se um conceito que procura otimizar essas funções de transformação denominado de Gestão de Operações. Os recursos podem ser divididos, basicamente, em três tipos: mão de obra (MO), matéria-prima (MP) e equipamentos (EQ). Por se tratar de um nível de agregação elevado, algumas interpretações são necessárias. Energia, por exemplo, é considerada pertencente ao grupo de MP, assim como serviços contratados de terceiros. Adota-se tal interpretação devido ao caráter de variação com o nível de produção, algo semelhante ao que ocorre com relação às matérias-primas físicas utilizadas no processo de produção.

A maneira mais simples de se representar um processo de produção é o que se denomina de Visão Restrita de Sistema de Produção, mostrado na Figura A1.1. Neste caso, ele é descrito por Entradas, Transformação e Saídas. As entradas podem ser materiais, pessoas, informações, energia, equipamentos e outros recursos de produção. As saídas podem ser pessoas, informações, equipamentos e outros produtos. O processo de transformação é o conjunto de operações logicamente ordenadas visando um objetivo específico que transforma os recursos em produtos. Podemos exemplificar alguns sistemas de produção:

- Um sistema de produção que possui "pessoas" como Entrada e "pessoas" como Saída: são, tipicamente, sistemas de serviços nos quais se modifica o estado de uma pessoa: uma aula em um curso de treinamento é um sistema em que a Entrada é "pessoas sem informação" e a Saída é "pessoas com informação".

- Um sistema de produção que possui "informações" como Entrada e "informações" como Saída: o Jornalismo é um sistema de produção que utiliza "informações coletadas de várias fontes" e produz "informações sistematizadas em um meio impresso".

O que pode parecer um pouco mais atual, frente a essa definição clássica, é a preocupação com ser "coerente com os valores sociais vigentes, preservando os

---

[1] Muscat, A.R.N.; Fleury, A.C.C Fundamentos da Produtividade, Fundação Vanzolini, 1993

ANEXO I: SISTEMAS DE PRODUÇÃO GERAM AS INFORMAÇÕES...

recursos naturais e do ambiente". Várias referências bibliográficas mostram que essas duas restrições que consideramos atualmente dificilmente estavam presentes no passado. Por exemplo, se considerarmos o uso de recursos de mão de obra no período da Revolução Industrial, verificaremos que se poderia utilizar de 12 a 16 horas de trabalho diário de um empregado durante os sete dias da semana. Há quem diga que isso ainda perdura, mas, considerando a legislação trabalhista, hoje somente é permitida uma jornada de trabalho de oito horas por dia, com no máximo duas horas extras e durante cinco dias da semana. Em alguns países esses parâmetros variam para mais ou para menos, e a legislação está sempre em constante mudança. Outros exemplos estão no uso de mão de obra infantil, que no início do século XX era tolerada por alguns países, assim como a discriminação de mão de obra por gênero, raça, cor, deficiências físicas, doenças não contagiosas e credos.

O mesmo ocorre com a preservação do meio ambiente, que experimentou alterações importantes ao longo dos anos.[2] Toda produção gera algum tipo de resíduo. Esses resíduos são denominados resíduos compulsórios. A possibilidade de seu reaproveitamento vem extinguir um grande problema, que é a disposição inadequada e onerosa para a empresa. No final da década de 1980, diante do reconhecimento por parte das organizações da necessidade de controlar e melhorar seu desempenho ambiental, o enfoque passou do controle para a prevenção. Uma das primeiras iniciativas que confirmou tal fato foi a criação, em 1988, pela U.S. Environmental Protection Agency, no Waste Minimization Opportunity Assessment Manual, WMOAM, da expressão waste minimization, que procurava disseminar no meio industrial a prática das quatro alternativas básicas do controle de poluição industrial: (i) redução de resíduos na fonte; (ii) reciclagem; (iii) tratamento ou incineração; (iv) disposição adequada.

Toda empresa que se decidisse por iniciativas de minimização dos resíduos deveria, obrigatoriamente, optar pelas alternativas de forma individual ou conjunta das quatro ações mencionadas. Um dos fatores mais conhecidos na época era que o desenvolvimento de produtos para consumo sempre ocorria muito rapidamente quando em comparação com a criação de alternativas para minimizar práticas poluentes, que eram sempre muito caras e deveriam envolver uma série de empresas, com atividades específicas em cada uma delas, em uma considerável área geográfica.

Apesar de todos os estudos realizados, dos esforços das organizações e de eventos ambientais mundiais os mais diversos, as empresas continuavam a buscar formas eficientes e rápidas para o descarte do resíduo gerado. Percebeu-se que qualquer tipo de iniciativa podia se tornar oneroso, comprometer o meio ambiente e a imagem da empresa. O procedimento para descarte que não fosse muito bem definido poderia se tornar muito dispendioso sob todos os aspectos.

---

[2] Hamzagic, M. Eco-kanban: Tese de doutorado. 2010

CONCEITO DE SISTEMA DE PRODUÇÃO

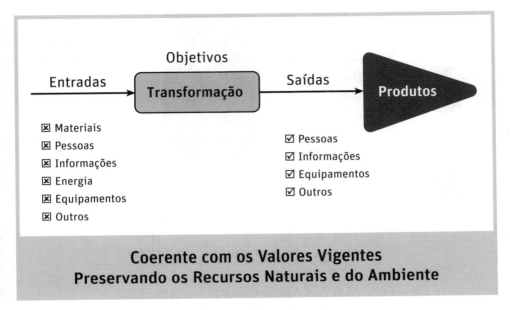

FIGURA A1.1: SISTEMA DE PRODUÇÃO: VISÃO RESTRITA

Posteriormente, em 1995, o conceito de Produção mais Limpa (PmaisL) foi criado pela UNEP (United Nations Environment Programme) visando a aplicação contínua de uma estratégia técnica, econômica e ambiental integrada aos processos, produtos e serviços, e cujo objetivo era aumentar a eficiência no uso dos recursos produtivos pela sua não geração, minimização e reciclagem. A hierarquia no gerenciamento de poluentes, proposta por essa filosofia, indicava que, quando não fosse possível evitar a geração de resíduos em um processo produtivo, seja de um produto descartado ou em um serviço prestado, tais resíduos deveriam ser reaproveitados, ou no mesmo processo produtivo, ou fora dele, mas ainda dentro de uma determinada cadeia produtiva.

Uma maneira um pouco mais complexa de analisar um sistema de produção é pelo que foi denominada Visão Analítica de um sistema de produção. Conforme podemos ver na Figura A1.2, ela divide os recursos produtivos em dois grandes grupos: capital em giro e capital imobilizado. Os recursos produtivos pertencentes ao grupo de capital em giro são os que podem ser contratados por meio de recursos financeiros de acordo com as variações da demanda do produto final: materiais, mão de obra, energia, serviços contratados, etc., enquanto que os recursos pertencentes ao Capital Imobilizado são aqueles que têm natureza relativamente duradoura, são utilizados na operação do negócio e não são destinados à venda.

ANEXO I: SISTEMAS DE PRODUÇÃO GERAM AS INFORMAÇÕES...

FIGURA A1.2: VISÃO ANALÍTICA DE UM SISTEMA DE PRODUÇÃO

Outra divisão possível dos recursos de produção segundo a Visão Analítica é entre recursos diretos e indiretos. Recursos produtivos diretos são aqueles que são incorporados, de alguma forma, no produto final. Os recursos produtivos indiretos são aqueles que auxiliam os recursos diretos a se incorporarem no produto final criando condições para que a atividade ou operação possa ser executada.

Do mesmo modo, as operações logicamente ordenadas denominadas de Processo Produtivo, geralmente realizadas pelo Departamento de Produção de uma empresa, podem ser divididas em Operações Diretas e Operações ou Atividades de Apoio à Produção. É interessante verificar quais as diferenças fundamentais entre esses dois tipos de Operações:

- Operações Diretas são aquelas que deixam uma marca no produto final. Por exemplo, uma injetora de plástico deixa uma forma definida em um determinado polímero, assim como uma prensa em uma chapa de aço, ou um professor que deixa sua marca nos alunos ao alterar o nível de informação que eles têm sobre determinado assunto. Podemos dizer, então, que o objetivo das operações diretas é transformar os recursos produtivos em produtos acabados a serem destinados à venda.

- Operações ou Atividades de Apoio à Produção são aquelas que permitem que as Operações Diretas sejam feitas da melhor forma possível, ou, em outras palavras, as otimizam. De certa forma, as Atividades de Apoio à Produção não são absolutamente necessárias para que o produto final seja produzido. Ele poderá sair com defeitos, com atraso e caro, mas será produzido ao final da sequência lógica de operações diretas.

CONCEITO DE SISTEMA DE PRODUÇÃO

Exemplos de atividades de apoio à produção são: Controle da Qualidade, Manutenção, Programação e Controle da Produção e Movimentação e Armazenagem de Materiais.

Atenção especial deve ser proporcionada às Operações ou Atividades de Apoio à Produção, pelo fato de que o resultado que essas atividades fornecem para otimizar as operações diretas tem que ser maior do que o custo que elas geram por existirem na empresa. Em outras palavras, o bônus que elas produzem deve ser maior que o ônus que elas geram. Caso contrário, estaremos diante do que se denomina de "empresas inchadas", ou seja, o custo de manter uma atividade de apoio à produção é maior do que o benefício gerado no processo. Por exemplo, uma empresa metalúrgica de porte médio que possui um departamento de Programação e Controle da Produção com 120 funcionários fará com que as Ordens de Serviços sejam muito bem monitoradas, minimizará a ociosidade na utilização dos equipamentos, evitará que as entregas de produto final atrasem, além de muitos outros benefícios. No entanto, é muito pouco provável que esse conjunto de benefícios seja suficiente para pagar os custos de manter uma quantidade tão grande de funcionários relativamente ao porte da empresa.

Enquanto que na Visão Restrita de um Sistema de Produção consideramos as saídas somente sob a denominação de Produtos, na Visão Analítica dividimos os Produtos em dois grandes grupos:

- **Bens:** São produtos tangíveis que desempenham alguma função de valor para o cliente: livros, bicicletas, canetas, etc. Ou seja, os bens são produtos de sistemas produtivos do tipo manufatura no qual a forma ou a composição dos recursos são alteradas por um sistema produtivo.

- **Serviços:** É o resultado de um sistema produtivo que altera o estado de alguém ou de alguma coisa de alguém, ou seja, os serviços trazem consigo um caráter de intangibilidade explícita (que pode ser avaliada pelos sentidos humanos) ou implícita (que possui aspectos psicológicos em sua avaliação pelo cliente).

Além dos bens ou serviços produzidos, um sistema produtivo tem como saída outros elementos que não fazem parte do objetivo principal da empresa: efluentes industriais, odor ruim, fumaça, barulho, sucata, pneus gastos, etc., que são denominados de Outras Saídas. Dada nossa tecnologia de produção disponível, é virtualmente impossível que um sistema produtivo não tenha algum item classificado como Outras Saídas. Mesmo quando uma sucata seja reaproveitada como matéria-prima de outro lote ou produto da empresa, o reprocessamento daquela sucata utilizará mão de obra, energia e equipamentos agregados a ela.

ANEXO I: SISTEMAS DE PRODUÇÃO GERAM AS INFORMAÇÕES...

ESTUDO DE CASO:
ENTRADAS E SAÍDAS DE UM PROCESSO PRODUTIVO

A visão analítica do sistema de produção de uma empresa fabricante de artefatos de borracha pode ser demonstrada conforme a Figura A1.3. Para simplificar, vamos definir um produto específico fabricado por essa empresa: anéis de vedação de motores. Para que tal produto seja produzido, é necessário dispor de recursos produtivos diretos que podemos separar em três grupos: mão de obra (MO), matéria-prima (MP) e equipamento (EQ).

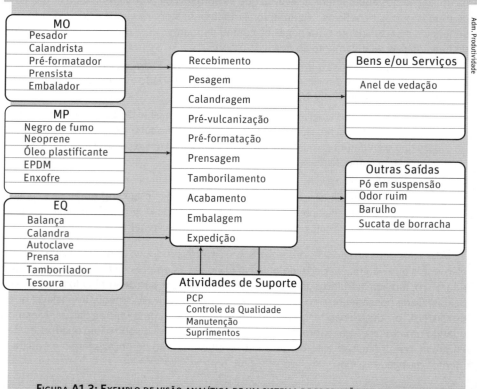

FIGURA A1.3: EXEMPLO DE VISÃO ANALÍTICA DE UM SISTEMA DE PRODUÇÃO DE ARTEFATOS DE BORRACHA

CONCEITO DE SISTEMA DE PRODUÇÃO

> Cada um deles é representado pelos principais componentes de cada grupo. As operações diretas são aquelas que, de alguma forma, deixam uma marca no produto. No caso específico, fizemos apenas uma relação sequencial dessas operações, além de uma relação de atividades de apoio à produção que, por definição, não deixam uma marca no produto mas auxiliam, fazendo com que as operações diretas sejam feitas da melhor forma possível.
>
> Por fim, temos uma relação de outras saídas representadas por materiais gerados pelo sistema de produção mas que não constituem seu objetivo específico e que a empresa tenta eliminar ou, pelo menos, minimizar.

Uma terceira maneira de analisar um sistema de produção é denominada de Visão Ampliada do Sistema de Produção. Conforme podemos observar na Figura A1.4, o enfoque é muito mais abstrato e incorpora conceitos mais amplos do que os estudados até agora.

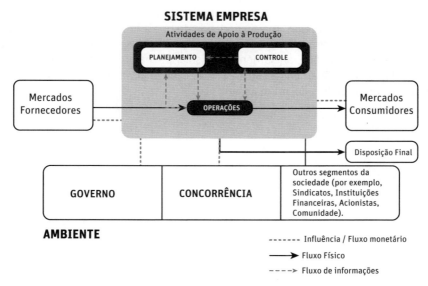

Figura A1.4: Visão Ampliada de um Sistema de Produção

Observamos que as Entradas foram substituídas pelo conceito de Mercado Fornecedor, as Saídas foram substituídas pelo conceito de Mercado Consumidor e as Outras Saídas foram substituídas pelo conceito de Disposição Final. As Atividades de Apoio à Produção foram divididas em dois grandes grupos: Planejamento e Controle. Além disso, surgem duas novas palavras: Sistema e Ambiente. Vamos então analisar cada um desses conceitos:

ANEXO I: SISTEMAS DE PRODUÇÃO GERAM AS INFORMAÇÕES...

A FUNÇÃO PLANEJAMENTO E A FUNÇÃO CONTROLE

Para poder discutir sobre esses dois pontos, é preciso defini-los para que se possa argumentar sobre uma mesma base. Não se trata aqui de fazer uma revisão bibliográfica sobre os dois temas, mas de fornecer conceitos básicos:

- Planejamento é um conjunto de atividades relacionadas à previsão que possibilita perceber variáveis relevantes, internas e externas, que influenciam na empresa, elaborar objetivos a serem alcançados, e delinear trajetórias alternativas para alcançar tais objetivos por meio de relações de causa e efeito entre as ações preestabelecidas, ou seja, é uma ferramenta para se construir um referencial futuro daquilo que a empresa deseja ser ou se tornar.

- Controle é um conjunto de atividades cuja principal função é verificar se os resultados reais obtidos nas diversas áreas de uma empresa estão adequados ao resultado que foi planejado para elas. Caso haja algum tipo de distorção ou diferença significativa entre os dois valores, uma ação corretiva pode ser implementada para que se elimine a lacuna. Portanto, a função Controle utiliza os resultados obtidos na função Planejamento.

Na Figura A1.5, elencamos uma série de atividades que são atribuídas a cada uma das funções. Uma pergunta que se pode colocar é o porquê de a função Planejamento ser, na maioria das empresas, mais valorizada do que a função Controle. Evidências desta valorização assimétrica são facilmente perceptíveis: os colaboradores que estão alocados na função Planejamento têm salários maiores, suas salas são melhor aparelhadas, seus equipamentos são mais novos, têm mais liberdade no cumprimento de horários de trabalho, viajam mais, etc.

A FUNÇÃO PLANEJAMENTO E A FUNÇÃO CONTROLE

PLANEJAMENTO

- Definição do bem/serviço (Linha de Produtos)
- Definição do Processo e de Insumos
- Seleção de Equipamentos
- Projeto de Métodos
- Padrões de Trabalho e de Remuneração
- Determinação da Capacidade de Produção
- Planejamento da Produção
- Localização
- "Layout"
- Planejamento de Estoques
- Planejamento de Manutenção

CONTROLE

- Utilização da Mão de Obra
- Utilização dos Equipamentos
- Produção
- Manutenção
- Estoques
- Custos

FIGURA A1.5: EXEMPLOS DE ATIVIDADES DAS FUNÇÕES DE PLANEJAMENTO E DE CONTROLE

Dois fatores contribuem significativamente para que isso ocorra:

- O Controle, por definição, utiliza o resultado da função Planejamento. Ou seja, sem as informações vindas do Planejamento, a função Controle não poderia ser executada.

- O custo do erro: não se trata de precisão quantitativa, mas uma regra utilizada em Administração de Operações mostra que 80% do custo de um sistema produtivo ocorre na etapa de Planejamento. Por exemplo, se um erro é cometido ao preencher uma tabela de quantidade produzida para se comparar com a quantidade programada de produção, pode-se consertá-lo pouco tempo depois: no dia seguinte, na semana seguinte ou no mês seguinte. Já quando um erro é cometido na etapa de Planejamento, a empresa pode pagar por ele durante toda sua existência.

Para discutir melhor a questão do "custo do erro", vamos tomar uma das atividades de Planejamento: a localização industrial. Suponhamos que haja dois locais possíveis de instalar nossa empresa: na cidade de Bauru, ou na cidade de São Paulo no bairro do Brás. Ao tomar a decisão de instalar a fábrica no Brás, definimos 80% dos custos envolvidos: o custo da mão de obra será muito mais caro no bairro do Brás do que na cidade de Bauru; o custo do terreno para a instalação da empresa será muito mais caro no Brás do que na

346 ANEXO I: SISTEMAS DE PRODUÇÃO GERAM AS INFORMAÇÕES...

cidade de Bauru; o custo do transporte para a distribuição em São Paulo será muito mais barato do que se a distribuição fosse feita a partir da cidade de Bauru, e assim por diante.

Com isso, fixamos, segundo essa regra empírica, 80% dos custos dos recursos de produção; os outros 20% ficarão a cargo dos controladores, que podem, durante a fase de operação da fábrica, conseguir negociar um pouco melhor os salários para reduzir o custo da mão de obra mas nunca conseguirão chegar ao nível dos salários que poderiam ser pagos em uma cidade do interior paulista. O mesmo ocorre com o custo do terreno: durante a fase de busca de um terreno, pode acontecer de conseguir obter um desconto significativo no preço ao aproveitar uma oportunidade de negócio emergencial com um proprietário, porém, dificilmente se conseguiria chegar ao preço de um terreno no distrito industrial da cidade de Bauru onde, provavelmente, a Prefeitura poderia conceder condições especiais de aquisição. O custo de transporte já está fixado, em grande parte, pelo fato de a empresa ter se localizado na cidade de Bauru, dado que é proporcional à distância entre a fábrica e seu principal mercado; o que o gerente de transporte pode fazer para reduzir o custo do transporte é otimizar a ocupação volumétrica dos veículos de distribuição de produtos, manter os motores regulados para reduzir o consumo, utilizar modais alternativos para reduzir o frete, etc., mas dificilmente conseguiria chegar ao custo de transporte de distribuição se a fábrica estivesse localizada em São Paulo.

OS CONCEITOS DE SISTEMA EMPRESA E AMBIENTE

Experimente fazer um teste com algum colega de classe: peça para ele classificar as seguintes variáveis em Sistema ou Ambiente: conjunto de procedimentos documentados de uma empresa, o número de funcionários dela, o humor dos funcionários no local de trabalho e o mercado consumidor. É quase certo — e fiz o teste várias vezes com alunos — que eles acertariam na maioria das vezes: os dois primeiros classificados como Sistema e os dois últimos como Ambiente. Ou seja, intuitivamente, as pessoas conseguem diferenciar um conceito do outro, contudo, o que dificilmente conseguem expressar é qual o fator crítico que os diferencia: ter ou não ter controle sobre as variáveis que exercem influência na empresa. Vamos às definições:

- Sistema é um conjunto de variáveis ou elementos logicamente conectados, em relações de causa e efeito, que formam um todo organizado. No caso específico de Sistema Empresa, trata-se de um conjunto de variáveis que influenciam a empresa e a empresa tem controle sobre elas, ou seja, pode aplicar uma ação corretiva para modificá-las. Por exemplo, o conjunto de procedimentos documentados, o número de funcionários da empresa e o número e estado dos equipamentos utilizados por ela são exemplos de elementos do Sistema Empresa, uma vez que, em todos eles, a empresa pode aumentar ou diminuir a quantidade e modificar sua qualidade. Ou seja, a empresa possui ação corretiva sobre essas variáveis.
- Ambiente consiste no conjunto de condições ou variáveis que exercem influência em uma empresa sobre as quais esta não tem controle. Tipicamente, consideram-se os

OS CONCEITOS DE SISTEMA EMPRESA E AMBIENTE

mercados fornecedores, mercados consumidores, concorrência e sindicatos como elementos do Ambiente da empresa.

Com respeito a estes dois últimos conceitos, é interessante analisar que dificilmente ocorrem elementos que podem ser classificados como totalmente pertencentes ao Sistema Empresa ou totalmente pertencentes ao Ambiente da empresa. Por exemplo, na indústria automobilística, as montadoras têm um certo nível de controle em relação a seus fornecedores de peças e, muitas vezes, aplicam ações corretivas em variáveis relevantes em seu processo produtivo. Do mesmo modo, em casos específicos estudados pela Economia, as empresas têm um nível significativo de controle sobre a concorrência.

O mesmo ocorre quando se trata de variáveis tipicamente relacionadas ao Ambiente. Por exemplo, embora a empresa tenha autoridade para estabelecer o número adequado de funcionários contratados, uma ação de demissão coletiva pode ser bloqueada por atividades sindicais.

O melhor modo de se definir a questão de classificação de variáveis entre Ambiente e Sistema Empresa é uma avaliação, mesmo qualitativa, do que predomina em sua influência sobre a empresa: se a influência dessa variável sobre a empresa é, em sua maior parte, controlável por ela, classifica-se como Sistema Empresa; em caso contrário, então classifica-se como Ambiente. Trata-se se uma avaliação simplificada e cabem exceções, mas, na maioria dos casos encontrados em atividades de planejamento, resolve-se satisfatoriamente a questão, como mostra a Figura A1.6:

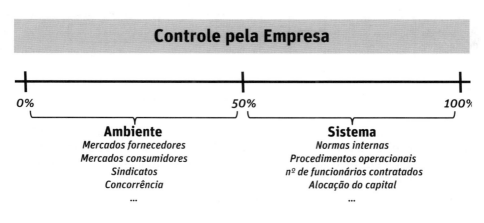

FIGURA A1.6: SISTEMA EMPRESA VS AMBIENTE DA EMPRESA

ENTRADAS E SAÍDAS DE UM SISTEMA DE PRODUÇÃO

Embora pareça simples diferenciar Entradas e Saídas de um Sistema de Produção, a prática constatada durante a atividade de docência mostra que, às vezes, pode ocorrer confusão de conceitos:

- Entradas são recursos que a empresa utiliza em seu processo produtivo, os quais ela compra no mercado fornecedor.
- Saídas são produtos elaborados pelo processo produtivo da empresa, os quais a empresa pode vender ao mercado consumidor.

Assim, ao analisarmos uma variável e a classificarmos em Entrada ou Saída, o melhor modo de acertar na resposta é perguntar: a empresa utiliza essa variável ou vende essa variável? Na Figura A1.7 temos um exemplo de uma empresa industrial:

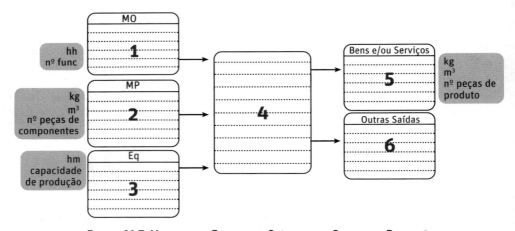

Figura A1.7: Unidades de Entradas e Saídas de um Sistema de Produção

Uma maneira fácil de compreender as Entradas de um Sistema de Produção é dividi-las em três grupos: MO (mão de obra), MP (matéria-prima) e EQ (equipamentos). As unidades de medida mais comuns encontradas nas empresas para cada um destes grupos são:

- Mão de obra: hh (horas-homem); nº de funcionários.
- Matéria-prima: Kg; m3; m2; nº de peças de componentes.
- Equipamento: hm (horas-máquina); capacidade ou produção máxima em um determinado período de tempo (velocidade máxima de produção multiplicada pelo tempo de produção).

As Saídas são representadas pelos bens e serviços que fazem parte do objetivo da empresa produtora. Desse modo, o que classificamos como Outras Saídas não faz parte desse objetivo uma vez que a produção de efluentes industriais, barulho,

ENTRADAS E SAÍDAS DE UM SISTEMA DE PRODUÇÃO **349**

sucata e poeira não são "saídas" desejadas pelas empresas. No caso de uma empresa industrial, as unidades de medida mais comuns são:

- Bens e Serviços: Saídas válidas consideradas como Produção da empresa: Kg; m3; nº de peças de produto acabado (PA).
- Outras Saídas: Saídas indesejadas e não consideradas como Produção da empresa: Kg de sucata; m3 de efluentes industriais; nº de peças de produto acabado refugadas.

Resumindo o que podemos observar na Figura 1.7, temos:

- Entradas: [1] + [2] + [3]
- Processo Produtivo: [4]
- Saídas: [5]

Uma confusão bastante frequente que ocorre quando tentamos aplicar esses conceitos na prática deve-se ao uso da palavra Produção como sinônimo de Processo Produtivo. Isso acontece porque as atividades componentes do Processo Produtivo são realizadas no Departamento de Produção de uma empresa e que, por simplificação, costuma-se abreviar por "Produção". No decorrer deste livro, a palavra Produção é utilizada como sinônimo de Saída, assim, temos, voltando à Figura 1.7:

- Processo Produtivo que geralmente ocorre no Departamento de Produção é representado pelo item [4]
- Saídas ou Produção da empresa é representado pelo item [5]

Insistimos no entendimento adequado do conceito de Produção para que se possa acompanhar os conceitos seguintes que serão apresentados. Para ser considerado como Produção, o resultado de determinado processo produtivo deve estar em linha com o objetivo da empresa. Por exemplo, o resultado da atividade de tirar fotocópias, dependendo da empresa, pode ser considerado como Produção ou como Gasto (Custo ou Despesa). Se a atividade for realizada em uma empresa copiadora de documentos, a fotocópia produzida é considerada uma Produção; no caso de uma empresa de Cursos de Treinamento, as fotocópias são consideradas como Custo das aulas dos Cursos de Treinamento.

Outra confusão bastante comum é quando utilizamos palavras que definem atividade como sinônimo de produto. A diferença básica é que atividade é um conjunto de procedimentos logicamente ordenados realizados em um determinado período de tempo, enquanto que produto (bens ou serviços) é o resultado desse conjunto de procedimentos e tem a característica de ser "contável", isto é, o produto resultante vem sempre acompanhado por uma unidade de medida (kg, m3, m2, nº de itens, etc.). Por exemplo, quando pedimos para um *Call Center* definir qual é seu produto, não raro respondem que o produto é o "atendimento". Se observarmos bem, "atendimento" é uma atividade; o "nº de ligações atendidas" é o produto dessa atividade. Do mesmo modo, para um setor de Liberação de Crédito Pessoal, o produto não é "análises" mas o "nº de pedidos de crédito analisados" (aprovados ou rejeitados); para uma empresa de Recrutamento de Mão de Obra, o produto não é "fornecimento

350 ANEXO I: SISTEMAS DE PRODUÇÃO GERAM AS INFORMAÇÕES...

de candidatos a ocupar uma vaga" mas o "nº de candidatos enviados para entrevista no cliente". Nota-se que a diferença entre atividade e produto é sutil mas capaz de bloquear o entendimento de conceitos a serem discutidos posteriormente.

Um alerta: se um colaborador tem dificuldade de especificar qual é o produto resultante da realização de sua atividade, provavelmente há questionamentos sobre o valor que essa atividade traz para a empresa.

Outra dificuldade que vamos resolver em uma seção mais adiante é o problema da heterogeneidade das saídas resultantes de uma determinada atividade. Isso ocorre principalmente em serviços, no qual a heterogeneidade faz parte das características dos processos de prestação de serviços. Também ocorre com a produção de bens como, por exemplo, o produto sendo o número de escadas para uso residencial: escadas de três degraus, escadas de 5 degraus, escadas de 7 degraus, etc. Para efeitos gerenciais é interessante podermos juntar todos os tipos de escadas para analisar o desempenho da fábrica como um todo. Desse modo, surge o conceito de produto equivalente, objeto de discussão no Capítulo 7.

CLASSIFICAÇÃO DOS SISTEMAS PRODUTIVOS QUANTO À OPERAÇÃO BÁSICA

Há várias maneiras de classificar os sistemas de produção. Já falamos de uma classificação quanto à abrangência. Agora vamos analisar sob o ângulo da operação básica executada sobre os recursos produtivos. A Figura A1.8 mostra os quatro tipos básicos de sistemas produtivos (ou de produção):

Tipo	Operação Básica
MANUFATURA	Alteração na forma/composição dos recursos
SUPRIMENTO	Alteração na posse dos recursos
TRANSPORTE	Alteração na localização dos recursos
SERVIÇOS	Alteração do estado dos recursos (tratamento de alguém ou de alguma coisa de alguém)

FIGURA A1.8: CLASSIFICAÇÃO DE SISTEMAS PRODUTIVOS QUANTO À OPERAÇÃO BÁSICA

CLASSIFICAÇÃO DOS SISTEMAS PRODUTIVOS QUANTO À OPERAÇÃO BÁSICA

- **Manufatura:** Resulta de alteração da forma ou composição dos recursos. Por exemplo, uma metalúrgica é uma empresa de manufatura: utiliza uma chapa de aço como matéria-prima e, após uma operação de prensagem, temos uma peça com forma diferente do recurso utilizado. Do mesmo modo, uma indústria química modifica a composição dos recursos após operações de aquecimento, fermentação, polimerização, etc.
- **Suprimento:** Resulta da alteração da posse dos recursos. Por exemplo, uma empresa comercial transfere a posse dos recursos que ela comprou ao fornecer uma operação de venda. Ao passarmos no caixa de um supermercado, também verificamos uma operação de suprimento dado que a posse do produto é transferida para o comprador. Da mesma maneira, no momento em que uma empresa industrial aceita uma entrega das mercadorias de seu fornecedor, há uma transferência de posse.
- **Transporte:** Resulta da alteração de local dos recursos. Por exemplo, a entrega de mercadorias, partindo do Centro de Distribuição do fornecedor até chegar à doca de recebimento da empresa cliente, é uma operação que apenas alterou o local das mercadorias. A operação de suprimento, conforme já explicamos, se dará quando o cliente aceitar as mercadorias entregues. No exemplo de compra em supermercado, conforme mostra a Figura A1.9, quando colocamos as compras no carro e trazemos para nossa residência, fazemos apenas uma operação de transporte, já que a operação de suprimento se deu no caixa do supermercado. Isso significa que dentro de um ciclo de produção as operações de suprimento e transporte se dão em momentos diferentes.

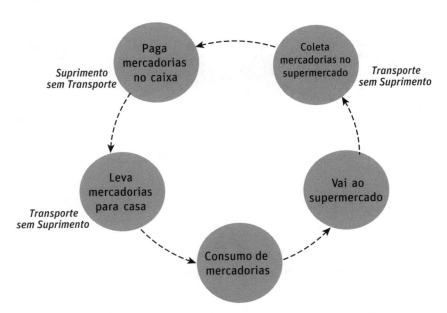

FIGURA A1.9: CICLO DE COMPRA EM SUPERMERCADO: MOMENTOS DISTINTOS DE SUPRIMENTO E TRANSPORTE

- **Serviços:** Resulta da alteração do estado dos recursos, ou seja, quando há o tratamento de alguém ou de alguma coisa de alguém. Por exemplo, o serviço de manutenção altera o estado, de quebrado para consertado; o serviço de saúde altera o estado, de doente para curado; e o serviço de limpeza, de sujo para limpo. Esse tipo de sistema produtivo tem algumas características peculiares: intangibilidade, necessidade da presença do cliente ou de um bem do cliente, produção e consumo simultâneos no *front office*, perecibilidade e heterogeneidade. Assim, o tratamento dado no projeto e operação de um sistema de prestação de serviços tem diferenças significativas em relação à manufatura.

De certa forma, os sistemas produtivos Suprimentos e Transporte podem ser classificados também como um Serviço, já que posse e local podem ser englobados no conceito mais amplo de estado. Assim, simplificando, os processos produtivos podem ser classificados em dois grandes grupos: manufatura e serviços.

Finalizando nossa análise sobre sistemas de produção, verifica-se serem eles um conjunto logicamente ordenado de atividades que utiliza recursos de mão de obra (MO), matéria-prima (MP) e equipamentos (EQ) e gera um produto acabado que tem valor para um cliente, isto é, o cliente paga por este produto. Mas é errado supor que toda MO, toda MP e todo EQ se transforme, de alguma maneira, no produto acabado PA. Todo sistema produtivo, dada nossa atual tecnologia, possui perdas, como mostra a Figura A1.10.

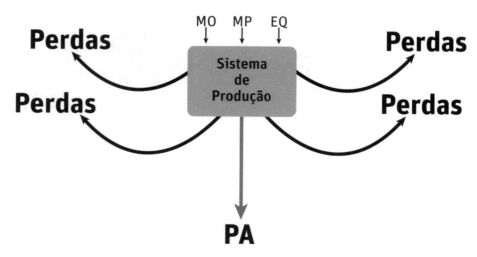

Figura A1.10: Perdas em um sistema de produção

Os sistemas produtivos possuem algumas lacunas por onde escoam os recursos de produção. As perdas mais visíveis são as de MP, uma vez que podemos dimensionar de maneira direta apenas olhando os descartes de sucata. Outras perdas não

CLASSIFICAÇÃO DOS SISTEMAS PRODUTIVOS QUANTO À OPERAÇÃO BÁSICA   **353**

são facilmente visíveis e, por essa razão, são mais relevantes. Por exemplo, vendo um funcionário carregando uma caixa de peças de uma máquina a outra dentro da fábrica, podemos afirmar que ele está trabalhando e sendo remunerado por essa tarefa, no entanto, o resultado dessa tarefa não é reconhecido pelo cliente final que comprará o produto. Do mesmo modo, um equipamento que utiliza uma fração de suas horas-máquina para gerar produtos que serão descartados, também não chega para avaliação do cliente final. Assim, se o cliente final não reconhecer o uso de algum recurso produtivo no produto final comprado, ele não pagará por ele.

Neste ponto, cabe uma discussão: "o cliente paga porque está no preço". É um argumento razoável, mas que também dá abertura para uma pergunta: o cliente paga até quando? Resposta: até surgir um concorrente que não tem aquelas perdas, e não as tendo não tem o custo associado a elas e, portanto, pode fazer um preço menor.

ESTUDO DE CASO:
O CLIENTE PAGA AS INEFICIÊNCIAS DO FORNECEDOR?

Na década de 1980, uma indústria brasileira de autopeças de grande porte vendia para a Mercedes-Benz do Brasil o conjunto de bronzinas e pistões para o modelo mais potente dessa montadora a US$145. Seguindo o modelo de atuação de empresas em mercados fechados, quando o custo de produção aumentava a empresa o repassava para o cliente aumentando o preço.

Em 1992, uma empresa de autopeças alemã começou a atuar no Brasil após a abertura dos mercados com a retirada de barreiras alfandegárias realizadas no ano anterior. Importando peças de sua matriz na Alemanha, essa empresa passou a ofertar o mesmo conjunto de bronzinas e pistões a US$37.

O resultado posterior foi previsível: a empresa brasileira teve prejuízos substanciais nos anos seguintes e acabou sendo comprada pela empresa alemã, que atua até hoje no mercado brasileiro de autopeças.

AVALIAÇÃO CONTINUADA:
RESPONDA COM FALSO OU VERDADEIRO

1. Informações podem ser ENTRADA e SAÍDA de um sistema de Produção. ( )

2. Energia é uma atividade de suporte à manufatura. ( )

ANEXO I: SISTEMAS DE PRODUÇÃO GERAM AS INFORMAÇÕES...

3. Mercados fornecedores, Governo e Concorrência fazem parte do ambiente em que está inserida a empresa. ( )

4. Projeto de Métodos é uma atividade de controle. ( )

5. 80% dos custos de uma empresa são definidos na etapa de controle. ( )

6. Suprimento é uma operação de alteração na localização dos recursos. ( )

TRABALHO EM GRUPO

Escolha uma empresa da qual conheça bem o sistema de produção e preencha o formulário da Figura A1.11. Escolha primeiro um produto específico dessa empresa, e em seguida relacione os recursos produtivos, o processo produtivo, as atividades de apoio e as outras saídas. Utilize a Figura 2.3 como modelo para elaborar esse exercício.

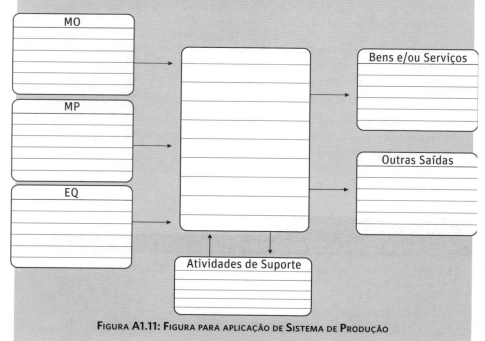

FIGURA A1.11: FIGURA PARA APLICAÇÃO DE SISTEMA DE PRODUÇÃO

Anexo II

MÉTODOS DE ATRIBUIÇÃO DE "PESOS" PARA INDICADORES DE DESEMPENHO

CONSENSO DE OPINIÕES ESPECIALIZADAS

A gestão de empresas leva, necessariamente, à tomada de decisões que envolvem diversas variáveis quantitativas e qualitativas. Na impossibilidade de contar com métodos mais apropriados de análise e ponderação dessas variáveis, geralmente os gestores acabam recorrendo ao feeling para tomar uma decisão. Esse procedimento qualitativo envolve um modelo mental que processa cada uma das variáveis, as compara em termos de importância relativa e produz uma resposta para o problema.

Explicitar os argumentos considerados nesse modelo mental do gestor é muito difícil e, por consequência, o compartilhamento da dinâmica utilizada para a tomada de decisão é também complicada. Uma solução possível é propor um modelo quantitativo que possa, de alguma maneira, quantificar avaliações qualitativas e elaborar uma priorização entre elas levando em consideração a importância relativa das variáveis envolvidas.

Na elaboração de um Índice Geral de Desempenho, conforme mostrado no Capítulo 7, um dos problemas a serem resolvidos é a atribuição de "pesos", ou importância relativa, para cada um dos indicadores. Neste Anexo apresentamos alguns métodos.

CONSENSO DE OPINIÕES ESPECIALIZADAS

Se todos os envolvidos na distribuição dos pesos (ou quantificação da importância relativa) para cada um dos indicadores componentes do IGD conseguem chegar a um acordo quanto à distribuição dos valores, eles podem ser adotados e apresentados para validação na instância competente.

Como exemplo, para a elaboração do IGD de um setor fabril cujos indicadores monitorados sejam OEE (*Overall Equipment Effectiveness*), WIP (*Work In Process*), % Refugo e OTIF (*On Time In Full*), uma possível distribuição consensual de pesos entre especialistas, ou gestores, é mostrada na Tabela A2.1.

TABELA A2.1: EXEMPLO DE DISTRIBUIÇÃO DE PESOS POR CONSENSO ENTRE ESPECIALISTAS E GESTORES

INDICADORES	PESO ACORDADO
OEE	10%
% Refugo	5%
WIP	20%
OTIF	65%
Soma	100%

ANEXO II: MÉTODOS DE ATRIBUIÇÃO DE "PESOS" PARA INDICADORES...

MÉDIA DE VALORES OBTIDOS POR VOTAÇÃO

Caso não seja possível o consenso entre especialistas e gestores em razão de divergências significativas de critério, uma solução viável é solicitar a todos eles que façam uma distribuição dos pesos em um formulário de votação, conforme mostra a Tabela A2.2.

TABELA A2.2: EXEMPLO DE FORMULÁRIO DE VOTAÇÃO PARA PESOS DOS INDICADORES

INDICADORES	PESO
OEE	
% Refugo	
WIP	
OTIF	
Soma	100%

A composição dos votos apurados pode ser efetuada por média aritmética ou por média geométrica normalizada. O cálculo da média aritmética é mostrada na Tabela A2.3. Na última coluna constam os pesos de cada indicador para o cálculo do IGD.

TABELA A2.3: EXEMPLO DE CÁLCULO DA MÉDIA ARITMÉTICA DAS VOTAÇÕES

INDICADORES	GESTOR 1	GESTOR 2	GESTOR 3	GESTOR 4	GESTOR 5	GESTOR 6	MÉDIA ARITMÉTICA
OEE	10%	15%	20%	5%	10%	15%	13%
% Refugo	10%	5%	5%	15%	10%	15%	10%
WIP	25%	30%	40%	10%	20%	30%	26%
OTIF	55%	50%	35%	70%	60%	40%	52%
Soma	100%	100%	100%	100%	100%	100%	100%

$$Média\ Aritmética_{OEE} = \frac{10 + 15 + 20 + 5 + 7 + 15}{6} = 12,5 \cong 13\%$$

MÉDIA DE VALORES OBTIDOS POR VOTAÇÃO   **359**

Caso optem pela média geométrica, ou seja, a raiz enésima da multiplicação dos n fatores, no cálculo dos pesos, deve-se proceder à normalização das médias geométricas obtidas, dado que, ao contrário da média aritmética, a soma das médias geométricas não é, necessariamente, 1 (ou 100%). Ao resultado desse procedimento dá-se o nome de média geométrica normalizada. A Tabela A3.4 mostra como foram obtidos os valores dos pesos por esse critério de cálculo.

TABELA A2.4: EXEMPLO DE CÁLCULO DA MÉDIA GEOMÉTRICA DAS VOTAÇÕES

INDICADORES	GESTOR 1	GESTOR 2	GESTOR 3	GESTOR 4	GESTOR 5	GESTOR 6	MÉDIA GEOMÉTRICA	MÉD. GEOM. NORMALIZADA
OEE	10%	15%	20%	5%	10%	15%	11,4%	12%
% Refugo	10%	5%	5%	15%	10%	15%	9,1%	10%
WIP	25%	30%	40%	10%	20%	30%	23,8%	25%
OTIF	55%	50%	35%	70%	60%	40%	50,3%	53%
Soma	100%	100%	100%	100%	100%	100%	94,6%	100%

$$\textit{Média Geométrica}_{OEE} = \sqrt[6]{10 \times 15 \times 20 \times 5 \times 10 \times 15} = 11,4\%$$

$$\textit{Média Geométrica Normalizada}_{OEE} = \frac{11,4}{94,6} = 12,1 \cong 12\%$$

Como os resultados das médias são bastante próximos, a escolha pode ser feita por qualquer um deles. A Tabela A3.5 mostra a comparação dos pesos obtidos pelos dois métodos comprovando que são equivalentes.

360 ANEXO II: MÉTODOS DE ATRIBUIÇÃO DE "PESOS" PARA INDICADORES...

TABELA A2.5: COMPARAÇÃO ENTRE PESOS OBTIDOS PELOS DOIS MÉTODOS DE CÁLCULO DE MÉDIA DE VOTAÇÃO

INDICADORES	MÉDIA ARITMÉTICA	MÉD. GEOM. NORMALIZADA	DIFERENÇA
OEE	13%	12%	0%
% Refugo	10%	10%	0%
WIP	26%	25%	1%
OTIF	52%	53%	-1%
Soma	100%	100%	0%

COMPARAÇÃO 0/1

Um método mais elaborado de obtenção de pesos para indicadores componentes de um IGD é o de comparação 0/1. Esse método é de aplicação mais fácil do que o AHP (*Analytic Hierarchy Process*) que discutiremos no próximo item deste Anexo.

O método consiste em comparar dois a dois os indicadores componentes, atribuindo valor 1 para o indicador que for considerado mais importante, e valor 0 para o indicador considerado menos importante. Como os indicadores estão dispostos em uma matriz simétrica, a ordem de comparação é linha em relação à coluna. Por exemplo, se o indicador da linha for mais importante do que o indicador da coluna, constará na célula o valor 1; se o indicador da linha for menos importante do que o indicador da coluna, constará na célula o valor 0. A Tabela A2.6 mostra um exemplo de comparação 0/1 entre os indicadores analisados.

TABELA A2.6: COMPARAÇÃO 0/1 ENTRE INDICADORES

INDICADORES	OEE	% REFUGO	WIP	OTIF	SOMA	% (PESOS)
OEE	0	1	0	0	1	17%
% Refugo	0	0	0	0	0	0%
WIP	1	1	0	0	2	33%
OTIF	1	1	1	0	3	50%
Soma	2	3	1	0	6	100%

COMPARAÇÃO 0/1 COM AJUSTE QUALITATIVO **361**

A Tabela A2.6 mostra as comparações dois a dois de todos os indicadores e os respectivos resultados nas células correspondentes. Por exemplo, o indicador OEE foi considerado mais importante do que o indicador % Refugo (valor 1 atribuído na célula da linha OEE e coluna % Refugo) e, por consequência, o indicador % Refugo foi considerado menos importante do que o indicador OEE (valor 0 atribuído na célula da linha % Refugo e coluna OEE). Outro exemplo: o indicador OTIF foi considerado mais importante do que o indicador OEE (valor 1 atribuído na célula da linha OTIF e coluna OEE) e, por consequência, o indicador OEE foi considerado menos importante do que o indicador OTIF (valor 0 atribuído na célula da linha OEE e coluna OTIF).

Observe que o método de comparação 0/1 apresenta resultados bastante diferentes dos obtidos com o uso dos métodos de consenso e médias de valores obtidos por votação. Pontos a considerar:

- A diagonal da matriz é preenchida por 0.
- Não permite avaliações intermediárias, pois somente constam relações binárias 0 e 1.
- O indicador % Refugo foi considerado menos importante (todos os valores da linha são 0) do que todos os outros indicadores. Isso fez com que o peso atribuído a ele fosse 0%, portanto eliminando-o da composição do IGD.

COMPARAÇÃO 0/1 COM AJUSTE QUALITATIVO

O método de comparação 0/1 pode ser considerado bastante "radical", uma vez que não permite avaliações intermediárias de importância relativa e, não raro, elimina indicadores da composição de um IGD ou qualquer outro tipo de índice analisado.

Uma possibilidade é utilizar os resultados obtidos na comparação 0/1 como base para ajustes qualitativos com o emprego de métodos já apresentados anteriormente (consenso e média de valores obtidos por votação). Um exemplo de ajustes qualitativos nos pesos obtidos na Tabela A2.6 são mostrados na Tabela A2.7 sem detalhar o método utilizado para o ajuste.

362 ANEXO II: MÉTODOS DE ATRIBUIÇÃO DE "PESOS" PARA INDICADORES...

TABELA A2.7: AJUSTES QUALITATIVOS NOS RESULTADOS DE COMPARAÇÃO 0/1

INDICADORES	OEE	% REFUGO	WIP	OTIF	SOMA	% (PESOS)	PESOS AJUSTADOS
OEE	0	1	0	0	1	17%	15%
% Refugo	0	0	0	0	0	0%	5%
WIP	1	1	0	0	2	33%	30%
OTIF	1	1	1	0	3	50%	50%
Soma	2	3	1	0	6	100%	100%

ANALYTIC HIERARCHY PROCESS (AHP)

O método de comparação 0/1 não permite avaliações intermediárias de importância relativa entre indicadores e isso bloqueia a possibilidade de atribuir valores mais precisos nas comparações dois a dois. O método AHP (*Analytic Hierarchy Process*), proposto por Saaty (1980), resolve esse problema, pois o grau de importância pode variar desde igualmente importante a extremamente mais importante, com atribuição de uma nota correspondente à avaliação qualitativa, que varia de 1 a 9, conforme mostra a Tabela A2.8.

TABELA A2.8: CRITÉRIOS DE AVALIAÇÃO DA IMPORTÂNCIA RELATIVA ENTRE INDICADORES

IMPORTÂNCIA RELATIVA ENTRE PARES	NOTA RELATIVA
Extremamente mais importante	9
Muito mais importante	7
Mais importante	5
Moderadamente mais importante	3
Igualmente importante	1
Valores intermediários	2, 4, 6, 8

Para o cálculo dos pesos, elabora-se uma matriz similar à utilizada na comparação 0/1 mas com a diferença que se pode utilizar as notas conforme a Tabela A2.8. O processo de atribuição da "nota" inicia-se pela discussão do atributo qualitativo da importância relativa entre os dois critérios; depois, decide-se a nota que deve representar essa relação de importância.

ANALYTIC HIERARCHY PROCESS (AHP) — 363

Por exemplo: discute-se em um grupo de gestores qual a importância relativa do indicador OEE (*Overall Equipment Effectiveness*) em relação à WIP (*Work In Process*) e, por meio de consenso ou votação, decide-se que o indicador WIP é classificado como moderadamente mais importante do que OEE. Utilizando-se a Tabela A2.8, atribui-se a nota 3 para representar tal relação de importância entre esses dois indicadores.

Quando não houver consenso no grupo entre, por exemplo, WIP ser moderadamente mais importante do que OEE (nota 3) ou WIP ser mais importante do que OEE (nota 5), pode-se adotar uma nota intermediária entre esses dois valores, ou seja, atribuir nota 4 para a relação de importância entre WIP e OEE.

A Tabela A2.9 mostra como foram atribuídas as notas de importância relativa entre os indicadores, ou, para se utilizar um termo mais técnico, comparação Pairwise (dois a dois). No exemplo de atribuição de nota entre WIP e OEE, verifica-se que foi dada nota 3 na célula da matriz que corresponde à linha do indicador WIP e na coluna do indicador OEE. Por convenção, na célula correspondente à linha do indicador OEE e na coluna do indicador WIP constará o valor inverso, ou nota 1/3. Nas células da diagonal da matriz, atribui-se, por convenção, o valor 1.

TABELA A2.9: MATRIZ DE COMPARAÇÃO PAIRWISE ENTRE OS INDICADORES

	OEE	% Refugo	WIP	OTIF
OEE	1	2	1/3	1/6
% Refugo	1/2	1	1/5	1/8
WIP	3	5	1	1/5
OTIF	6	8	5	1
Soma	10,5	16	6,53	1,49

Para o cálculo dos pesos a serem atribuídos a cada indicador da matriz há vários modos de cálculo. Vamos apresentar dois deles: método da média aritmética normalizada e método da média geométrica normalizada. Ambos os métodos devem ser submetidos ao teste de consistência das atribuições de importância relativa entre os indicadores, o que é feito por meio do cálculo do *Consistency Ratio* (CR) proposto por Saaty (1980).

O CR mede se as atribuições de importância relativa entre os indicadores guardam uma relação adequada entre si. Por exemplo, se o indicador A for duas vezes mais importante do que o indicador B, e o indicador B for três vezes mais importante do que

364 ANEXO II: MÉTODOS DE ATRIBUIÇÃO DE "PESOS" PARA INDICADORES...

o indicador C, então espera-se que o indicador A seja avaliado como seis vezes mais importante do que o indicador C. Essa consistência pode ser comprovada quando, segundo a proposição daquele autor, o CR calculado for menor do que 0,1 (CR<0,1).

PESOS CALCULADOS PELO MÉTODO DA MÉDIA ARITMÉTICA NORMALIZADA

Nesse método, cada célula de uma coluna deve ser dividido pelo valor da soma da respectiva coluna. Isso significa que a soma dos valores de cada coluna deve ser igual a 1. Em seguida, somam-se todos os valores de cada linha, obtendo um vetor de valores em uma nova coluna. Essa coluna é novamente dividida pelo valor da soma, obtendo-se os pesos. A Tabela A2.10 mostra como foram feitos os cálculos:

TABELA A2.10: PESOS CALCULADOS PELO MÉTODO DA MÉDIA ARITMÉTICA NORMALIZADA

	OEE	% REFUGO	WIP	OTIF		MÉDIA NORMAL.		VETOR
OEE	1	2	1/3	1/6		0,10		0,39
% Refugo	1/2	1	1/5	1/8	X	0,06	=	0,23
WIP	3	5	1	1/5		0,22		0,91
OTIF	6	8	5	1		0,63		2,75

Os cálculos da coluna OEE da Tabela A2.10 foram feitos da seguinte forma:

$$Vetor_{OEE} = 1 \times 0,10 + 2 + 0,06 + \frac{1}{3} + 0,22 + \frac{1}{6} \times 0,63 = 0,39$$

$$Vetor_{\%Ref} = \frac{1}{2} \times 0,10 + 1 + 0,06 + \frac{1}{5} \times 0,22 + \frac{1}{8} \times 0,63 = 0,23$$

$$Vetor_{WIP} = 3 \times 0,10 + 5 \times 0,06 + 1 \times 0,22 + \frac{1}{5} \times 0,63 = 0,91$$

$$Vetor_{OTIF} = 6 \times 0,10 + 8 \times 0,06 + 5 \times 0,22 + 1 + 0,63 = 2,75$$

Quanto à coluna Soma da Tabela A2.10, eis os cálculos, considerando as aproximações na última casa decimal:

PESOS CALCULADOS PELO MÉTODO DA MÉDIA ARITMÉTICA NORMALIZADA

$$\sum OEE = 0,10 + 0,13 + 0,05 + 0,11 = 0,39$$

$$\sum \%Ref = 0,05 + 0,06 + 0,03 + 0,08 = 0,22$$

$$\sum WIP = 0,29 + 0,31 + 0,15 + 0,13 = 0,88$$

$$\sum OTIF = 0,57 + 0,50 + 0,77 + 0,67 = 2,51$$

$$Soma = 0,39 + 0,22 + 0,88 + 2,51 = 4,00$$

Finalmente, os pesos dos indicadores componentes de um IGD, representados na coluna Média Normalizada, considerando as aproximações na última casa decimal, foram calculados da seguinte forma:

$$P_{OEE} = \frac{0,39}{4,00} = 0,10$$

$$P_{\%Ref} = \frac{0,22}{4,00} = 0,06$$

$$P_{OEE} = \frac{0,88}{4,00} = 0,22$$

$$P_{OEE} = \frac{2,51}{4,00} = 0,63$$

$$\sum Pesos = 0,10 + 0,06 + 0,22 + 0,63 = 1,00$$

O método *Analytic Hierarchy Process*, por meio do cálculo do *Consistency Ratio* (CR), permite verificar a consistência das avaliações feitas na Tabela A2.9. Para tanto, são necessários alguns cálculos adicionais, mas vale a pena esse esforço adicional. Embora pareçam complicados, os cálculos são relativamente simples; vamos dividi-los em Passos para que se possa acompanhar sem maiores problemas. Cumpre lembrar que esse procedimento é opcional para o grupo de gestores que fez a aplicação das atribuições de importância relativa, entretanto, é recomendável fazê-lo para dar mais segurança quanto à consistência do trabalho realizado.

- **Passo 1:** Cálculo do Vetor intermediário: É feito pela multiplicação da matriz da Tabela A2.8 pela coluna Média Normalizada da Tabela A2.10, obtendo-se o Vetor intermediário:

366 ANEXO II: MÉTODOS DE ATRIBUIÇÃO DE "PESOS" PARA INDICADORES...

	OEE	% Refugo	WIP	OTIF		Média Normal.		Vetor
OEE	1	2	1/3	1/6		0,10		0,39
% Refugo	1/2	1	1/5	1/8	X	0,06	=	0,23
WIP	3	5	1	1/5		0,22		0,91
OTIF	6	8	5	1		0,63		2,75

$$Vetor_{OEE} = 1 \times 0,10 + 2 + 0,06 + \frac{1}{3} + 0,22 + \frac{1}{6} \times 0,63 = 0,39$$

$$Vetor_{\%Ref} = \frac{1}{2} \times 0,10 + 1 + 0,06 + \frac{1}{5} \times 0,22 + \frac{1}{8} \times 0,63 = 0,23$$

$$Vetor_{WIP} = 3 \times 0,10 + 5 \times 0,06 + 1 \times 0,22 + \frac{1}{5} \times 0,63 = 0,91$$

$$Vetor_{OTIF} = 6 \times 0,10 + 8 \times 0,06 + 5 \times 0,22 + 1 + 0,63 = 2,75$$

- **Passo 2:** Cálculo das estimativas de max: as estimativas são calculadas dividindo--se os valores do Vetor intermediário pela Média Normalizada. Considerando os arredondamentos feitos na última casa decimal, cada um dos valores obtidos é uma estimativa de max. A média aritmética das estimativas é adotada como valor de max para efeito do cálculo no Passo 3.

PESOS CALCULADOS PELO MÉTODO DA MÉDIA ARITMÉTICA NORMALIZADA

Vetor		Média Normal.		λ estim.
0,39		0,10		3,97
0,23	÷	0,06	=	4,17
0,91		0,22		4,15
2,75		0,63		4,39

$$\lambda_1 = 0,39 \div 0,10 = 3,97$$

$$\lambda_2 = 0,23 \div 0,06 = 4,17$$

$$\lambda_3 = 0,91 \div 0,22 = 4,15$$

$$\lambda_4 = 2,75 \div 0,63 = 4,39$$

$$\lambda_{max.} = \frac{3,97 + 4,17 + 4,15 + 4,39}{4} = 4,17$$

- **Passo 3:** Cálculo do *Consistency Index* (CI): o cálculo do *Consistency Index* (CI) é feito pela fórmula a seguir:

$$CI = \frac{\lambda_{max.} - n}{n - 1}$$

em que:

n = nº de indicadores analisados

Aplicando-se os valores de max = 4,17 e n = 4, obtém-se CI = 0,0561, conforme segue:

$$CI = \frac{CR}{RI} = \frac{0,0561}{0,90} = 0,623 < 0,1 \ (aceitável)$$

- **Passo 4:** Cálculo do *Consistency Ratio* (CR): o cálculo do *Consistency Ratio* (CR) é feito pela divisão do valor do *Consistency Index* (CI) pelo *Random Consistency Index* (RI) proposto por Saaty (1980), como reproduzido na Tabela A2.11. Se CR<0,1, então considera-se que as avaliações Pairwise são consistentes entre si. Se CR>0,1, então deve-se rever as avaliações realizadas na A2.9.

ANEXO II: MÉTODOS DE ATRIBUIÇÃO DE "PESOS" PARA INDICADORES...

TABELA A2.11: VALORES DO RANDOM CONSISTENCY INDEX (RI)

N	1	2	3	4	5	6	7	8	9
RI	0,00	0,00	0,58	0,90	1,12	1,24	1,32	1,41	1,45

$$CI = \frac{CR}{RI} = \frac{0,0561}{0,90} = 0,0623 < 0,1 \ (aceitável)$$

Conclusão: as avaliações Pairwise da Tabela 2.9 são consistentes.

PESOS CALCULADOS PELO MÉTODO DA MÉDIA GEOMÉTRICA NORMALIZADA

Nesse método, deve-se calcular a média geométrica de cada linha e, em seguida, normalizá-la para que a somatória dos pesos calculados seja igual a 1. A Tabela A2.12 mostra como foram feitos os cálculos:

TABELA A2.12: PESOS CALCULADOS PELO MÉTODO DA MÉDIA GEOMÉTRICA NORMALIZADA

	OEE	% REFUGO	WIP	OTIF	MÉDIA GEOM.	MÉDIA NORMAL.
OEE	1	2	1/3	1/6	0,58	0,09
% REFUGO	1/2	1	1/5	1/8	0,34	0,05
WIP	3	5	1	1/5	1,32	0,21
OTIF	6	8	5	1	3,94	0,64
SOMA	10,5	16	6,53	1,49	6,17	1,00

$$Média \ Geométrica_{OEE} = \sqrt[4]{1 \times 2 \times \frac{1}{3} \times \frac{1}{6}} = 0,58$$

$$Média \ Geométrica_{\%Ref} = \sqrt[4]{\frac{1}{2} \times 1 \times \frac{1}{5} \times \frac{1}{8}} = 0,58$$

$$Média \ Geométrica_{WIP} = \sqrt[4]{3 \times 5 \times 1 \times \frac{1}{5}} = 1,32$$

PESOS CALCULADOS PELO MÉTODO DA MÉDIA GEOMÉTRICA NORMALIZADA | 369

$$Média\ Geométrica_{OTIF} = \sqrt[4]{6 \times 6 \times 5 \times 1} = 3,94$$

$$Soma\ Média\ Geométrica = 0,58 + 0,34 + 1,32 + 3,94 = 6,17$$

$$Peso_{OEE} = Média\ Geométrica\ Normalizada_{OEE} = \frac{0,58}{6,17} = 0,09$$

$$Peso_{\%Ref} = Média\ Geométrica\ Normalizada_{\%Ref} = \frac{0,34}{6,17} = 0,05$$

$$Peso_{WIP} = Média\ Geométrica\ Normalizada_{WIP} = \frac{1,32}{6,17} = 0,21$$

$$Peso_{OTIF} = Média\ Geométrica\ Normalizada_{OTIF} = \frac{3,94}{6,17} = 0,64$$

Nota-se que os pesos dos indicadores calculados pelo método da média geométrica normalizada são bastante próximos dos valores dos pesos calculados pelo método da média aritmética normalizada. A Tabela A2.13 comprova a consistência desses dois métodos

TABELA A2.13: COMPARAÇÃO DOS PESOS CALCULADOS PELOS DOIS MÉTODOS DE MÉDIA NORMALIZADA

INDICADORES	MÉDIA ARITM. NORMALIZADA	MÉDIA GEOM. NORMALIZADA	DIFERENÇA
OEE	0,10	0,09	0,004
% Refugo	0,06	0,05	0,000
WIP	0,22	0,21	0,007
OTIF	0,63	0,64	-0,011
Soma	1,00	1,00	0,000

Do mesmo modo descrito no método da média aritmética normalizada (Passo 1 a 4), é necessário fazer uma verificação da consistência das avaliações feitas na Tabela A2.9, agora utilizando os pesos calculados pelo método da média geométrica normalizada. A consistência é feita pela verificação de CR<0,1 conforme o método *Analytic Hierarchy Process* (AHP).

370 ANEXO II: MÉTODOS DE ATRIBUIÇÃO DE "PESOS" PARA INDICADORES...

	OEE	% Refugo	WIP	OTIF		Média Normal.		Vetor		Vetor		Média Normal.		λ estim.		λN	λ estim.
OEE	1	2	1/3	1/6		0,09		0,38		0,38		0,09		4,07		$\lambda 1$	4,07
% Refugo	1/2	1	1/5	1/8	x	0,05	=	0,23	➡	0,23	÷	0,05	=	4,15	➡	$\lambda 2$	4,15
WIP	3	5	1	1/5		0,21		0,90		0,90		0,21		4,20		$\lambda 3$	4,20
OTIF	6	8	5	1		0,64		2,71		2,71		0,64		4,24		$\lambda 4$	4,24
																Média = λmax	4,17

$$CI = \frac{\lambda_{max} - n}{n - 1} = \frac{4,17 - 4}{4 - 1} = 0,0561$$

$$CR = \frac{CI}{RI} = \frac{0,0561}{0,90} = 0,623 < 0,1 \ (aceitável)$$

Observe que o valor do max e do CR é o mesmo, tanto pelo método da média aritmética normalizada quanto pelo da média geométrica normalizada, mostrando a consistência de ambas.

ANEXO III

FERRAMENTAS
DA QUALIDADE

DIAGRAMA DE PARETO **373**

Na elaboração de Sistemas de Medição de Desempenho (SMD), os indicadores são dispostos logicamente em rede de tal modo que tenham uma relação válida de causa e efeito. Para se chegar a essa relação, é necessário utilizar um método estruturado como o Método de Análise e Solução de Problemas (MASP).

Todo efeito, medido por um indicador de resultado ou outcomes, tem diversas causas medidas por indicadores de causa ou drivers, mas não podemos esquecer que é preciso monitorar as causas principais ou as mais relevantes, conforme descrevemos nos modelos *Balanced Scorecard* e GAP 4. Caso contrário, o monitoramento do processo será tão complexo, e tão caro, que o excesso de informações atrapalharia o correto diagnóstico para implementação de ações corretivas.

O conjunto de ferramentas que são utilizadas pelo MASP é bastante conhecido na literatura, porém, vale a pena recordar alguns deles para que possam ser utilizados na elaboração de SMDs adequados aos gestores, promovendo análises com base em fatos e dados, e desestimulando as análises qualitativas (eu acho que...).

DIAGRAMA DE PARETO

Diagrama de Pareto é uma ferramenta para priorização. Ao se analisar um problema de excesso de reclamações de clientes, verifica-se que não há apenas um motivo de reclamação, mas vários. Atacar todos eles indiscriminadamente levaria muito tempo e ocasionaria gastos excessivos, por isso há a necessidade de priorização para focar nos motivos mais relevantes das reclamações de clientes. A Tabela A3.1 mostra o levantamento da média mensal de reclamações de clientes, estratificado por motivos.

ANEXO III: FERRAMENTAS DA QUALIDADE

TABELA A3.1: MOTIVOS DE RECLAMAÇÃO DE CLIENTES

MOTIVOS DE RECLAMAÇÃO DE CLIENTE	Nº MÉDIO MENSAL DE RECLAMAÇÕES	%
Atendimento ruim do gerente da conta	3	0,6%
Atendimento ruim nos caixas	7	1,4%
Autosserviço indisponível	35	7,0%
Crédito não disponível	53	10,6%
Débito não autorizado	230	46,0%
Excesso de fila na agência	5	1,0%
Extrato incompreensível	120	24,0%
Senha não confere	15	3,0%
Site indisponível	22	4,4%
Tarifas muito elevadas	10	2,0%
Total	500	100,0%

A análise de priorização dos motivos de reclamação dos clientes fica difícil de ser feita se a relação apresentada estiver em ordem alfabética da descrição dos motivos da reclamação, conforme consta na Tabela A3.1. Para facilitar a análise, a classificação do maior para o menor deve ser feita na variável de análise, no caso, o no médio mensal de reclamações, conforme mostra a Tabela A3.2.

DIAGRAMA DE PARETO **375**

TABELA A3.2: MOTIVOS DE RECLAMAÇÃO DE CLIENTES CLASSIFICADOS DA MAIOR PARA A MENOR FREQUÊNCIA DE OCORRÊNCIA

MOTIVOS DE RECLAMAÇÃO DE CLIENTE	Nº MÉDIO MENSAL DE RECLAMAÇÕES	%
Débito não autorizado	230	46,0%
Extrato incompreensível	120	24,0%
Crédito não disponível	53	10,6%
Autosserviço indisponível	35	7,0%
Site indisponível	22	4,4%
Senha não confere	15	3,0%
Tarifas muito elevadas	10	2,0%
Atendimento ruim nos caixas	7	1,4%
Excesso de fila na agência	5	1,0%
Atendimento ruim do gerente da conta	3	0,6%
Total	500	100,0%

O Diagrama de Pareto é uma exposição gráfica das informações contidas na Tabela A3.2, com o uso de colunas para representar o valor da variável de análise (no caso, o nº médio mensal de reclamações de clientes) ou o porcentual dessa variável em relação ao total de ocorrências. A Figura A3.1 mostra o Diagrama de Pareto utilizando tanto o valor da variável quanto o % em relação ao total. Observe que os dois gráficos são iguais, apenas se troca o título.

ANEXO III: FERRAMENTAS DA QUALIDADE

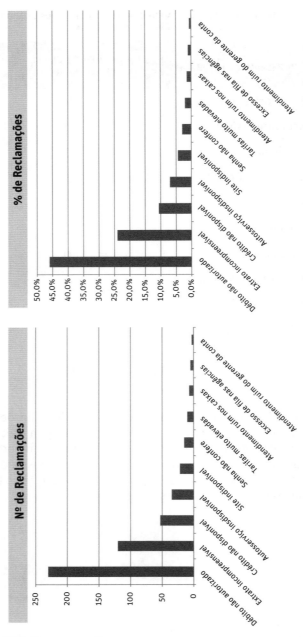

FIGURA A3.1. DIAGRAMA DE PARETO EM VALORES ABSOLUTOS E VALORES PERCENTUAIS

CURVA ABC **377**

A visualização do Diagrama de Pareto permite ao gestor identificar imediatamente qual é o item mais relevante e que necessita de uma ação corretiva. Mesmo que a melhoria no item mais relevante seja pequena, é maior do que uma grande melhoria em um item pouco relevante. No exemplo acima, se conseguirmos uma melhoria de 10% no item "Débito não autorizado", a melhoria geral seria de 10% x 46,0% ou 4,6% do número de reclamações. Por outro lado, uma melhoria de 90% no item "Atendimento ruim do gerente da conta", que responde por apenas 0,6% das reclamações, geraria uma melhora de apenas 90% x 0,6%, ou 0,54% do número total de reclamações da empresa.

CURVA ABC

A Curva ABC equivale a um Diagrama de Pareto acumulado. É utilizada quando se quer identificar um conjunto de itens mais relevantes para serem analisados com mais profundidade, com o objetivo de se colocar uma ação corretiva para obter uma melhoria. Segundo o Princípio de Pareto, geralmente 80% dos efeitos ou resultados são causados por apenas 20% dos fatores ou itens analisados. O nome Curva ABC deriva da classificação dos itens analisados em três categorias:

- **Itens Classe A:** Respondem por 80% dos efeitos e, em uma Curva ABC padrão, são causados por 20% dos itens analisados. Correspondem aos itens mais importantes que devem ser analisados.

- **Itens Classe B:** Respondem por 10% a 15% dos efeitos. Tipicamente, define-se uma porcentagem intermediária de 13% (ou uma porcentagem acumulada de 93%), no entanto, isso varia de acordo com os objetivos do gestor. Em uma Curva ABC padrão, são causados por 20% dos itens analisados. Tratam-se de itens de importância intermediária.

- **Itens Classe C:** Respondem por 5% a 10% dos efeitos. Tipicamente, define-se uma percentagem intermediária de 7%, que também pode variar de acordo com os objetivos do gestor, e depende da porcentagem escolhida dos itens B. São os itens de pouca importância relativa.

O aspecto da Curva ABC é mostrado na Figura A3.2.

A Tabela A3.3 mostra as porcentagens simples (coluna % Padrão) e acumulada (coluna % Acum.) das Classes A, B e C. Ressalta-se que é apenas uma sugestão de divisão das classes; outras fontes da literatura adotam outros valores de referência, como pode ser observado na coluna % Variação.

ANEXO III: FERRAMENTAS DA QUALIDADE

Tabela A3.3: Classificação da Curva ABC

Classe	% Variação	% Padrão	% Acum.
A	80%	±80%	±80%
B	10% a 15%	±13%	±93%
C	5% a 10%	±7%	(±)100%

Dispondo os valores acumulados de uma determinada variável em um gráfico, o aspecto geral da Curva ABC é mostrado na Figura A3.2. Observe que os valores para a separação das três categorias seguem os mostrados na Tabela A3.3 coluna % Acum.

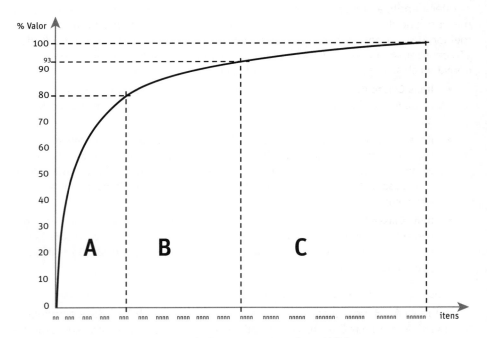

Figura A3.2: Aspecto geral da Curva ABC

O Princípio de Pareto suporta a afirmação de que, geralmente, 80% dos efeitos ou resultados são causados por apenas 20% dos fatores ou itens analisados. Quando o "geralmente" acontece, dizemos que se trata de uma Curva ABC padrão ou típica. No entanto, outros dois casos podem acontecer:

- **Curva ABC fechada:** Quando 80% dos efeitos ou resultados são causados por menos do que 20% dos fatores ou itens analisados.

CURVA ABC

- **Curva ABC aberta:** Quando 80% dos efeitos ou resultados são causados por mais do que 20% dos fatores ou itens analisados.

A Figura A3.3 auxilia a entender como os valores de referência são distribuídos e qual é o aspecto visual das Curvas ABC padrão, aberta e fechada.

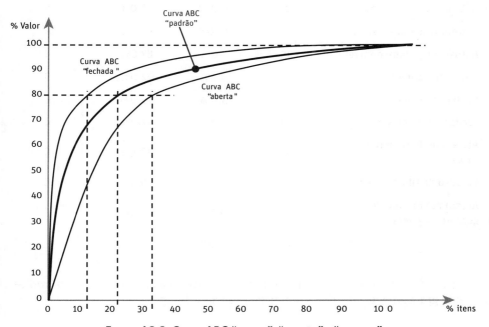

Figura A3.3: Curva ABC "aberta", "padrão" e "fechada"

Como exemplo de aplicação, vamos utilizar os mesmos valores mostrados na Tabela A3.2 e acumular os valores porcentuais apresentados em sua última coluna. Para fazer a classificação ABC, tomamos os valores calculados mais próximos dos valores de referência (coluna % Acum.) da Tabela A3.3. A Tabela A3.4 mostra como ficaram classificadas as classes A, B e C.

ANEXO III: FERRAMENTAS DA QUALIDADE

Tabela A3.4: Itens A, B e C classificados

Motivos de reclamação de cliente	Nº médio mensal de reclamações	% (Pareto)	% Acum. (Curva ABC)	Classificação
Débito não autorizado	230	46,0%	46,0%	A
Extrato incompreensível	120	24,0%	70,0%	A
Autosserviço indisponível	35	7,0%	87,6%	B
Site indisponível	22	4,4%	92,0%	B
Senha não confere	15	3,0%	95,0%	C
Tarifas muito elevadas	10	2,0%	97,0%	C
Atendimento ruim nos caixas	7	1,4%	98,4%	C
Excesso de fila na agência	5	1,0%	99,4%	C
Atendimento ruim do gerente da conta	3	0,6%	100,0%	C
Total	500	100,0%	-	-

A Curva ABC correspondente pode ser observada na Figura A3.4, a qual representa graficamente os valores obtidos na Tabela A3.4.

CURVA ABC

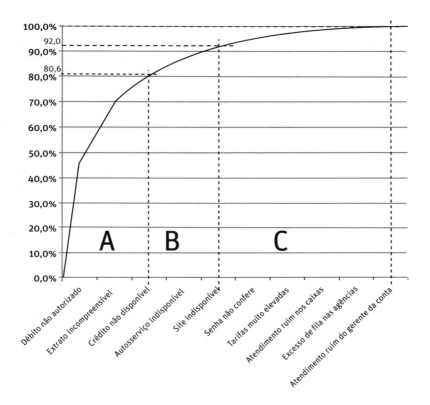

FIGURA A3.4: CURVA ABC DOS MOTIVOS DE RECLAMAÇÃO DOS CLIENTES

Em termos de priorização, verifica-se que é melhor implementar um plano de ação para obter uma pequena redução na frequência das reclamações de clientes da Classe A do que fazê-lo para obter uma grande redução na frequência das reclamações de clientes da Classe C. Por exemplo, se conseguirmos uma redução de 10% nas reclamações de clientes da Classe A (80,4% do total de reclamações), obteremos uma redução de 10% x 80,4% = 8,04% das reclamações de clientes atacando apenas três motivos de reclamações (Débito não autorizado, Extrato incompreensível e Crédito não disponível). Por outro lado, se colocarmos um plano de ação para reduzir 40% das reclamações da Classe C (100% - 92,0% = 8,0% do total das reclamações), obteremos uma redução de apenas 40% x 8,0% = 3,2 % do total das reclamações de clientes e teremos que lidar com um projeto muito mais difícil, envolvendo um maior número de motivos de reclamações de clientes (cinco motivos: Senha não confere, Tarifas muito elevadas, Atendimento ruim dos caixas, Excesso de fila na agência e Atendimento ruim do gerente da conta).

382 ANEXO III: FERRAMENTAS DA QUALIDADE

HISTOGRAMA

O histograma é uma ferramenta adequada para a análise visual da dispersão dos dados coletados de uma amostra, isto é, para visualizar se a variabilidade dos dados coletados é grande ou pequena. Didaticamente, ele é conceituado como uma representação gráfica de uma distribuição de frequência, utilizando para isso barras verticais cuja altura representa o valor da grandeza medida.

Um processo produtivo com grande variabilidade de tempo ou qualidade significa que o processo não tem uma padronização adequada. Por exemplo, tomemos um conjunto de cronometragens feitas em um processo de análise de relatórios de prestação de contas mensal de uma equipe de vendedores de uma empresa, conforme mostra a Tabela A3.5. Não é razoável supor que os tempos de análise de cada um dos relatórios sejam exatamente iguais, mas sim que sejam aproximadamente iguais. Em outras palavras, podemos esperar que variem em torno de uma média.

Entretanto, a variação em torno da média pode ser grande ou pequena dependendo do nível de padronização do processo. Processos sem padronização tendem a apresentar maior dispersão em torno da média, e processos com padronização adequada tendem a apresentar menor dispersão.

TABELA A3.5: TEMPOS DE ANÁLISE DE RELATÓRIOS DE PRESTAÇÃO DE CONTAS MENSAL (EM MINUTOS)

84	82	69	67	81	70	62	67	60	66
76	56	72	87	72	85	72	70	77	72
63	87	84	66	68	76	59	79	89	70
79	69	69	76	80	64	77	80	75	82
65	73	73	67	71	76	72	64	75	72

A análise visual dos dados da Tabela A3.5 é muito difícil e não permite conclusões consistentes quanto à variabilidade ou dispersão dos dados. Para facilitar a análise visual da dispersão, elabora-se um histograma da amostra obtida. Amostra é um subconjunto retirado de uma população. Na Tabela A3.5 temos uma amostra composta de 50 elementos que, no caso, são 50 tempos de análise de relatórios de prestação de contas mensal (em minutos). Para construir o histograma, devemos seguir os seguintes passos:

- **Calcular o número de classes (k).** Classes são agrupamentos dos dados da amostra para facilitar a análise visual, e correspondem ao número de barras que o histograma apresentará. A Tabela A3.6 mostra uma relação entre o tamanho da amostra e o número de classes recomendado. Como a amostra é composta por 50 elementos, a tabela indica sete classes.

HISTOGRAMA **383**

Tabela A3.6: Relação entre tamanho da amostra e número de classes

Nº DE ELEMENTOS DA AMOSTRA (N)	10	20	50	100	150	200	250	500
Nº DE CLASSES (K)	5	6	7	8	9	10	11	12

- **Calcular a amplitude da amostra (R).** Amplitude da amostra é definida como a diferença entre o maior valor e o menor valor de uma amostra. Entre os tempos de análise constantes na Tabela A3.5, o maior valor é 89 e o menor valor é 62. Então, a amplitude da amostra (R) é calculada da seguinte maneira:

$$R = V_{max} - V_{min} = 89 - 56 = 33$$

- **Calcular a amplitude da classe (h).** A amplitude da classe corresponde à diferença entre o maior e o menor valor dentro de cada classe. É calculada pela divisão da amplitude da amostra (R) pelo número de classes (k), arredondando-se para cima segundo o mesmo número de casas decimais dos dados da amostra. No caso, os dados são números inteiros, então, deve-se arredondar para cima pelo primeiro número inteiro:

$$h \geq \frac{R}{k} = \frac{33}{7} = 4,71 \cong 5$$

- **Definir os valores máximos e mínimos de cada classe.** Os valores mínimos e máximos da primeira classe são definidos pelas expressões:

$$X_{min1} = V_{min} - \frac{k \cdot h - (V_{max} - V_{min})}{2} = 56 - \frac{7 \times 5 - (89 - 56)}{2} = 56 - 1 = 55$$

$$X_{min1} = X_{min1} - h - 1 = 55 + 5 - 1 = 59$$

Os valores das classes seguintes são calculados adicionando a amplitude da classe (h). Outra forma de expressar os valores máximos de cada classe é não incluir o valor mínimo da classe seguinte, conforme mostra a Tabela A3.7.

ANEXO III: FERRAMENTAS DA QUALIDADE

TABELA **A3.7**: VALORES MÁXIMOS E MÍNIMOS DAS CLASSES

K	X_{MIN}	X_{MAX}	LIMITES
1	55	59	$55 \leq x < 60$
2	60	64	$60 \leq x < 65$
3	65	69	$65 \leq x < 70$
4	70	74	$70 \leq x < 75$
5	75	79	$75 \leq x < 80$
6	80	84	$80 \leq x < 85$
7	85	89	$85 \leq x < 90$

- Levantar as frequências de cada classe. Frequência é definida como o número de ocorrências da amostra em cada classe. No exemplo, na Classe com xmin=55 e xmax=59, a frequência é dois, pois estão incluídos os números 56 e 59; na Classe com xmin=60 e xmax=64, a frequência é cinco, uma vez que estão incluídos os números 62, 60, 63, 64 e 64. A Tabela A3.8 mostra as frequências dos tempos de análise de relatórios de prestação de contas mensal (em minutos).

TABELA **A3.8**: DISTRIBUIÇÃO DE FREQUÊNCIAS DOS TEMPOS DE ANÁLISE DE RELATÓRIOS DE PRESTAÇÃO DE CONTAS MENSAL (EM MINUTOS)

LIMITES	X_{MIN}	X_{MAX}	FREQUÊNCIA
$55 \leq x < 60$	55	59	2
$60 \leq x < 65$	60	64	5
$65 \leq x < 70$	65	69	10
$70 \leq x < 75$	70	74	12
$75 \leq x < 80$	75	79	10
$80 \leq x < 85$	80	84	7
$85 \leq x < 90$	85	89	4
TOTAL			50

Dispondo as frequências em um gráfico de barras, como mostra a Figura A3.5, temos o histograma dos motivos de reclamação de clientes.

HISTOGRAMA

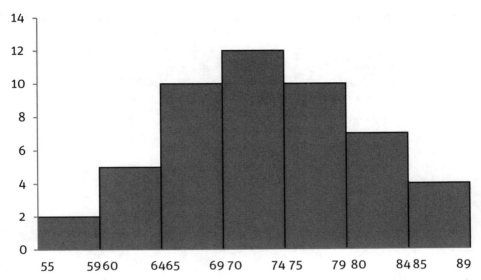

FIGURA A3.5: Dos tempos de análise de relatórios de prestação de contas mensal (em minutos)

Uma alternativa muito utilizada em análise de dados é a frequência relativa, definida como a divisão da frequência de cada classe pelo total de elementos da amostra, multiplicada por 100 para fornecer o resultado em porcentual. No exemplo, para a Classe com xmin=55 e xmax=59, a frequência relativa é 2/50 x 100 = 4%; já para a Classe com xmin=60 e xmax=64, a frequência relativa é 5/50 x 100 = 10%. A Tabela A3.9 mostra as frequências relativas dos tempos de análise de relatórios de prestação de contas mensal (em minutos).

ANEXO III: FERRAMENTAS DA QUALIDADE

Tabela A3.9: Distribuição de frequências relativas dos tempos de análise de relatórios de prestação de contas mensal (em minutos)

Limites	X_{MIN}	X_{MAX}	Frequência	Frequência relativa
$55 \leq x < 60$	55	59	2	4%
$60 \leq x < 65$	60	64	5	10%
$65 \leq x < 70$	65	69	10	20%
$70 \leq x < 75$	70	74	12	24%
$75 \leq x < 80$	75	79	10	20%
$80 \leq x < 85$	80	84	7	14%
$85 \leq x < 90$	85	89	4	8%
Total			50	100%

Dispondo as frequências relativas em um gráfico de barras, como mostra a Figura A3.6, temos o histograma de percentagens em relação ao total dos motivos de reclamação de clientes. Observe que o formato dos dois histogramas é igual.

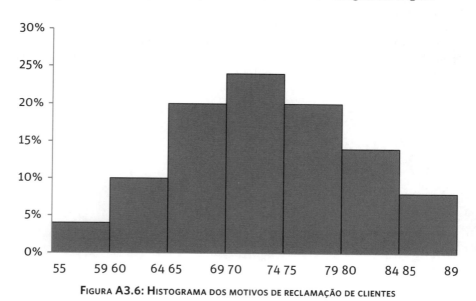

Figura A3.6: Histograma dos motivos de reclamação de clientes

HISTOGRAMA

O objetivo do histograma é permitir uma análise visual da dispersão dos valores da amostra em torno de uma média. Quanto mais concentrados forem os valores da amostra em torno da média, dizemos que menor é a dispersão dos dados e menor sua variabilidade, conforme mostra o histograma (a) da Figura A3.7; e quanto mais espalhados forem os valores em torno da média, maior a dispersão dos dados e maior sua variabilidade, conforme mostra o histograma (b) da Figura A3.7.

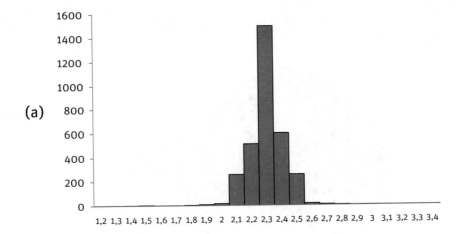

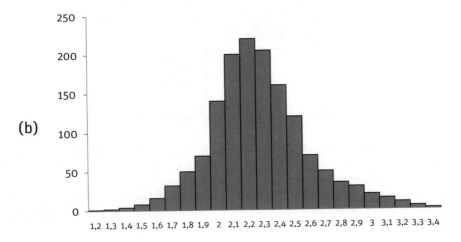

Figura A3.7: Histogramas com baixa variabilidade (a) e alta variabilidade (b)

ESTRATIFICAÇÃO

Estratificação é uma ferramenta de análise de dados coletados de uma amostra que auxilia na busca de oportunidades de melhoria em um processo produtivo. Frequentemente, os dados coletados, se analisados em um conjunto único sem qualquer distinção, mascaram as diferentes fontes de onde foram coletados.

Estratos são subconjuntos de uma população que têm duas características: os elementos do estrato são homogêneos em relação a uma ou mais variáveis; essas mesmas variáveis são heterogêneas em relação aos demais estratos, conforme mostra a Figura A3.8.

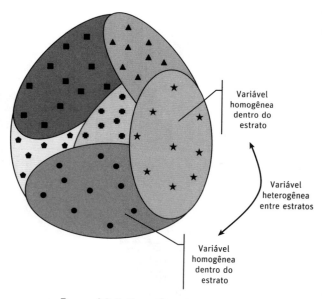

Figura A3.8: Estratos de uma população

A estratificação é utilizada para auxiliar na focalização de determinada variável, a qual pode ser um tipo de problema a ser analisado ou um tipo de causa a ser atacada. Por exemplo, uma empresa recebe 500 reclamações de clientes em um determinado mês. Fazer um plano de ação para atacar todas as reclamações é ineficaz e custoso. O mais adequado é dividir as reclamações por tipo e reuni-las em estratos, conforme mostra a Tabela A3.1.

O maior problema na análise de dados para projetos de melhoria é conseguir encontrar qual é a variável mais adequada para explicitar o agrupamento em estratos. Cada elemento da população ou amostra possui vários atributos ou variáveis e, dependendo do atributo ou variável, ele pode pertencer a determinado estrato. Por exemplo, foi coletada uma amostra de 10 funcionários da empresa e, para cada um

ESTRATIFICAÇÃO 389

deles, foi obtido o sexo, a idade, o turno de trabalho, a escolaridade e a função na empresa, conforme mostra a Tabela A3.10.

TABELA A3.10: COLETA DE DADOS DE 10 FUNCIONÁRIOS DE UMA EMPRESA

FUNCIONÁRIO	SEXO	IDADE	TURNO	ESCOLARIDADE	FUNÇÃO
A	Masc	24	1	2º grau	Operacional
B	Masc	26	2	Superior	Supervisor
C	Fem	30	2	2º grau	Administrativo
D	Fem	28	1	1º grau	Operacional
E	Masc	25	1	Superior	Operacional
F	Fem	22	2	2º grau	Supervisor
G	Masc	34	1	Superior	Administrativo
H	Fem	29	2	1º grau	Supervisor
I	Masc	27	2	2º grau	Operacional
J	Masc	35	1	Superior	Operacional

Focando cada uma das variáveis, podemos compor diversos estratos para análise, como mostra a Figura A3.9.

SEXO		TURNO		ESCOLARIDADE			FUNÇÃO		
MASC	FEM	1	2	1º GRAU	2º GRAU	3º GRAU	OPERACIONAL	SUPERVISOR	ADMINISTRATIVO
A	C	A	B	D	A	B	A	B	C
B	D	D	C	H	C	E	D	F	G
E	F	E	F		F	G	E	H	
G	H	G	H		I	J	I		
I		J	I				J		
J									

FIGURA A3.9: ESTRATOS FORMADOS COM OS DADOS COLETADOS DE 10 FUNCIONÁRIOS DE UMA EMPRESA

DIAGRAMA DE ISHIKAWA

O Diagrama de Ishikawa ou Diagrama Espinha de Peixe é uma ferramenta da qualidade utilizada para auxiliar na organização de um brainstorming de busca das causas prováveis de um determinado efeito analisado. As causas podem ser organizadas segundo os 4M's (Método, Máquina, Mão de Obra e Material) ou 6 M's (adicionando Meio Ambiente e Medida — ou Management).

O efeito analisado é colocado na ponta da seta maior desenhada na horizontal, e as causas prováveis são dispostas na extremidade posterior das demais setas. Cada causa pode ser provocada por uma outra causa (ou causa secundária), e esta, por sua vez, pode ser provocada por uma outra causa (ou causa terciária) e assim por diante. Uma maneira adequada de iniciar a investigação das possíveis causas de um problema é analisar as deficiências nos 4 M's (Material, Mão de obra, Máquina e Método) e, se necessário, considerar mais 2 M's (Meio Ambiente e Medida). A Figura A3.10 mostra como as setas, representando cada causa diagnosticada, estão dispostas no Diagrama de Ishikawa.

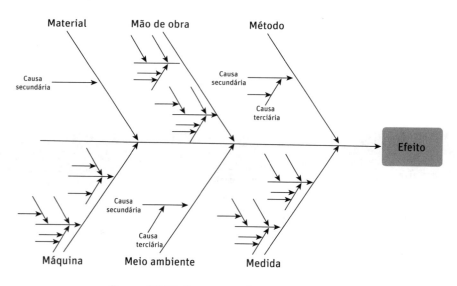

FIGURA A3.10: DIAGRAMA DE ISHIKAWA COM 6 M'S

Quando a investigação da causa é realizada por especialistas ou por operadores bastante familiarizados com o processo analisado, é comum que nem todos os M's sejam investigados e as opções de causas fiquem mais focadas em alguns pontos específicos. Esse procedimento deve ser adotado quando todos os participantes do projeto de melhoria têm conhecimento suficiente para não precisar passar pela etapa

DIAGRAMA DE ISHIKAWA

de investigação dos 6 M's. Em tal situação, um exemplo de Diagrama de Ishikawa com análise focada (sem a etapa de investigação dos 6 M's) é mostrado na Figura A3.11.

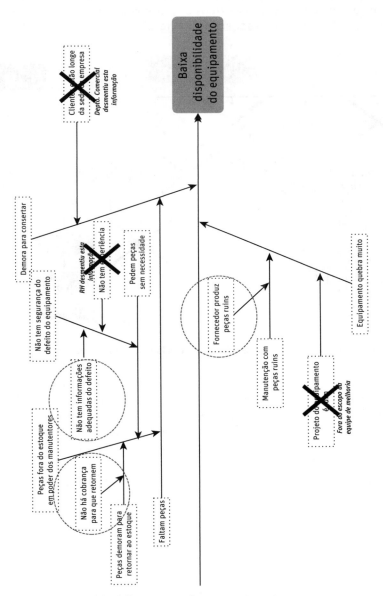

FIGURA A3.11: DIAGRAMA DE ISHIKAWA COM ANÁLISE FOCADA

DIAGRAMA DOS PORQUÊS

Uma alternativa para a investigação de causas potenciais de um dado efeito é o Diagrama dos Porquês. Se observarmos os procedimentos de construção dos dois diagramas, ambos devem chegar ao mesmo resultado.

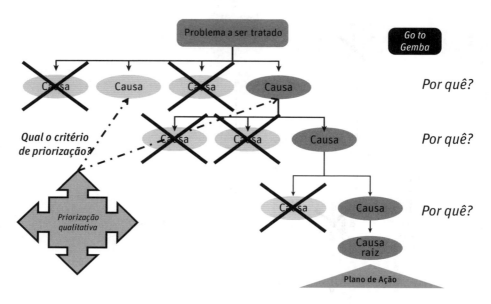

FIGURA A3.12: RELAÇÃO ENTRE O DIAGRAMA DE ISHIKAWA E DIAGRAMA DOS PORQUÊS

O Diagrama dos Porquês é um caso especial do Diagrama de Árvore em que as ligações entre os níveis de investigação são construídas por meio da pergunta "Por quê?". A Figura A3.12 mostra a disposição gráfica do Diagrama dos Porquês. Observe que, quando uma causa é considerada de ocorrência pouco provável ou fora do escopo de atuação da equipe do projeto, ela é descartada e sua investigação subsequente encerrada.

Em termos gráficos, pode-se verificar que rotacionando um Diagrama de Ishikawa obtém-se o Diagrama dos Porquês, conforme mostra a Figura A3.13.

DIAGRAMA DOS PORQUÊS

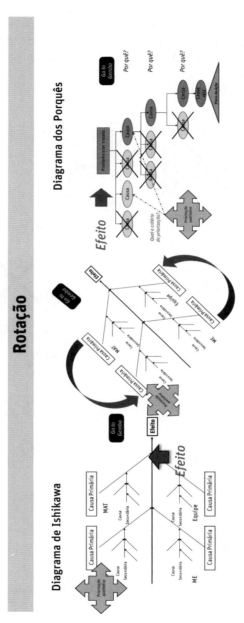

FIGURA A3.13: RELAÇÃO ENTRE O DIAGRAMA DE ISHIKAWA E DIAGRAMA DOS PORQUÊS

ANEXO III: FERRAMENTAS DA QUALIDADE

Para evidenciar a relação direta entre os dois diagramas, observe que o Diagrama de Ishikawa construído na Figura A3.11 possui os mesmos elementos do Diagrama dos Porquês mostrado na Figura A3.14, diferenciando-se apenas quanto ao formato da disposição das causas:

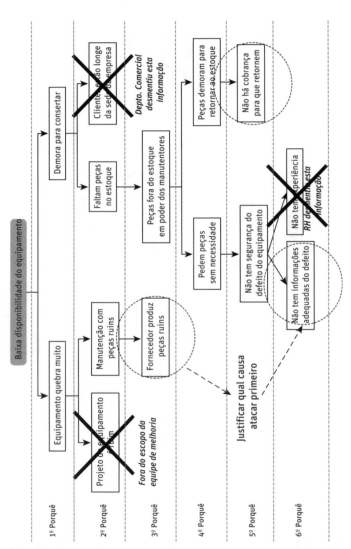

Figura A3.14: Diagrama dos Porquês construído a partir do Diagrama de Ishikawa da Figura A3.11

A Classe A representa 80,4% das reclamações de clientes. A Curva ABC correspondente pode ser observada na Figura A3.4, na qual se encontram dispostos em um gráfico os valores obtidos na Tabela A3.4.

GRÁFICOS

Uma das mais poderosas ferramentas para análise visual de dados, os gráficos, auxiliam a estimar tendências, sazonalidades, ciclicidades e correlações entre variáveis. Existem vários tipos de gráficos, porém, vamos detalhar apenas dois deles: Séries temporais e Diagramas de Dispersão.

Séries temporais

Denominam-se séries temporais os gráficos nos quais a abscissa mostra a variável tempo. A principal utilização desse tipo de gráfico é mostrar a evolução histórica de uma determinada variável, conforme mostra a Figura A3.15.

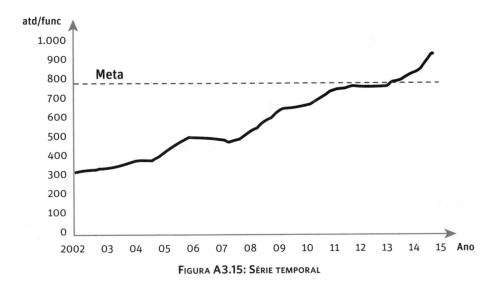

Figura A3.15: Série temporal

Geralmente, nos gráficos, os dados das séries temporais são unidos por linhas e podem mostrar três tipos de comportamento, conforme mostra a Figura A3.16.

- **Tendência:** Mostram a direção predominante do comportamento dos dados em um período considerado. A tendência pode ser crescimento, redução ou estabilidade.
- **Sazonalidade:** Mostram comportamentos repetitivos dos dados em períodos curtos de tempo. Em geral, os ciclos são diários, semanais, mensais ou anuais.

ANEXO III: FERRAMENTAS DA QUALIDADE

- **Ciclicidade:** Mostram comportamentos repetitivos dos dados em períodos mais longos de tempo (dez anos ou mais).

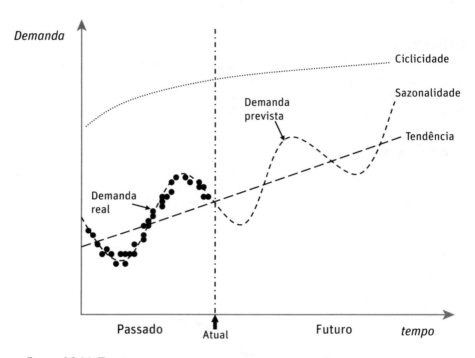

Figura A3.16: Tendência, sazonalidade e ciclicidade em uma série temporal de demanda

Diagrama de dispersão

Diagramas de dispersão são gráficos que mostram a existência de correlação entre duas variáveis, ou seja, o comportamento de uma variável em relação ao comportamento de outra. O exemplo mais ilustrativo de correlação entre variáveis é o comportamento predominantemente crescente entre peso e altura de uma pessoa, conforme mostra a Figura A3.17. Observe que é possível estabelecer uma reta que mostra a tendência predominante dos dados valendo-se de ferramentas estatísticas baseadas no método dos mínimos quadrados, algo disponível na maioria dos softwares de planilhas eletrônicas.

GRÁFICOS

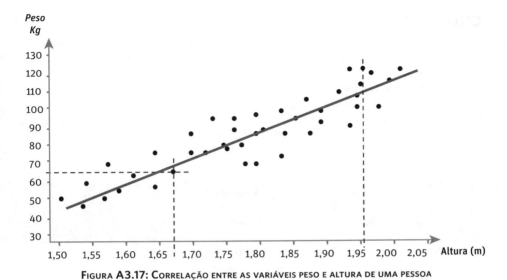

FIGURA A3.17: CORRELAÇÃO ENTRE AS VARIÁVEIS PESO E ALTURA DE UMA PESSOA

A correlação entre as variáveis analisadas pode ser positiva (quando uma variável aumenta de valor se a outra variável aumentar), decrescente (quando uma variável diminui de valor se a outra variável aumentar) ou nula (quando o comportamento de uma das variáveis não guarda nenhuma relação com o comportamento da outra). Os três tipos de correlação podem ser observados na Figura A3.18.

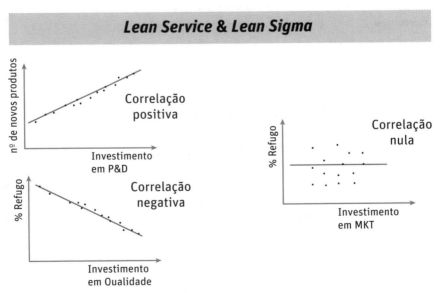

FIGURA A3.18: CORRELAÇÃO POSITIVA, NEGATIVA E NULA

398 ANEXO III: FERRAMENTAS DA QUALIDADE

CHECK LIST

Embora simples de ser elaborada, esta ferramenta da qualidade, também chamada de lista de verificação, é um poderoso instrumento para a implantação do conceito de trabalho padronizado nas organizações, e é responsável por significativos incrementos de produtividade. Ela previne lapsos de memória do operador (esquecimentos) ao realizar um procedimento operacional e registra formalmente que ele o realizou. Na Figura A3.19 há um exemplo de *check list* para a realização do procedimento de *setup* de uma impressora. Os *check lists* estão deixando de ser registrados em papel para serem disponibilizados em tablets e smartphones.

			Dia									
N	Item de verificação	Situação normal	/	/	/	/	/	/	/	/	/	/
1	4 parafusos de fixação rápida R588	Identificação na haste										
2	Estampo offset TR 4555-4	Revisado pelo setor de gravação										
3	Bombona 5L tinta TN 903	Identificação na tampa; revisado pelo setor de tintas										
4	Bombona 5L tinta TN 7544	Identificação na tampa; revisado pelo setor de tintas										
5	Bombona 5L tinta TN 356	Identificação na tampa; revisado pelo setor de tintas										
6	Bombona 5L tinta TN 1005	Identificação na tampa; revisado pelo setor de tintas										
7	Lata 2L tinner	Tampa lacrada										
8	Saco 500g estopa branca	Saco lacrado										
9												
10												
		Verificado por:										

Check list de setup Impressora AKW 3000

Procedimento P340/4 Rev. 05 15/05/2016

FIGURA A3.19: EXEMPLO DE *CHECK LIST* OU LISTA DE VERIFICAÇÃO

Um exemplo simples ilustra a importância de um *check list* quando vamos fazer as compras do mês em um supermercado. Se não levarmos a lista de compras (que equivale a um *check list*), esqueceremos itens importantes para o funcionamento de nossa residência e compraremos itens desnecessários.

CONTROLE ESTATÍSTICO DO PROCESSO (CEP)

CONTROLE ESTATÍSTICO DO PROCESSO (CEP)

O controle estatístico do processo (CEP) é uma técnica estatística de monitoramento de processos produtivos que, por meio de inspeção por amostragem, detecta a presença de eventos esporádicos, ou causas especiais, que prejudicam a qualidade do produto ou serviço processado. A variabilidade está sempre presente em qualquer processo produtivo, independentemente de quão bem ele seja projetado e operado. Assim, se compararmos dois produtos ou serviços produzidos por um mesmo processo, eles nunca serão exatamente iguais.

Todo processo possui diversas fontes ou causas de variabilidade. Algumas dessas fontes ou causas estão presentes em todos os elementos produzidos por aquele processo, ou seja, são causas comuns, aleatórias ou inerentes ao processo que provocam pequenas diferenças entre as peças ou serviços produzidos. Outras fontes ou causas estão presentes apenas em alguns elementos produzidos pelo processo, ou seja, são causas especiais, não aleatórias, esporádicas, pontuais ou cíclicas que provocam diferenças significativas entre as peças ou serviços produzidos pelo processo. O ponto principal de diferenciação entre elas é que causas comuns afetam todos os elementos ou unidades produzidas pelo processo, enquanto que causas especiais afetam apenas alguns elementos ou unidades produzidas pelo processo. Em resumo, temos:

- **Causas comuns:** São fatores aleatórios inerentes ao processo, originados de várias fontes de pequenas variações que resultam em um efeito cumulativo nas características do produto processado. De alguma forma, esses fatores afetam todos os elementos que trafegam pelo processo, provocando uma variabilidade nas características medidas na inspeção por amostragem. Os exemplos mais comuns são: pequenas variações na dureza do material processado, vibração do inserto no material torneado, alterações na temperatura ambiente e outras.

- **Causas especiais:** São fatores não aleatórios que surgem ocasionalmente no processo, podendo ser pontuais ou cíclicos. Tais fatores não aleatórios afetam apenas alguns dos elementos trabalhados no processo conferindo-lhes alguma característica, medida na inspeção por amostragem, que os torna diferenciados dos demais elementos que trafegam no processo. Os exemplos mais comuns são: uso de material não conforme, introdução de um operador não treinado, ocorrência de *setup*, equipamento desregulado e outros.

Quando um processo apresenta apenas as causas comuns ao atuar, é denominado de processo estável ou processo sob controle. As amostras retiradas de um processo estável tendem a apresentar média e desvio padrão dentro de um intervalo de valores que são considerados aceitáveis. Contudo, quando algum fator esporádico, ou causa especial, é inserido no processo, alterando significativamente as dimensões analisadas pela inspeção, as amostras coletadas no processo tendem a apresentar valores de média ou desvio padrão, para maior ou para menor, em proporções não aceitáveis para um processo ser considerado estável. Nesse caso, há um processo instável ou processo que não está sob controle. Em tais condições, um processo tem seu desempenho reduzido principalmente devido à crescente possibilidade de aumento de refugos e retrabalhos.

Para identificar se um processo está ou não sob controle, ou seja, se causas especiais estão atuando no processo, é necessário calcular dois valores denominados limite inferior de controle (LIC) e limite superior de controle (LSC). Basicamente, se a média de uma amostra coletada durante o processo estiver abaixo ou acima desses limites, isto é, fora dos limites de controle, isso indica que o processo não está sob controle e deve ser tomada alguma providência imediata, incluindo a paralisação do processo para verificação e correção. Esse diagnóstico pode ser feito por meio de uma Carta de Controle, conforme mostra a Figura A3.20.

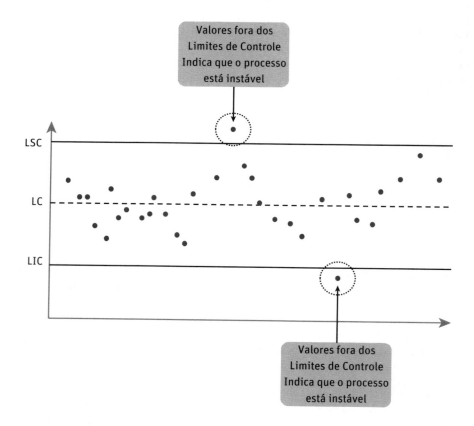

FIGURA A3.20: EXEMPLO DE CARTA DE CONTROLE

CONTROLE ESTATÍSTICO DO PROCESSO (CEP) **401**

Os cálculos do LIC e LSC dependem de uma estimativa da média e do desvio padrão dos produtos produzidos pelo processo analisado. Para isso, coletam-se amostras do processo e, em cada uma delas, calcula-se a média e a amplitude (diferença entre o maior e o menor valor em cada amostra). A média das médias ($\bar{\bar{x}}$) e a média das amplitudes ($\bar{R}$) são utilizadas para o cálculo das estimativas da média e desvio padrão das variáveis analisadas do processo produtivo. A Tabela A3.11 mostra a coleta de oito amostras, de 10 elementos cada uma, de tempos cronometrados, em minutos, de um processo de conferência de documentos.

TABELA A3.11: EXEMPLO DE COLETA DE 8 AMOSTRAS, DE 10 ELEMENTOS CADA UMA, DE TEMPOS CRONOMETRADOS, EM MINUTOS, DE UM PROCESSO DE CONFERÊNCIA DE DOCUMENTOS

AMOSTRA OU SUBGRUPO	TAMANHO DA AMOSTRA											R
	1	2	3	4	5	6	7	8	9	10		
1	0,48	1,64	0,38	1,84	0,36	1,44	1,92	0,68	1,08	1,32	1,56	1,11
2	0,66	1,98	1,00	1,14	1,00	0,74	0,44	0,18	1,54	0,90	1,80	0,96
3	1,56	0,30	0,76	1,48	0,58	1,68	0,98	1,46	1,02	1,90	1,60	1,17
4	1,04	0,70	0,24	1,02	0,72	0,26	1,62	1,58	1,42	0,10	1,52	0,87
5	1,60	1,12	1,26	1,08	1,98	0,98	1,06	1,48	0,04	0,86	1,94	1,15
6	1,44	1,76	0,34	1,04	0,18	0,58	1,08	1,34	1,64	1,08	1,58	1,05
7	1,30	0,68	0,96	0,88	0,76	0,36	0,06	1,22	1,18	1,74	1,68	0,91
8	1,82	0,42	1,18	0,60	1,78	1,02	1,80	0,62	0,24	0,30	1,58	0,98
										MÉDIAS =	1,6575	1,025

A média das médias ($\bar{\bar{x}}$) = 2,025 é uma estimativa isenta de viés da média dos elementos do processo, adotada como Linha Central (LC) de uma Carta de Controle. Já a estimativa do desvio padrão do processo ($\hat{\sigma}$) pode ser calculada em função da média das amplitudes ($\bar{R}$) corrigida pelo coeficiente d_2, desenvolvido por Shewhart. A Tabela A3.12 mostra que o valor de d_2 depende do tamanho da amostra coletada; nesse caso, o tamanho da amostra é de 10 elementos. Assim, o valor estimado do desvio padrão do processo é:

$$\hat{\sigma} = \frac{\bar{R}}{d_2} = \frac{1,6575}{3,078} = 0,5385$$

ANEXO III: FERRAMENTAS DA QUALIDADE

TABELA A3.12: TABELA DE COEFICIENTES D_2 DE SHEWHART

N	D_2
2	1.128
3	1.693
4	2.059
5	2.326
6	2.534
7	2.704
8	2.847
9	2.970
10	3.078
11	3.173
12	3.258
13	3.336
14	3.407
15	3.472
20	3.735
25	3.931

Os cálculos do Limite Inferior de Controle (LIC) e do Limite Superior de Controle (LSC) são efetuados subtraindo e adicionando três sigmas estimados (3) à média estimada () do processo analisado, conforme mostram as expressões a seguir:

$$LIC = \bar{\bar{x}} - 3\hat{\sigma} = 2,025 - 3 \times 0,5385 = 0,4095$$

$$LSC = \bar{\bar{x}} + 3\hat{\sigma} = 2,025 + 3 \times 0,5385 = 3,6405$$

$$LC = \bar{\bar{x}} = 2,025$$

É importante observar que, caso as médias das amostras coletadas no processo estiverem acima do LSC ou abaixo do LIC, isso não significa que haja produtos ou serviços não conformes mas, apenas, que o processo não está sob controle ou é estável.

CONTROLE ESTATÍSTICO DO PROCESSO (CEP) **403**

Para verificar a capacidade do processo, ou seja, como o processo tende a se comportar no futuro quanto à probabilidade de geração de produtos ou serviços não conformes, são utilizados os Índices de Capacidade Cp e Cpk. No cálculo desses dois índices são utilizados o Limite Inferior de Especificação (LIE) e o Limite Superior de Especificação (LSE), os quais são estabelecidos pela tolerância da Engenharia de Produto ou estabelecidos em contrato de prestação de serviços.

- **Cp:** Desconsidera a média do processo, retratando apenas sua variação. É calculado por:

$$Cp = \frac{LSE - LIE}{3\hat{\sigma}}$$

- **Cpk:** Ajuste do índice Cp para uma distribuição não centrada entre os limites de especificação. É sensível aos deslocamentos (causas especiais) dos dados. É calculado por:

$$Cpk = \min\left(\frac{LSE - \bar{\bar{x}}}{3\hat{\sigma}}; \frac{\bar{\bar{x}} - LIE}{3\hat{\sigma}}\right)$$

Um processo será considerado "bom" ou "capaz" se o valor de Cp e Cpk for maior do que 1,33, ou seja, o LIE e LSE estiverem, no mínimo, $4\hat{\sigma}$ distantes da média $\bar{\bar{x}}$, conforme mostra a Tabela A3.13:

- **Processo incapaz:** Cpk < 1 ou Cp < 1
- **Processo aceitável:** $1 \leq$ Cpk $\leq 1,33$ ou $1 \leq$ Cp $\leq 1,33$
- **Processo capaz:** Cpk $\geq 1,33$ ou Cp $\geq 1,33$

No exemplo de processo de conferência de documentos mostrado na Tabela A3.11, se os limites de especificação fossem

- **Parâmetro de localização:** Representa a tendência central dos dados. A seguir, podem ser vistas duas distribuições com parâmetros de localização diferentes.
- **Parâmetro de dispersão:** Representa a variabilidade dos dados em torno da tendência central. A seguir, podem ser vistas duas distribuições com parâmetros de dispersão diferentes.
- **Parâmetro de forma:** Representa a forma da distribuição: simétrica, assimétrica, uniforme, exponencial, etc. A seguir, podem ser vistas duas distribuições com parâmetros de formas diferentes.

As causas comuns, em geral, só podem ser resolvidas por uma ação global sobre o sistema, e muitas vezes a atuação sobre elas não se justifica do ponto de vista econômico. Os operadores estão em boa posição para identificá-las, mas sua correção exige decisão gerencial. A correção pode não se justificar economicamente.

CAUSAS ESPECIAIS

Causas especiais são as que não são pequenas e não seguem um padrão aleatório (erros de set up, problemas nos equipamentos ou nas ferramentas, um lote de matéria-prima com características muito diferentes etc.) e por isso também são chamadas de causas assinaláveis. São consideradas falhas de operação. Elas fazem com que o processo saia de seu padrão natural de operação, ou seja, provoquem alterações na forma, tendência central ou variabilidade das características de qualidade. Elas reduzem significativamente o desempenho do processo e devem ser identificadas e neutralizadas, pois sua correção se justifica economicamente.

As causas especiais são, normalmente, corrigidas por ação local e, por isso, são de responsabilidade dos operadores, apesar de algumas vezes a gerência estar em melhor posição para resolver o problema.

ANEXO IV

INDICADORES DE DESEMPENHO MAIS UTILIZADOS

INDICADORES EM LOGÍSTICA

Indicador de Desempenho	Melhoria	Fórmula de Cálculo	Unidade
Perfect Order Measurement (% de Pedidos perfeitos)	←	% Acuracidade no registro de pedidos × % Acuracidade na separação × % Entregas no prazo × % Entregas sem danos × % Pedidos faturados corretamente	%
Acuracidade do Registro de Pedidos	←	$\%AcRP = \dfrac{\text{n}^{\circ}\text{ de Pedidos Registrados Corretos}}{\text{n}^{\circ}\text{ de Pedidos Registrados Total}} \times 100$	%
Acuracidade na Separação	←	$\%AcS = \dfrac{\text{n}^{\circ}\text{ de Pedidos Separados Corretos}}{\text{n}^{\circ}\text{ de Pedidos Separados Total}} \times 100$	%
% Entregas no prazo	←	$\%AcEP = \dfrac{\text{n}^{\circ}\text{ de Pedidos Entregues no Prazo}}{\text{n}^{\circ}\text{ de Pedidos Entregues Total}} \times 100$	%
% Entregas sem danos	←	$\%ESD = \dfrac{\text{n}^{\circ}\text{ de Pedidos Entregues sem danos}}{\text{n}^{\circ}\text{ de Pedidos Entregues Total}} \times 100$	%
Acuracidade de Faturamento	←	$\%AcE = \dfrac{\text{n}^{\circ}\text{ de Pedidos Faturados Corretos}}{\text{n}^{\circ}\text{ de Pedidos Faturados Total}} \times 100$	%
On Time In Full (OTIF) (% Pedidos completos e no prazo)	←	$OTIF = \dfrac{\text{n}^{\circ}\text{ de entregas completas e no prazo}}{\text{n}^{\circ}\text{ de entregas realizadas}} \times 100$	%
On Time Delivery (OTD) (Pedidos no prazo)	←	$OTD = \dfrac{\text{n}^{\circ}\text{ de entregas no prazo}}{\text{n}^{\circ}\text{ de entregas realizadas}} \times 100$	%

continua...

408 ANEXO IV: INDICADORES DE DESEMPENHO MAIS UTILIZADOS

...continuação

Indicador de Desempenho	Melhoria	Fórmula de Cálculo	Unidade
Order Fill Rate (Taxa de atendimento dos pedidos)	←	$OFR = \dfrac{\text{nº de pedidos completos}}{\text{nº de pedidos expedidos}} \times 100$	%
Order Cicle Time (Tempo de ciclo do pedido)	→	$OCT = Média$ (Data de entrega – Data de entrada do pedido)	horas
Dock to Stock Time (Tempo de disponibilização para venda)	→	$DST = Média$ (hora de disponibilização – hora de descarga do item na doca)	horas
Inventory Accuracy (Acuracidade de inventário)	←	$IA = \dfrac{\text{nº SKUs com valor físico = valor contabilizado}}{\text{nº SKUs Total do Estoque}} \times 100$	%
Stock out	→	Receita não realizada por indisponibilidade de item em estoque	\$
Estoque indisponível para venda	→	$EIV = \dfrac{\text{Valor (\$) do estoque indisponível para venda}}{\text{Valor (\$) do estoque total}} \times 100$	%
Storage Utilization (Utilização da capacidade de estocagem)	←	$SU = \dfrac{\text{nº posições – pálete utilizadas}}{\text{nº de posições – pálete total do estoque}} \times 100$	%
Inventory Visibility (Visibilidade do estoque)	→	$IV = Média$ (hora do registro do recebimento no sistema – hora de recebimento real)	horas
Orders per Hour (Pedidos por hora)	←	$OPH = \dfrac{\text{nº de pedidos separados/expedidos}}{\text{nº de horas trabalhadas no Picking/CD}}$	pedido/h

INDICADORES EM LOGÍSTICA

Indicador de desempenho	Melhoria	Fórmula de Cálculo	Unidade
Cost per Order (Custo por pedido)	←	$CPO = \dfrac{\text{Custo (\$) Total do Armazém/CD}}{\text{n}^\circ \text{ de pedidos total expedidos}}$	\$/pedido
Warehousing cost as % of Sales (Custo de MAM como % de vendas)	→	$WC\%S = \dfrac{\text{Custo (\$) Total do Armazém/CD}}{\text{Faturamento (Venda) Total}}$	%
Tempo médio de carga/descarga de veículos no CD	→	$TMC/D = M\acute{e}dia$ (hora do saída do veículo na doca – hora de entrada do veículo na doca)	horas
Truck Turnaround Time (Tempo de permanência do veículo no CD)	→	$TTT = M\acute{e}dia$ (hora do saída do veículo na portaria – hora de entrada do veículo na portaria)	horas
Utilização de equipamentos de movimentação de cargas	←	$UE = \dfrac{\text{n}^\circ \text{ horas - máquina dos equip. de MAM trabalhadas}}{\text{n}^\circ \text{ horas máquina dos equipamento de MAM disponíveis}} \times 100$	%
Freight Cost as % of Sales (Custo do frete como % das vendas)	→	$CF\%S = \dfrac{\text{Custo (\$) Total de Frete/Transporte}}{\text{Faturamento/Venda (\$) Total}} \times 100$	%
Freight Cost per Unit Shipped (Custo do frete por unidade expedida)	→	$FCPUS = \dfrac{\text{Custo (\$) Total de Frete/Transporte}}{\text{n}^\circ \text{ de unidades expedidas total}} \times 100$	\$/unid
On Time Pickups (Coletas no prazo)	←	$OTPU = \dfrac{\text{n}^\circ \text{ de coletas realizadas no prazo acordado}}{\text{n}^\circ \text{ de coletas total acordadas}} \times 100$	%
Truckload Capacity Utilized (Uso da capacidade de carga dos veículos)	←	$TCU = \dfrac{\text{Carga Total Expedida (m}^3\text{, ton.)}}{\text{Capacidade Teórica Total dos veículos (m}^3\text{, ton.)}} \times 100$	%

continua...

410 ANEXO IV: INDICADORES DE DESEMPENHO MAIS UTILIZADOS

...continuação

Indicador de Desempenho	Melhoria	Fórmula de Cálculo	Unidade
Transport Damages (Avarias no Transporte)	→	$TD = \dfrac{\text{Valor (\$) dos itens avariados no transporte}}{\text{Valor (\$) Total Expedido}} \times 100$	%
Custo de não conformidades em Transporte	→	$CT = \dfrac{\text{Custo (\$) Adicional de Frete/Transporte com Não Conformidades}}{\text{Custo (\$) Total de Frete/Trasnporte}} \times 100$	%
Freight Bill Accuracy (Acuracidade no conhecimento do frete)	→	$FBA = \dfrac{\text{Valor (\$) de erros no conhecimento para Cobrança do cliente}}{\text{Custo (\$) Total do Frete/Transporte}} \times 100$	%
Accuracy (Acuracidade)	←	$\%Ac = \dfrac{\text{nº de itens dentro da especificação}}{\text{nº de itens total}} \times 100$	%
Entregas devolvidas parcial ou integral	→	$\%ED = \dfrac{\text{nº Entregas Devolvidas}}{\text{nº de Entregas Total}} \times 100$	%
Recebimento de produtos dentro das especificações de qualidade	←	$RQ = \dfrac{\text{nº de Produtos dentro das especificações}}{\text{nº de Produtos Entregues Total}} \times 100$	%
Atendimento de pedidos	←	$AP = \dfrac{\text{nº de Produtos Entregues}}{\text{nº de Produtos Pedidos}} \times 100$	%
Tempo médio de entrega dos produtos	←	$TMEP = M\acute{e}dia$ (Data/hora do recebimento do pedido no cliente − Data/hora do recebimento do pedido no fornecedor)	horas

INDICADORES EM GESTÃO DE PROJETOS

Indicador de desempenho	Melhoria	Fórmula de Cálculo	Unidade	Interpretação
Valor Planejado (VP)	◆	$VP = \sum_{i=1}^{n} P_{pi} \times Q_p$ P_p = Preço planejado; Q_p = Quantidade planejada	\$	Custo orçado em determinada fase do projeto
Valor Agregado (VA)	◆	$VA = \sum_{i=1}^{n} P_{pi} \times Q_{ri}$ P_p = Preço planejado; Q_r = Quantidade real	\$	Custo da quantidade de trabalho realizado precificado pelo preço planejado
Custo Real (CR)	◆	$CR = \sum_{i=1}^{n} P_{pi} \times Q_{ri}$ P_p = Preço real; Q_r = Quantidade real	\$	Custo real em determinada fase do projeto
Orçamento no Término (ONT)	◆	$ONT = VP_{témino} = \sum_{i=1}^{n} P_{pi} \times Q_{pi}$	\$	Custo planejado no final do projeto
Variação de Custo (VC)	←	$VC = VA - CR$	\$	>O Custo real abaixo do planejado
Variação de Prazo (VPR)	←	$VPR = VA - VP$	\$	>O Projeto adiantado

continua...

412 ANEXO IV: INDICADORES DE DESEMPENHO MAIS UTILIZADOS

...continuação

INDICADOR DE DESEMPENHO	MELHORIA	FÓRMULA DE CÁLCULO	UNIDADE	INTERPRETAÇÃO
Variação no Término (VNT)	←	$VNT = ONT - ENT$	\$	>0 Custo real abaixo do planejado no término
Índice de Desempenho de Custo (IDC)	←	$IDC = \dfrac{VA}{CR}$	decimal	>1 Custo real abaixo do planejado
Índice de Desempenho de Prazo (IDP)	←	$IDP = \dfrac{VA}{VP}$	decimal	>1 Projeto adiantado
Estimativa no Término (ENT)	◆	$ENT = CR + \dfrac{ONT - VA}{IDC \times IDP}$	\$	Estimativa do custo do projeto mantendo o desempenho nos custos e nos prazos
Estimativa para o Término (EPT)	◆	$EPT = ENT - CR$	\$	Estimativa do custo adicional para terminar o projeto
Índice de Desempenho para o Término (IDPT)	→	$IDPT = \dfrac{ONT - VA}{ONT - CR}$ ou $IDPT = \dfrac{ONT - VA}{ENT - CR}$	decimal	>1 Mais difícil de terminar conforme planejado

INDICADOR DE DESEMPENHO	MELHORIA	FÓRMULA DE CÁLCULO	UNIDADE	INTERPRETAÇÃO
Índice de Desempenho de Custo (IDC)	←	$IDC = \dfrac{VA}{CR}$	decimal	>1 Custo real abaixo do planejado
Índice de Desempenho de Prazo (IDP)	←	$IDP = \dfrac{VA}{VP}$	decimal	>1 Projeto adiantado
Estimativa no Término (ENT)	◆	$ENT = CR + \dfrac{ONT - VA}{IDC \times IDP}$	\$	Estimativa do custo do projeto mantendo o desempenho nos custos e nos prazos
Estimativa para o Término (EPT)	◆	$EPT = ENT - CR$	\$	Estimativa do custo adicional para terminar o projeto
Índice de Desempenho para o Término (IDPT)	→	$IDPT = \dfrac{ONT - VA}{ONT - CR}$ ou $IDPT = \dfrac{ONT - VA}{ENT - CR}$	decimal	>1 Mais difícil de terminar conforme planejado

ANEXO IV: INDICADORES DE DESEMPENHO MAIS UTILIZADOS

INDICADORES ECONÔMICO-FINANCEIROS

Indicador de Desempenho	Melhoria	Fórmula de Cálculo	Unidade	Interpretação
Liquidez Corrente	←	$\dfrac{\text{Ativo Circulante}}{\text{Passivo Circulante}}$	decimal	>1 Direitos disponíveis em curto prazo superam as obrigações a pagar no curto prazo
Liquidez Seca	←	$\dfrac{\text{Ativo Circulante} - \text{Estoque}}{\text{Passivo Circulante}}$	decimal	Exclui estoques por não ter liquidez compatível no grupo patrimonial
Liquidez Geral	←	$\dfrac{\text{Ativo Circulante} + \text{Realizável em Longo Prazo}}{\text{Passivo Circulante} + \text{Exigível em Longo Prazo}}$	decimal	>1 Direitos obtidos pela empresa superam as obrigações a pagar
Endividamento Total	→	$\dfrac{\text{Passivo Circulante} + \text{Exigível em Longo Prazo}}{\text{Ativo Total}}$	decimal	<1 Bens e direitos da empresa são suficientes para quitar as obrigações a pagar
Endividamento em Longo Prazo	→	$\dfrac{\text{Exigível em Longo Prazo}}{\text{Ativo Total}}$	decimal	<1 Bens e direitos da empresa suficientes para pagar obrigações a vencer em mais de 12 meses

Indicador de Desempenho	Melhoria	Fórmula de Cálculo	Unidade	Interpretação
Endividamento de Curto Prazo	⬇	$$\frac{\text{Exigível em Longo Prazo}}{\text{Ativo Total}}$$	decimal	<1 Bens e direitos da empresa suficientes para pagar obrigações a vencer em menos de 12 meses
Período de Cobertura de Estoque	⬇	$$\frac{\text{Valor do Estoque} \times 360}{\text{Custo dos Produtos Vendidos}}$$	dias	Dias de vendas que podem ser atendidas pelos produtos em estoque
Período Médio de Pagamento	⬆	$$\frac{\text{Duplicatas a pagar} \times 360}{\text{Compras Líquidas}}$$	dias	nº médio de dias que a empresa negociou para pagar as suas compras
Período Médio de Recebimento	⬇	$$\frac{\text{Duplicatas a receber} \times 360}{\text{Receita Líquida}}$$	dias	nº médio de dias que a empresa negociou para receber o valor das suas vendas
Ciclo Financeiro	⬇	$$\left(\begin{array}{c}\text{Período de}\\\text{Cobertura do Estoque}\end{array}\right) + \left(\begin{array}{c}\text{Prazo Médio}\\\text{de Recebimento}\end{array}\right) - \left(\begin{array}{c}\text{Prazo Médio}\\\text{de Pagamento}\end{array}\right)$$	dias	nº médio de dias entre o recebimento por vendas e o pagamento a fornecedores

continua...

416 ANEXO IV: INDICADORES DE DESEMPENHO MAIS UTILIZADOS

...continuação

Indicador de Desempenho	Melhoria	Fórmula de Cálculo	Unidade	Interpretação
Giro dos Estoques	←	$\dfrac{\text{Custo dos Produtos Vendidos}}{\text{Estoque}}$	decimal	Velocidade que o estoque de produtos à venda é renovado por ano
Giro do Ativo	←	$\dfrac{\text{Receita de Vendas}}{\text{Ativo Total}}$	decimal	Velocidade de geração de receita a partir dos bens e direitos da empresa
Cobertura de Juros	←	$\dfrac{\text{Lucro Antes de Juros e Imposto de Renda}}{\text{Despesas com Juros}}$	decimal	>1 empresa é capaz de pagar juros com a geração de lucro após IR
Margem Bruta	←	$\dfrac{\text{Lucro Bruto}}{\text{Receita de Vendas}}$	decimal	Geração de lucro bruto em relação à receita de vendas
Margem Líquida	←	$\dfrac{\text{Lucro Líquido depois do Imposto de Renda}}{\text{Receita de Vendas}}$	decimal	Geração de lucro líquido após IR em relação à receita de vendas

Indicador de Desempenho	Melhoria	Fórmula de Cálculo	Unidade	Interpretação
Lucro por Ação (LPA)	⬆	$$\dfrac{\text{Lucro Líquido disponível aos acionistas ordinários}}{\text{n}^\text{o}\text{ de ações ordinárias}}$$	decimal	Lucro por ação ordinária distribuída pela empresa no ano fiscal
Retorno do Ativo Total (ROA)	⬆	$$\dfrac{\text{Lucro Líquido depois do Imposto de Renda}}{\text{Ativo Total}}$$	decimal	Geração de lucro liquido após IR em relação aos bens e direitos da empresa
Retorno do Capital Próprio (ROE)	⬆	$$\dfrac{\text{Lucro Líquido depois do Imposto de Renda}}{\text{Patrimônio Líquido}}$$	decimal	Geração de lucro liquido após IR em relação ao capital próprio da empresa
Alavancagem Financeira	⬆	$$\dfrac{\text{Ativo Total}}{\text{Patrimônio Líquido}}$$	decimal	Volume de bens e direitos gerados na operação da empresa em relação ao seu capital próprio
EBITDA (Earnings Before Interest, Taxes, Depreciation and Amortization)	⬆	EBITDA = Lucro Operacional + Depreciação	$	Geração de recursos apenas com atividades operacionais. Exclui depreciação e amortizações

INDICADORES EM RECURSOS HUMANOS

Indicador de Desempenho	Melhoria	Fórmula de Cálculo	Unidade	Interpretação
Absenteísmo	→	$\dfrac{\text{Horas perdidas de trabalho}}{\text{Horas totais que deveriam ser trabalhadas}}$	%	Horas perdidas por atrasos, faltas e saídas antecipadas em relação às que deveriam ser trabalhadas
Rotatividade (*turnover*)	→	$\dfrac{\dfrac{\text{n}^{\circ}\text{ de demissões no mês} + \text{n}^{\circ}\text{ admissões no mês}}{2}}{\text{n}^{\circ}\text{ médio de funcionários ativos no mês}}$	%	Fluxo de entradas e saídas de funcionários em uma organização
Idade média de funcionários	◆	$\dfrac{\text{Soma das idades dos funcionários}}{\text{n}^{\circ}\text{ de funcionário}}$	%	Idade média de funcionários de uma organização
Taxa de desligamento	→	$\dfrac{\text{n}^{\circ}\text{ de demissões no mês}}{\text{n}^{\circ}\text{ médio de funcionários ativos no mês}}$	%	Porcentagem de desligamentos de funcionários em relação ao quadro de pessoal ativo

INDICADORES EM INTERNACIONALIZAÇÃO

Indicador de Desempenho	Melhoria	Fórmula de Cálculo	Unidade	Interpretação
Proporção de Ativos no exterior	←	$\dfrac{\text{Ativos no exterior}}{\text{Ativos Totais}}$	decimal	Proporção de ativos localizados no exterior em relação aos ativos total da empresa
Proporção de Receitas do exterior	←	$\dfrac{\text{Receitas no exterior}}{\text{Receitas Totais}}$	decimal	Proporção de receitas geradas no exterior em relação às receitas totais da empresa
Proporção de Funcionários no exterior	←	$\dfrac{\text{nº de funcionários ativos no exterior}}{\text{nº de funcionários totais ativos}}$	decimal	Proporção de funcionários lotados no exterior em relação aos funcionários totais da empresa

continua...

420 ANEXO IV: INDICADORES DE DESEMPENHO MAIS UTILIZADOS

...continuação

Indicador de desempenho	Melhoria	Fórmula de Cálculo	Unidade	Interpretação
Índice de internacionalização	←	$\dfrac{\left(\begin{array}{c}\text{Proporção Ativos}\\\text{no exterior}\end{array}\right) + \left(\begin{array}{c}\text{Proporção Receitas}\\\text{no exterior}\end{array}\right) + \left(\begin{array}{c}\text{Proporção Funcionários}\\\text{no exterior}\end{array}\right)}{3}$	decimal	Proporção de atividades internacionais da empresa
Proporção de Franquias no exterior	←	$\dfrac{\text{nº de unidades franqueadas no exterior}}{\text{nº de unidades franqueadas totais}}$	decimal	Proporção de unidades franqueadas localizadas no exterior
Proporção de Royalties no exterior	←	$\dfrac{\text{Receitas de } royalties \text{ e taxas no exterior}}{\text{Receitas de } royalties \text{ e taxas totais}}$	decimal	Proporção de royalties e taxas gerados por franqueados localizados no exterior

continua...

Indicador de desempenho	Melhoria	Fórmula de Cálculo	Unidade	Interpretação
Proporção de vendas para franqueados no exterior	⬆	$$\dfrac{\text{Receitas de vendas para franqueados no exterior}}{\text{Receitas totais de vendas para franqueados}}$$	decimal	Proporção de vendas de produtos para franqueados localizados no exterior
Índice de internacio-nalização de franquias	⬆	$$\dfrac{\left(\begin{array}{c}\text{Proporção Franquias}\\\text{no exterior}\end{array}\right) + \left(\begin{array}{c}\text{Proporção }\textit{Royalties}\\\text{no exterior}\end{array}\right) + \left(\begin{array}{c}\text{Proporção de Vendas}\\\text{franqueados no exterior}\end{array}\right)}{3} \times 100$$	decimal	Medida das atividades de internacio-nalização de franquias

Fonte: Fundação Dom Cabral (2015)

REFERÊNCIAS BIBLIOGRÁFICAS

ABNT NBR ISO 9000:2015. Sistem0as de gestão da qualidade — fundamentos e vocabulário. 2015.

ARNOLD, J. R. T. *Introduction to materials management.* 7th ed. New Jersey: Pearson, 2012.

BALLESTRA, N. Pragmatismo político. A Falácia da meritocracia. 24/10/2014. http://www.pragmatismopolitico.com.br/2014/10/a-falacia-da-meritocracia.html. Acesso em 21/12/15.

BALLOU, R. H. *Logística empresarial: transportes, administração de materiais e distribuição física.* São Paulo: Atlas, 2007.

BARBOSA, L. Meritocracia e sociedade brasileira. Rev. adm. empres., Fev 2014, vol.54, no.1, p.80-85. ISSN 0034-7590.

BNDES. Boletim Informe-se. Secretaria para assuntos fiscais — sf nº 19, outubro 2000.

CANUTO, O; Santos, P. F. P. Risco soberano e prêmios de risco em economias emergentes. Série Temas de Economia Internacional. Secretaria de Assuntos Internacionais do Ministério da Fazenda (SAIN-MF). 2003.

CAPES, Avaliação. 2014. Disponível em http://www.capes.gov.br/avaliacao/sobre-a-avaliacao. Acesso em 27/12/2015.

CAPES, Classificação da produção intelectual. 2014a. Disponível em http://www.capes.gov.br/avaliacao/instrumentos-de-apoio/classificacao-da-producao-intelectual. Acesso em 30/12/2015.

CAPES, Competências. 2012. Disponível em http://www.capes.gov.br/acessoainformacao/80-conteudo-estatico/acesso-a-informacao/5418-competencias. Acesso em 18/12/2015.

INDICADORES DE DESEMPENHO

CAPES, Documento de área 2013 Engenharias III. 2013. Disponível em https://www.capes.gov.br/images/stories/download/avaliacaotrienal/docs_de_area/engenharias_iii_doc_area_e_comissão_16out.pdf. Acesso em 30/12/2015.

CAVALCANTE, F. *Perguntas frequentes sobre EBITDA*. Cavalcante Consultores. São Paulo. 2012.

CORREA C. *Sonho grande*. Rio de Janeiro. Sextante. 2013.

DORAN, G. T. (1981). "There's a S.M.A.R.T. way to write management's goals and objectives". *Management Review* (AMA FORUM) 70 (11): 35–36.

DRUCKER, P.F. *O Gerente Eficaz*. Rio de Janeiro. Zahar Editores. 1968.

FAPESP. Indicadores de CT&I em São Paulo – 2001.

FARIAS, A. M. L.; LAURENCEL, L.C. Números índices. Universidade Federal Fluminense, Centro de Estudos Gerais, Instituto de Matemática, mimeo, 2005.

FDC (Fundação Dom Cabral). Ranking FDC das Multinacionais Brasileiras, 2015.

FERNANDES, S.O. A nova e odiada meritocracia no serviço público. Congresso em foco. 05/11/2014. Disponível em http://congressoemfoco.uol.com.br/opiniao/forum/a-"nova"-e-odiada-meritocracia-no-servico-publico/. Acesso em 21/12/15.

FRANCISCHINI, P. G.; CABEL, G.M.B. Proposição de um Indicador Geral Utilizando AHP, XXIII ENEGEP — Ouro Preto, MG, Brasil. 2003.

FUKUDA-PARR et al. Liberdade cultural num mundo diversificado. Relatório do desenvolvimento humano 2004. Lisboa: Mensagem, 2004.

GIANNINI, R. Aplicação de ferramentas do pensamento enxuto na redução de perdas em operações de serviços. Dissertação de mestrado em Engenharia de Produção. Universidade de São Paulo. São Paulo, 2007.

GOLD, B. Foundations of strategic planning for productivity improvement. Interfaces, vol. 15, no. 3 may-jun. p. 15-30. 1985.

GORSKY, A. Meritocracia no serviço público: o uso da meritocracia para alcançar a eficiência na gestão. Administradores. 13/11/2012. Disponível em http://www.administradores.com.br/artigos/carreira/meritocracia-no-servico-publico-o-uso-da-meritocracia-para-alcancar-eficiencia-na-gestao/67235/. Acesso em 22/12/15.

REFERÊNCIAS BIBLIOGRÁFICAS

HAMZAGIC, M.; FRANCISCHINI, P.G. Eco-kanban e a sistematização da comunicação no reaproveitamento de resíduos industriais. GEPROS. Gestão da Produção, Operações e Sistemas (Online), V. 4, P. 115-123, 2009.

HAMZAGIC, M. Eco-kanban: sistematização no reaproveitamento de resíduos industriais. Tese. Escola Politécnica da Universidade de São Paulo. Departamento de Engenharia de Produção. 2010.

HECKHAUSEN, J.; HECKHAUSEN, H. Motivation and action. Cambridge University Press. 2008.

HORA, H. R. M.; COSTA, H. G. Proposta de um método multicritério para escolha múltipla. Production, v. 25, n. 2, p. 441-453, abr./jun. 2015.

HYMAN, B. *Fundamentals of engineering design.* Prentice Hall, 1998.

IBRE — Instituto Brasileiro de Economia. Fundação Getúlio Vargas. IGP-DI: Índice Geral de Preços — Mercado: Metodologia. Rio de Janeiro. Maio de 2014.

Instituto Nacional de Estatística. Statistics Portugal. Documento metodológico. IPC 2008. DCN — IPC. Fev.2009.

KAPLAN, R. S.; NORTON, D. P. *A estratégia em ação: balanced scorecard.* Rio de Janeiro: Elsevier, 1997.

KUME, H. *Métodos estatísticos para melhoria da qualidade.* São Paulo: Editora Genete, 1993.

LEDERMAN, D. Campanhas de incentivo. Lederman. Disponível em http://www.ledermanconsulting.com.br/vendas/campanhas-de-incentivo/. Acesso em 29/12/15.

MACCARI, E.A. et alii. Sistema de avaliação da pós-graduação da Capes: pesquisa-ação em um programa de pós-graduação em Administração. RBPG, Brasília, v. 5, n. 9, p. 171-205, 2008.

MASLOW, A. Toward a psychology of being. New York. Van Nostrand Reinhold, p. 21-43. 1968.

MCNAMARA, R. The spoils system. About Education. 16/12/2014. Disponível em http://history1800s.about.com/od/1800sglossary/g/Spoils-System.htm. Acessado em 15/02/2016.

INDICADORES DE DESEMPENHO

MILLER. G. A. The Magical Number Seven, Plus or Minus Two: Some Limits on Our Capacity for Processing Information, The Psychological Review, 1956, vol. 63, pp. 81–97.

MUSCAT, A.R.N. & FLEURY, A. C. C. (1993). Indicadores de qualidade e produtividade na indústria brasileira. Revista Indicadores de Qualidade e Produtividade, vol. 1, n. 2, p. 82-107, set. 1993.

NEELY, A.; ADAMS, C.; CROWE, P. The performance prism in practice. Measuring Business Excellence, v. 5, n. 2, p. 6-13, 2001.

NEELY, A.; BOURNE, M. Why measurement initiates fail. Measuring Business Excellence, v. 4, n. 4, 2000.

NEELY, A.; ADAMS, C.; KENNERLEY, M. The performance prism: the scorecard for measuring and managing business success. London: Prentice Hall/Pearson Education Limited. 2002.

Números Índices. Pontifícia Universidade Católica — PUCRS. Faculdade de Matemática — Departamento de Estatística. Mimeo.

PAULA, M. F. O processo de modernização da universidade: casos USP e UFRJ. Tempo soc. vol.12 no.2 São Paulo Nov. 2000.

PNUD. Atlas do Desenvolvimento Humano no Brasil 2013. Metodologia. 2015.

Revista Tempo Social vol.12 no.2 São Paulo Nov. 2000 ISSN 0103-2070.

Ribeiro J. L. D; Caten, C. S. T. Série monográfica Qualidade: controle estatístico do processo. FEENG/UFRGS – Fundação Empresa Escola de Engenharia da UFRGS. Porto Alegre, 2012.

ROCKART, J, F. Chief Executives Chose their Own Data Needs. Harvard Business Review, pps. 81-93, March-April, 1978.

SAATY, T.L. *The analytic hierarchy process*. McGraw Hill International, 1980.

SAATY, T.L.; OZDEMIR, M.S. Why the Magic Number Seven Plus or Minus Two, Mathematical and Computer Modelling, 2003, vol. 38, pp. 233–244.

SALOMI, G. G. E.; MIGUEL, P.A.C.; ABACKERLI, A.J. SERVQUAL x SERVPERF: Comparação entre instrumentos para avaliação da qualidade de serviços internos. Gestão & Produção. Online version ISSN 1806-9649. vol.12 no.2 São Carlos May/Aug. 2005.

REFERÊNCIAS BIBLIOGRÁFICAS

SCARPIN, J.E.; SLOMSKI, V. Estudo dos fatores condicionantes do índice de desenvolvimento humano nos municípios do estado do Paraná: instrumento de controladoria para a tomada de decisões na gestão governamental. Rev. Adm. Pública vol.41 no.5 Rio de Janeiro Sept./Oct. 2007.

SEQUEIRA, E.C. Os indicadores de confiança, o sentimento do investidor e o mercado de capitais português. Dissertação de mestrado em finanças. Universidade Técnica de Lisboa, Instituto Superior de Economia e Gestão, Lisboa, 2011.

SERSON, S.M. Fábrica veloz: um modelo para competir com base no tempo. Dissertação. Escola Politécnica da Universidade de São Paulo. Departamento de Engenharia de Produção. São Paulo, 1996.

SINK, D. S. Productivity management: planning, measurement and evaluation, control and improvement. [S.l.]: John Wiley & Sons, 1985.

SINK, D. S. & TUTTLE, T.C. *Planejamento e medição para performance*. Rio de Janeiro, Qualitymark. 1993.

SIQUEIRA, W. A. Teoria X e a Teoria Y, de Douglas McGregor. Administradores. Postado em 24/01/2011. Disponível em http://www.administradores.com.br/artigos/cotidiano/a-teoria-x-e-a-teoria-y-de-douglas-mcgregor/51506/. Acesso em 19/02/2016.

SLACK, N.; CHAMBERS, S.; HARLAND, C.; HARRISON, A. & JOHNSTON, R. *Administração da produção*. São Paulo: Atlas. 2010.

TURRIONI, J.B.; SOUZA, L/G/M. *Hoshin Kanri* – uma análise da implementação em operações de manufatura no Brasil. In. XIX Encontro Nacional de Engenharia de Produção. Anais. Rio de Janeiro. 1999.

VASCONCELLOS. L.; ROSSI JÚNIOR, J.L. Determinantes da classificação de risco entre países (estimativas realizadas em março/2006).

VIANNA, J. Por que tantos odeiam a meritocracia no Brasil? Instituto Liberal. 27/11/2015. http://www.institutoliberal.org.br/blog/por-que-odeiam-tanto-a-meritocracia-no-brasil/. Acesso em 21/12/15.

SITES ÚTEIS SOBRE INDICADORES

http://bpmsg.com/academic/ahp_calc.php

428 INDICADORES DE DESEMPENHO

http://epp.eurostat.ec.europa.eu/portal/page/portal/euroindicators/business_consumer_surveys/database

https://www.repository.utl.pt/bitstream/10400.5/3191/1/Dissertação%20Elizabetth%20Sequeira.pdf

http://www.bmfbovespa.com.br/Indices/download/Manual-de-Definicoes-e-Procedimentos-dos-Indices-da-BMFBOVESPA-R.pdf

http://www.bmfbovespa.com.br/Indices/download/IBOV-Metodologia-pt-br.pdf

ÍNDICE

A

Absenteísmo, 61, 262, 272, 418
Ação corretiva, 3, 215
Achievable, 75, 78, 181, 182
Acordo de Nível de Serviço, 245
Agendamento de carga, 255–258
Alavancagem do Patrimônio
  Líquido, 128
Alinhamento de indicadores, 11
Ambiente, 114, 343, 346–348
Analytic Hierarchy Process — AHP,
  84, 362, 369
Analytic Network Process — ANP, 84
Aprendizado e Crescimento,
  169–170
Ativo Circulante, 123, 125
Ativo Fixo, 144
Ativo Permanente, 123, 144
Ativo Total, 123–124, 142

B

Back office, 235
Balance of Respondents, 283
Balanço Patrimonial, 123
Benchmark, 35, 74, 79, 188, 261
Business Climate Index, 281, 282
Business Expectations Index, 281
Business Situation Index, 281

C

Call Center, 82, 203, 246, 247–249,
  276, 349
Capacidade
  Capacidade de Produção, 135,
    137, 144
  Capacidade Disponível, 135, 137
  Capacidade Nominal, 77
  Capacidade Produtiva, 122, 132, 136
  Capacidade Teórica, 143, 158
Capital em Giro
  Capital em Giro de Terceiros, 125
  Capital em Giro Próprio, 125
Carta de Controle, 400, 401
Carteira Teórica de Ativos, 287,
  288, 291
Case, 248, 249, 251
Causas comuns, 399, 403
Causa secundária, 226, 390
Causas especiais, 404
Causas principais, 60, 182, 194, 373
Check list, 398–399
Ciclicidade, 396
Cliente
  Cliente Externo, 251
  Cliente Interno, 251
Coleta de dados, 246, 253
Comparação 0/1, 360–361
Compras, Setor de, 140, 216, 217
Comunicação de objetivos, 4–5

430 INDICADORES DE DESEMPENHO

Consistency Ratio, 363, 365, 367
Controlabilidade, 67
Controlável, 60
Controle da empresa, 3
Controle Estatístico do Processo —
 CEP, 399-404
Coordenação de Aperfeiçoamento
 de Pessoal de Nível Superior —
 CAPES, 306
Critérios Relevantes de
 Interpretação — CRI, 88, 95-97
Critical Customer Requirement —
 CCR, 250
Critical to Quality — CTQ, 250, 253
Cronometragem, 72, 241
Curva ABC, 290, 377-381
Custo de Equipamentos — CEQ, 66
Custo de Mão de Obra — CMO, 66
Custo-Padrão, 73
Custo Total, 122, 129
Custo Unitário, 97

D

Dashboard, 14-20
Decomposição
 Decomposição algébrica, 111,
  118-120, 122-161
 Decomposição de Índice, 120-122
 Decomposição por correlação, 120
 Decomposição por ponderação,
  120-123, 262
Demonstrativo do Resultado do
 Exercicio — DRE, 126

Descanso Semanal Remunerado,
 32, 37
Desempenho Operacional, 150, 151
Desperdícios, 31, 36-39, 40-42
Diagrama
 Diagrama de Dispersão, 396-397
 Diagrama de Ishikawa, 390-391
 Diagrama de Pareto, 373-376
 Diagrama dos Porquês, 392-395
Diferença Percentual de Respostas
 Extremas — DPRE, 283
Disponibilidade, 294-298
DMAIC, 59

E

EBITDA, 151-153
Eficácia, 10, 28, 29, 34-35, 35-36,
 40-42, 50
Eficiência
 Eficiência econômica, 49
 Eficiência física, 49, 50
Empresa de Correios e Telégrafos
 — ECT, 254
Entrada
 Entrada planejada, 28
 Entrada real, 31, 32
Erro relativo, 242
Escala *Likert*, 276-280
Estratificação, 388-389
Exigível em longo prazo, 125
Expectativa do cliente, 6, 23, 24,
 25, 97, 175, 250, 253, 255, 275

F

ÍNDICE 431

Fatores Críticos de Sucesso — FCS, 95–98, 173, 176
First Call Resolution — FCR, 247
Fitch, 303
Fornecedor Interno, 203, 205, 207, 212, 217
Frequência relativa, 385
Front office, 235, 236, 240, 333, 352
Fundação Carlos Alberto Vanzolini — FCAV, 102–103, 105

G

Gap 4, Modelo, 201–231
Gap (lacuna), 182, 201
Gestão
  Gestão Estratégica, 167, 168, 176–177, 179–180, 190
  Gestão por indicadores, 13, 101
Giro do Estoque, 268, 269
Gold, Modelo de, 142–147
Gráfico
  Gráfico de barra, 15
  Gráfico de barra acumulado, 16–17
  Gráfico de farol, 18–19
  Gráfico de linha, 15
  Gráfico de pizza, 15
  Gráfico de velocímetro, 18–19
  Gráfico radar, 17

H

Histograma, 382–387
Horas
  Horas disponíveis, 30, 135

Horas-homem, 32, 33, 36, 262, 348
Horas pagas, 32, 37
Horas produtivas, 132, 136
Hoshin Kanri, 153–161

I

IBGE — Instituto Brasileiro de Geografia e Estatística, 73, 302
IBOVESPA — Índice da Bolsa de Valores de São Paulo, 287–293
Ideal de desempenho, 82, 208
Indicador de Nível de Serviço — INS, 249, 251, 252
Indicadores
  Indicadores controláveis, 114
  Indicadores de desempenho — característica, 12–14
  Indicadores de desempenho — conceito, 6–7
  Indicadores de meio, 113–114
  Indicadores de resultado, 112
  Indicadores econômico-financeiros, 122, 157, 166, 168, 414–416
  Indicadores em Gestão de Projetos, 411–412
  Indicadores em Logística, 407–409
  Indicadores Globais, 111
  Indicadores Parciais, 112–113
  Indicadores Totais, 111
Índice
  Índice Base 100, 261, 280–281
  Índice de Confiança do Consumidor — ICC, 283–286

INDICADORES DE DESEMPENHO

Índice de Confiança na Indústria —
ICI, 286
Índice de Desenvolvimento
Humano — IDH, 299-301
Índice de Desenvolvimento
Humano Municipal — IDHM,
301-302
Índice de Gini, 72
Índice de Negociabilidade — IN,
287, 288
Índice de Preços ao Consumidor —
IPC, 294
Índice de Preços ao Produtor
Amplo — IPA, 294
Índice de Satisfação do Cliente —
ISC, 261, 276, 280
Índice de Sentimento
Econômico, 282
Índice Geral de Preços —
Disponibilidade Interna — IGP-
DI, 294-298
Índice Geral de Preços — IGP,
294-298
Índice Nacional de Custo da
Construção — INCC, 294
Infraestrutura, 192, 198
Institute for Economic Research —
Ifo, 281
Internacionalização, 419-420

K

Key Performance Indicator — KPI, 6,
53-108

L

Lacuna (gap), 206
Lean Manufacturing, 60, 65, 333
Lean Service, 65
Lei de Miller, 67, 69
Limite Inferior de Controle — LIC,
400, 402
Limite Inferior de Especificação —
LIE, 403
Limite Superior de Controle — LSC,
400, 402
Limite Superior de Especificação —
LSE, 403
Lucratividade
Lucro Bruto, 416

M

Manufatura, 351
Manutenção
Manutenção corretiva, 32, 134, 137,
147, 150
Manutenção preventiva, 135, 147
Mapa Estratégico, 165, 175, 185-
188, 190-198
Margem EBITDA, 152
Margem Líquida, 128, 416
Market Share, 73, 113, 114, 230, 261
Maslow, Pirâmide de, 330
Matriz
Matriz de Decisão Multicritério, 84
Matriz de decisão pairwise, 92
Matriz de Desdobramento das
Políticas, 155, 156
Measurable, 75, 77, 181
Média aritmética

Média aritmética normalizada, 363, 364-367

Média geométrica

Média geométrica normalizada, 363, 368-370

Medição

Medição qualitativa, 55

Medição quantitativa, 55-59

Meritocracia, 323-333

Meta, 74, 75, 181-182

Missão da empresa, 172

Moody's, 303, 321

Moratória, 303

Motivação

Motivação dos funcionários, 4, 61

Motivação extrínseca, 329-330

Motivação intrínseca, 329

Múltiplo de EBITDA, 152-153

Muscat-Fleury, Modelo de, 129-141

N

Nível de Serviço, Indicador de, 248-258

O

Objetivos do gestor, 7, 55, 377

On Time, In Full — OTIF, 248, 357, 407

Operações Diretas, 340-341

Overall Equipment Effectiveness — OEE, 147-151

P

Padrão, 72

Paradas na produção, 38

Paradas planejadas, 147

Participação em Lucros e Resultados — PLR, 10

Passivo Circulante, 125

Patrimônio Líquido, 123, 125

Pequenas paradas, 148, 150

Periodicidade

Periodicidade de cálculo, 85, 86, 245

Período de Cobertura do Estoque, 161

Planejamento Estratégico, 155, 165-167, 171-176

PNUD — Programa das Nações Unidas para o Desenvolvimento, 300

Poli 2015, 183-190

Princípio de Pareto, 377, 379

Processos Internos, 169-170

Produção mais Limpa, 339

Produtividade, 28-31, 34, 35, 43-47

Produtividade do Custo Total — PCT, 129, 130, 145

Produto equivalente, Índice de — IPE, 236-239

Programação e Controle da Produção — PCP, 341

Prospecção de Expectativas, Índice de, 281-286

Q

Qualidade, 299-303, 371-404

INDICADORES DE DESEMPENHO

R

Rastreabilidade, 66, 67, 129

Rating, 303-322

Realizável em Longo Prazo, 123, 125

Receita

Receita Líquida, 65-66

Receita Total, 122, 143, 144

Recurso

Recurso disponibilizado, 39

Recursos econômicos, 44, 48

Recursos Físicos, 32, 33, 44, 204

Recursos produtivos, 42, 43, 241

Recurso utilizado, 39, 351

Redução da velocidade, 148

Redundância, 60

Refugos, 149

Regra dos 3/5, 79-83

Relevant, 75, 83, 181, 182

Rentabilidade, 93, 102

Retrabalhos, 149

Return on Assets, 126

Return on Equity, 126

RH — Recursos Humanos, 23, 39, 61

S

Saída de um sistema de produção, 33, 337, 353

Saída planejada, 28, 29, 31

Saída real, 28, 29, 31, 143

Saldo das Respostas Extremas — SRE, 283

Satisfação do Cliente, Índice de, 261, 274-280

Sazonalidade, 396-397

Seis Sigma, 59, 65, 82, 209, 211

Séries Temporais, 395-396

Série temporal, 13, 15

Service Level Agreement — SLA, 94, 245-248

Serviço equivalente, Índice de — ISE, 236, 240-245

Serviços, 25, 36, 37, 40, 328, 339, 341, 349, 352

Serviços, Indicadores em, 233-258

Setup, 147, 150

Sistema

Sistema de informações, 8, 63, 228-229

Sistema de Medição de Desempenho, 3, 5, 7, 8, 12-14, 19, 61, 181, 201, 226, 251

Sistema de Produção, 19, 25-26, 33, 83, 112, 337-343

SMART, 117, 181

SMD — Sistema de Medição de Desempenho, 109-161

Specific, 76, 181

Spoil System, 325

Standard & Poor's (S&P), 303

Suprimento, 351-352

Suprimentos, Setor de, 207

T

ÍNDICE **435**

Taxa de abandono, 247

Tempo
  Tempo calendário, 147
  Tempo de carga, 147, 150
  Tempo de ciclo padrão, 148
  Tempo de operação, 147
  Tempo efetivo de produção, 149
  Tempo Médio de Atendimento —
    TMA, 247, 248
  Tempo Médio de Espera — TME,
    247, 248

Tendência, 181, 395–396

Teoria X, 331, 332

Teoria Y, 331–332

Total Productive Maintenance, 60,
  147, 196

Total Quality Control, 60

Toyota Production System, 65

Transporte, 79, 351–352

U

Unidade de Análise — UA, 212, 214,
  215, 217

Unidade de Resposta Audível —
  URA, 276

Universidade de São Paulo — USP,
  98–99, 183, 190

Utilização, 29, 132, 133

V

Validade, 60, 181

Valor Atual, 79, 81, 107, 176, 206

Valores sociais, 338

Valuation, 28, 152

Variável
  Variável qualitativa, 89
  Variável quantitativa, 89

Visão
  Visão Ampliada do Sistema de
    Produção, 343
  Visão Analítica do Sistema de
    Produção, 342–343
  Visão de Futuro, 165, 172–173, 177,
    177–179

Voice of Customer — VoC, 250,
  253, 255

W

WIP — *Working in Procress*, 357,
  363–364

Z

Zona de conforto, 4, 332

CONHEÇA OUTROS LIVROS DA ALTA BOOKS

Negócios - Nacionais - Comunicação - Guias de Viagem - Interesse Geral - Informática - Idiomas

Todas as imagens são meramente ilustrativas.

SEJA AUTOR DA ALTA BOOKS!

Envie a sua proposta para: autoria@altabooks.com.br

Visite também nosso site e nossas redes sociais para conhecer lançamentos e futuras publicações!
www.altabooks.com.br

/altabooks • /altabooks • /alta_books

ALTA BOOKS
EDITORA

Este livro foi impresso nas oficinas gráficas da Editora Vozes Ltda.,
Rua Frei Luís, 100 – Petrópolis, RJ.